친위 쿠데타,
극우 정치,
민주주의

친위 쿠데타, 극우 정치, 민주주의

지은이　김문성, 김인식, 장호종, 최일붕 외

펴낸곳　도서출판 책갈피　|　등록　1992년 2월 14일(제2014-000019호)

주소　서울 성동구 무학봉15길 12 2층　|　전화　02) 2265-6354

팩스　02) 2265-6395　|　이메일　bookmarx@naver.com

홈페이지　chaekgalpi.com　|　페이스북　facebook.com/chaekgalpi

인스타그램　instagram.com/chaekgalpi_books

첫 번째 찍은 날　2025년 12월 3일

값 22,000원

ISBN 978-89-7966-280-1

잘못된 책은 바꿔 드립니다.

친위 쿠데타, 극우 정치, 민주주의

김문성, 김인식, 장호종, 최일붕 외 지음

책갈피

머리말 7

1부 쿠데타

1장 윤석열 정부의 극우화 14
2장 계엄의 밤 29

2부 저항과 반동

3장 대중 저항이 쿠데타 세력을 물러서게 하다 48
4장 윤석열 체포를 둘러싸고 벌어진 양극화 75
5장 극우 준동에 맞선 맞불 투쟁 106
6장 윤석열 기습 석방부터 파면까지 145
7장 지속되는 윤석열-국힘-거리극우 넥서스 165

차례

3부 정권 교체와 극우 주류화

8장 대선: 쿠데타 응징 염원이 승리했으나   196
9장 국힘, 대법원, 미국의 반동과 내란 청산 부진   215

4부 전략 논쟁과 과제

10장 자유민주주의 수호로 충분한가?   258
11장 내란 청산과 사회 개혁, 어떻게 쟁취할 것인가?   284
12장 극우에 어떻게 맞설 것인가?   333
13장 막다른 골목, 민중전선   398

일러두기

1. 인명과 지명 등의 외래어는 최대한 외래어 표기법에 맞춰 표기했다.
2. 《 》부호는 책과 잡지를 나타내고, 〈 〉부호는 신문, 주간지, 영화, 방송 프로그램을 나타낸다. 논문은 " "로 나타냈다.
3. 인용문에서 [ ]는 지은이가 독자의 이해를 돕거나 문맥을 매끄럽게 하려고 덧붙인 것이다.
4. 본문의 각주는 지은이가 독자의 이해를 돕거나 출처를 밝히기 위해 넣은 것이다.

머리말

윤석열이 "종북 반국가 세력을 일거에 척결하겠다"며 일으킨 친위 군사 쿠데타가 실패한 지 1년이 다 돼 간다.

즉각적 대중 저항이 일어나 윤석열이 탄핵되고, 그가 '수거'하려던 정적 이재명이 대통령이 됐다. 하지만 "내란 청산"은 순조롭게 되고 있지 않다. 12월 3일 여의도 국회 앞에서 시작해 광화문, 남태령, 한남동, 안국역까지 눈비 맞으며 거리를 누볐던 많은 이들 사이에서 불만과 불신이 자라고 있다. 이재명 정부의 외교·안보 노선은 윤석열과 다를 바 없고, 민주당부터 좌파 정당들까지 내란 청산을 위한 단호한 조치는커녕 대중 동원을 회피하고 있다.

윤석열의 친위 쿠데타는 운좋게 권력자의 자리에 오른 알코올의존자의 즉흥적 도발(일탈)이 아니었다.

첫째, 2024년 총선 참패 후 계엄 선포 모의가 구체화됐지만, 쿠데타에 소속 정예부대를 동원한 사령관들이 그 자리에 임명된 2023년 10월에는 이미 대강의 윤곽이 존재했다고 봐야 한다. 대통령실의 국방부 이전을 두고 위기가 깊어지면 군부에 의지하려는 것이라고 한 〈노동자 연대〉의 경고가 결국 옳았던 것이다.

"윤석열 군사 쿠데타의 핵심 원인은 그의 좌파 증오와 좌파에 대한 전면 탄압 의지였다. 이는 계엄 포고령 전체에 반영됐다." 윤석열은 미·중 갈등으로 인한 지정학적 위기, 지속되는 경제 침체 등 한국 지배계급이 처한 복합 위기의 책임을 정치적 반대파에 전가하려 했다. 그들을 "일거에 척결"해 문제를 해결하려 했다는 점에서 윤석열은 극우를 대표했다.

특히, 현직 대통령이 기획·지휘한 친위 쿠데타인 만큼 다수의 국가기관들이 연루됐다. 군과 경찰은 직접 동원됐고, 검찰·국가정보원 같은 억압적 국가기관의 관리자들이 쿠데타에 가담하거나 동조했다. 소방청도 언론사 장악 지원 명령을 받았다. 한국은행·금융위원회 수장들은 계엄 지원을 위한 유동성 무한 공급 방침을 즉시 발표했다. 최근 삼권분립을 내세워 내란 청산에 저항하는 대법관들(사법부 관리자들)도 계엄사령부에 재판권을 넘기려 했다. 입법부에선 국민의힘이 계엄 해제 결의안 표결을 무산시키려 했다.

이런 시도가 좌절된 데에는 즉각적 대중 저항과 함께 국가기구 내 분열도 영향을 미쳤다. 윤석열의 쿠데타는 신속한 대중 저항이 출동한 군인들의 사기를 저하시켜 실패로 끝났다. 당일 계엄군 일부의 소극적 태업, 국정원 등에서 벌어진 내부 폭로, 윤석열 체포를 둘러싼 경찰과 경호처의 물리적 대치, 헌법재판소와 대법원의 상반된 행보, 국힘의 극우화에 따른 의회 협치 기능의 마비 등. 이런 갈등 양상은 군사 쿠데타와 권위주의 국가로의 회귀가 지배계급 내부에서 충분히 무르익은 요구가 아니었기 때문인데, 대중 저항의 압력을 받았기 때문이기도 하다.

비록 실패했지만, 40년간의 금기를 깬 윤석열의 쿠데타 기도와 극우 반동의 기치는 지정학적 경쟁의 격화와 국제적 극우 부상이라는 환경 속에서 한국 극우의 주류화라는 판도라의 상자를 열었다. 그 시점에 군사 쿠데타를 하는 게 적절한가 하는 점에서 의견이 달랐을지언정 좌파 척결이라는 대의에는 뜻을 같이할 억압 기관의 관료들과 우파 정치인들이 적잖다. 그래서 쿠데타의 후폭풍은 거리 집회, 서부지법 폭동, 대선을 거치며 극우의 주류화로 귀결됐다. "계몽령" 효과다. 국힘이 극우의 중심에 서서 우파를 결집하고, 국가기관 내 내란 세력들과 연대하며 내란 청산과 사회 개혁을 방해하고 있다.

한국 지배계급의 전통적 대변 정당으로 1987년 이후 5번이나 집권한 정당이고 지금도 의석이 100석이 넘고 윤석열 퇴진 직후 치러진 대선에서도 천수백만 표를 받은 국힘이 쿠데타 세력을 비호하며 극우를 이끌고 있는 것은 그들의 역사성을 보여 주는 것 이상의 의미가 있다. 윤석열 탄핵과 정권 교체로 극우의 민주주의 파괴 기도가 일회성 해프닝으로 끝나 버린 것이 아님을 보여 주는 명백한 징후인 것이다.

요컨대, 내란 청산이 어려운 가장 큰 이유는 윤석열의 쿠데타 동조자들이 국가기관 전반에 걸쳐 있다는 점, 그 과정에서 쿠데타 세력의 저항이 극우의 주류화로 이어졌다는 점에 있다.

역사가 단순히 반복되지 않는 것은 사람들이 실패에서 교훈을 얻기 때문이고 성공이 실패의 어머니가 되기도 하기 때문이다. 독재와 쿠데타의 경험 때문에 비상계엄 선포 직후 친민주주의 대중이 국회 앞으로 달려갔듯이, 이제 극우는 윤석열 쿠데타 실패에서 배우고 경험을 곱씹고 있을 것이다. 반면, 박근혜·윤석열 두 우파 정권을 헌정 절차 안에서 중도 퇴진시킨 경험은 노동계급의 정치 투쟁 잠재력을 가두고 있다. 특히 노동계급의 경제적 힘(이윤 생산에 타격을 가할 수 있는 힘)이 정치적 민주주의 투쟁에 쓰이지 않고 있다. 헌정 절차에 의존한 성공의 역설은, 그 승리를 부른 진정한 요인인 대중 동원을 그 승리의 결과가 해제한다는 것이다. 그것은 극우가 주류화하며 거리 동원을 지속하고 있는 가운데, 매우 위험한 선택이다.

이재명 정부는 내란 청산 염원에 부응하지 못할 것이다. 따라서 이재명 정부나 헌정 절차에 의존해 기다리는 것은 해법이 되지 못한다. 이재명 정부는 자본주의 국가의 임무에 충실하려는 의지를 실천으로 분명하게 보여 주고 있다. 그 임무는 트럼프의 제국주의적 압박과 경제 침체, 윤석열의 쿠데타 등이 야기한 불확실성을 서둘러 제거하고 원활한 이윤 생산과 회복을 위해 정치적 안정을 제공하는 것이다.

이재명과 민주당은 국힘과의 권력투쟁에서 이기려고 싸우지만, 자본가계급의 지지를 얻어서 그렇게 하려고 한다. 민주당은 자본가계급에 안정적 기반을 만들려 애쓰므로 국가기관들의 분열을 더 확대해 정치 불안정을 초래할 수도 있는 내란 세력 숙정을 주저하고 좌고우면을 반복할 것이다. 진정으로 내란 청산을 하려면, 어떤 기관들은 해체해야 하고 어떤 권력자들은 퇴출시켜야 한다. 정치 안정을 유지하려고 헌정 절차를 (더디게) 따르는 방식으로는 이를 실현하기 어렵다.

그러나 그렇기 때문에 내란 청산 문제는 정치적 민주주의의 문제로 노동계급에 더 철저한 이해관계가 있다. 윤석열 세력은 노동계급의 조직과 자유를 파괴하려고 했다. 정치적 민주주의는 노동자들의 사회·경제적 요구와 연결돼 있다. 노동계급은 이윤 시스템에 타격을 가할 잠재력을 발휘하는 투쟁으로 헌정 질서의 안정성을 위협해 민주적 요구를 쟁취할 수 있다. 경제적 힘을 발휘해 정치투쟁을 수행해야 하고, 정치적 민주주의를 지키고 확대하는 투쟁과 생계비 위기에 저항하는 투쟁을 결합해야 한다. 내란 청산 같은 정치적 민주주의 문제를 민주당의 몫이라고 치부하는 일각의 태도는 노동자들이 정치적 주체로 나서는 것을 가로막고 경제주의 틀 안에 머물게 하는 것이다.

이 책은 윤석열 정권의 극우화부터 지금까지 이어지고 있는 정치투쟁의 기록이다. 진지한 경고부터 대중투쟁 현장, 정치 상황 분석, 정치적 개입을 위한 분투의 기록이다.

윤석열의 쿠데타는 신속한 대중 저항이 출동한 군인들의 사기를 저하시켜 실패로 끝났다. 12월 3일부터 14일까지 미조직 청년 대중 중심으로 빠르게 성장한 대중행동은 대중의 민주주의 염원과 저항 잠재력을 눈부시게 보여 줬다. 이처럼 대중행동이 필요할 때마다 용기와 위세를 보인 것이 이후 쿠데타 세력의 완강한 저항에도 윤석열을 파면시키게 만든 핵심 요인이었다. 비록 잠재력이 충분히 현실화되진 않아 노동계급의 대규모 행동으로 이어지지 않았지만 말이다. 그것이 내란 청산과 사회 변화의 염원이 미완의 과제로 남아 있는 이유일 것이다. 목표부터 저항의 방법, 주체에 대해 성찰과 토론이 필요하다. 이 책이 미완의 과제를 해결하려고 숙고하고 노력하는 사람들에게 용기와 교훈을 주길 바란다.

2025년 11월 21일
지은이들을 대표해 김문성

1부
쿠데타

1장
윤석열 정부의 극우화

윤석열의 극우화 이면에는 미·중 갈등으로 인한 지정학적 위기, 지속되는 경제 침체 등 한국 지배계급이 처한 복합적 위기가 있었다.

대통령 집무실 국방부 이전의 의미

대통령 당선인 윤석열이 대통령 집무실의 국방부 청사 이전을 강행하겠다고 한다. 문재인 청와대는 안보 우려 등을 들어 반발하고 있다.

초기에 우려를 표명했던 기업인들과 그들의 언론들은 논란이 심해지자 윤석열에게 힘을 실어 주는 걸로 태도가 바뀌고 있다. "고심 끝에 내린 선택으로 믿는다"(《매일경제》), "신속한 결단이 불가피했다는 데 동의한다"(《문화일보》), "이제부터라도 혼선을 최소화할 수 있도록 최선을 다해야 한다"(《중앙일보》). 가장 단호한 것은 전경련 기관지 격인 〈한국경제〉였다. "[더는] 왈가왈부할 일이 아니다." 〈조선일보〉도 마지못한 듯한 말투이지만 "공감"을 표했다.

민주당과 일부 중도좌파("진보")는 대통령실 이전이 세금 낭비나 안보 공백을 낳는다고 비판한다. 그렇지만 안보 공백을 내세우면 우파에게 유리해질 뿐이다. 이들은 군부와 더 가까워진다는 점을 대통령실 이전의 장점으로 꼽고 있다.

윤석열의 측근인 국민의힘(이하 국힘) 정진석은 대통령실을 국방부 청사로 이전하기로 한 데에 이명박 정부 국방부 장관과 박근혜 청와대

안보실장을 지낸 김관진의 조언이 반영됐다고 밝혔다. 김관진은 "안보 태세"와 "군 지휘 체계 확립"을 강조했다. 김관진은 육군 대장 출신으로, 국방부 장관과 안보실장 재임 중 대북 원점 타격을 주장한 강경 우파다. 2016년 박근혜 퇴진 촛불 운동이 시작된 10월 초, 북한의 급변 사태를 전제로 한 계엄령 검토를 지시했다는 의혹을 받고 있다. 이 계엄 검토가 자연스럽게 촛불 운동 무력 진압 검토로 이어졌고, 박근혜와 황교안 등도 이를 알았을 거라는 의혹이다. 이 의혹은 규명되지 못했다. 당시 군과 검찰의 합동 수사가 촛불 당시 기무사령관 조현천의 잠적을 핑계로 흐지부지됐기 때문이다. 당시 검찰 측 수사 파트너는 윤석열이 지검장이던 서울중앙지검이었다.

지난 수년간 미·중 갈등이 자아내는 동아시아의 지정학적 불안정에다 우크라이나 전쟁과 유럽의 불안정, 세계적 공급망 혼란 등이 더해져 안보와 경제 위기가 더 심화되고 있는 상황에서 대통령실을 국방부 청사로 이전하는 것은 심상치 않다.

대통령실을 용산으로 옮기면 강남이나 여의도와 가까워져 기업인들이 찾기에도 더 편리해질 것이다. 이처럼 국방부(집무실)와 한남동(관저)으로의 이전은 지배계급의 핵심 세력과 소통을 원활하게 하려는 것("협치")만이 아니다. 군부와도 더 가깝게 지내겠다는 의미가 담겨 있다. 게다가 국힘은 그 기반에 군 실세 출신자들이 있는 덕분에 국방부와 합동참모본부(이하 합참) 같은 군부에 두 달 만에 방을 빼라고 더 쉽게 말할 수 있다.

윤석열 인수위는 대내외를 향해 더 확고한 안보 태세를 강조함과 동시에 박근혜 정부가 대중운동으로 퇴진당한 전철을 밟지 않겠다는 의지를 드러낸 것으로 보인다.

최근의 정치 상황은 심각한 4중 위기(경제·지정학·감염병·기후 위기)와, 대중의 의심과 불신 속에서 윤석열 정부가 신자유주의와 친미 외교·안보 노선을 펼치며 고난도 곡예를 해야 하는 상황에 놓이게 될 것임을 시사한다.

이런 점을 염두에 두고 그들은 전쟁이나 대중 항쟁을 우려하며 벙커를 물색하고 있다. 혁명적 좌파도 엄혹한 상황까지 염두에 두며 굳건히, 단호하게 싸울 태세가 돼 있어야 할 것이다.

〈노동자 연대〉 409호(2022-03-22).

윤석열의 재극우화

윤석열은 둘로 쪼개져 열린 2024년 광복절 기념식에서 정부의 안보 노선을 따르지 않는 사람들을 가짜 뉴스를 선동하는 "반국가 세력"으로 왜곡했다. 8월 19일에는 "자유민주주의 체제를 위협하는 반국가 세력들이 곳곳에서 암약하고 있다"면서 "전 국민의 항전 의지를 높일 수 있는 방안을 적극 강구해야 한다"고 주장했다.

윤석열은 2023년 강서구청장 보궐선거 패배 이후 총선 때까지 주춤했던 극우 행보를 재개한 것이다.

윤석열은 최근 고위직에 뉴라이트 인사들을 줄줄이 임명하며 극우적 색깔을 노골화했다. 안보 정책을 수립하는 실세라는 대통령실 국가안보실 1차장 김태효, 국방부 장관에서 대통령실 국가안보실장으로 자리를 옮기는 신원식, 통일부 장관 김영호, 노동부 장관 후보자 김문수, 방송통신위원장 이진숙도 뉴라이트로 분류된다. 이진숙은 국회 인사청문회에서 일본군 '위안부' 동원의 강제성을 부인했다. 또한 윤석열은 최근 한·미·일 군사동맹 추진 속도를 높이면서 동북아역사재단장, 한국학중앙연구원장, 국사편찬위원장, 진실화해위원장 등 국가의 이데올로기 기관들의 수장에 뉴라이트 인사들을 줄줄이 임명했다.

뉴라이트의 주장은 일제 식민 강점을 정당화하는 일본 극우의 주장과 흡사하다. 가령 뉴라이트의 식민지근대화론은 한반도에는 자생적 발전 가능성이 없었는데, 일제가 자본주의를 이식해 이후 경제성장의 기틀이 마련됐다는 주장이다. 이들은 일제 강점의 침략성·약탈성은 물론이고 그 불법성, 일본군 위안부와 징용 등의 강제성도 부인한다. 이런 자들을 급기야 독립기념관장에까지 임명하자 국가정보원장 출신의 광복회장 이종찬마저 격하게 반발한 것이다. 이종찬과 광복회는 8월 15일 광복절 정부 기념식에 불참하고 별도 기념식을 열었다. 민주당은 이 기념식에 참석했다. 광복절 행사가 처음으로 나뉘어 열린 것이다. 여기에 쐐기를 박은 것은 8월 16일 김태효의 "중일마" 발언이었다. 김태효는 KBS 방송에 나와 일본에게 억지 사과를 받아 낼 필요가 있느냐며 "중요한 것은 일본의 마음"이라고 말했다.

이런 언행은 단순히 친일파 등용의 문제가 아니다. 뉴라이트는 조선 독립운동의 의의를 사실상 무시하는데, 이는 한반도 해방이 미국 덕분이라고 보기 때문이다. 그 과정에서 제헌 헌법은 물론이고 지금의 '87년 헌법' 전문에도 실린 임시정부 법통 계승론까지 부인해 우파 내에서조차 반발이 컸다. 윤석열 정부는 미·중 갈등에서 미국 편을 확실히 들어야 한국 자본주의가 복합 위기를 헤쳐 나가는 데 도움이 된다고 보고, 한·미·일 군사동맹 구축으로 달려가면서 그 걸림돌들을 제거하고 있다. 제국주의 범죄의 피해자들도, 홍범도 장군 등도 그 과정에서 내쳐지고 있는 것이다.

국가의 안보 정책과 이데올로기를 관리하는 기관들에 뉴라이트 연구자들을 집중 배치한 것도 시사적이다. 윤석열은 국가 안보, 체제 수호의 미명하에 체제 정당화를 위한 이데올로기적 내전을 벌이려는 것이다.

뉴라이트 역사관은 역사를 "자유" 시장 자본주의가 승리하는 목적론으로 파악한다. 온갖 불의와 파괴, 살상도 자유 시장 자본주의의 수립과 성장으로 귀결되면 그것이 역사가 바른길을 걸은 것이라는 식이다. 건국의 완성이 "자유" 통일이라는 것도 그 연장선에 있는 주장이다. 자유 시장 자본주의가 주인공인 이 우승열패의 세계관·역사관 아래서는 제국주의 강도 범죄들이 정당화되고, 현재 자본주의 체제의 수혜자들이 역사의 정당한 승리자가 된다. 1948년 미국 중심의 자유 시장 자본주의 진영에 속한 반공·친미·독재 국가인 대한민국 수립에 동의하지 않은 세력들을 모두 실패자이자 배제 대상으로 치부하는 것이다.

따라서 현재의 제국주의 질서, 그리고 자본주의 체제의 수혜자들이 누리는 불평등한 특권도 뉴라이트에겐 정당한 것이다. 친일·군사독재의 후예인 한국 지배계급을 미화하는 것일 뿐 아니라 극도의 비도덕적 출세주의와 실용주의도 자본주의의 이름으로 정당화된다. 그래서 뉴라이트의 대안 현대사 교과서 운동을 이명박과 박근혜 정부, 산업계의 전경련(현 한경협)과 경총이 적극 후원한 것이다.

결국 윤석열 정부의 극우 이데올로기 재가동은 세계적 극우 부상이라는 맥락에 동행하는 것이다. 이는 윤석열에 대한 반대를 이간하고자 장차 군국주의와 북한 위협을 빌미로 한 정치적 반대파 억압으로 표현될 수 있다. 윤석열의 광복절 기념사에 "민족"도 "일본"도 아닌 "자유" 단어가 50차례나 포함된 것과 19일 "반국가 세력"에 대한 "항전" 운운은 그 신호탄이다.

김문성, 〈노동자 연대〉 516호(2024-08-20).

윤석열 정권의 계엄 검토 의혹

이재명 민주당 대표가 윤석열 정부의 유사시 계엄 준비 의혹을 제기했다. 진지함을 보이려고 2024년 9월 1일 국힘 대표 한동훈과의 여야 대표 회담 모두 발언에서 그렇게 했다. 대통령실은 즉각 "거짓 선동"이라고 반박했다. 회담 때 침묵한 한동훈은 다음 날 "국기 문란"이라고 이재명을 비난했다. 9월 2일 오후에도 대통령실은 계엄설이 "나치, 스탈린, 전체주의 선동정치", "괴담", "날조", "탄핵 빌드업"이라고 맹비난을 퍼부었다.

민주당이 윤석열의 계엄 준비 의혹을 제기한 것은 이번이 처음은 아니다. 8월 중순에 대통령 경호처장 김용현이 국방부 장관 후보자로 지명되자, 한미연합사령부 부사령관을 지낸 육군 대장 출신 민주당 최고위원 김병주가 군 친정 체제 구축을 통한 (의회 탄핵 사태에 대비한) 계엄 준비 의혹을 제기했다. 정권 실세인 김용현뿐 아니라 방첩사령관(여인형), 777사령관(박종선)이 모두 윤석열의 충암고 선후배로 구성된 것이 의심을 키우고 있다. 777사령부는 국방부의 국방정보본부 직할 첩보부대로 그 활동은 베일에 싸여 있다. 9월 2일 김용현의 국방부 장관 후보 인사 청문회에서는 국가정보원 제1차장 출신인 민주당 의원 박선원이 또 다른 의혹을 제기했다. 최근 김용현이 한남동 공관에서 수도방위사령관, 특전사령관, 방첩사령관과 비공개로 회동을 했다는 것이다. 박선원은 여기서 계엄 논의를 했느냐고 김용현을 추궁했다. 논란에서 반복해 등장하는 방첩사령부(옛 기무사/보안사)는 박근혜 때도 계엄 문건을 작성했던 곳이다. 대통령실과 김용현은 의혹을 부인하지만, 군 최고위 장성 출신, 국정원 최고위 간부 출신의 의혹 제기는 그냥 보아 넘기기가 께름칙하다.

여권은 박근혜 탄핵 국면의 계엄 모의 의혹도 재판에서 무죄가 나왔다며, 이번 의혹 제기도 좌파의 거짓 선동이라고 반발한다. 그러나 당시의 계엄 모의가 재판에서 무죄가 나온 이유는 쿠데타 모의가 검토 단계에서 끝났기 때문이다. 그래서 당사자들이 모두 혐의를 부인하자 증거 부족으로 수사가 더 진전하기 어려웠다. 특히, 계엄 모의를 주도한 기무사령부의 전현직 사령관(현 방첩사령관) 2인 중 한 명은 자살, 또 한 명은 미국 도피로 수사 자체가 멈췄다. 당시 기무사령관 조현천이 유유히 해외로 도피할 때 검찰 측 수사 책임자가 바로 당시 서울지검장 윤석열이었다. 적폐 수사로 인기가 높던 윤석열도 군부에 대한 수사는 애초 의지가 없었던 것이다.

박근혜 탄핵 당시에 지배계급은 행여나 대중의 박근혜 퇴진 운동이 걷잡을 수 없는 수준으로 발전할까 봐 합법적이고 질서정연한 절차인 탄핵으로 박근혜만 제거해 정치체제 전체를 구하는 선택을 했다. 그것은 당시 개혁주의 지도자들의 온건함과 소심함 덕분에 지배계급에 유리한 선택이 됐다.

윤석열 정권의 핵심부와 군부가 탄핵 등에 대비해 실제로 계엄 검토를 했다면 이는 군부에 의한 친위 쿠데타를 고려 사항에 포함시키고 있다는 뜻이다.

앞서 지적했듯이 윤석열이 취임 초에 대통령 집무실을 국방부 청사로 이전한 것은 군부·기업인들과 더 유착하려는 포석이었으며, 안보 태세를 강조함과 동시에 대중 저항으로 몰락한 박근혜 정부의 전철을 밟지 않으려는 의지의 투영이었다. 바로 그 집무실 이전의 주도자이자 책임자인 김용현이 국방부 장관 임명을 앞두고 유사시 계엄 검토 의혹의 중심에 있는 것이다.

지금 주요국들의 정치 위기가 (그 정부들의 작동과 정당성 면에서 모두) 갈수록 심각해지고 있다. 이 맥락에서 정치 양극화가 벌어지고 특히 극우가 부상하고 있다. 한국 지배계급도 지금 윤석열 정부를 통한 개악 추진에 어려움을 겪고 있다. 대중도 정부에 대해 갈수록 염증과 환멸을 느끼고 있다. 이런 양극화 때문에 한국에서도 정치 위기 상황으로 행정부는 물론이고 국회(원내 정당들) 등의 공식 정치가 제 기능을 못하고 있다.

이런 상황에서 윤석열의 재극우화 행보와 동시에 계엄 검토 의혹이 제기된 것은 우연이 아닐 것이다. 누군가 유사시 계엄 검토 의혹을 흘린 것 자체가 반동을 멈출 탄핵 따위는 꿈도 꾸지 말라는 강한 의지의 표현일 수 있다. 그런 협박에 의존해야 할 만큼 정치 위기가 심각한 것이다. 공식 정치 한복판에서 친위 쿠데타 모의 의혹이 터져 나오는 것 자체가 정치적 모순이 커지고 있고 지배계급 일각에서 참을성이 줄고 있음을 반영한다.

민주당 지도부가 의혹을 터트린 것은, 윤석열의 운신의 폭을 좁히고 다음 선거까지 윤석열의 위기가 지속되길 바라며 상황 관리를 하려는 것일 게다. 이재명은 기업 살리기를 위한 협치 대화를 해 보자며 다른 한편으로는 "계엄 의혹 제기"라는 견제구를 던져 지배계급과 개혁 염원 지지자들 사이에서 줄타기를 하고 있다.

그러나 윤석열은 9월 들어 딥페이크와 가짜 뉴스에 대한 패닉을 북한의 안보 위협과 연결해 사찰·검열 강화, 국가보안법 탄압을 개시했다. 한·미·일 군사동맹 추진 속도를 높이고, 경제 위기 고통을 전가하기 위한 공격도 본격화하겠다고 공언하고 있다.

민주당에 의존하지 말고 독립적으로 정부와 기업주들에게 저항할 태세를 갖춰야 한다.

김문성, 〈노동자 연대〉 518호(2024-09-03).

윤석열 쿠데타를 재촉한 국제적 요인

2024년 12월 7일 국회에서 부결된 1차 윤석열 탄핵소추안에는 윤석열의 외교정책에 대한 비판이 포함돼 있었다. "소위 가치외교라는 미명하에 … 북한과 중국, 러시아를 적대시하고, 일본 중심의 기이한 외교정책을 고집[했다.]" 12월 14일 〈한국일보〉는 이 문구를 둘러싸고 벌어진 물밑 외교전을 보도했다. 미국 측이 민주당에 "가치외교," 즉 한·미·일 협력을 탄핵 사유로 언급할 만큼 반대하느냐고 여러 채널로 물었다는 것이다. 위성락 등 민주당 인사들은 그 문구가 조국혁신당이 쓴 것이라고 미국과 일본에 서둘러 해명했고, 2차 탄핵소추안에는 해당 문구가 빠졌다. 그러자 이번에는 중국 측이 비공식 채널로 문구 삭제 이유를 파악하려고 했다(〈한국일보〉 12월 14일 자).

윤석열 탄핵소추안을 둘러싼 이 일화는 윤석열의 쿠데타와 탄핵 정국에 국내적 요인뿐 아니라 제국주의 간 경쟁이라는 국제적 역학도 배경의 일부임을 보여 준다.

냉전 시기에 한국은 안보와 경제 모두에서 미국에 밀착해 경제성장의 기회를 붙잡았다. 이것은 한국을 대소련 전초기지로 삼아 온 미국 자신의 이해관계에 부합하기도 했다. 오늘날 상황은 변했다. 2000년대 들어 한국은 중국과 긴밀한 경제적 관계를 맺으며 경제성장을 구가했다. 한국의 경제적 이해관계가 냉전 시절과 달라진 것이다.

그렇지만 2010년대 들어 미국과 중국의 경쟁이 치열해지면서 한국 정부와 기업들의 고심이 깊어져 왔다. 경쟁하는 두 제국주의 강대국 사이에서 어떤 입장을 취할지가 난감했던 것이다. 트럼프 1기와 바이든 정부를 거치면서 미국은 대중국 적대를 본격화했고 한국 같은 동맹국들에게 동참을 강력하게 요구했다.

중국은 한국 기업들에게 광활한 수출 시장이자 생산 파트너다. 그렇지만 중국 기업들은 반도체 같은 한국의 주력 수출 분야들에서 한국 기업들을 거세게 추격하고 있다.

이런 와중에 윤석열 정부는 미국 쪽으로 확고히 기우는 선택을 했다. 이를 통해 경제적·안보적 이익을 얻으리라 기대하면서 말이다. 윤석열 정부는 북핵에 대응해 미국의 안보 공약 강화를 얻고자 했고, 중국 첨단 기술 기업들을 견제하는 미국에 편승해 중국의 기술 추격을 따돌리기를 원했다. 그래서 윤석열은 "가치외교"라는 이름으로 한·미·일 군사동맹 구축 등 미국이 추진하는 대중국 포위에 협력했다.

윤석열 정부가 한·미·일 동맹을 위해 한일 관계 개선을 추진하자 미국은 쌍수를 들어 환영했다. 이어서 윤석열은 일제 강제 동원 문제에서 일본의 책임을 면제해 줬고, 일본의 핵 폐수 방류도 묵인했다. 윤석열 정부는 무기 우회 지원 등 우크라이나 전쟁에서도 서방의 전쟁 노력을 지원했다. 그리고 이스라엘의 인종 학살 전쟁을 지원하는 서방 정부들의 입장과 보조를 맞췄다.

이처럼 윤석열 정부는 주요한 지정학적 전선들(우크라이나, 중동, 동아시아)에서 모두 미국을 도왔다. 당연하게도 "2022년 5월 취임 이후, 윤석열은 미국 외교가의 사랑을 받아 왔다"(《포린 폴리시》 12월 10일 자 기사).

그렇지만 지금 미국은 동시다발적으로 제기된 도전들을 제압하지 못하고 고전하고 있다. 윤석열의 베팅이 한국 자본주의에 확실한 이익을 보장해 주지 못하는 것이다. 윤석열의 베팅은 오히려 중국과 북한 등의 반발을 부르며 지정학적 위험 증대에 일조했다. 가령 2024년 6월 러시아는 북한과 새로운 군사조약을 맺었다. 러시아 측은 한·미·일 삼각 협력 때문에 북·러 조약이 불가피하다고 주장했다. 윤석열의 친미·친일 외교가 북·러 밀착이라는 역풍을 맞은 셈이다.

그래서 친미·친일 외교로 요약되는 윤석열의 서방 제국주의 지원 노선은 국내에서 커다란 반발을 불렀다.

공식 정치에서는 주로 민주당이 그런 불만을 나름으로 표현하려고 했다. 2023년 민주당은 다른 야당들과 함께 핵 폐수 방류 반대 대규모 집회를 여러 차례 열었다. 이재명 민주당 대표는 중국·러시아 등과 척을 져서는 곤란하다며 윤석열의 '편향 외교'를 계속 비판했다. 물론 제국주의와의 관계 문제에서 민주당은 미덥지 못한 정당이다. 민주당도 기본적으로 한미 동맹을 중시하기 때문이다. 다만, 중국·러시아·북한과의 사이가 너무 틀어지지 않게 중용을 취해야 한다고 보는 것이다.

그렇지만 윤석열 외교에 대한 비판에 수많은 사람들이 공감과 지지를 보냈다. 윤석열이 쿠데타를 일으키기 전에 대학가에서 쏟아져 나온 퇴진 시국선언 중 상당수가 남북 긴장 고조, 대일 '굴욕' 외교, 우크라이나 전쟁 개입 시도 등 윤석열의 "외교 참사"를 비판했다.

이를 알기에 윤석열 정부도 점점 신경질적으로 반응해 왔다. "종북 반국가 세력"과의 일전을 수시로 언급하면서 말이다. 지정학적 불안정 심화를 배경으로 국내에서는 정치적 양극화가 커져 온 것이다.

우크라이나 전쟁 지원을 둘러싼 갈등

2024년 10월부터 윤석열 정부는 우크라이나 무기 직접 지원을 추진했다. 북·러 밀착을 견제하고 서방 제국주의 지원 노선을 더 강화하려고 한 것이다. 그러나 우크라이나 무기 지원 추진은 커다란 반대 여론에 부딪혔다. 10월 25일 한국갤럽은 '우크라이나 살상 무기 지원' 반대가 82퍼센트에 달한다는 여론조사 결과를 발표했다.

10월 30일 육군 대장 출신인 김병주 민주당 의원은 국회 동의 없이 정부가 우크라이나에 참관단을 보내면 국방부 장관 김용현 탄핵을 추진하겠다고 말했다. 11월 18일에는 김민석 민주당 의원도 대북 전단을 방치해 남북 긴장을 증폭시킨 점 등을 들어 김용현 탄핵을 검토한다고 했다. 김용현은 "대통령 오른팔인 내가 탄핵되면 대통령 탄핵으로 이어질 것"이라고 예비역 장성 출신 지인에게 말했다고 한다(SBS 12월 15일 자 보도). 바로 그 무렵에 방첩사령관 여인형은 "11월에 계엄을 선포하자"는 윤석열의 의지를 김용현에게서 들었다.

윤석열 정부의 정치적 위기가 심화된 것과 함께, 주요 외교정책을 둘러싼 갈등도 윤석열이 쿠데타를 서두르게 만든 요인이었던 것이다.

김영익, 〈노동자 연대〉 530호(2024-12-20).

2장

계엄의 밤

윤석열이 비상계엄을 선포한 직후 서울 여의도 국회의사당 진입을 시도한 계엄군.

재구성해 보는 12·3 군사 쿠데타의 밤

윤석열의 군사 쿠데타 계획과 12월 3일 밤부터 4일 새벽 사이 쿠데타 기도의 전모가 조금씩 드러나고 있다. 언론 보도들을 보면, 윤석열은 무력으로 정적들을 제거하고 국회를 해산해 극우적이고 서방 제국주의 친화적인 통치를 펼치려 했다.

쿠데타 기획자들은 모두 올해 총선이 총체적 부정선거였다는 망상을 공유하고 있었다. 그러나 이자들은 민주주의를 혐오했다. 계엄 포고령 1호는 국회와 정당 활동, 집회 시위의 자유를 금했다. 12월 3일 낮 국방부 장관 김용현은 "국회가 국방 예산으로 장난질인데 탱크로 확 밀어 버려" 하고 부하들에게 지시했다. 그날 밤 윤석열은 계엄군에게 국회의원 체포 지시를 내리고 의원들을 본회의장에서 "끌어내라"고 지시했다.

대통령 경호처장을 지낸 뒤 국방부 장관이 된 김용현과 그 비선 라인은 꽤 오래전부터 나름 치밀하게 쿠데타를 기획했다. 특히 북한을 자극해 안보 위기를 계엄의 빌미로 삼으려고 했다.

상당수 군 장성과 영관급 장교들이 가담했고, 경찰 최고 수뇌부가 쿠데타에 깊숙이 관여했다. 김용현의 후임 경호처장으로 임명된 박종준이 경찰 수뇌부 출신으로 가교 구실을 한 것으로 보인다. 박종준은 현재 대통령실 압수수색을 가로막고 있다. 쿠데타 실패 직후 일부 군 지휘관들과 경찰 최고 수뇌부가 국회에 나와 "비상계엄을 TV 보고 알았다"고 말한 것은 새빨간 거짓말이었다.

비상계엄 직전 두 곳에서 쿠데타 모의

12월 3일 저녁, 두 곳에서 쿠데타 기도가 준비되고 있었다.

삼청동 안가에서는 윤석열이 군 고위 지휘관들을 불러, 계엄 선포 후 집행할 임무들을 직접 지시했다. 김용현, 계엄사령관을 맡게 될 육군 참모총장 박안수, 경찰청장 조지호, 김건희 라인으로 알려진 서울경찰청장 김봉식 등이 그들이었다. 그 자리에서 윤석열은 계엄 선포 후 봉쇄하거나 장악할 장소들, 체포 리스트 등을 지시했다.

또 다른 쿠데타 모의 장소는 (방첩사령부와 함께) 계엄 설계의 핵심 구실을 한 정보사령부의 판교 100여단 사무실이었다. 그날 낮 김용현의 탱크 발언을 들은 국방부 정책차장이 이 자리에 있었다. 특히, 육군 제2기갑여단장이 참석했다. 육군 전차 부대 지휘관이 직속상관에게 보고하지도 않고 작전지역을 벗어나 정보사령부에서 대기한 것이다. 제2기갑여단은 1979년 12·12 쿠데타 때 출동해 서울 중앙청을 장악한 전력이 있다. 최정예 전차 부대가 서울 도심으로 진격할지도 모를 절체절명의 시간이었다. 같은 건물 다른 사무실에선, 노상원 같은 비선 라인이 선발한 (북파 공작원 부대로 잘 알려진) HID 요원 등 베테랑 특수전 요원 38명이 과천 중앙선관위 청사 투입 지시를 받고 있었다. 그들의 1차 임무는 선관위 직원 30명을 체포하는 것이었다.

그리고 윤석열은 비상계엄 선포를 위해 국무회의를 긴급하게 열었다(한덕수가 소집). 내각 일부가 반대 의견을 밝혔다지만, 이제 와서 하는 핑계일 뿐이다. 사표 낸 사람도 없고, 미리 언론에 폭로한 사람도 없다. 그들은 모두 윤석열을 따랐다

비상계엄 선포 이후

오후 10시 28분 비상계엄이 선포되자마자 과천 중앙선관위 청사는 방첩사·정보사 요원들에 의해 바로 장악됐다. 그들은 서버를 복사해 오거나 여의치 않으면 뜯어 오고, 직원을 체포하라는 지시를 받았다. 서버 재조립을 염두에 둔 듯 서버 연결선들을 촬영하는 모습이 CCTV에 찍혔다.

10시 30분, 김용현은 전군 지휘관 회의를 화상으로 소집했다. 김용현은 계엄군의 군사 활동은 모두 자신이 책임질 테니 명령에 복종하라고 지시했다. 이 자리에서 계엄사령관 등 계엄사 보직을 임명했다. 김용현은 화상회의 소집으로 만에 하나 쿠데타에 반대할지도 모를 지휘관들을 자기 눈앞에 붙잡아 두려 한 듯하다.

오후 10시 41분, 박찬대 민주당 원내대표가 소속 국회의원 전원에게 신속한 계엄 해제 결의를 위해 국회 본회장으로 즉시 모일 것을 지시했다. 그 비슷한 시간에 이재명 민주당 대표는 시민들에게도 국회로 와달라고 호소했다. 그 호소를 듣고, 아직 국회의사당이 봉쇄되지 않았고 쿠데타를 막을 기회가 '지금 그곳에' 있음을 직감한 사람들이 국회의사당 앞으로 모이기 시작했다.

오후 11시 30분 일체의 정치 활동을 금지한 비상계엄 포고령 1호가 발표된 후, 서울경찰청장은 계엄군만 국회에 진입시키고 국회의원들은 막으라고 국회 경비대에 지시했다. 국회의원들은 자정 넘어서까지 경찰을 피해 담을 넘어 국회로 들어갔다. 시민들은 경찰과 대치하고 계엄군을 맨몸으로 막으며 의원들의 국회의사당 진입을 도왔다. 국힘 의원단은 비상계엄 선포 후 한 시간 넘게 우왕좌왕하다가 국회로 모이기로 했으나, 707특임단이 국회에 투입된 자정 즈음, 원내대표 추경호가 돌연 의총 장소를 당사로 변경했다.

비상계엄 때 출동한 계엄군은 1500여 명이나 된다. 당초 알려진 것의 갑절이 넘는다. 출동 부대들은 저격용 총, K1 기관단총, 권총 등 화기 외에도 방탄모, 방탄조끼 등 유혈 사태를 대비한 장비들을 소지했다. 출동 계엄군은 실탄을 적어도 1만 발 소지하고 있었다. 특수전사령부(이하 특전사)가 쿠데타의 핵심 전력이었다. 1139명이 출동했다. 특전사는 주한미군이 지휘권을 갖지 않는 부대로, 단골 쿠데타 선봉 부대다. 707특임단(참수 부대)이 전투용 헬기인 블랙호크 12대에 나눠 타고 국회 경내에 진입했다. 제1·제9공수여단은 육로로 국회에 진입했다. 제3공수여단은 선관위 청사에 투입됐다. 윤석열의 말과 달리, 수도방위사령부(이하 수방사)가 국회에 투입한 병력에는 사병 61명이 포함됐다. 징집 사병을 군사 쿠데타에 동원한 것이다.

정보사령부가 선관위 사무실 장악을 총괄 지휘했다. 방첩사는 국회와 선관위 요인들을 체포하는 데에 주력했다. 방첩사는 경찰과 국가정보원의 지원을 받아 체포된 요인들을 수방사의 B1 지하 벙커에 구금할 계획이었다.

707특임단이 국회의사당 창문을 뜯고 진입을 시작했을 때 본회의장에 들어온 의원들은 개회에 필요한 150명이 되지 않았다. 긴장이 최고조에 이른 순간이었다. 바로 그때 윤석열은 국회의원들을 끌어내라고 수방사령관과 특전사령관에게 전화로 다그쳤다. 특전사 부대원들이 야간투시경을 착용한 것으로 짐작건대, 단전 조처도 계산에 있었던 듯하다.

12월 4일 새벽 1시, 국회 안팎의 대치 속에서 참석 의원 190명 만장일치로 비상계엄 해제 요구가 가결됐다. 국회 밖 시위대는 안도의 한숨을 쉬었지만, 귀가하는 사람은 없었다. 윤석열이 계엄 해제를 공식 선언해 계엄군이 철수하기 전까지는 상황이 끝난 게 아니라며 서로 독려했다. 새벽으로 갈수록 청년과 대학생이 늘었다.

국회 계엄 해제 요구 결의 이후

국회의 비상계엄 해제 요구 결의 직후 윤석열은 합참 지휘 통제실+을 찾아가 김용현을 만났다. 이 자리에서 윤석열은 국회 병력 투입 숫자가 적었다고 불평했다고 한다. 그 시각, 계엄사령부의 주요 보직을 맡은 육군본부 장교 34명이 버스를 타고 지휘 통제실을 향해 출발했다. 후속 대책을 논의하기 위해서였을 것이다.

윤석열과 그 일당들은 2차 계엄 선포도 계산에 넣었던 듯하다. 실제로 국회 계엄 해제 결의 후 국회의장 공관 앞에 무장 병력이 출동해 계엄 해제 후까지 대기한 것이 CCTV에 찍혔다. 국회의 비상계엄 해제 요구 결의 이후에도 쿠데타를 지속할 방법은 전면적 무력 행사뿐이었다.

쿠데타 세력은 두 번째 계엄이 성공할 거라는 확신을 하지 못했다. 명분 없는 쿠데타에 동원된 최정예부대가 결연한 대중 저항 앞에서 이미 사기가 떨어진 상태였다. 국회에서 해제 결의가 된 마당에 사병들과 부사관들의 동요를 막기는 힘들었을 것이다. 고위 장교들도 무리수가 아닐지 걱정한 듯하다. 반면, 쿠데타에 맞선 대중 저항은 더 급진화됐을 것이다. 결국 비상계엄 선포 6시간, 국회 계엄 해제 요구 결의 3시간 반 만인 12월 4일 새벽 4시 27분, 윤석열은 어쩔 수 없이 계엄을 해제했다.

한편, 쿠데타 기획의 핵심 역할은 공식 지휘 라인이 아니라 전직 정보사령관(김용현의 심복 노상원)이 맡았다. 이자는 부하 성추행 유죄로 전역해 무속인 행세를 하던 자다. 박근혜 퇴진 운동 때도 기무사령부(현재 방첩사령부)가 계엄을 모의한 바 있다. 그때는 군의 광화문광장 장악을 1차 목표에 포함시켰다. 커질 대로 커진 대중운동을 분쇄하기 위해서였다.

그런데 윤석열의 쿠데타는 국회와 선관위가 1차 타깃이었다. 쿠데타 세력은 군사적·기술적 측면을 주도면밀하게 준비했을지 몰라도 정치적 측면, 특히 대중 저항을 계산에 넣지 않았다. 그러나 보통 사람들은 그날 단호했고 대담했다. 그들의 행동이 그날 밤 계엄군을 "중과부적"(김용현이 한 말) 상태로 몰아넣은 것이다.

김문성, 〈노동자 연대〉 530호(2024-12-20).

계속 드러나는 군사 쿠데타 기획의 실체

검찰과 경찰의 경쟁적 수사, 언론들의 취재 경쟁, 민주당의 폭로까지 뒤섞여 12월 3일을 전후로 쿠데타 준비·실행에 관한 사실들이 더 알려지고 있다(물론 이 와중에도 윤석열 일당이 수뇌부를 장악한 KBS 등은 새로운 폭로들을 제대로 다루지 않거나 축소 보도하고 있다). 현재까지 알려지고 검증된 것들을 종합하면 몇 가지 핵심적 사실들을 알 수 있다.

첫째, 쿠데타 음모·실행의 핵심 관련자들은 윤석열이 계엄을 통한 쿠데타 실행 의지가 매우 강했음을 인정하고 있다. 비상계엄 선포 당일도 윤석열은 오후 10시 계엄 선포, 오후 11시 계엄 포고령 발표 등을 미리 짜 놓고 국무회의를 소집했다. "총을 쏴서라도 국회 문을 부숴라", "국회의원들을 끌어내라"고 직접 지시한 것도 윤석열이다.

둘째, 그럼에도 상당한 기관과 인물이 쿠데타 모의에 동조했다. 국방부와 군부 내 핵심 요직, 총리와 주요 장관들, 경찰 수뇌부 등이 계엄 선포 전에 은밀히 지령을 받고 그대로 움직였다. 복수의 쿠데타 가담자들이 "검찰과 국정원이 도와줄 것"이라는 지시를 상부로부터 받았다고 진술했다. JTBC는 국회가 있는 여의도를 관할하는 영등포경찰서가 전부 국회 봉쇄 지원에 나서서 민생 치안 신고를 죄다 무시했다고 특종 보도했다.

셋째, 쿠데타는 급작스럽게 기획된 것이 아니다. 윤석열 외에 쿠데타 모의의 핵심들로 파악된 국방부 장관 김용현, 방첩사령관 여인형, 정보사령관 문상호 등은 총선 패배가 확실시되던 3월에도 윤석열과 회동을 해 계엄 실시 관련 대화를 나눴다. 주로 김용현의 지시를 받고 움직인 걸로 보이는 전 정보사령관 노상원도 적어도 2023년부터 비선을 가동하며 움직였다. 그가 무속인 행세를 한 것도 신분 위장이었을 거라는 의심을 받고 있다.

넷째, 쿠데타 모의 주도자들은 의회 민주주의와 대중의 민주적 권리 행사에 극도의 반감을 가졌다. 윤석열은 야당이 다수당이 된 국회, 정권 퇴진 운동, 노동조합을 척결 대상으로 여겼다. 이는 윤석열·김용현 등의 이후 언행에서도 확인된다.

다섯째, 국무위원들은 소극적 방관자가 아니었다. 복지부는 계엄 선포 직후 국립병원 7곳에 폐쇄 명령을 하달했다. 문화체육부가 관리하는 서울 한국예술종합학교도 밤늦게 기말고사를 준비하던 학생들을 쫓아내면서까지 학교를 폐쇄했다. 한예종 건물은 옛 국정원이 사용하던 곳이다. 이 모두 풀려야 할 의혹들이다.

여섯째, 윤석열 일당은 유혈 사태도 불사할 계획이었다. 전 정보사령관 노상원의 수첩에서 체포 대상 인사들을 "수거"하거나 "사살"한다는 표현이 발견됐다. 계엄군이 실탄 1만 발을 갖고 출동했다고 알려졌지만, 주력부대인 1·3·9 공수여단의 실탄 불출 규모는 포함되지 않은 수치다. 국립병원 폐쇄 명령도 요인 살해, 무력 진압, 유혈 사태에 대비한 조치로 의심할 만한 정황이다.

일곱째, 2차 계엄을 실행하려 한 정황이 많다. 4일 새벽, 국회의 계엄 해제 요구 결의안 채택 후 수방사 소속 무장 계엄군이 한남동 국회의장 공관 앞에서 수 시간 동안 대기했던 사실이 확인됐다. 수방사가 4일 새벽 국회의장 공관 쪽 CCTV를 100여 회 넘게 들여다봤다는 보도가 이미 나왔었는데, 그 이유가 밝혀진 것이다.

육군 최정예 전차 부대인 제2기갑여단장 구삼회가 12월 3일 쿠데타 기도의 또 다른 지휘본부였던 국군정보사령부의 판교 100여단 사무실에 있었던 점도 수상한 정황이다. 주한 미국 대사관이 12월 3일 당일에 어떻게 움직였는지 등 풀어야 할 것은 그 밖에도 많다.

김문성, 〈노동자 연대〉 531호(2024-12-27)에서 발췌.

위험천만했던 국지전 도발 기도

야 6당이 발의한 두 번째 '내란 특검법'에 외환 유치 행위 수사가 포함된 것을 계기로 윤석열의 국지전 도발 의혹이 다시금 주목받고 있다.

윤석열 정부는 2024년 10월 평양 상공으로 무인기를 침투시켜 북한을 도발하고, 11월에는 북한 오물 풍선이 날아오면 원점 타격할 것을 군에 지시해 국지전을 유도했다는 등의 의혹을 받고 있다. 쿠데타 계획 수립에 깊숙이 관여한 것으로 알려진 전 정보사령관 노상원의 수첩에 "NLL에서 북의 공격을 유도"라고 적힌 것도 확인됐다. 군이 직접 대북 전단을 뿌렸다는 폭로도 있다. 이런 전단 살포와 대북 확성기 가동조차 북한과의 충돌로 이어질 수도 있었다.

실제 충돌이 벌어졌으면 큰 인명 피해가 났을 것이다. 2010년 연평도 상호 포격 사건 당시 한국의 민간인과 군인 4명이 숨지고 20명 가까이 부상당했다(한국군의 포격으로 훨씬 더 많은 북한 청년이 희생됐을 것이다). 지금은 남북이 당시보다 더 첨예하게 대치하고 있는 데다, 인구가 더 밀집한 수도권이 휘말리기라도 했다면 사상자는 더욱 많아졌을 것이다.

그러나 2025년 1월 14일 합참의장 김명수는 국회에 출석해 "군사작전은 절대 조사나 수사의 개념이 아니라 지휘관의 판단과 결심 영역에 존재해야 한다"고 주장했다. 수많은 사람의 목숨이 걸린 문제라 할지라도 대다수 국민은 물론이고 국회조차 참견하지 말라는 것이다. 우파 언론들은 "정당한 북한 도발 억제와 전략적 충돌 유도를 구분하는 게 과연 가능한지 의문"이라며 외환죄 수사에 반대하고 있다.

외환죄 혐의를 인정하는 것은 한국이 한반도 위기에 책임이 있음을 자인하는 것이기 때문이다. 이는 군부의 위신을 크게 실추시키고 한국 지배자들의 핵심 이해관계인 군사력 강화, 대북 위협 정책을 추진할 명분에 큰 타격을 입힌다.

지금 권력자들은 쿠데타 관련 수사 자체를 반대하기는 어려운 처지이지만, 그런 조건에서도 국가기구의 핵심부인 군부는 건드리지 말라고 압박하고 있는 것이다. 그리고 군부와 밀접한 국힘은 이 쟁점으로 극우를 결집하고 군부 내 지지 세력을 다잡으려 한다. 따라서 국지전을 도발하려 했던 진상을 파헤치고 책임을 물으려면 국가기구 자체에 도전하는 아래로부터 운동으로 만만찮게 압박해야 한다.

민주당은 외환 유치 수사를 포함한 특검법을 법사위에서 통과시켰지만, 그들에게 그런 역할을 기대하기는 어렵다. 민주당의 목적은 차기 집권을 준비하는 세력으로서 군부를 최대한 많이 포용하는 것이기 때문이다. 몇 해 전 문재인 정부가 기무사 계엄 문건 수사를 흐지부지하게 만든 것을 잊지 말아야 한다. 무엇보다 민주당은 한미 동맹을 외교·안보·경제의 기본으로 여기면서 미국의 압력을 의식한다.

국제적 맥락 때문에 더 고약한 국지전 시도

한반도는 대만, 남중국해와 함께 아시아에서 미·중 대결의 주요 무대다. 윤석열은 위험천만하게도 이 점을 이용하려 했다.

윤석열은 중국 견제를 위한 한·미·일 군사 협력 강화를 적극 추진해 왔다. 일제 강점기 과거사 문제를 사과하지 않는데도 일본과 더 많이 협력하고 심지어 자위대와 합동훈련을 벌이는 등 대중 정서를 거스르는 정책을 펼 때면 어김없이 북한 위협을 내세웠다. 이런 상황은 미·중 간 대결이 첨예해지면서 아시아 각국에서 지정학적 위기가 고조된 더 커다란 그림의 일부다. 예컨대 대표적 미·중 격돌지인 대만과 필리핀에서도 중국에 대해 더 강경한 정부가 등장해 위기를 키우고 있다.

한국 지배자들의 다수는 미·중 패권 대결에서 (중국과 척질 수 없어 난처해 하면서도) 미국 편에 서는 것이 근본적 이익에 부합한다고 판단한다. 중국에 더 강경한 정책을 예고하는 트럼프의 재집권으로 이런 인식이 더 커졌다. 윤석열은 바로 이런 흐름을 이용해 국지전을 도발할 기회를 찾으려 한 것이다. 한반도 긴장이 고조되면 미국·일본 등 동맹국들에게서 쿠데타에 대한 지지를 구하기 수월하다고 여겼을 것이다. 그러나 바로 그런 국제적 대결 구도 때문에 국지전이 빠르게 통제를 벗어날 위험도 있었다. 실로 위험천만한 도박을 벌이려 한 것이다.

한편, 미국은 윤석열의 쿠데타가 성공만 했으면 비난하지 않았을 것이라는 정황을 발견할 수 있다. 바이든 정부는 탄핵소추가 통과된 후, '윤석열 없는 윤석열 정권'을 거듭 지지했다. 2024년 12월 23일 미국 의회조사국은 "윤 대통령은 이전 한국 지도자들보다 더 적극적으로 중국을 비판하는 태도를 갖고 있었다"면서 탄핵으로 한·미·일 협력 노선이 위기에 처한 것에 대한 불만을 드러냈다. 2025년 1월 6일에는 공화당 의원 영 김(차기 하원 동아시아·태평양 소위 위원장)이 "탄핵 주도 세력은 한·미·일 3자 협력을 약화"시키려 한다는 우려를 표했다. 미국의 이런 태도는 윤석열과 우파에게 자신감과 버틸 힘을 제공하고 있다. 반면 민주당은 미국의 이런 우려를 불식시키려 하고 있다.

윤석열 정부는 지정학적 위기의 시기에 그 위험을 오히려 키워 민주주의를 공격하려 했다. 따라서 평화와 민주주의를 지키기 위해서는 한국 정부의 대북 위협 정책과 한·미·일 협력 강화에 반대해야 한다. 그리고 그런 정책을 추진해 온 윤석열을 단죄하고 그의 정부를 끌어내려야 한다.

김종환, 〈노동자 연대〉 534호(2025-01-17).

알려진 것보다 더 잔인하고 치밀했던 계획

2025년 2월 25일, 윤석열에 대한 헌법재판소 탄핵 심판 변론과 심리가 끝났다. 이제 헌재 재판관들의 선고만 남았다.

윤석열은 구속 상태에서 기소됐지만, 강제 수사와 체포에 순순히 응하지 않았고 불리한 사실은 전혀 인정하지 않았다. 그 탓에 헌재 탄핵 심판 변론에서 내란죄 형사재판을 방불케 하는 사실 공방들이 벌어졌다. 비슷한 시기에 국회 청문회가 열렸는데, 어떤 군 지휘관들은 두 곳에서 한 진술이 서로 다르기도 했다. 그럼에도 일부 언론의 추적 보도와 헌법재판소, 국회 청문회 등에서 추가적 사실들이 드러났다.

우선, 비상계엄 선포 직전 윤석열 측의 계획이 그리 허술하지도 않았고, 무력 사용을 자제할 계획도 없었음이 드러났다.

윤석열은 적은 병력만 출동시켰다고 했지만, 검찰은 윤석열 공소장에 "무장 군인 1605명과 경찰관 3790명을 동원"했다고 밝혔다. 특전사와 수방사의 정예 특임 부대들, 방첩사, 정보사, 국방부 조사본부, 경찰 등이 출동했다. 체포조, 선관위에 출동한 경찰 등도 실탄 무장을 했다.

쿠데타 실패 직후 특전사를 제외한 나머지 계엄군이 들고 나온 실탄이 1만 발로 알려졌으나, 도중 5만 발, 18만 발로 말이 바뀌더니, 최근 국방부는 당일 출동 부대가 보유했던 실탄은 34종에 총 20만 4329발이었다고 인정했다. 이 중 약 6만 5230발을 소지해 출동했고, 나머지 탄약은 차량에 실려 출동 명령을 기다리고 있었다. 제9공수여단은 폭발 시 금속 구슬이 튀어 인명 살상력이 큰 클레이모어를 18개, 금속 파편이 튀는 세열수류탄을 240개 준비했다. 수방사는 C-4 폭약을 휴대했다. 심지어 제1공수여단과 수방사 제1경비단은 "인체 내에서 팽창하며 큰 상처를 내도록 설계"돼 국제조약상 사용이 금지된 HP탄도 보유 중이었던 걸로 알려졌다. 이 탄 사용은 '전쟁범죄'로 규정돼 있다.

야당 정치인 등 요인 체포에는 방첩사 수사단, 국방부 조사단, 정보사 요원, 경찰 등이 동원돼 조를 짜 요인을 잡으러 다녔다. 실제로 이재명 민주당 대표 체포조는 계엄이 선포되자마자 바로 출동했다. 1순위 체포 대상이었던 것이다.

심지어 국회의 계엄 해제 요구 결의안이 통과된 뒤에도 국회 인근에는 이른바 '수호신TF'가 출동한 사실이 CCTV 영상으로 확인됐다. 이 부대는 비상계엄 5일 전 국회를 관할하는 여의도 변전소를 방문한 것으로 알려졌다. '수호신TF'는 대테러 작전 수행을 명분으로 여러 부대에서 정예 요원들을 차출해 만든 수방사 소속 특수 임무 별동대다. 차륜형 장갑차 부대, 저격반, 드론 부대 등 다양한 임무를 수행한다. 그 부대는 윤석열이 계엄 실행으로 마음을 굳혀 가던 2024년 2월 결성됐다. 수방사령관 이진우는 계엄 전날, 그 부대의 출동 태세를 점검했고, 김용현이 TF 출동을 지시했다는 메모를 남겼다. 군은 계엄용 별동대였을 가능성이 있는 이 부대에 대한 일체의 정보 공개를 거부하고 있다.

한편, 수방사 군사경찰단, 특전사 부대 모두 명찰을 뗀 채 출동했다. 위법한 지시임을 알고 부담을 느꼈다는 정황을 보여 준다.

계엄법에 따른 지구계엄사령부 설치 준비 정황도 드러났다. 전국적으로 계엄 통치를 전면화하려 했던 것이다.

사람들을 가장 놀라게 한 것은 이번 계엄의 작전 설계자로 보이는 노상원의 수첩에서 나온 계획들이다. 노상원은 야당 정치인, 윤석열 반대 운동가, 노동운동가, 종교인, 판사, 해병대 박정훈 대령에게 유리한 판결을 내린 군 판사, 유명 연예인, 체육인 등 500여 명을 체포·구금할 계획을 세웠다. 그는 거기서 "수집", "수거"라는 용어를 사용했는데, 이는 체포 후 고문·살해를 뜻하는 용어다. 노상원은 이렇게 체포한 일부를 서해 바다에 수장하거나 북한군을 이용해 "비공식 방법"으로 제거하려고 계획했다. 비밀 엄수를 위해서였다. 정치적 반대파를 '종북'으로 몰아 물리적으로 제거하면서, 자신들은 그 일을 위해 북한과 비밀리에 접촉하려 한 것이다. 이런 끔찍하고 역겹고 위선적인 계획은 쿠데타 일당이 북한을 군사적으로 자극해 국지전을 유도하고, 이를 계엄 선포의 명분으로 삼으려 한 것과 모순되지 않는다.

야당 정치인들을 모두 체포하는 것은 국회 해산 계획과 연결된다. 신속한 체포·고문·살해 계획을 보면, 의원들이 신속하게 모일 수 있는 날 계엄을 선포한 것이 실수가 아니라 한 번에 체포하려는 의도가 아니었는지 의심된다. 노상원 수첩에는 장기 집권이 가능하도록 개헌을 하고, 중국과 러시아의 선거제도를 조사·참고해야 한다는 것도 적혀 있었다.

한편, 노상원은 정보사령부 판교 본부에 계엄 후 모든 수사기관을 총괄하는 합동수사본부(본부장은 방첩사령관) 아래 수사2단을 설치할 계획을 세웠다. 민간인이 계엄사령부의 핵심 기관에서 옥상옥 구실을 할 생각이었던 것이다.

윤석열 일당은 "자유민주주의를 구하기"는커녕 자유민주주의를 파괴하려 한 것이다. 자유주의적 민주주의조차 그 사회적 내용은 노동계급의 조직들이므로, 그런 것들이 파괴되거나 유명무실해진 상황에서는 제도가 자유민주주의를 흉내 낸다고 해도 그 제도는 형해화된 상태가 돼 전혀 민주적으로 운영되지 않는다. 박정희의 유신 독재나 전두환 독재 아래에서도 때때로 국회의원 선거가 유지됐지만, 그런 선거를 국민 대표자에 대한 민주적 선출 과정이라고 아무도 말할 수 없었다. 이런 권위주의 통치를 구상한 윤석열은 즉각 파면돼야 한다.

이런 막대한 물량과 치밀한 작전에도 허점이 있었으니, 평범한 사람들이 목숨 걸고 저항에 나설 것을 계산에 넣지 못했다는 것이다. 국회에 육로로 진입한 제1공수여단과 수방사 경비단을 막아선 것도, 국회 의사당 건물에서 707특임단을 막아선 것도 모두 특권층이 아닌 보통 사람들이었다. 국회로 출동한 수방사 제1경비단장 조성현이 국회에 나와서 한 말은 이 점에서 매우 시사적이다. "저희가 보호해야 될 시민들이 저희 행위를 막는 모습을 보면서 상당히 의아해하고 있던 상황이었다. … 저희가 훈련받고, 해 왔던 그런 상황과 다른 상황이다 보니 적극적으로 제 부하들에게 군사적 행동을 시키는 것이 바람직하지 않은 것으로 판단했다. 그래서 잠시 대기시켰고 저도 상황을 판단하려 했다." 살인을 전문으로 훈련받은 정예부대들이 비무장 민간인들의 저항에 대해서는 아무 신체적·심리적 대비도 없었던 것이다. 바로 이것이 계엄군 사기를 떨어트린 결정타였다. 설상가상으로 국회에서 계엄 해제 요구가 결의되자 더는 작전을 무리하게 펴기가 불가능해졌다.

헌법과 법률, 사법제도가 아니라 노동자 등 서민 대중이 민주주의를 구했다. 우리가 민주주의다. 우리야말로 민주주의다!

김문성, 〈노동자 연대〉 538호(2025-03-04).

2부
저항과 반동

3장

대중 저항이
쿠데타 세력을 물러서게 하다

2024년 12월 4일 새벽 분노한 시민들이 군 장갑차를 온몸으로 막아섰다.

계엄 철폐! 민주 회복! 윤석열은 퇴진하라!

12월 3일 윤석열이 비상계엄을 선포했다. 계엄사령관은 즉시 모든 정치 활동을 금지하고, 파업과 집회, 시위 등을 금지한다고 포고했다.

윤석열의 계엄 선포를 철폐하기 위한 행동에 즉시 나서자.

윤석열은 계엄 선포 직후 중무장한 군인들을 국회 경내에 투입해 국회의원들의 본회의 집결을 막았다. 여의도 상공에 군용 헬기가 날아다녔다. 계엄군은 국회의사당 창문을 부수고 진입했다. 국회가 계엄 해제 요구 결의안을 통과시키지 못하도록 봉쇄하기 위해서였다.

계엄 선포 2시간 30분 만에 국회 본회의에서 계엄 해제 요구 결의안이 가결됐다.

그러나 절대 안심할 때가 아니다. 경계해야 할 때다. 투쟁은 지금부터 시작이다.

윤석열이 국회 결의를 무시하고 계엄을 유지할 수 있기 때문이다. 계엄사령부의 지휘 아래 강제력이 행사될 수도 있다. 따라서 계엄 철폐를 요구하며 투쟁에 나서야 한다.

윤석열은 종북 세력을 척결하기 위해 계엄을 선포한다고 했다. 북한 위협을 빌미로 "반국가 세력", 즉 정치적 반대파를 억압하겠다는 것이다. 그러나 윤석열의 계엄 선포는 반민주적 폭거다.

계엄 선포 전에 이미 윤석열의 정치 위기는 심각했다. 지지율은 추락했고, 대중의 반윤석열 정서도 확산되고 있었다. 반윤석열 집회도 5주째 10만 명 규모로 서울 도심에서 열리고 있었다.

이런 위기 앞에서 윤석열은 반동을 꾀하고 있다. 윤석열은 계엄을 선포해 집회를 가로막고 언론을 통제해, 정치적 반대파들을 억압하고 민주적 권리를 후퇴시키려 한다. 윤석열은 민주적 권리를 공격해 대중을 위축시키고 경제 위기의 고통을 평범한 사람들에게 전가하려 한다.

즉시 모두 떨쳐 일어나 행동해야 할 때다. 학생들은 거리 시위에 나서자. 민주노총은 총파업을 호소하라.

〈노동자 연대〉 528호(2024-12-04).

심야 국회 앞에 수천 명이 모여 저항하다

12월 3일 윤석열의 비상계엄 선포 소식이 알려지고 계엄에 반대하는 국회의원들이 국회로 향한다는 소식이 전해지자, 시민들이 국회로 모이기 시작했다. 다들 비장한 표정, 놀란 표정이었고, 대부분 귀갓길의 노동자, 청년, 학생이었다. 대리운전 기사들도 일을 멈추고 국회 앞으로 달려왔다. 촛불행동, 진보당, 노동자연대, 민주노총 등 윤석열 퇴진 운동을 벌여 온 단체의 회원들이 신속하게 모이기 시작했다.

국회 정문 등에 모인 시민들은 자발적으로 "계엄 해제" 등의 구호를 외치며 경찰과 대치했다. 일부 시민들은 군인이 탑승한 차량 등을 둘러싸서 이동하지 못하게 하며 경찰과 몸싸움을 벌였다.

시간이 갈수록 보통 시민들, 좌파 정당들, 노동·사회 단체 회원들이 속속 집결했다. 민주당 등 야당 당원들도 모였다. 사람이 불어나면서 국회 정문 앞 차도는 계엄 해제를 촉구하러 모인 사람들로 채워졌다. 권영국 정의당 대표가 국회 담벼락 위에 올라가 윤석열의 계엄 선포는 헌법이 정한 비상사태 요건이 전혀 없는 상황에서 선포된 것이라 원천 무효라며 시민들에게 지금 당장 지인들에게 국회로 모이도록 각자 연락을 하고 계엄이 철회될 때까지 싸우자고 말해 환호를 받았다.

국회에 무장 계엄군이 유리를 깨고 진입 시도를 하고 있다는 소식이 전해지자, 사람들의 구호도 더욱 격해졌다. 국회 앞 농성 중이던 금속노조 전국자동차판매노동자연대에서 긴급하게 앰프를 공수했고, 민주노총이 집회를 운영하며 구호를 선창하는 가운데 사람들이 속속 모여 어느덧 수천 명에 이르렀다.

오전 1시경 국회에서 계엄 해제 요구 결의안이 가결됐다는 소식이 들려왔다. 사람들은 환호성을 질렀다. '내란범 윤석열을 체포하라', '윤석열을 즉시 탄핵하라' 등의 구호가 추가됐다. 하지만 대열에선 계엄사령부가 계엄 해제 결의를 무시할 수 있다며, 상황이 아직 끝난 게 아니라는 말들이 나왔다. 국회 본회의장에선 국회의원들이 윤석열이 국회의 계엄 해제 결의에 아무런 답도 하지 않는 상황에서 국회를 떠날 수 없다며 본회의를 폐회하지 않고 본회의장을 지키기로 했다는 소식이 전해졌다. 사람들은 하루라도 빨리 퇴진시켜야 한다며 집회를 지속했다. 적잖은 청년들은 경찰들이 차량을 통행시키려 하거나 집회장 근처에 모이기만 해도 나서서 밀어냈다.

새벽 내내 시민들의 자유 발언이 이어졌다. 계엄 소식을 듣고 충북, 전남 등에서 급히 상경한 시민들, 노동자들, 대학생들이 마이크를 잡고 윤석열 정권을 맹렬히 규탄했다. 민주노총 양경수 위원장은 마이크를 잡고 12월 4일 오전부터 윤석열 정권 퇴진 시까지 무기한 총파업에 돌입할 것이라고 선언하며, 오전 9시 광화문 앞에서 열리는 집회에 모여 달라고 호소했다. 임태훈 군인권센터 소장은 계엄이 아직 해제되지 않았다며, 윤석열을 믿지 말고 계속 모여 달라고 시민들에게 호소했다. 그리고 파업에 동참해 달라고도 말했다.

오전 4시 30분경 윤석열이 다시 긴급 담화를 내어 국무회의를 통해 계엄을 해제하겠다고 밝혔다. 이 소식이 알려지자, 참가자들은 환호를 질렀다. 그리고 "퇴진 때까지 투쟁하자"고 외쳤다.
　그 뒤로도 자유 발언들이 이어졌다. 대부분 대학생이나 20대 청년이었다. 자다가 여의도로 뛰어왔다는 청년, 계엄군이 국회로 진입하는 영상을 보고 나왔다는 청년, 한강 작가의 《소년이 온다》에서 읽은 일이 자기 일이 될지 몰랐다는 청년도 있었다. 대선에서 윤석열을 찍었다는 청년도 나와서 윤석열은 탄핵돼야 한다고 말했다.
　영하의 날씨에도 새벽까지 자리를 지킨 시민들은 모두 한시라도 빨리 윤석열을 탄핵해 직무를 정지시키고 윤석열을 체포해야 한다며 퇴진 운동에 함께하자는 데 마음을 모았다. 시민들의 자유 발언은 새벽 6시 현재도 쉼 없이 이어지고 있다.

집회 취재팀, 〈노동자 연대〉 528호(2024-12-04).

윤석열 쿠데타 미수에 대한 국제사회주의경향의 성명

1. 어제 새벽 남한에서 계엄 통치 시도에 맞서 거리로 나와, 윤석열이 6시간 만에 계엄을 해제할 수밖에 없게 만든 사람들 모두에게 경의를 표한다.

2. 윤석열 일당이 쿠데타 과정에서 무능함을 드러냈다고 해서 결코 안심해서는 안 된다. 그 쿠데타는 국회 다수파인 야당의 입을 막고 모든 정치 활동을 탄압하려는 심각한 시도였다. 특히 노동자 운동을 겨냥했는데, 계엄 포고령에는 파업과 시위를 금지하는 조항과 파업 중인 전공의들(의료 노동자들)의 복귀를 명령하는 구절이 있었다. 윤석열과 그의 우익 지지자들은 숨 돌릴 틈이 생기면 이번 실수에서 얻은 교훈으로 2차 쿠데타를 기도할 수 있다.

3. 한반도는 제2차세계대전 종전 후 잇달아 벌어진 내전 이래 첨예하게 분열된 사회다. 이는 남북한의 분단으로 나타나 있다. 남한 우익은 지금도 1961~1987년 군사독재 시기를 그리워한다. 지난번 계엄령이 선포된 때는 1979년 전두환이 권력을 차지한 후 광주항쟁을 잔혹하게 진

압했을 때였다. 2017년에는 부패한 우익 대통령이자 원조 군사독재자 박정희의 딸 박근혜를 끌어내리기 위해 철도 노동자들의 대파업이 벌어져야 했다.

4. 남한의 군사독재는 1987년 노동자·학생 반란으로 막을 내렸지만 그 후로도 국가보안법에 의해 민주적 기본권이 광범하게 제약돼 왔다. 이는 북한의 위협이라는 명분으로 정당화됐다. 어젯밤 윤석열도 북한 위협 카드를 꺼내어 "북한 공산 세력 위협 … 파렴치한 종북 반국가 세력들"을 비난했다. 윤석열은 미국의 충직한 동맹자로 북한과의 대치를 위험하게 심화시키고, 미국의 중국 포위를 지원하고, 우크라이나 전쟁을 지원해 왔다.

5. 이번 쿠데타 시도는 국제적 중요성이 있다. 현재 프랑스의 에마뉘엘 마크롱이나 아르헨티나의 하비에르 밀레이 같은 신자유주의 대통령들이 의회 다수파의 지지 없이 정책을 관철하려 애쓰고 있다. 윤석열의 계엄 시도가 성공했다면 그것은 그들에게 매혹적 선례가 됐을 것이다. 내년 1월 도널드 트럼프가 백악관으로 돌아올 때 공화당은 행정·입법·사법부를 모두 장악하게 된다. 그럼에도 향후 불리한 상황이 전개되면 트럼프는 반민주적 수단에 유혹을 느낄 것이다. 2021년 1월 6일 트럼프가 부추긴 미국 의사당 습격이 실패한 것은 미국의 국가 안보 기구가 결국 그것을 저지하러 나섰기 때문이다. 그들이 다음번에도 같은 선택을 한다는 보장은 없다.

6. 미수에 그친 이번 쿠데타에서 윤석열이 워낙 무능했던 탓에 일부 좌파는 쿠데타가 시대착오적이 됐다고 보는 듯하다. 어리석은 견해다. 21세기의 가장 중요한 대중 반란인 2011년 1월 25일에 일어난 이집트 혁명을 분쇄한 것은 2013년 7월 3일 육군 원수 압델 파타 엘시시의 유

혈 쿠데타였다. 라틴아메리카에서는 실패한 쿠데타가 잇따라 벌어졌고 무자비한 군사정권들에 대한 기억이 여전히 생생하다.

7. 남한의 계엄 선포는 세계 금융 위기 이래 주류 부르주아 정치의 붕괴를 드러내는 또 다른 징후다. 계엄 시도는 철저하게 격퇴돼야 하고 윤석열 일당은 최대한 빠른 시일 안에 권좌에서 끌려 내려와 교도소로 가야 한다. 민주노총이 선언한 무기한 총파업은 윤석열 정권이 확실하게 축출될 때까지 전 조합원을 동원하는 형태로 이뤄져야 한다. 윤석열이 권력을 놓지 않으려 한다면, 우리는 남한의 민주주의를 지키는 투쟁과 연대하는 국제적 항의 운동 건설에 기여할 것이다.

국제사회주의경향(IST) 조율팀, 〈노동자 연대〉 528호(2024-12-05).

윤석열 퇴진 운동의 주력부대로 나선 2030 여성들

쿠데타 사태 이후 윤석열 퇴진 운동에 2030 여성들의 참가가 두드러진다. 서울시 생활인구 데이터에 따르면, 12월 7일과 14일 여의도 촛불집회 참가자 중 2030 여성이 가장 많았다. 같은 날 광화문에서 열린 우파 집회에서 70대 비중이 가장 높았던 것과 대조된다.

청년 여성들이 들고나온 다양한 종류의 응원봉과 K-팝 떼창이 이번 퇴진 시위의 상징이 됐다. 엑스(트위터), 더쿠 등의 온라인 K-팝 팬덤 커뮤니티에서는 현재 공식 정치 상황을 다루는 속보와 함께 집회 참가를 인증하거나 독려하는 글과 사진이 활발히 공유된다. 탄핵안 가결 당일 국회의사당역 여자 화장실에는 집회 참가자들과 나누기 위해 자발적으로 가져온 각종 상비약, 생수, 초코바 등이 가득 놓였다.

군홧발로 민주주의를 파괴하려 한 윤석열의 쿠데타 기도가 새 세대 청년들을 정치화시키고 있고, 그중에서도 여성들이 행동력 있게 나서고 있는 것이다.

새 세대와 차별받는 사람들이 투쟁의 전면에 나서는 것은 매우 좋은 일이다. 대중운동이 분출하는 시기에는 사람들의 자신감과 능동성이 커진다. 러시아 혁명가 레닌은 이렇게 말했다. "혁명은 천대받는 사람들의 축제다. 인민대중이 혁명의 시기처럼 그렇게 새로운 사회질서의 적극적인 창조자로 나설 수 있는 때는 결코 없다." 지금이 혁명적 시기는 아니지만, 대중 시위에서 여성들이 보여 주는 활력과 창발성은 그런 시기의 특징을 힐끗 보여 준다.

윤석열 정부: 평범한 여성들의 적

사실 윤석열은 등장 때부터 청년 여성들에게 인기가 없었다. 그는 대선에서 20대 여성에게서 가장 적은 표를 받았다. 대선 때부터 윤석열은 여성가족부 폐지, 무고죄 처벌 강화 공약을 내걸며 젠더 갈등을 부추기고, "구조적 성차별은 없다"며 엄연히 온존하는 차별을 무시했다.

실제 정부 출범 이후 추진된 각종 정책에서 '여성', '성평등', '젠더'라는 단어가 사라졌다. 차별금지법과 동성애를 공공연하게 반대하는 자가 인권위원장이 되고, 한강의 소설과 성평등·성교육 도서가 학교 도서관에서 퇴출당했다. 임신중지권은 내내 내팽개쳐져 있고, 보건복지부는 유산유도제('낙태약') 도입을 계속 막았다. 올해 7월에는 후기 임신중지가 '살인'이라며 도덕적 공포를 부추겼다.

윤석열 정부가 그나마 추진한 "여성" 정책은 저출생 대책과 성폭력 대응 정도라 할 수 있는데, 실질적 지원은 거의 없었다. 대표적으로 늘봄학교는 여전히 인력과 장소가 태부족하다. 윤 정부는 저출생을 사회악으로 여기며 여성을 애 낳는 도구마냥 취급했다. 성폭력 문제에선 피해자 지원은 하지 않은 채 수사기관 강화의 명분으로만 이용했다. 수년째 재정난과 인력난을 겪는 '디지털 성범죄 피해자 지원 센터'의 예산 확충은 내년에도 불투명하다.

가파른 물가 상승과 긴축정책은 평범한 여성들의 처지를 더 악화시켰다. 최저임금은 물가 상승률보다도 낮게 올라 저임금 여성 노동자들의 삶은 더 힘들어졌다. 노동계급 가족은 부담에 더욱 짓눌리고 여성의 이중 굴레는 강화됐다.

윤 정부의 반여성적이고 반성평등적인 기조와 정책은 이 정권을 끌어내려야 하는 또 다른 이유다.

성평등 염원과 성차별 현실의 참을 수 없는 간극

윤석열 정부하에서 벌어진 투쟁에서 여성들은 그 중요한 일부였다. 신당역 스토킹 살해 사건이나 딥페이크 성범죄에 항의하는 운동뿐 아니라, 서이초 교사 사망 사건을 계기로 폭발한 교사들의 운동과 엔데믹 이후 여러 번 파업을 벌인 보건의료 노동자 투쟁에서도 2030 여성들이 주력부대였다. 삼성전자노조 파업에서도 20~40대 여성들이 중요한 일부였다. 쿠데타 사태 직전까지 동덕여대 학생들이 점거 투쟁을 벌였다. 국제적 팔레스타인 연대 운동에서도 여성들의 주도성이 눈에 띈다. 2010년대 이후 국제적으로 여성운동을 부상하게 한 동력이 현재까지 이어지고 있는 것이다.

그 동력은 자본주의 사회에서 변화된 여성들의 삶에 토대를 두고 있다. 여성의 사회 진출은 갈수록 늘어나고, 그에 따라 기대와 자의식이 성장했지만 성차별 개선은 매우 더디고, 디지털 성범죄 등 특정 영역에선 차별이 더 심화됐다. 공식적으로 남녀는 평등하고, '능력만 있으면

뭐든지 할 수 있다'고 학교에서 배운다. 그러나 체계적 불평등이 엄연히 존재하고, 그에 따라 많은 여성이 고통받는다. 이런 간극에 대해 여성, 특히 청년 여성들이 갖는 불만은 참을 수 없을 만큼 높다.

그럼에도 차별에 대한 여성 대중의 분노와 해방의 염원, 저항은 지속되고 있는 것이다.

성지현, 〈노동자 연대〉 530호(2024-12-20).

윤석열 퇴진 운동의 급진적 잠재력

군사 계엄을 좌절시킨 것은 보통 사람들

 윤석열의 비상계엄 기습 선포 직후에 계엄군과 경찰에 맞서며 나선 것은 보통 사람들이었다. 하루 종일 고된 일과를 마치고 집에 돌아가던 장삼이사들이었다. 막 일하러 나오던 대리운전 기사들, 한창 바쁘던 배달 라이더 청년 노동자들, 집에서 TV로 이 광경을 지켜보다 뛰쳐나온 학생들, 지방에서 수십만 원 택시비를 내고 국회로 달려온 청년 등.

 국회 출입구마다 사람들이 몸싸움을 벌이고, 군 차량들을 온몸으로 막았다. 무장 헬기로 보이는 헬기들이 속속 머리 위를 지나 국회로 진입하는데도 대중교통과 택시를 이용해 모여들었다. 국회에서 계엄 해제 결의가 통과됐어도 윤석열이 계엄 해제를 수용하고 군이 철수할 때까지 흩어지면 안 된다며 서로 독려했다.

 물론 다음 날이 국회 본회의라 야당 의원 상당수가 국회 근처에 있었고, 이재명·조국 등 야당 대표들이 신속히 국회 집결을 호소한 것도 쿠데타를 막은 요인이었다. 그러나 계엄사령부의 계산에서 빠진 가장 중요한 것은, 기관총과 탱크를 만날지도 모르는 곳으로 망설임 없이 달려간 보통 사람들의 신념과 용기였다. 그것이 그날 새벽 승리의 유일한 요인은 아니었지만 가장 중요한 요인이었다.

국회에 투입된 특공대원들은 적군 정예 요원을 가차 없이 사살하는 기술로 단련된 요원들이다. 그러나 그들에게는, 확고한 정치적·도덕적 대의명분을 가지고 총구 앞에서도 눈 똑바로 뜨고 물러서지 않는 비무장 민간인들이 훨씬 더 당황스럽고 두려운 상대였을 것이다. 바로 그 때문에 계엄 부대원들이 심리적으로 동요했다.

자본주의적 민주주의에서도 민주적 요소를 작동·유지케 하는 동력은 기층 대중의 힘에 있음이 새삼 확인된 것이다. 윤석열의 기습 쿠데타 기도는 수백만 명에게 충격을 줬고, 이를 격퇴한 대중의 용기가 다시 사람들을 고무했다.

윤석열의 도발은 국제적 좌우 양극화와 불안정의 일부

윤석열의 위기와 쿠데타 기도는 전 세계 지배계급이 빠진 정치 위기의 일부다.

2024년은 선거의 해라고 할 만했는데, G7 국가 중 5개 강대국들에서 집권당이 타격을 입고 정치적 격동이 벌어지고 있다. 미국·영국에선 정권이 바뀌었고, 프랑스·일본이 예정에 없던 총선을 치러 집권당이 참패했다. 프랑스 마크롱은 정권 교체를 피했으나, 최근 총리가 의회에서 62년 만에 불신임을 당했다. 독일에서도 중도좌파 연정이 붕괴했다. 동아시아를 보면, 군사동맹을 추구하던 한·미·일 3국의 집권당이 모두 선거에서 참패했다.

그러나 새 정부, 새 내각도 대부분 곧바로 위기를 겪고 있다. 좌우 양극화 속에서 각국의 의회 민주주의를 떠받치던 중도 좌우 정당들이 추락하며 자본주의적 민주주의 정치 시스템 자체가 불안정해지고 있다. 복합 위기 속에서 어느 정당이 집권해도 뾰족한 해법이 없기 때문이다.

대중의 생활고, 지정학적 갈등, 주류 정당의 무능과 실패가 한편에선 우익적 국수주의를 자극하고 있다. 그 때문에 각국에서 권위주의화 경향이 나타나고 극우가 부상했다. 좌파는 대체로 정치적으로 주변화됐고, 대신에 팔레스타인 연대 운동, 반파시즘 운동 등이 급진화를 이끌거나 표현했다.

한국 정치도 기본 추세가 다르지 않다. '촛불 정부'를 자임한 문재인 정부가 개혁을 배신해서 생겨난 환멸과 대안 부재감을 이용해 윤석열이 집권했지만 강경 신자유주의와 노골적이고 호전적인 친미·친일 정책을 추구하다가 금세 위기에 빠졌다.

서구에서는 중도(좌·우) 정당들이 몰락하고 극우가 부상한 반면, 한국 정치는 우파 집권당과 중도 정당인 민주당 사이에서 좌우 양극화 전선이 그어지고 행정부의 꼭대기가 극우화했다. 정의구현사제단 신부들만이 아니라 최고위 사제들이 포함된 천주교 시국선언은 윤석열을 '배부른 극소수만 살찌게 하는 짐승'에 비유했다. 이런 현상은 국가와 대중 사이에서 완충지 역할을 한다는 시민사회에서도 윤석열이 기댈 곳이 점점 줄고 있다는 신호였다.

그 결과가 쿠데타였다. 윤석열은 국지전 상황을 조성해 계엄 명분을 만들려고 했는데, 사실 한국에서 계엄을 통한 군사 쿠데타는 대부분 지정학적 안보 위기와 연결돼 있었다. 한국전쟁 때는 물론이고 베트남 전쟁에서 미국의 패색이 짙던 1972년 유신 쿠데타 등이 대표적이다.

윤석열 쿠데타 이후 지배계급의 반응을 보면, 쿠데타가 만약 성공했을 때 그들이 과연 반대했을지 의심스럽다.

국방장관이 구속되고 경찰청장·서울경찰청장이 체포됐다. 윤석열의 재기 가능성이 낮아졌지만, 윤석열은 여전히 행정부 수반으로서 군 통수권을 보유하고 있다. 탄핵되면 탄핵 심판에서 적극적으로 정당성을 다투려 할 것이다. 윤석열은 여전히 가장 큰 위험 요소다.

국힘은 탄핵에 반대하며 윤석열 이후 대안 마련을 위해 시간을 벌려고 한다. 검찰, 경찰 등도 나서서 자기 조직에 미칠 피해를 최소화하려 한다. 보수 언론들도 중구난방이고, 재계 단체들은 침묵 중이다. 물론 이들 모두는 반격의 기회를 엿보고 있을 것이다.

극우는 윤석열 수호에 적극적이다. 특히, 전광훈 등은 윤석열의 계엄이 정당했다는 대규모 대중 집회를 열고 있다. 일부는 윤석열이 당당하게 나서서 정당성을 호소해 달라고 주문했다.

한국갤럽 최신 여론조사에선 윤석열 지지율이 11퍼센트, 계엄 처벌 반대는 24퍼센트다. 지지율은 낮아도 처벌에는 반대하는 여론이 훨씬 더 크다. 방심할 때가 전혀 아니다.

민주당은 친자본주의 정당이지만 정치 양극화 속에서 나름의 반윤석열 투쟁을 벌여 왔다. 쿠데타 직후 신속하게 계엄 해제를 결의했다. 기세가 오른 민주당은 지금 탄핵 추진 중이다. 윤석열 퇴진 운동 안에서 민주당의 영향력은 더 강해졌다. 동시에 차기 권력 쟁취를 위해 민주당은 혼란에 빠진 지배계급에게 상황 관리 능력도 보이려고 한다. 이재명 민주당 대표가 철도 파업 중재에 나섰고, 그 하루 만에 파업이 종료돼 버렸다. 아래로부터의 저항을 키우는 식으로 우파에 맞서지 못하는 것이다.

좌파 측을 보면, 민주당과 반우파 민주대연합을 추구해 온 단체들이 지금 거리 운동에서 주도성을 발휘하고 있다. 이들 중 가장 주목할 만한 진보당과 촛불행동은 계엄 당일 국회 앞에서 가장 먼저 조직적으로 움직인 곳들이다.

현재 정치 양극화가 민주당과 윤석열 사이에 있다는 점, 윤석열이 의회 민주주의를 공격했고 민주당이 그것의 격퇴에 한몫했다는 점, 노동계급 투쟁의 정치적 효과가 크지 않다는 점 때문에 쿠데타 미수 사태로 인한 대중 각성 효과의 1차 수혜자는 민주당과 진보당·촛불행동이다. 이들은 민주노총과 함께 12월 11일 반우파 민주대연합 성격의 '윤석열 즉각 퇴진, 사회대개혁 비상행동'을 출범시켰다.

군사 쿠데타 미수로 운동이 대폭 커지다

그동안 반윤석열 정서와 운동 규모 사이의 격차는 경제 위기의 압박, 문재인의 개혁 배신에 대한 환멸 등으로 노동자와 청년이 관망 상태에 있었던 탓이 컸다. 20대로 보자면, 문재인 정부의 개혁 염원 배신에 따른 정치적 실망감, 좌파 정당들은 세력이 미미해 못 미덥다는 대안 부재감, 미래에 대한 불안감 등으로 수년간 정치적으로 이반해 있었다.

그러나 윤석열에게 가장 먼저 등을 돌린 것도 20대였다. 불만이 커서 커다란 휘발성을 지니고 있었다. 윤석열의 쿠데타 미수가 그 휘발성에 불을 붙였다. 대통령이 군인들을 앞세워 민주주의를 파괴하려 한 사건이 정치에 무관심한 듯했던 새 세대 청년들을 급속히 정치화시키고 있다. 역사 교과서에서나 보던 일이 눈앞에서 일어난 것이다. 민주주의 자체가 위협받는다고 느끼자 청년들의 정의감이 확 불타올랐다. 12월 7일 집회는 (중장년이 적었단 애긴 아니지만) 10~30대 청년들이 수십만 명 모인 집회였다. 순식간에 대학생들이 운동의 전위처럼 됐다. 물론 정치적 경험이 일천하기 때문에, 선출된 "국민의 대표"인 국회의원들이 당연히 탄핵에 나서리라는 다소 순진한 기대가 있기도 할 것이다.

학생들만큼 극적이진 않지만, 노동자들도 달라지고 있었다. 노사분규 일수는 줄었어도 노사분규 건수는 늘어 왔다. 2023년 노사분규 건수는 2022년의 두 배다. 전투성은 부족해도 투쟁 의지는 있는 상태다. 경제 위기 심화로 노동자 불만이 더 늘어날 듯하다. 철도 파업은 예년보다 참가율이 높았다. 생산관계에 매여 있는 노동자들은 청년들이나 학생들보다 정치적으로 더디다. 그러나 전반적인 정치적 분위기가 달라지고 있고, 퇴진 운동의 전진은 노동자들을 고무할 수 있다. 그리고 움직이기 시작하면 가장 파괴력이 있다.

노동계급 저항이 전망의 중심이 될 수 있다

진정한 사회 변화를 위한 투쟁에서 한 다발의 개혁 입법보다 중요한 것이 있다. 바로 대중의 자주적 행동이다. 아래로부터의 자주적 행동과 그에 기초한 민주적 통제, 사회 운영이 사회주의의 정수다.

반면, 지금 퇴진 운동을 지배하는 전략은 그처럼 해방적이지 않다. 민중전선은 강경 우익 정권에 맞서 거리 투쟁을 병행할 수 있지만, 그 본질은 좌파가 혁명적 사회 변화 가능성을 억제하는 데 협조하는 대가로 정치권력 진입을 얻어 내는 정치적 거래다.

민중전선 전략하에서 노동자 투쟁은 연합 대상인 자유주의 중도파나 지배계급을 놀라게 하지 않는 수준에서 억제·관리돼야 한다. 그래서 민중전선과 경쟁하는 혁명적 좌파의 전략은 아래로부터의 노동자 투쟁을 통한 사회변혁 전략이다.

물론 종파주의자들처럼 운동 지도부의 전략과 이데올로기만 보고 퇴진 운동을 떨떠름하게 봐선 안 된다. 마르크스는 《공산당 선언》에서 노동계급 전체의 장기적 이익을 전제로 한 계급과의 공통점 대신 차별성을 자신의 표지로 내세우는 것을 종파주의라고 지적했다. 이는 대중운동에서 배우는 법을 모르고, 대중운동을 자기가 선생으로 있는 학교로 여기는 태도다. 윤석열 퇴진 운동을 이재명 지지자들의 2중대 운동이라고 비난하던 정의당 청년 대표는 올해 총선에서 우파 이준석에게 갔다. 이처럼, 종파주의에 깔린 조급성은 금세 기회주의로 전환될 수 있다.

쿠데타 미수범 윤석열 퇴진은 노동계급에게 진보다. 너무나도 노골적인 친기업 정부가 아래로부터의 저항으로 몰락하는 것, 지배계급의 지배력 누수가 커지는 것은 노동계급 전체에 이롭다. 저항할 자신감을 주기 때문이다.

마르크스주의자들은 탄핵/퇴진 운동의 승리를 진심으로 바라야 한다. 공통의 염원이 어떻게 효과적으로 실현될 수 있는지 하는 관점에서 주장해야 한다. 처음으로 정치의 세계에 발을 디뎌 생각이 뒤죽박죽인 사람들과 인내심을 갖고 대화해야 한다. 민주노총의 파업 호소를 자기 일터에서 투쟁 호소를 위한 기회로 삼아야 한다. 경제 파업도 돌파구가 될 수 있다.

민주주의 투쟁과 노동자 투쟁이 연결돼야

 탄핵 요구를 즉각 퇴진 요구와 단순하게 대립시키면 안 된다. 즉각 직무 정지 요구는 지금 이 순간 정당하다. 탄핵은 '즉각적'인 '정권 자체의 퇴진'은 아니다. 그러므로 탄핵이 돼도 투쟁이 즉각 퇴진을 걸고 더 나아가야 한다.

 사실 초여름에도 윤석열 탄핵 국민동의청원이 140만 명을 넘는 등 분위기 고조가 있었다. 이때, 그 전까지는 몸을 사리던 삼성전자노조가 전면파업에 들어갔다. 그러나 개혁주의 지도부들이 파업 연대 구축을 피해 기회를 날린 결과, 삼성전자노조는 파업을 중단했고, 뉴라이트 등 극우 인사들이 다수 정권 안으로 발탁됐다. 바로 그 직후 "계엄 검토" 의혹이 터졌다. 10월 하순부터 최근까지 윤석열의 위기가 최대가 된 국면에서 현대중공업과 삼성전자노조 지도부의 미흡한 잠정 합의안은 부결됐다. 이 두 사례는 노동자들의 불만이 점차 투지로 바뀌고 있음을 보여 주는 사례이자, 정치 상황과 정치투쟁이 경제투쟁에 영향을 미친 사례들이다.

 정치투쟁과 경제투쟁의 연결은 의식적으로 추구돼야 한다. 노동자 투쟁을 보편화시켜 계급으로서 싸우는 정치투쟁은 노동자들의 정치적 시야를 넓히고 계급의식을 고양시킨다. 일터에서의 경제투쟁은 더 많은 노동자들이 자체 행동에 나서게 만들어, 투쟁 근육을 키우게 한다.

 정치투쟁과 경제투쟁의 연결에는 또 다른 측면이 있다. 지금은 윤석열의 쿠데타 기도 때문에 민주주의의 문제가 제기됐다. 윤석열이 45년 만에 금기를 깼기 때문에 이제 계엄과 쿠데타는 한국 정치에서 비록 작은 가능성이지만 상존하는 변수가 됐다.

민주주의 문제가 민주대연합이나 민주당만의 의제라고 생각하거나, 윤석열 퇴진은 기정사실화됐으니 좌파는 윤석열 이후 대안을 위해 사회 개혁을 강조하자는 것은 틀렸다. 자본주의적 민주주의조차 그 알맹이는 노동계급의 조직과 운동이다. 윤석열 쿠데타 기도를 보통 사람들이 막아 낸 것처럼, 또 박근혜 퇴진 운동에 대한 계엄 기도가 대중 저항의 지속 때문에 포기된 것처럼 민주주의를 지키는 힘은 대중의, 특히 노동계급의 자체 행동에 있다.

중요한 것은 어떤 사회 세력이 민주주의 투쟁을 이끌어야 하느냐인데, 노동계급은 민주주의 투쟁을 노동자 민주주의, 즉 사회주의를 위한 투쟁으로 전환시킬 이해관계와 능력을 모두 갖춘 유일한 세력이다. 그래서 노동자들이 거리 운동에 대거 참가하는 것이 매우 중요하다.

그리하여 윤석열 퇴진 운동은 윤석열 개인만 자리에서 제거하려 할 게 아니라 윤석열 정권 전체를 정조준해 대담하게 나아가야 한다.

김문성, 〈노동자 연대〉 529호(2024-12-13).

윤석열 쿠데타 미수 후폭풍의
전망과 과제

영국의 〈가디언〉은 한국의 두 얼굴에 대해 보도했다. K-팝과 한류만 있는 줄 알았더니 독재자들도 있더라는 것이다. 하지만 한국만 두 얼굴이 아니다. 미국도 바로 몇 년 전에 극우가 국회의사당에 난입해 친트럼프 폭동을 일으켰다. 트럼프 재집권 시기에 이와 비슷한 일이 또 일어날 수 있다는 관측이 꽤 있다. 세계에서 가장 매력적인 도시라는 파리도 바르니에 내각이 붕괴하면서 생긴 공백을 마크롱이 모종의 권위주의적 수단을 동원해 메우려고 애쓰고 있다. 그리되면 파시스트 정당 국민연합을 고무해 그들은 세력을 더욱 확장하게 될 것이다. 라틴아메리카의 파리라는 부에노스아이레스도 낭만적 탱고 음악만이 아니라 대통령 하비에르 밀레이가 윤석열의 실책에서 배우려고 애쓰고 있는 두 얼굴의 도시다.

미국에서 가장 널리 사용된다는 메리엄웹스터 사전은 올해의 단어로 '양극화'라는 낱말을 선정했다. 사회의 양극화, 즉 빈부 격차 심화는 이미 오래된 현상이므로 메리엄웹스터는 특별히 정치의 양극화를 말한 것이다. 사실 사회 양극화는 정치 양극화를 동반하기 마련이다. 세계 모든 곳에서 정치 양극화가 더욱 심화됐다. 그중 극우가 날뛰고 있다. 중도좌파와 중도우파가 몰락하고 남긴 공백을 급진 좌파가 메우지 못하자 극우가 메우고 있는 것이다. 최근 트럼프 재집권도 이런 맥락 속에서 일어난 일이다.

윤석열의 섣부른 쿠데타 기도도 이런 국제적 맥락 속에서 일어난 일이다. 윤석열은 대선에서 당선되자마자 대통령실을 청와대에서 용산 국방부 건물로 옮겼는데, 〈노동자 연대〉는 윤석열이 박근혜 퇴진 촛불 운동 같은 일을 겪을 때를 대비하는 것이라고 주장했다. 이번에 그 같은 대규모 반대에 부딪히면 군사 쿠데타로 맞설 거라는 예측이었던 것이다. 그러나 11월 주말마다 열린 10만 명 안팎 규모 시위들에 직면해서 그렇게 섣부르게 일을 저지르리라고는 생각하지 못했다. 정말 어설프고 어리석은 시도였다. 극우 유튜브나 시청하더니 총선 부정의 증거를 찾겠답시고 암살 전문 특수부대 HID를 선관위로 보내는 등 윤석열은 실로 황당무계한 짓들을 저질렀다.

그러나 윤석열의 섣부른 쿠데타 기도도 많은 사람들이 득달같이 국회의사당으로 달려가 막지 않았다면 성공했을 것이라는 점을 명심해야 한다.

다들 윤석열의 제2 계엄 선포 가능성을 배제하지 못하고 있다. 다른 한편, 윤석열과 쿠데타 일당이 수사받고 처벌받을 것 같다는 기대 섞인 전망도 하고 있다. 이런 대중 의식의 모순은 현실의 모순이 반영된 것이다. 지금 우파들은 윤석열이 탄핵될 경우에 대비해 '포스트 윤석열' 전환 과정을 관리하려고 무진 애를 쓰고 있다.

그러나 '포스트 윤석열'을 단순히 불연속적으로 이해하면 안 된다. 우파 내에는 윤석열의 친위대격인 군 지휘관들과 국가 관료들이 여전히 강력하게 포진하고 있다. 그들이 윤석열을 지키기 위한 친위 쿠데타를 일으킬 수도 있다. 그러므로 윤석열을 자리에서 쫓아내는 과제를 완수하는 것은 매우 중요하다.

윤석열 축출은 탄핵을 통할 수도 있고, 하야를 통할 수도 있다. 후자가 친민주주의 운동 측에 유리하다. 탄핵 후 헌법재판소의 인정으로 가는 과정에는 국지적 전쟁이나 친위 쿠데타의 위험을 비롯한 복병이 많기 때문이다. 그러므로 우리는 하야, 그것도 즉시 하야를 선호한다. 그래서 〈노동자 연대〉는 헤드라인으로 "쿠데타 미수범 윤석열은 즉시 물러나라!"를 내놓았다.

하지만 본지 지지자들의 바람대로 풀리지 않을 수 있다. 박근혜 퇴진 운동이 그랬다. 그러므로 탄핵을 너무 강하게 비판해 마치 반대하기라도 하는 양하게 보이면 종파주의자들로 보이게 된다. 종파주의는 대중운동과 스스로 차별화되는 것을 강조해 스스로를 있으나 마나 한 조직으로 만드는 미련한 태도다.

탄핵을 통한 것이든 하야를 통한 것이든 정말 중요한 것은 투쟁의 원동력이다. 지금의 투쟁을 두고 사회주의 정치의 전통적 용어로는 민주주의적 투쟁이라고 한다. 그런데 20세기 초 러시아 마르크스주의자 트로츠키와 폴란드계 독일인 마르크스주의자 로자 룩셈부르크는 민주주의 투쟁을 성공적으로 수행하려면 노동자들의 계급투쟁이 결정적으로 중요하다고 강조했다.

이런 사상을 지금 현실에 적용해 보자. 노동자들이 거리로 나오고, 일터에서도 사용자와 싸우는 게 중요하다. 민주노총이 처음에 윤석열 쿠데타와 맞닥뜨렸을 때 "무기한 총파업"을 선언한 것은 옳았다. 그런데 계엄이 금세 해제되는 바람에 철도 노동자들만이 파업을 했다. 그런데 이재명 민주당 대표가 이를 중재하겠다고 한 것은 투쟁의 진정한 동력을 강화하는 길이 아니었다.

민주노총과 진보당은 공공연한 친자본주의 야당 민주당이 하는 이런 일을 동맹 관계 때문에 비판하지 않는다. 물론 노동조합이 무한정 투쟁만 할 수는 없을 것이다. 어떤 지점에서는 교섭을 해야 한다. 하지만 다른 노동자들도 파업하도록 하는 것이 현 정국에서 중요한 일이다. 철도 노동자만 생각할 일이 아니다. 전체 노동계급을 생각해야 한다. 윤석열을 완전히 격퇴하지 못하면 그나 그의 동지가 다시 쿠데타를 일으킬 공산이 크다. 그러므로 철도 노동자 한 부분만 생각할 게 아니라 전 노동계급을 생각해야 한다. 윤석열 일당은 애초에 민주당뿐 아니라 그 뒤에 있는 노동운동과 좌파를 분쇄하기 위해 군사 쿠데타를 일으킨 것이었음을 명심해야 한다.

윤석열 자신의 재쿠데타든 다른 누구에 의한 친위 쿠데타든 아니면 경찰국가의 부상이든 적들은 반격을 할 기회를 호시탐탐 노릴 것이다. 그런 반동을 막기 위해 노동자 투쟁은 고양돼야지, 통제돼서는 안 된다. "노동자가 너무 나서면 망친다, 역풍이 분다"는 소심한 주장이 모든 정치적 투쟁의 결정적 고비마다 제기된다. 그러나 극우들은 다음번에는 섣부르고 어설픈 일이 되지 않도록 애쓸 것이다.

노동자 투쟁을 확산시키고 지속시키는 과제에서 소수의 역할이 중요하다. 특히, 좌파적 또는 급진적 학생들이 노동자 투쟁들을 서로 연결시키는 구실을 할 수 있다. 이런 일은 학생들이 혁명적 조직을 통해 가장 잘할 수 있다. 〈노동자 연대〉 지지 학생들은 다른 학생들과 노동자들을 시위 현장으로 불러내어 서로 만나게 하는 일을 하고 있는 셈인데, 〈노동자 연대〉 자체도 그런 기능을 한다.

'포스트 윤석열' 전환 과정에는 우파의 내분과 혼란과 모순이 첨예하게 불거질 것이다. 그러나 우리 측에서도 민주연합 노선과 계급투쟁 노선이 충돌할 수 있다. 진보당과 민주노총은 두 노선 사이에서 동요할 것이다. 북한과 한반도 상황을 둘러싼 태도도 첨예한 갈등 쟁점이 될 수 있다.

분명한 것은 우리 모두가 군사 쿠데타 이전의 정치 상황으로 돌아갈 수 없다는 것이다. 검찰은 통제력을 잃지 않으려 애쓰겠지만 군부도, 경찰도, 안보 기구도, 국힘도 다 마찬가지이다. 앞으로의 한 시기는 위태로우면서도 (위기는 또한 기회이므로) 희망을 키울 수도 있는 한 시기가 될 것이다.

최일붕, 〈노동자 연대〉 529호(2024-12-13).

4장

윤석열 체포를 둘러싸고 벌어진 양극화

1차 체포영장 집행 시도가 있었던 2025년 1월 3일 한남동 관저 인근에서 열린 윤석열 체포 민주노총 확대간부 결의대회.

윤석열 없는 윤석열 내각
모두 물러나라

　민주당은 2024년 12월 27일 한덕수를 탄핵했다. 쿠데타 세력을 지키겠다고 나선 한덕수를 그 자리에 남아 있게 해서는 안 된다. 한덕수 탄핵은 정당하다.

　한덕수는 12월 26일 헌법재판관 임명을 보류하겠다고 발표했다. 한덕수는 민주당이 국회에서 헌법재판관 3명의 선출안을 가결 처리하기 직전에 선수를 쳤다. 헌법재판소의 윤석열 탄핵 심판 자체를 무력화시키려는 속셈이다. 한덕수가 사전 정지 작업을 해 놓자 그다음 날 윤석열 측 대리인들은 헌재에 선임계를 냈다.

　한덕수는 탄핵 의결 정족수를 놓고 법적으로 다퉈 볼 만하다고 판단한 듯하다. 더구나 미국의 지지를 기대하고 있는 듯하다. 미국 국무부는 한덕수 탄핵으로 대화 상대를 다시 잃을 가능성에 대한 우려에 관해 이렇게 답했다. "우리는 한국이 헌법에 명시된 절차를 평화적으로 따르는 것을 봤으며, 한 권한대행, 한국 정부와 함께 일할 준비가 돼 있다."

물론 한덕수를 탄핵해도 윤석열 정부의 또 다른 장관이 '대행의 대행'으로 등장할 것이다. 다음 순번은 경제부총리 최상목인데, 최상목을 비롯한 많은 국무위원들의 12월 3일 쿠데타 당시 행적이 베일에 싸여 있다(국무회의 회의록도 없다고 한다). 최상목은 한덕수 탄핵을 반대했다. 한덕수를 탄핵하면 "안정된 경제시스템과 대외신인도"가 흔들린다고 했다. 이자도 한덕수와 마찬가지로 기업주들과 미국 등 서방 정부들의 우려를 앞세워 민주당을 압박했다.

최상목은 한덕수 탄핵이 "내각 전체에 대한 탄핵"이라고 했다. 그의 말대로 되도록 해야 한다. 한덕수 내각 전체가 물러나야 한다.

윤석열 정부를 물러나게 할 원동력

윤석열 체포·구속, 한덕수 내각 총사퇴 같은 슬로건과 요구는 운동의 방향성을 나타내는 중요한 문제다. 하지만 더 중요한 것은 그것을 관철시킬 원동력이다. 노동자 투쟁이 진정한 원동력이다. 물론 지금도 많은 노동자들이 항의 시위에 참가하고 있다. 그러나 노동자들이 항의 시위 참가뿐 아니라 파업 등 계급적 투쟁을 벌여 기업 이윤에 타격을 준다면 윤석열 정부의 핵심 기반을 크게 흔들 수 있다.

한덕수가 쿠데타 세력을 비호하고 나선 12월 26일, 경찰이 건설노조와 교사노조 사무실을 압수수색한 것은 우연이 아니다. 한덕수 탄핵 위기로 정치 위기가 급속하게 심화되자 노동조합에 대한 견제구를 날린 것이다. 두 노조는 윤석열 정부하에서 만만찮게 투쟁했던 곳이다. 같은 날, 경찰은 집시법 위반 혐의로 민주노총 양경수 위원장에게 출석 요구서를 보냈다. 우익이 상황 반전을 노리는 때 민주노총은 윤석열 탄핵안 국회 통과 직후 "잠시 해제"한 총파업을 다시 명령해야 한다.

노동자들은 이번 쿠데타를 보며 많은 것을 배웠을 것이다. 무엇보다, 쿠데타 세력을 저지할 수 있음을 알게 됐다. 하지만 쿠데타를 지지하는 자들도 배웠을 것이다. 다음번 반격이 성공하려면 더욱 무자비하고 냉혹해야 한다는 것 말이다. 우익의 반동이 성공하지 못하도록 막을 열쇠는 바로 노동자들이 쥐고 있다. 노동자들이 윤석열 정권 퇴진뿐 아니라 자신의 요구를 내걸고 투쟁하는 것이 중요하다.

민주당의 한결같지 않음에 유의해야 한다

민주당은 12월 27일 한덕수 탄핵소추안을 통과시켰다. 민주당은 그 전까지 열흘 남짓(12월 15~24일) 한덕수 대행 체제를 인정했다(결과적으로 시간 낭비한 셈이다). 국회에서 윤석열 탄핵안이 가결된 다음 날(12월 15일) 이재명 민주당 대표는 이렇게 말했다. "여당이 지명한 총리가 아니라 여야를 가리지 말고 정파를 떠나서 중립적으로, 정부의 입장에서 국정을 해 나가야 한다고 말씀드렸다. 총리께서도 전적으로 흔쾌히 동의했다."

민주당은 쿠데타 저지와 탄핵안 국회 통과 과정에서 주도성을 발휘했다. 반정부 거리 운동에 대해서도 호의적이었다. 그러나 민주당은 그 못지않게 "국정 안정"을 중시한다. 윤석열은 정부의 신뢰 위기를 겪으며 불안정해지자 군사 쿠데타라는 폭력적 수단을 동원해 국내 반대자들을 "싹 다 정리"하려고 했다. 민주당은 이에 맞서 윤석열 탄핵으로 "헌정 체제를 유지"하려고 한다. 그런 터에 한덕수마저 탄핵하면 정치 위기가 심화될까 봐 걱정하고 있다.

민주당이 망설이는 사이에 미국 정부가 한덕수 대행 체제를 지지하고 나섰다. 그러자 민주당은 더욱 주저했다. 민주당도 한미 동맹의 중요성을 인정하기 때문이다. "한국 외교의 기본 축이 한미 동맹[이다]"(이재명 대표).

이런 이유로, 민주당은 한덕수 탄핵안 발의 문제를 놓고 며칠을 망설이고 동요했다. 12월 24일에는 의원총회에서 만장일치로 한덕수 탄핵안 발의 방침을 결정했다가 2시간 만에 뒤집기도 했다. 그러나 거리의 분위기는 사뭇 달랐다. 대중은 한덕수 사퇴를 강력히 촉구했다. 그런 터에 한덕수가 헌법재판관 임명을 거부했다. 한덕수에게 뒤통수를 맞은 뒤에야 민주당은 탄핵안을 발의했다.

김인식, 〈노동자 연대〉 531호(2024-12-27).

윤석열 없는 윤석열 내각에
힘 실어 준 미국

2024년 12월 26일 미국 관영 매체 〈미국의 소리VOA〉는 미국 국무부가 "한국 대통령 권한대행 한덕수와 일할 준비가 돼 있다"는 입장을 다시 한 번 밝혔다고 보도했다. 한덕수 탄핵안 표결 하루 전날 다시금 한덕수 내각에 힘을 실어 준 것이다. 한덕수 탄핵을 추진하는 민주당에는 정국 안정 압박 메시지를 보낸 것이다.

블룸버그, AP통신 등 미국의 주요 언론들도 한덕수 탄핵안 발의가 "고위급 외교를 중단시키고 금융시장 혼란과 정치 마비를 심화"시키며, "정치적 불확실성이 경제를 압박"할 것이라는 부정적 보도를 쏟아내고 있다.

12월 19일에도 미국 국무부 부장관 커트 캠벨이 한덕수에 대한 "전적인 지지"를 표명한 바 있다. 커트 캠벨은 바이든 정부의 대중국 견제 전략을 설계, 주도해 온 인물이다. 23일 커트 캠벨은 한국 외교부 제1차관 김홍균을 만나, 쿠데타 이후 연기된 한미 핵협의그룹NCG 회의도 곧 재개될 것이라고 말했다. 핵협의그룹은 한반도에 미국 핵무기를 들여놓으려는 제국주의 회의다. 커트 캠벨과 김홍균은 러시아에 파병된 북한군 사상자 발생, 북·러 군사 협력 저지 방안에 관해서도 논의했다(연합뉴스 12월 24일 자). 커트 캠벨은 한덕수를 가리켜 "우리[미국]에게 잘 알려진" 인물이라고 말했다. 한덕수가 주미대사였던 시절 그와 잘 지냈다는 뜻인 이 말은 또한 미국의 의도가 무엇인지를 시사한다. 윤석열의 쿠데타 미수로 불거진 정치 불안정이 한미 동맹에 악영향을 끼치지 않도록 관리하겠다는 것이다.

한덕수는 뼛속 깊이 친미이자 신자유주의자인 경제 관료로서 미국 정·재계와 깊은 관계를 맺어 왔다. 그는 2003년 국책은행을 미국계 사모펀드에 헐값 매각한 의혹('론스타 게이트')에도 연루됐었다.

미국 권력자들의 "민주주의" 운운은 위선이다. 미국 권력자들이 원하는 것은 오로지 미국 제국주의의 이익이다. 즉, 미국이 원하는 바를 윤석열만큼 잘 따라 줄 차기 지도자가 중국 인접 동맹국인 한국에 세워지고, 한미 동맹 정책이 차질 없이 진행될 수 있는지만이 관심사다.

그간 미국 정부는 이를 기준으로 득실만 재면서 윤석열에 대해 일관된 입장을 취하지 않았다. 윤석열이 쿠데타를 일으킨 직후 미국은 "긴밀히 모니터링 중"이라고만 했다. 그러다 그 기도가 실패하고 계엄이 해제되자 그제야 "깊은 우려" 운운했다. 윤석열 탄핵안이 국회에서 1차 부결되자 미국 정부는 "우리의 대화 상대는 여전히 윤석열"이라고 은근히 편들어 줬다. 그럼에도 탄핵안이 최종 가결되자 그제야 "민주주의 회복력을 보여 준 한국 국민들을 강력히 지지한다"고 했다. 미국 정부는 윤석열의 쿠데타 기도에 관해, 한국의 민주주의를 우려한 게 아니다. 어떤 격변이 자신의 통제 밖에서 벌어지는 것을 꺼렸을 뿐이고, 만약 쿠데타가 성공했다면 미국은 기꺼이 윤석열을 용인했을 수 있다.

미국의 군사 쿠데타 지지 역사

미국 지배자들의 역사에는 다른 나라의 쿠데타를 자기 이익에 따라 용인하거나 환영하고 심지어 비열한 공작과 지원으로 사주해 온 사례가 수두룩하다. 이란, 라틴아메리카 등지에서 수십 년 동안 그래 왔다.

멀리 갈 필요 없이 한국 역사를 보자. 미국은 박정희의 5·16 쿠데타를 처음에는 미심쩍어했지만 박정희가 "반공"을 전면에 내세우자 적극 승인해 줬다. 전두환의 12·12 쿠데타에 대해서도 미국은 초반에 안정을 중시하며 관망했지만 쿠데타가 성공하자 곧바로 신군부와 협력 관계를 공고히 했다. 각 시기마다 미국은 4월혁명, 부마항쟁, 광주항쟁 등을 어떻게든 잠재우고 싶어 했고, 민주주의가 아니라 친미 독재자들을 지지했다.

이번 미국의 한덕수 지지 입장도 윤석열과 한덕수 내각에 맞서 계속되고 있는 한국의 대중운동을 거스르는 행태다. 미국 지배자들은 민주주의의 편도, 대중운동 편도 아님을 뼛속 깊이 명심해야 한다.

김승주, 〈노동자 연대〉 530호(2024-12-27).

윤석열의 선동에 결집하는 극우

2024년 12월 31일 윤석열 체포영장과 대통령실 수색영장이 동시에 발부되자, 극우 선동가 전광훈은 지지자들에게 모두 서울 한남동 윤석열 관저 앞으로 집결하라는 지침을 내렸다. 고성국, 신혜식 등 유명 극우 인사들이 일제히 호응했다. 극우 시위대는 즉시 관저 앞으로 몰려가 공수처가 체포영장 집행을 시도하는 1월 3일까지 3박 4일 동안 물러서지 않고 있다. 1월 2일 아침에는 국힘 의원 윤상현과 김민전이 방문해 극우 지지자들에게 감사를 표하고 윤석열을 찬양했다.

무엇보다 윤석열 자신이 관저 앞 시위대를 선동했다. 1월 1일 밤 시위대에게 일일이 반포한 서한에서 윤석열은 "유튜브를 통해 애쓰는 모습을 보고 있다"며 시위대를 격려하고, "나라 안팎의 주권 침탈 세력과 반국가 세력의 준동"에 맞서 "여러분과 함께 끝까지 싸우겠다"고 해 자신이 극우 세력의 지도자임을 확인시켜 줬다. 국힘 권영세·권선동 지도부와 나경원 등의 말도 극우적이 됐다.

윤석열의 군사 쿠데타 미수 이후 우파의 더한층 우경화가 일어나고 있는 것이다.

윤석열 정부와 극우의 관계

사실 윤석열은 임기 내내 극우와 밀접했다. 극우와 연계된 인물들이 내각과 정부 기관들에 발탁됐고, 윤석열·김건희는 대통령 취임식에 유명 극우 유튜버들을 대거 초대했다. 이들은 이번 쿠데타 기도에도 앞장서거나 적극 동조했다. 모두 친미·반공주의 관점에서 극단적 자유 시장 자본주의 수호를 외쳐 왔기 때문에 상당수가 옛 전경련(현 한경협)이나 경총 등 재계의 후원을 받아 활동한 전력이 있다.

국방부 장관을 지냈고 지금은 대통령실 안보실장인 신원식, 현 노동부 장관 김문수 등은 모두 전광훈과 손잡았던 인물들이다. 계엄 지휘자인 김용현의 현재 변호인단은 전광훈의 변호인 출신자들이다. 김문수는 전광훈과 함께 자유통일당을 창당해 공동 대표까지 맡았었다. 윤석열의 45년 지기이자 검사 출신인 석동현은 민주평화통일자문회의 사무처장 시절에 도를 넘은 친일 발언을 했다가 자리에서 물러난 뒤, 국힘을 탈당해 총선에서 자유통일당 후보로 출마했다. 석동현은 지금 윤석열의 변호인단을 총괄 대표하고 있다. 통일부 장관 김영호, 문화체육부 장관 유인촌, 윤석열의 친미·친일 외교를 실무 지휘한 국가안보실 차장 김태효 등은 뉴라이트 극우들이다.

윤석열은 2024년 정부 주요 역사 기관장에 차례로 뉴라이트 극우들을 앉혀 '역사 전쟁'을 벌였다. 방송통신위원장, 국가인권위원장에 임명된 극우 인물들은 반민주적 정책들의 선봉대 구실을 했다.

윤석열 정부하에서 주목받는 외곽 극우 조직은 지식인 중심의 한국자유회의와 거리 우익을 대표하는 전광훈의 대한민국바로세우기국민운동본부다.

한국자유회의는 박근혜 퇴진 운동 한복판에서 촛불 운동을 "공산 전체주의 반국가 세력"이라고 부르며 결성됐다. 노재봉 등 올드 라이트 극우와 현 정부에 진출한 김태효, 김영호, 이영훈 등이 손잡았다.

거리 우익은 윤석열이 어려울 때마다 광화문 사거리에서 광기 어린 대규모 집회를 열어 왔다. 이를 주도하는 자유통일당, 자유마을 등은 동원력을 갖춘 전국 조직이다. 이를 이끄는 전광훈 목사는 친미 기독교 근본주의와 반공주의를 결합시킨 극우 노선을 추구하는데, 한국의 독자 핵무장을 지지한다. 뉴라이트 극우 지식인들이 정부 요직에 진출하는 방식으로 주류화를 꾀했다면, 전광훈은 자신의 정당(기독자유당, 자유통일당)을 의회에 진출시키려 해 왔다. 다만, 윤석열 정부 들어서는 윤석열을 돕자며 국힘 입당 전술도 병행했다.

우익의 과격화(극우화)

최근 한국 우익 진영의 과격화에는 복합 위기가 배경으로 깔려 있다. 장기 침체 속에서 미·중 갈등 등 제국주의 간 경쟁이 고조되며 미국 중심의 국제 질서에 균열이 나기 시작했다. 이것이 각국, 특히 친서방 나라들에서 정치 위기를 낳았다. 극우와 윤석열 정부가 노골적 친미·친일 노선과 신자유주의적 긴축정책 추진, 정치적 반대파들을 '친중·친북', '반국가 세력'으로 몰아 척결 대상으로 삼는 것 등에서 한통속이었던 것은 이런 위기에 대한 우익적 반응이었다.

국내적 맥락에서도 한국 우파는 과격해졌다. 최근 계기는 2016~2017년 박근혜 탄핵이었다. 우익은 집권 보수당(지금의 국힘, 당시 새누리당)이 분열해 정치권력을 친북 좌파에 넘겨줬다며 분노해 왔다. 당시 거리 우익 상당수는 계엄 선포를 주장했다. 그중 고위 장교 출신들은 김관진 등 군부와도 교감이 있었을 것으로 보인다. 김관진은 당시에 비상계엄 검토를 지시한 것으로 알려져 있다. 문재인 정부 들어서 황교안·나경원 당시 자유한국당 지도부는 당 전체를 거리 극우 집회로 끌고 갔다. 이때의 극우화는 2020년 총선 참패로 중단됐다.

윤석열이 집권하자 다시 극우화로 시나브로 기울어 왔는데, 이번 쿠데타 기도가 우익을 다시 한 번 과격화시키고 있다. 실로 수십 년 만에 좌파를 진짜로 싹 쓸어 버리겠다고 행동하는 지도자가 나온 것이다. 극우 단체들은 윤석열의 계엄 선포문, 12·12 기자회견문 전문을 인쇄해 거리에서 뿌리고 있다.

미국의 윤석열 없는 윤석열 정부 지지와 109석이나 되는 여당의 버티기는 거리 우익의 사기를 높이는 요인이다. 그리되면, 군부·경찰·국정원 등 억압 기구 내 우익도 사기를 회복할 수 있다.

여당의 버티기 뒤에는 좌우 양극화 현실이 있다. 대부분의 여론조사에서 25퍼센트 정도가 계엄 지지, 탄핵 반대, 윤석열 처벌 반대에 일관되게 답하고 있다. 여당이 시간을 벌려고 버틸 만한 구석이다. 이는 박근혜 탄핵 때와 다른 모습이다.

요컨대, 윤석열 퇴진 운동은 과격화하며 결집하고 있는 우익과 국가 권력을 놓고 다투고 있는 것이다. 그래서 정치 시스템은 더 불안정해지고, 투쟁에 걸린 판돈은 더 커지고 있다. 따라서 윤석열 퇴진 운동은 더 단호하고 대담하게 맞불을 놓고 우익의 기를 꺾어야 한다. 노동계급의 참여를 독려해 집회 규모를 더 키워야 하고, 특히 파업들이 호소돼야 한다.

김문성, 〈노동자 연대〉 532호(2025-01-03).

최상목 내각 전원 다 물러나라

윤석열이 관저를 요새 삼아 체포에 저항하며 반격의 기회를 노리고 있다. 헌법재판관 일부의 임기가 만료돼 판결을 내리지 못하도록 시간을 끄는 한편, 최근에는 아예 탄핵 기각 가능성도 염두에 두고 공세를 강화하는 듯하다. 민주당 측이 탄핵소추 사유에서 내란죄를 뺀 것에서도 자신감을 얻었을 법하다.

최상목을 필두로 한 국무위원들은 말로는 윤석열과 거리를 두고 '국정'에만 신경을 쓰겠다고 한다. 그러나 실제로는 윤석열이 목적한 바를 이룰 시간과 자원을 제공하고 있다. 어떤 일은 하고 어떤 일은 하지 않음으로써 말이다. 최상목은 2025년 1월 3일 경호처가 모든 수단과 온 힘을 사용해 체포영장 집행에 저항할 수 있도록 목줄을 풀어 줬다. 경호처에 체포 협조를 지시하기는커녕 거꾸로 경호처의 경찰 지원 요청을 경찰 측에 그대로 전달했다.

최상목은 "권한대행의 대행이 할 수 있는 일이 많지 않다"더니 정작 윤석열에게 도움이 되는 일들만 집행했다. 헌법재판관 후보 3인 중 진보 성향의 마은혁 후보자를 빼고 중도·우파 성향 후보자 2인만 선택적으로 임명했다. 윤석열이 헌법재판도 해 볼 만하다고 여기게 된 한 요인이다. 마찬가지로 시간을 끄는 것 아니냐는 의심이 들게 만드는 공수처가 계속 수사를 하도록 내버려 두고 있다. 반면 특검은 모조리 반대하고 있다. '내란 특검'에는 거부권을 행사했고, 상설특검도 추천 의뢰를 하지 않고 있다. 한덕수 탄핵안이 발의된 날, 최상목은 다른 국무위원들을 소집해 한덕수를 옹호하는 입장을 발표했다. 자신들이 윤석열 정부의 일원으로서 일심동체임을 강조했다. "[한덕수] 권한대행에 대한 탄핵소추는 내각 전체에 대한 탄핵소추와 다름없다."

최상목 외에도, 계엄 국무회의에 참석한 자들은 모두 당시 상황을 제대로 공개하지 않고 있다. 처벌을 피하려 말을 아끼는 것이기도 하겠지만, 계엄 결정 과정이 법원에서 사실로 확인될 때까지 윤석열에게 시간을 벌어 주는 것이기도 하다. 한 배를 탄 심정으로 서로를 보호함으로써 윤석열 없는 윤석열 정부가 붕괴되지 않도록 지키는 것이기도 하다. 계엄을 심의한 국무회의에 참석한 12인 중에는 탄핵당한 윤석열, 한덕수, 박성재(법무부)와 구속된 김용현(국방부), 사퇴한 이상민(행안부)을 제외하고도 7명이 더 있는데, 이들 중 국정원장은 애당초 계엄 계획을 알고 있었을 가능성이 크다. 나머지도 계엄이 해제되기 전 공개적으로 반대 입장을 밝힌 바 없다. 동조했거나 최소한 묵인·방조한 자들로 당장 체포돼야 마땅하다. 그런데도 검찰은 김용현을 제외한 국무위원들을 무혐의 처분하려 한다. 대놓고 계엄을 옹호하는 노동부 장관 김문수와 극우 본심을 드러내지는 못하고 입을 꾹 다물고 있는 통일부 장관 김영호, 문체부 장관 유인촌, 보훈부 장관 강정애도 여전히 자리를 꿰차고 앉아 있다. 외교부 장관 조태열은 미국 정부가 윤석열 없는 윤석열 정부에 지지를 보내도록 동분서주하고 있다. 이주호와 조규홍은 윤석열이 추진하던 경쟁 교육 강화와 의료 시장화를 한 걸음이라도 더 추진하려고 안간힘이다.

1월 9일 오전에는 서울중앙지검이 경북 성주 소성리 사드기지 반대 집회 장소인 원불교 진밭평화교당 천막을 압수수색했다. 미국의 대중국 견제에 협조하는 한미 동맹에 한 치의 흔들림도 허용하지 않고, 이에 대한 아래로부터의 저항도 용납하지 않겠다는 태세를 보여 준 것이다. 이는 2024년 10월 감사원이 '군사기밀 누설'이라며 수사를 의뢰한 것에 대한 조처다. 최상목 내각은 윤석열이 추구하던 가치와 정책들을 차질 없이 추진함으로써 그 지지 기반을 공고히 하는 최고의 지원사격을 하고 있다.

국가안보실장 신원식, 비서실장 정진석 등 대통령 없는 대통령실을 지키는 자들도 계엄 계획을 사전에 알고 있었을 가능성이 크다. 이자들은 최상목의 선택적 헌법재판관 임명에도 집단 사의를 표할 정도로 윤석열 지키기에 열심이다. 이들은 윤석열과 그의 과제를 지킴으로써 극우 지지 세력을 결집시키고 조금이라도 유리한 상황을 만들려 애쓰고 있다.

따라서 민주당이 국정 협의를 한다며 최상목에게 시간과 기회를 주는 것은 윤석열과 우파 일반에게 도움이 되는 일이다. 이자들의 '국정'은 당장 중단돼야 한다. 한 사람도 남김없이 끌어내려 마땅한 처벌을 받게 해야 한다.

장호종, 〈노동자 연대〉 533호(2025-01-10).

끝까지 윤석열 퇴진 운동에 재 뿌린 바이든 정부

퇴임을 겨우 2주 앞둔 미국 바이든 정부의 국무장관 앤터니 블링컨이 2025년 1월 6일 한국을 방문했다. 블링컨은 최상목 권한대행을 만난 뒤 조태열 외교부 장관과 한미 외교부 장관 회담을 했다.

블링컨은 윤석열의 계엄 시도가 잘못이었다고 말했다. 그러나 블링컨이 이 국면에 애써 한국에 와서 최상목을 만난 것 자체가 주는 메시지는 또 다르다. 그는 윤석열 체포와 파면을 방해하고 있는 최상목 내각을 인정하고 지지해 줬다. 이는 윤석열과 국힘 그리고 성조기를 흔들며 거리로 나오고 있는 친미 우익들에게 좋은 신호로 여겨질 것이다.

블링컨은 캠프데이비드 한·미·일 정상회담, 한미 핵협의그룹, 한·미·일 안보협력 프레임워크 등 그동안 바이든과 윤석열이 함께 추진해 온 제국주의적 동맹 구축의 성과를 칭송했다. 그러면서 북·러 협력에 맞서 "우리가 해결해야 할 공동 의제가 많다"며 현안 대응의 시급성을 강조했다. 블링컨은 '쿠르스크 북한군 1000명 사상' 프로파간다를 또 꺼내들었고, 러시아가 북핵을 용인하고 북한에 첨단 우주 기술도 제공하려 한다는 "신뢰할 만한 정보가 있다"고도 흘렸다. 그러면서 최상목 내각을 향해서는 "어려운 시기에 리더십을 발휘하고 있다"고 격려했다. 한국의 안보 위기를 부각함으로써, 한국의 정치 상황이 최상목 내각을 중심으로 안정되도록 협력할 것을 민주당에게 우회적으로 압박한 것이다.

윤석열과 국힘, 우익은 이런 미국 정부의 입장을 유리하게 이용하려 할 것이다. 미국 정부가 윤석열 정부 반대 운동에 재를 뿌리고 있는 것이다.

쿠데타 이전까지, 바이든 정부는 친제국주의적이고 권위주의적인 정책을 펼치는 윤석열더러 "민주주의의 옹호자" 운운하며 추켜세웠다. '민주주의 정상회의'도 한국에서 개최했다. 그러더니 이제 떠나는 길 마지막까지도 평범한 한국인들을 기만하고 있다.

김승주, 〈노동자 연대〉 533호(2025-01-10).

극우 일론 머스크의 한국 우익 띄우기

세계 최대 부자이자 극우인 일론 머스크가 한국 우익 시위대를 찬양해 화제가 되고 있다. 2025년 1월 6일 머스크는 폴란드 극우 언론 비세그라드24가 엑스에 게시한 한국 우익 시위대의 영상을 공유하며 "한국은 난세"라고 썼다. 문제의 영상은 세종대로의 우익 시위대를 여러 각도에서 반복 재생한 것으로, 시위 규모를 터무니없이 과장하고 있다. 1월 3일에도 머스크는 "STOP THE STEAL(선거 탈취 중단)" 팻말을 든 한국 우익의 사진에 놀랍다는 댓글을 달았다. 이 구호는 2021년 1월 6일 미국 국회의사당에 난입한 친트럼프 극우가 내건 것으로, 머스크는 트럼프가 일으킨 극우 운동 마가(MAGA, 미국을 다시 위대하게)와 한국 거리 우익 사이의 유사성을 부각한 것이다.

이는 머스크 개인 의견의 표명으로만 볼 일이 아니다. 머스크는 차기 트럼프 정부 핵심 인사로서 앞장서 윤석열과 우익에 힘을 실어 주고 있는 것이다.

최근 머스크는 한국뿐 아니라 여러 나라의 극우를 고무하고 있다. 특히, 중도좌파 정부가 붕괴(독일)하거나 위기에 빠진(영국) 곳의 극우를 띄워 주고 있다. 1월 2일 머스크는 영국 파시스트 토미 로빈슨의 석방을 촉구했다(로빈슨은 법원 명령을 어기고 이민자를 악마화하는 주장을 되풀이하다 2024년 10월부터 수감 중이다). 머스크는 영국 노동당 정부가 "스탈린식 독재를 노린다"고 비난하며 영국 국왕에게 의회 해산을 촉구하기도 했다. 2024년 12월 28일에는 파시스트들이 주도하는 '독일을 위한 대안AfD'을 "독일의 마지막 희망"으로 추켜세우는 글을 독일 우익 언론에 기고했다.

여기에는 트럼프 2기의 대외 정책을 위한 사전 정지 작업의 효과도 있다. 1기 때처럼 무역 정책 등에 반발할 수 있는 서유럽 정부들과의 잡음을 미연에 견제하는 것이다. '극우를 밀어 줘 너희를 괴롭힐 수 있다.' 머스크가 한국의 우익을 띄워 주는 것도 중국과의 대결에 집중하려는 것과 관련 있다. 이는 그간 한·미·일 동맹에 매진해 온 윤석열 정부와 우익의 노선에 힘을 실어 주는 효과를 낼 것이다. 트럼프의 대중국 정보전 자문단 일원인 존 밀스와 트럼프 1기 책사였던 스티브 배넌의 대담은 이를 더 분명하게 드러냈다. 밀스는 "계엄은 한국에서 중국의 선거 개입에 맞서기 위한 전략적이고 … 유일하게 합법적인 시도"라고 주장했다. 배넌은 밀스에 맞장구치며 반윤석열 시위대의 "3분의 2는 중국인"이라는 거짓말을 되풀이했다.

이런 자들 덕에 국제 무대에서 존재감을 과시한 한국 우익은 자기 정당성이 입증됐다고 여기며 기세를 올릴 것이다.

윤석열의 쿠데타와 그 후 전개를 보면 지독한 기시감이 든다. 부정선거 음모론 제기하며 반민주적 폭거, 이후의 집요한 자기변호, 법리적 진흙탕 싸움, 거리 우익 동원 등. 애초에 거리를 두던 여당 정치인들이 윤석열을 비호하는 모습도 그렇다. 바로 도널드 트럼프가 그런 수법으로 2021년 1월 6일 극우 시위대의 국회의사당 난입 '쿠데타'를 공공연히 선동하고도 민주당 정부하에서 단죄받기는커녕 재선에 성공했다. 윤석열은 트럼프의 수법에서 배우려 애쓰며, 트럼프가 내란죄로 기소되지 않은 것을 들어 자기 쿠데타를 정당화하고 있다(군을 동원해 쿠데타를 벌이기도 했다는 점에서는 트럼프보다 한 발 더 나아간 것이기도 하다).

2020년 미국 대선에서 패배한 트럼프는 선거 결과를 "도둑맞았다"고 우겼고, 이듬해 1월 6일 국회의사당에 난입해 바이든 당선 인증 절차를 중단시킨 극우 시위대에 "애정"을 표했다. 난입은 6시간 만에 진압됐다. 그러나 미국 극우는 존재감을 만방에 과시했고, 이들이 외친 "STOP THE STEAL"은 미국 우익의 전투 구호가 됐다.

미국 지배계급은 1월 6일 사건을 계기로 트럼프가 선을 넘었다고 보고 그를 '손절'했다. 그러나 트럼프는 싸움을 이어 갔다.

바이든 정부는 트럼프를 사법 공격했지만, 1월 6일 사건 같은 중대한 건으로 트럼프를 기소하지 않았다. 바이든 정부는 유죄판결을 더 손쉽게 이끌어 내기 위해서라며 트럼프가 성관계 후 입막음조의 돈을 누구 명의로 줬는지 같은 파렴치 범죄를 물고 늘어졌다. 트럼프는 "선거를 도둑맞았다"는 주장을 되풀이하며 크고 작은 문제들 모두에서 위법성을 부인했다. 트럼프가 바이든 정부와 벌인 법리적 진흙탕 싸움은 그가 권력층의 증오를 한몸에 받는 "아웃사이더"를 자처하며 오히려 극우를 동원하는 데에 도움이 됐다. 트럼프는 2022년 8월 미 연방수사국FBI의 자택 압수수색이나, 2024년 4월 법정 출두 등 자신에 대한 공격을 쟁점으로 삼아 극우 시위를 선동했다. 극우는 이에 호응하는 한편, 1월 6일 사건에 대한 수사·청문을 자기 홍보의 장으로 삼았다. 결국 수사는 극우 인사 몇 명을 감옥에 가두는 것으로 끝났고, 이제 그들 모두가 트럼프 취임 직후 사면되리라는 말이 나오고 있다.

트럼프는 극우가 중심축이 돼 모으는 표를 이용해 공화당을 장악했고, 극우는 트럼프를 이용해 공화당에 더 깊이 침투하고 전국적 동원력을 키웠다(2022년 한국 거리 우익이 국힘에 조직적으로 입당한 것은 미국 극우의 전술에서 착안한 것이다). 트럼프의 부정선거 음모론을 경멸하던 공화당 정치인들도 공천을 받기 위해, 또 트럼프의 득표력을 탐내 점차 트럼프의 주장을 따라 했다. 이는 극우의 음모론과 각종 반동적 주장들이 공론장에 오를 만한 것인 양 비치게 하는 효과를 냈다.

바이든·해리스의 민주당은 트럼프에 맞서 '중원'을 잡겠다며 더한층 우경화했다. 그러나 이는 트럼프에게 더 유리한 지형을 만들어 줬을 뿐이고, 결국 해리스는 선거에서 참패했다. 미국의 경험은 국가(와 오늘날의 경우 중도 정치)가 극우를 저지할 수단이 못 됨을 보여 준다.

트럼프를 위기로 몰아넣은 것은 대중운동이었다. 2020년 트럼프의 첫 재선 도전을 좌초시킨 것은 '흑인 목숨도 소중하다' 운동이었다. 2024년 미국 대선을 앞두고 트럼프 지지가 크게 하락했던 유일한 시기는 팔레스타인 연대 대학생 운동이 미국 캠퍼스들을 휩쓸던 5월이었다. 한국의 우리도 2020년 미국에서처럼 최대한 크고 광범한 운동으로 우익을 압도해야 한다. 특히, 미국에서 별로 발휘되지 못했던 힘도 써야 한다. 즉, 노동자들이 파업 투쟁으로 이윤 창출과 기성 질서를 흔들면 윤석열과 우익과 그들을 비호하는 국가기관들을 타격할 수 있다.

김준효, 〈노동자 연대〉 533호(2025-01-10).

윤석열 퇴진 운동을 이끄는 비상행동의 정치

2025년 1월 3일 공수처와 경찰이 윤석열 체포에 실패하자, 윤석열과 쿠데타 동조 세력을 응징하고 싶어 하는 수많은 사람들이 당혹감과 낭패감을 맛봤다. 1월 4일 서울 광화문 집회 규모가 전주의 절반가량이었던 것도 이런 정서와 관계있을 것이다. 주최 측 추산으로 15만 명이 참가했다. 전주에는 주최 측 추산으로 50만 명이 참가했다. 동시간대에 광화문과 한남동으로 집회가 나뉜 걸 감안해도 꽤 줄었다.

민중전선 전략

현재 윤석열 퇴진 운동을 주도하는 연대체는 '윤석열 즉각 퇴진, 사회대개혁 비상행동'(이하 비상행동)이다(또 다른 윤석열 퇴진 운동 연대체로는 촛불행동이 있는데, 이들은 이미 2022년 8월부터 퇴진 운동을 시작했다). 비상행동에 대형 개혁주의 단체들이 참가하고 있기 때문에, 현 국면에서는 동원의 이점을 누리고 있다. 민주노총, 참여연대, 한국진보연대 등 대표적 시민·사회·노동 단체들이 참가하고 있다. 그 덕분에 비상행동이 매주 토요일 주최하는 경복궁 앞 집회가 대규모로 열리고 있다.

비상행동을 주도하는 단체는 엔지오들(참여연대, 녹색연합, 여연 등), 반미자주계, 민주노총이다. 비상행동은 정당 참여를 배제하지는 않되, 정당이 공동 의장·대표·운영위원장 등 주요 직책을 맡지 못하게 했다. 그러나 민주당·조국혁신당은 중앙당은 가입하지 않았지만 지역 조직들이 가입해 있다. 정당의 지역 조직들이 중앙당과 무관하게 활동하지 않는다는 것은 자명하므로, 실제로는 민주당이 큰 영향을 미치고 있는 것이다. 특히, 정치적으로는 민주당이 윤석열 퇴진 운동을 주도하고 있음을 관찰로도 알 수 있다.

사실 비상행동 주도 단체들은 모두 각자의 방식대로 민주당과의 전략적 연대를 지향한다. 그래서 비상행동은 반윤석열 민중전선이다.

민주당 중앙당은 비상행동에 공식적으로는 참여하지 않음으로써, 수권 정당으로서 합헌적 방식을 통한 정권 교체(헌재 탄핵안 인용 후 대선) 프로세스에 충실할 것임을 지배계급에 보이고 싶어 한다. 다른 한편, 비상행동에 대한 민주당의 실질적인 정치적 영향력을 형식적으로 가려 민주당을 비판하는 좌파적 목소리를 막는 효과를 낸다.

현재 윤석열 퇴진 운동에서 민주당이 차지하는 비중과 구실은 매우 크다. 그런 만큼 운동의 전진을 위해 민주당의 한결같지 않음이나 국회 지향적 실천이 낳는 문제점을 비판하는 것은 필요하다.

그런데 비상행동은 민주당보다 앞서 나가려 하지 않는다는 인상을 준다. 예컨대, 미국과 기업주들을 의식해 민주당이 국회 탄핵안 통과 직후 속도 조절에 들어갔을 때 비상행동도 주춤했다. 2024년 12월 15일

이재명 민주당 대표가 한덕수와 국정 협력 가능성을 타진하자 비상행동은 그다음 날, 매일 열기로 한 평일 집회를 취소했다. 비상행동이 한덕수 탄핵을 요구한 것도 12월 24일 민주당이 의원총회에서 한덕수 탄핵 추진을 정한 다음이었다. 우익들은 윤석열 체포영장 발부 직후 바로 수천 명이 한남동에 집결했지만, 비상행동은 사실상 공수처가 체포영장 집행에 실패한 1월 3일(금요일) 오후에 한남동 농성 집회를 시작했고, 체포영장 만기일(1월 6일)에 농성을 접었다. 비상행동이 공수처보다 딱 반 발 뒤에서 간 모양새였다.

비상행동의 정식 명칭은 '윤석열 즉각 퇴진, 사회대개혁 비상행동'이다. 이 중 사회대개혁은 헌재의 탄핵 인용 후 치르게 돼 있는 조기 대선을 염두에 둔 슬로건인 듯하다. 그러나 1월 3일 공수처의 체포영장 집행 실패는 핵심 권력자들이 법적 절차를 무시하기로 마음먹으면 어쩔 도리가 없음을 보여 줬다. 따라서 윤석열 퇴진 운동은 쿠데타의 밤 때 계엄군과 맞서 싸운 투지가 더 강화되는 방향으로 나아가야 한다.

비상행동 내에서도 그런 목소리가 나오고 있다. 그러나 안타깝게도 소수에 그치고 있다. 그래서 비상행동 자체는 대중행동을 조직하면서도 분노와 행동의 수위를 민주당과 정치적 보폭을 맞추는 수준에서 관리하고 있다. 가령 비상행동은 연단의 자유 발언을 사전 검열하고 있다. 명분은 혐오 발언을 사전에 걸러 내기 위함이다. 차별받는 사람들을 향한 혐오 발언은 삼가야 할 것이다. 운동이 그리되도록 할 수 있는 효과적 방법은 진정한 적들을 향한 투쟁성이 높아지는 것이다. 그러지 않고 주최 측이 발언 내용을 사전 검열하면 운동의 방향과 전술에 대한 급진적 주장을 억제하는 효과를 낼 것이다.

실제 집회 발언, 현장 반응 등을 살펴보면 비상행동 연단의 자유 발언에서는 당면 투쟁의 방향과 과제에 대한 급진적 주장이 희귀하다. 일각에서 자유 발언자들의 성적 지향 관련한 정체성 드러내기가 많다고 지적하는데, 성소수자들이 연단에서 발언하는 것 자체를 문제 삼는 것은 부적절하다. 당면 투쟁의 과제와 지향점에 대한 주장이 적은 것이야말로 문제다.

비상행동은 체포영장 집행 기간 내 윤석열 관저 앞 투쟁에 무게중심을 두자는 제안을 흔쾌히 받아들이지 않았다. 그 바람에 1월 4일 집회가 한남동과 광화문 두 군데에서 열렸고, 집회 참가자들은 왜 나뉘어 하는지도 잘 모른 채 각자 알아서 참가 장소를 선택해야 했다.

총파업 문제

비상행동 내에서 소수는 민주노총이 총파업을 호소해야 한다고 주장했다. 이 제안도 비상행동은 채택하지 않았다. 그러나 지금은 노동계급이 계급적 투쟁을 해야 할 때다. 그런데 비상행동 주도 단체들, 특히 선거 참여를 중시하는 단체들은 윤석열이 합헌적 절차(헌재 탄핵)로 오래지 않아 제거될 것이고, 그리되면 곧바로 대통령 선거가 시작되므로 지금부터 자신들이 강조하는 개혁 의제를 부각해야 한다는 생각을 품고 있다.

이런 생각의 약점 하나는 현재 상황을 일시적 일탈로 본다는 것이다. 그래서 곧 쿠데타 이전 상태로 복귀할 수 있다는 것이다. 그러나 윤석열이 쿠데타를 통해 비상대권을 확보하려 한 목표가 지배계급이 겪는 복합 위기를 해결하는 것이고, 우익이 쿠데타를 지지하며 과격해지고 있는 것을 볼 때, 현 상황은 장기적 정치 위기로 발전할 초입 국면으로 봐야 한다.

선거 참여를 중시하는 단체들의 또 다른 약점은 합헌적 방식의 투쟁을 하며 다수 여론의 지지를 받으면 이 투쟁에서 이길 거라는 관점이다. 그러나 합법적 체포영장은 경호처가 힘으로 거부하자 무용지물이었다. 좌우 양극화와 정치 불안정은 더 깊어지고 불확실성은 커질 것이다. 이런 때는 대중의 의식도 빨리 바뀐다. 온건성이 곧 대중적 지지를 받을 것이라는 등식이 언제나 성립되는 것은 아니다.

김문성, 〈노동자 연대〉 533호(2025-01-10).

한남동 관저 앞에서 대규모 집회를 열어야 한다

윤석열은 직무가 정지됐지만 여전히 대통령 행세를 한다. 미국 캘리포니아주 로스앤젤레스 산불 피해와 관련해 "정부 차원의 지원"을 당부하는 글을 2025년 1월 13일에 페이스북에 올려, 사람들의 부아를 돋웠다. 이는 공수처의 체포영장 집행 재시도가 임박하자 거부 의사를 자기 지지자들에게 다시 알린 것이다. 윤석열은 제주항공 여객기 참사 때(2024년 12월 29일)도 SNS 정치를 했다. 그리고 이틀 뒤, 관저 앞에서 시위하는 극우 지지자들에게 공수처의 체포영장 집행을 막으라고 선동하는 편지를 썼다.

윤석열은 공수처에 체포될까 봐 헌법재판소에 출석하지 않았다. 그의 측근들도 "국격"이 떨어진다는 이유를 대며 공수처·경찰의 대통령 체포 시도를 극렬하게 반대한다. 대통령이 수갑 차고 끌려가서는 절대 안 된다는 것이다.

그리되면 좌우 세 대결에서 우익이 불리해질 것이기 때문이다. 바로 그래서 윤석열은 체포·구속돼야 한다.

윤석열 체포·구속은 헌재의 탄핵 심판에서도 민주주의 지지자들에게 유리한 지형을 조성해 줄 것이다. 윤석열이 구속되지 않은 채 진행되는 탄핵 심판은 그 결과를 자신할 수 없다. 박근혜 탄핵 때와는 다른 상황이기 때문이다. 박근혜는 파렴치한 부패범으로 취급돼 당시 여권은 수치심을 느꼈다. 반면, 윤석열은 12월 3일 군사 쿠데타를 내란이 아니라 (대통령 권한인) 계엄이라고 주장하고 있다. 대통령의 계엄 선포권 행사는 "사법심사의 대상이 되지 않는 통치행위"라는 것이다. 이번에 그가 처벌받지 않으면 그든 다른 누구든 앞으로도 계속 계엄을 선포할 수 있다는 얘기다.

따라서 대통령 관저 앞에서 윤석열 체포·구속을 촉구하는 대규모 집회를 열어야 한다.

민주노총과 비상행동은 대통령 관저 앞에서 1월 3일부터 6일까지 3박 4일 시위를 했다. 잘한 일이었다. 그러나 비상행동은 그 뒤 광화문으로 되돌아갔다. 1월 11일 집회는 광화문에서 열렸다. 공수처와 경찰이 이번에는 윤석열 체포영장을 물러섬 없이 집행하리라 기대한 듯하다.

대통령 비서실장 정진석은 공수처와 경찰이 윤석열을 "남미 마약 갱단 다루듯 한다"고 비난했지만, 실제는 전혀 그렇지 않았다. 공수처와 경찰은 국가기관들 간 갈등 때문에 윤석열 체포 방식을 두고 일주일 넘게 고심했다. 그러고는 고작해야 집회 인파가 몰리는 주말을 피해 평일에 체포영장을 집행하려고 한다. 우익의 반발뿐 아니라 윤석열 체포를 촉구하는 시위대도 최대한 피하고 싶은 것이다. 경찰은 한남동 공성전의 유력한 수단으로 거론되던 헬기와 경찰특공대 동원을 검토하지 않는다고 밝혔다. 행정부와 경찰의 윤석열 체포 의지가 단호하지 않은 것이다.

따라서 대통령 관저 앞에서 최대한 대규모 시위를 해야 한다. 세력균형상 시위대가 "관저 문 열고" 윤석열을 체포하는 것은 가능하지 않을 것이다. 진정한 혁명적 상황에서나 일어날 법한 일이다. 그러나 1월 4~5일 시위 때처럼 수많은 사람들이 대통령 관저 앞에서 시위를 벌이면 정부와 경찰에 무시할 수 없는 큰 압력이 될 것이다. 관저 앞에서 대규모 시위가 지속되면 경호처 내 분열과 경호직원들의 심리적 동요도 더욱 키울 수 있다.

비상행동이 한남동 관저 앞을 비워 놓자 극우가 관저 앞을 장악했었다. 비상행동이 극우와의 대결을 기피하는 듯한 모양새였다. 극우를 키워 줄까 봐 소심하게 우려해서 극우와의 대결을 피할수록 오히려 극우의 기를 살려 줄 것이다.

윤석열 퇴진 운동은 한남동에서 극우에 맞불을 놓는 집회를 열어야 한다. 극우가 설치는 한남동에서 윤석열 체포·구속 촉구 집회를 최대한 크게 열어 극우를 압도해야 한다.

〈노동자 연대〉 533호(2025-01-14).

윤석열 체포 환영한다
얼마 뒤 풀어 줘서는 안 된다

기쁘다! 2025년 1월 15일 오전 윤석열이 드디어 체포됐다. 무장 계엄군에 맨몸으로 맞서 군사 쿠데타를 저지한 평범한 사람들의 공로이고 친민주주의 대중의 승리다.

윤석열은 한남동 관저를 요새화하고 극우 지지자들과 국힘 의원들을 한남동 관저 앞 집회로 불러 모으며 체포에 불응했다. 대통령 권한대행 최상목은 거듭 "물리적 충돌 시 책임을 물을 것"이라며 체포영장 집행 기관인 공수처와 경찰을 압박했다. 12월 3일 비상계엄 선포 직후 계엄 통치를 뒷받침할 재정 계획을 세웠던 자답다.

그러나 윤석열은 광범한 대중의 분노와 행동 앞에서 더는 버티지 못했다. 경호처는 분열하며 와해되다시피 해 체포영장 집행을 저지할 의욕을 상실했다.

윤석열을 태운 차량이 빠져나갈 때, 새벽부터 관저 앞에 모여 윤석열 체포를 촉구한 사람들(《노동자 연대》 지지자들도 그 일부였다)은 일제히 환호를 질렀다. 집회장에서 기쁨의 눈물을 흘리는 사람들도 있었

다. 또, 사람들은 독재정치를 획책한 지도자의 체포로 기쁨에 겨운 환호 속에 춤을 췄다

1차 체포영장 집행에 실패해 원성을 산 공수처와 경찰은 이날 경찰 4000여 명을 동원해 새벽 4시부터 작전을 펼쳤다.

윤석열 체포로 윤석열 퇴진 운동은 한 고비를 넘겼다. 그러나 끝날 때까지는 끝난 게 아니다. 윤석열을 구속했다가 얼마 뒤 풀어 주는 일이 없어야 한다.

윤석열은 체포 직전에 극우 지지자들에게 끝까지 싸우자는 영상 메시지를 보냈다. 극우는 윤석열 체포 소식을 미리 알고 한때 차도를 점거하며 격렬하게 경찰과 충돌했다. 윤석열을 태운 차량이 관저를 나가기 전이었다. 극우가 윤석열 측과 긴밀하게 소통하고 있다는 증거였다. 국힘 지도부는 체포영장이 '불법'이라며 집행 중단을 촉구했다. 또, 국힘 중진 의원 30여 명이 체포영장 집행을 막는다며 새벽부터 관저 앞에서 경찰과 대치했다. 만에 하나 윤석열이 건강 등의 이유로 오래지 않아 풀려난다면 극우와 국힘은 더 거칠게 판을 뒤집으려 들 것이다.

윤석열의 직무가 정지돼도 윤석열 없는 윤석열 정부는 윤석열의 정책 기조대로 운영되고 있다. 최상목은 긴축재정을 고수하며 농민 지원, 고교 무상 지원 등에 거부권을 행사했다. 또 미·일 외교 장관들에게 한·미·일 군사동맹 추진 노선에 흔들림이 없게 하겠다고 약속했다. 1월 14일 합참의장 등 고위 장성들도 평양 무인기 침투 등 윤석열 쿠데타 일당의 외환 유치 혐의를 수사하지 말라고 야당 의원들을 협박했다.

윤석열 정권 퇴진 투쟁으로 발전해야 한다.

〈노동자 연대〉 534호(2025-01-15).

5장

극우 준동에 맞선 맞불 투쟁

극우 폭력배들의 학내 난입에 맞서 저항한 2025년 2월 26일 이화여대 윤석열 탄핵 찬성 집회.

윤석열 체포 과정에서 드러난 몇 가지 주목할 점

윤석열이 보름 넘게 체포영장 집행에 반발하다 마침내 체포됐다. 쿠데타 기도가 미수에 그친 지 43일 만이다. 대규모 운동이 국가에 가한 압력 덕분이었다.

이 과정에서 국가기관들 간 갈등이 날카롭게 표출됐다. 특히, 군대·경찰·경호처가 분열했다. 같은 국가기관들 내에서도 분열이 있었다. 경호처는 막판에 분열하고 와해되다시피 해 경찰의 체포영장 집행을 저지할 수 없었다.

"무장한 자들의 특수 기구"(국가에 대한 레닌의 정의)가 분열하자 권력자들은 "유혈 충돌"이 일어날까 봐 크게 우려했다. 대통령 권한대행 최상목은 경찰청과 경호처에 "상호 충분히 협의"하라고 지시했다. 최상목의 지시는 사실상 경찰이 무력을 사용하지 말라는 것이었다. 그러나 이 기관들은 합의점을 찾지 못했다.

이런 분열에도 불구하고 윤석열을 지지하는 국가 관료와 정치인이 국가기관 곳곳에 여전히 포진해 있음을 명심해야 한다.

무엇보다, 국가의 궁극적 목적은 지배계급의 이익을 지키기 위해 천대받는 사람들의 운동을 억압하고 분쇄하는 것이다. 경찰은 1월 15일 윤석열 체포에 병력 4000여 명을 동원했다. 그중 영장 집행에 투입된 인원은 1000여 명이었다. 나머지 3000여 명은 관저 앞 시위를 통제했다. 경찰은 극우 시위대뿐 아니라 윤석열 체포를 촉구하는 시위대도 통제했다. 또, 합참의장 김명수는 외환 유치 수사를 강하게 반대했다. "외환이라는 용어를 사용하는 것은 군을 무시하는 행위다." 무인기 평양 침투, 대북 확성기 가동, 오물 풍선 원점 타격 등은 군대의 정상적 활동이라는 것이다. 윤석열이 이런 일들로 유도한 "외환"을 빌미로 국내의 적을 분쇄하려 했는데도 군부는 자신의 통제력을 흔들지 말라고 경고한 것이다.

국가기관들이 서로 또는 그 내부가 갈등하고 분열할 때 어느 한쪽을 편들 게 아니라, 그 틈을 이용해 정권 퇴진 운동을 발전시켜야 한다.

한편, 극우가 윤석열 방어를 위해 결집했고, 국힘은 급속하게 극우화했다(또는 극우 본색을 급속히 드러냈다).

윤석열은 2024년 12월 14일 국회 탄핵안 통과 직후, 극우 지지자들에게 "끝까지 싸우겠다"고 약속했다. 이 약속은 공수처·경찰의 체포영장 집행 시도에 완강하게 버티는 것으로 나타났다. 윤석열은 체포되는 순간에조차 극우 지지자들에게 끝까지 싸워 달라고 호소하는 영상 메시지를 보냈다. 아마도 윤석열과 극우 지지자들은 트럼프에게서 롤 모델을 보고 있는 듯하다. 트럼프는 4년 전인 2021년 1월 6일 부정선거가 벌어졌다고 주장하며 극우로 하여금 폭력적으로 의회를 점거하도록 선동했는데도 4년 만에 귀환했다.

지금 윤석열과 극우는 반중 음모론과 가짜 뉴스를 퍼뜨리고 있다.

윤석열은 2024년 12월 12일 중국발 안보 우려를 계엄 선포 합리화의 근거로 들었다. "중국인들이 드론을 띄워 미국 항공모함과 국정원을 촬영하고, 중국산 태양광 시설들이 전국의 삼림을 파괴한다." 극우는 관저 앞에서 트럼프가 즐겨 쓰는 '마가' 모자와 비슷한 빨간 모자를 쓰고, 'STOP THE STEAL'(트럼프 지지자들의 구호)이라고 적힌 손팻말을 들고 성조기를 흔들었다. 반중 메시지와 부정선거론을 부각해 '트럼프는 우리 편'이라는 점을 드러내려는 것이다. 트럼프의 측근 맷 슈랩은 2024년 12월 14일 한국 국회에서 탄핵안이 통과된 직후 윤석열을 만났다. 국힘 정치인들도 트럼프 진영 인사들을 접촉하고 있다.

물론 윤석열이 당장 부활할 공산은 크지 않다. 그 때문에 권력자들 내에서도 윤석열 없이 대선을 치르자는 쪽과 윤석열의 귀환을 바라는 쪽 사이에 의견 차이가 있을 것이다. 경호처가 윤석열 체포를 저지할 의욕을 상실한 것은, 권력자들 내부에서 현재의 세력 저울추가 극우보다 윤석열 반대 세력에 기울어 있음을 반영한다.

그러나 윤석열이 당장에 부활하지 않더라도 좌우 격돌은 더욱 첨예해질 것이다. 이미 그러고 있다. 국힘의 지지율은 쿠데타 이전 수준을 회복한 듯하다.

미·중 간 경쟁과 한미 동맹

윤석열의 쿠데타 기도로 촉발된 정치 위기 심화의 근저에는 국내적 요인뿐 아니라 대외적 요인, 즉 미·중 간 제국주의적 경쟁 문제도 깔려 있다. 미국이 중국의 위협에 흔들리는 인도-태평양 지배력을 재확립하는 데서 한국은 (일본과 함께) 핵심 우방이다. 윤석열은 임기 내내 한·

미·일 공조 복원에 주력했다. "윤 대통령은 이전 한국 지도자들보다 더 적극적으로 중국을 비판하는 태도를 갖고 있었[다]"(미국 의회조사국의 12월 23일 자 보고서).

반면, 이재명 민주당 대표는 한미 동맹을 중시하지만("한국과 미국은 특별한 관계다. 예를 들 것 없이, 한국이 존재하는 것은 미국의 도움 때문이라는 건 분명하다"), 미국의 대중국 포위 전략에 한국이 동참하는 것에 대해서는 이의를 제기한다("왜 중국에 집적거리나. 그냥 '셰셰' 하면 된다"). 윤석열은 쿠데타를 통해 자신의 서방 제국주의 지지 노선을 반대하는 국내의 적을 분쇄하고자 했다.

그런 점에서 윤석열의 쿠데타 실패는 미국의 대중국 포위 전략에 얼마간 차질을 준 셈이다. 그래서 바이든 정부는 12월 3일 쿠데타 기도 미수 직후에 한미 관계를 점검하고 확인하려고 애썼던 것이다. 얼마 전에 방한했던 미국 국무부 장관 앤터니 블링컨은 다음과 같이 말했다. "미국은 한국 민주주의의 저력은 물론, 최 권한대행 체제의 리더십을 완전히 신뢰한다."

트럼프가 집권하면 인도-태평양 지역에서 중국과의 경쟁은 더욱 격화될 것이다. 제국주의의 내부 갈등은 윤석열 탄핵 정국에도 대입시켜야 하는 주요 변수가 될 것이다. 이미 극우는 태극기와 성조기를 흔들며 트럼프가 공식 취임해 윤석열을 지지하고 한국과 미국의 "특별한 관계"를 회복시켜 주기를 바라고 있다.

김인식, 〈노동자 연대〉 534호(2025-01-17).

극우 결집에 맞서야 한다

윤석열 체포 후, 비상계엄의 정당성을 강변하는 그의 친필 원고 전문이 공개됐다. 비상계엄이 헌법과 법률을 준수했다는 예의 강변을 계속하는 한편, 쿠데타의 정당성을 주장했다. "국내 정치 세력 가운데 외부의 주권 침탈 세력과 손을 잡으면 이들의 영향력 공작의 도움을 받아 … 선거 조작으로 언제든 국회 의석을 계획한 대로 차지할 수 있다든가 행정권을 접수할 수 있다고 자신한다면 못할 일이 뭐가 있겠습니까?"

민주당이 친중·친북 세력이고, 이들의 국회 다수 의석 차지는 중국·북한의 공작과 결탁된 부정선거 덕분이라는 것이다. 따라서 '자유 대한민국'을 되찾기 위해 중국·북한과 그와 결탁한 국내 "반국가 세력"을 상대로 "체제 전쟁"을 벌여야 한다는 것이다.

윤석열의 반국가 세력 척결론과 부정선거 음모론은 한몸이고, 그래서 그의 쿠데타는 국내적 갈등뿐 아니라 지정학적 갈등도 촉발 요인이었다. 국내의 만만찮은 반대를 무릅쓰고 미국의 대중국 포위 전략에 헌신했고 서방의 우크라이나 전쟁도 지원했기 때문에, 윤석열은 쿠데타가 성공하면 미국 정부(특히 차기 대통령인 트럼프)도 자신을 지지해 줄 것이라고 기대했을 법하다.

윤석열은 반북, 자유 시장 자본주의 신봉 우익 노선(한국 지배계급의 전통적 기본 입장이라고 할 수 있다)이 "권위의 위기"(그람시의 표현으로, 대중에게 시스템을 합리화하는 지배계급의 능력이 흔들리는 것을 뜻한다)를 겪자 무력으로 돌파하려다 미수에 그친 것이다.

이런 상황에서 거리의 극우도 부상하고 있다.

한국의 극우는 자본주의적 민주주의로의 전환 이후에도 권위주의 국가의 인적·이념적 유산 때문에 재벌과 국가기관들의 지원을 받아 왔다. 또한 고위 관료, 장성, 엘리트 지식인, 대형 교회 목회자들이 리더십을 제공해 왔다. 2025년 1월 11일 비상행동이 주최한 서울 광화문 집회에서 한 청년 발언자는 자신의 아버지가 서울대 법대 출신으로 현직 국회의원 등 고위 인사들과 친한 엘리트층인데도 부정선거론을 신봉한다고 말했다. 부정선거론을 공유하는 윤석열의 변호인단에는 전직 헌법재판관, 전직 검사장 등이 참여하고 있다.

거리 극우는 최근 몇 년 동안 꾸준히 기층에서 성장해 왔다. 대중 집회를 꾸준히 열고, 교회 조직을 이용해 기성 정치에서 소외된 사람들에게 자존감을 제공하고, 안보 위기와 민주당 정부의 개혁 배신 전력을 파고들며 극우 선동을 해 왔다. 극우는 장기 침체와 안보 위기 속에서 점차 과격해지고 있다.

마침내 지금 지배계급의 전통적 선호 정당인 국힘이 거리 극우와 연대하고 있다. 윤상현이 집회 무대 위에서 전광훈에게 허리 숙여 인사하는 모습은 시사적이다. 게다가 윤석열의 쿠데타는 내각, 군부를 포함한 국가기관 일부의 지지를 받았다. 그중 일부는 극우와 연결돼 있고, 지금도 윤석열 구속과 탄핵 인용(파면) 과정 등을 사보타주하고 있다. 대통령 권한대행 최상목은 윤석열 체포를 방해했고, 합참의장 등 고위 장성들은 평양 무인기 침투 등 쿠데타 일당의 외환 유치 혐의를 수사하지 말라고 야당 의원들을 협박했다.

대통령 자신이 극우의 스피커를 자처하며 '당신들이 구국의 영웅으로 나서 달라'고 고무하고, 집권당 유력 정치인들이 극우 집회에 가서 아첨하는 일들은 극우를 고무한다. 국가기관들과 연결돼 있는 극우의 부상을 이제 중대한 위협으로 보고 대응해야 한다.

맞불 집회·시위를 열어야

윤석열의 쿠데타 미수 후 한국 사회의 좌우 양극화 추세 속도가 빨라지고 있다.

극우의 결집과 과격화 반대편에는 윤석열 정권 퇴진을 요구하는 운동이 대규모로 존재한다. 수많은 사람들이 주말마다 거리로 모이고 있다. 바로 이 압력 때문에 지배계급은 윤석열 체포 문제를 놓고 일치된 의견을 가지지 못했고, 국가기관들조차 분열했다. 극우가 성장했지만, 지금은 왼쪽의 압력이 더 크기 때문에 윤석열 직무 정지와 체포, 일부 쿠데타 관련자들의 구속 수사 등 일정한 진전이 있었다.

그럼에도 극우는 헌재 탄핵 심판이든 차기 대선이든 그 결과를 인정하지 않을 태세다. 국힘 내부에는 후일을 도모하려면 결국 윤석열을 포기해야 한다는 목소리도 잠복해 있지만, 당 자체는 반이재명을 명분으로 윤석열과 단일 대오를 유지하고 있다.

이런 점을 보면, '좌우 대결 프레임에 말리지 않겠다'는 중도계의 온건한 발상은 오히려 일을 그르치기 쉽다. 공연한 맞불 투쟁으로 중도층을 겁먹게 하면 안 된다는 개혁주의자들 특유의 소심함은, 민주당 개혁파로의 정권 교체로 문제가 해결될 수 있다는 전망에서 비롯된 것일 것이다. 그러나 거리에서 맞대결을 피할수록 극우는 자기들이 대세라며 지지자들을 결집시킬 수 있다. 지금, 동요하던 우파를 결속하는 것은 극우 세력의 단호함이다.

극우가 윤석열 방어로 결집했으므로 윤석열 퇴진 운동은 윤석열 제거(구속과 정권 전체의 퇴진) 작업을 빠르게 진척시켜 가도록 국가기관들에 커다란 압력을 가해야 한다. 최상목을 흔들어 경제를 불안정하게 만들면 안 된다거나, 미국의 지지를 잃으면 안 된다거나, 정치 불안정 초래하는 요인처럼 보이면 안 된다는 등의 보수적(좌에서 중도로 이동하라는) 압력에 흔들리지 말아야 한다.

그런데 민주당은 운동이 한 고비를 넘을 때마다 주춤거리고 있다. 차기 집권을 염두에 두고 있기 때문이다. 윤석열 체포 전후로 극우 집회 규모가 커져 우리 쪽 집회 참가자들이 극우 지지자들에게 봉변을 당하는데도 그들을 보호하러 달려온 야당 국회의원은 없었다.

비상행동 지도부는 민주당과 보조를 맞추며 소심하게 행동하고 있다. 비상행동은 윤석열 2차 체포영장 집행 때도 한남동 관저 앞 집결을 호소하지 않았다(다행히 한국노총 농성단 천막과 무대가 집결점을 제공했다). 윤석열 체포를 놓고 국가기관이 분열했는데, 그 분열을 이용해 투쟁으로 압력을 키우기보다는 운동의 지도부 다수가 대부분 공수처와 경찰 뒤에 서 버린 것이다.

극우에 대항해 맞불 집회·시위를 열어야 한다.

김문성, 〈노동자 연대〉 534호(2025-01-17).

극우의 서부지법 폭동

2025년 1월 19일 새벽 윤석열에 대한 구속영장이 발부되자 극우 시위대가 서부지법 건물에 난입해 기물을 파괴하는 등 폭동을 벌였다.

윤석열 구속은 너무 당연한 것이다. 윤석열은 무력으로 민주적 권리를 파괴하려 했던 자고, 아직도 그것이 옳았다고 강변하며 극우 선동을 하고 있다. 윤석열이 구속 적부심을 신청하더라도 기각돼야 한다.

새벽에 전해진 극우의 폭동 현장 영상을 보면, 광기가 따로 없다. 그들은 건물을 부수고, 구속영장 발부 판사를 잡겠다며 건물 안을 돌아다녔다. 4년 전 트럼프 지지 시위대의 미국 국회의사당 난동 사태를 연상시켰다. 극우는 윤석열이 영장실질심사에 출석한다는 소식이 전해지자 낮부터 서부지법에 가까운 애오개역 앞 도로 전 차선을 점거하고 서부지법을 포위하는 시위를 벌였다.

극우는 윤석열 구속과 탄핵이 중국·북한과 결탁한 민주당과 좌파가 국가를 찬탈하려고 벌이는 내란이라고 믿는다. 그런 터무니없는 믿음을 가지고 극우가 국가기관에 대한 물리적 공격으로까지 나아간 것은 현재의 정치 위기가 매우 심각한 수준임을 보여 준다.

극우의 서부지법 폭동은 윤석열과 여당 유력 정치인들의 지지를 받고 자신감이 올랐기 때문이다. 또, 최상목의 윤석열 체포·구속 방해, 극우 시위에 대한 경찰의 온정적 대응 등이 모두 극우 폭동의 토양이 됐다. 윤석열은 끊임없이 "애국 시민이 나서 달라"고 촉구했고, 국힘 의원들은 전광훈에게 아첨하고 '백골단' 청년들의 국회 기자회견 기회를 제공하는 등 극우 세력을 고무했다. 국힘은 폭동 뒤에도 그 행위를 비난하기는커녕 법원의 영장 발부를 비난했다. 극우 시위대에겐 자제를 당부했을 뿐이다.

장기 침체와 미·중 갈등 격화 속에서 정치 위기가 심화되고 있다. 공식 정치는 정치 위기를 해결하지 못하고 있다. 윤석열은 지배계급의 이익을 위해 친기업적이고 우익적인 정책을 추진한 것 때문에 임기 내내 지지율이 낮았다. 윤석열의 군사 쿠데타 기도는 무력으로 정치적 위기를 돌파하려는 시도였다. 우익 정치인과 거리 극우가 서로 연대하며 쿠데타 세력을 옹호하고 있다.

현 상황을 심각하게 생각해야 한다. 극우는 이제 헌법재판소를 압박하려 할 것이다. 극우는 헌재에서 윤석열 탄핵 인용을 해도 인정하지 않을 태세다. 극우와의 대결을 회피해서는 안 된다. 맞불 집회와 시위를 열어야 한다.

〈노동자 연대〉 534호(2025-01-19).

과격화하는 우익을
법과 경찰에만 맡겨야 할까?

2025년 1월 19일 새벽 일단의 극우 청년들이 법원 청사를 파괴하고, 윤석열에게 구속영장을 발부한 판사를 죽일 듯이 찾아다니며 광기를 드러내는 영상은 온 국민을 충격에 빠트렸다. 극우 폭력배들의 법원 청사 난입은 1958년 조봉암 진보당 대표에 대한 간첩 혐의 무죄판결 직후 이정재 조직의 난동 이후 처음이다.

이번 사태는 윤석열의 쿠데타 기도 이후 우익의 과격화가 급속히 진행되고 있음을 드러냈다. 그리고 그들의 사기를 올려 주고 과격화를 선동하는 핵심 배후는 윤석열과 국힘이다.

그날 우익 대중 10만여 명이 광화문 동화면세점 앞 세종대로에 모였다. 소수 극우 청년들(주로 디씨인사이드 국힘 갤러리 소속으로 알려진)만이 영장실질심사가 열리는 서부지법에서 집회를 시작해야 한다고 주장했다. 그러나 윤석열이 기습적으로 서부지법에 출석한다고 하자, 광화문 집회 대열 전체가 도심 행진과 지하철로 이동했다. 서부지법 정문 앞부터 아현초등학교까지 마포대로 전 차선이 우익들의 차지가 됐다. 서부지법 건물도 포위됐다.

우익 시위대는 윤석열이 듣고 힘내라고, 판사가 듣고 겁먹으라고 윤석열 응원 구호와 욕설이 섞인 판사 협박 구호를 계속 외쳤다. 그중 일부는 트럼프가 미국 대통령에 취임하면 윤석열을 지지해 줄 거라는 기대도 드러냈다. 트럼프와 윤석열 사진을 나란히 담은 팻말이 여러 개 있었는데, 그 팻말은 새벽 법원 청사 난입 장면에서도 등장한다. 서부지법 뒤편에선 낮부터 담을 넘는 시도들이 있었다. 영장실질심사가 끝나고 돌아가던 공수처 차량은 시위대에 공격당했다. 구속영장 발부 결정이 새벽에나 나온다고 공지됐지만, 조직된 극우 청년들 중심으로 시위대는 해산하지 않았다.

새벽 2시 50분경 윤석열 구속영장 발부 소식이 전해지자 법원을 둘러싸며 대기하고 있던 군중이 흥분하기 시작했다. 경찰 저지선은 턱없이 부족한 인원 탓에 순식간에 무너졌다. 위험한 조짐이 오후부터 있었지만, 경찰 지휘부는 구속영장 발부 시점에 병력을 현장에서 상당히 철수시킨 상태였다. 그래서 법원 후문 쪽이 쉽게 뚫렸던 것이다.

법원 경내에 난입한 일부는 건물 벽과 유리창, 집기 등을 깨며 분풀이했고, 일부는 건물 안에 들어가 판사들의 개인 사무실이 있는 7층으로 향했다. 그들 중 일부는 폭동을 미리 준비한 듯한 정황을 드러냈다(그중 일부는 전광훈 측 인물들로 드러났다). 자신들이 찍힐 CCTV를 훼손하고 고휘도 랜턴을 준비해 와 경찰 채증을 방해했다. 불이 꺼진 7층을 수색할 때도 이 랜턴을 사용했다. 남아 있던 법원 직원들은 공포 속에서 건물 옥상으로 피신했다.

3시 30분이 넘어서야 비로소 경찰이 건물을 포위하고 진입해, 현장에서 90명이 체포됐다. 이 중 46명만 구속됐다(공수처 차량 공격자 포함해 56명 구속). (윤상현이 훈방될 거라고 선동한) 월담자 22명 중 21명이 풀려났다. 다행히, 폭동을 생중계한 극우 유튜버들의 영상이 증거가 됐다. JTBC 기자는 위험을 무릅쓰고 시위대 사이에 끼어 휴대폰으로 폭동 현장을 생생하게 촬영했다.

이번 폭동 사태는 명백하게 윤석열과 그의 변호인단, 윤상현 등 국힘이 쿠데타를 옹호하며 선동해 온 결과다.

가장 기본적인 민주적 권리를 파괴하려 한 윤석열의 군사 쿠데타를 옹호하려면 극우의 논리로 나아가는 수밖에 없다. 그 결과가 우익의 과격화(극우화)다. 지금도 여권은 "우리 시위대" 운운하며 폭동을 감싸고 있다. 여권과 우파는 박근혜 탄핵 때 우파가 분열해 정치적 타격을 입었던 전례를 되풀이하지 않겠다며 윤석열의 죄를 부인하고, 오히려 공수처와 법원, 민주당 등 야당들이야말로 현직 대통령을 불법적으로 체포·구속·탄핵하는 세력이라고 공개 비난해 왔다.

윤석열이 체포영장에 불응하며 버틴 것이 바로 그런 메시지였다(최상목이 은근히 이를 도왔다). 윤석열은 "이 나라 법이 다 무너졌다"며 부정선거 음모론을 재탕하고 "애국 시민"의 결집과 궐기를 호소했다. 대통령실 행정관 성삼영은 윤석열이 헌재 탄핵 심판에 직접 참석한 21일 극우들에게 헌재 앞에 많이 모여 달라는 문자를 돌렸다. 대통령실도 18~19일 폭동에 관여했을 수 있다. 윤석열의 오랜 친구이자 변호인인 석동현은 '백골단' 청년들을 고무적이라며 격려했고, 국힘 전 최고위원 김민전은 그들에게 국회 소통관 기자회견 기회를 줬다. 극우의 주류화를 도운 것이다. 18~19일 석동현과 국힘 윤상현은 서부지법 현장에 있었고, 그 둘은 시위대와 소통했다. 앞서 윤석열 체포영장이 서부지법에서 발부되자, 서부지법이 마치 좌파가 지배하는 법원인 듯 공격 대상으로 지목한 것도 그들이다.

국힘은 이번 폭동을 선동한 자들을 포함해 극우 유튜버에게 설 선물을 보내고, 동네마다 "진짜 내란 수괴는 이재명"이라는 황당한 현수막을 내걸었다.

사실 그동안 법원과 검찰·경찰은 우익 측에게 지속적으로 관대했다. 이번에 폭동을 사주한 배후의 하나로 지목되는 전광훈은 2020년에도 집회에서의 위법 행위로 구속됐지만, 두 달도 안 돼 보석 석방됐고 끝내 무죄판결을 받았다. 윤상현은 명백하게 폭동을 선동했는데도 조사 대상조차 되지 않고 있다. 체포된 극우 폭도들이 소요죄 등 중죄로 기소될지도 불투명하다. 그날도 폭력 행위로 발전할 조짐이 이미 낮부터 있었는데도 경찰은, 병력을 더 투입해 극우 시위대를 해산시키거나 청사 경비를 강화하지 않았다. 서부지법 맞은편이 마포경찰서이고, 지하철 두 정거장 거리에 경찰청, 서대문경찰서, 용산경찰서 등이 있었는데도 말이다. 18일 우익 시위대가 광화문에서 서부지법으로 향한 행진과 서부지법 앞 집회는 모두 미신고 집회와 행진이었다. 만약 윤석열 탄핵 지지자들이나 노동자들이 그런 미신고 집회와 행진을 했다면 경찰이 순순히 묵인했을까? 매스미디어도 쿠데타 기도와 윤석열 탄핵 문제를 마치 예사로운 여야 간 갈등 쟁점인 양 다루고 있다. 쿠데타 옹호 세력에게 너무 많은 발언 기회가 주어지고 있다.

이 모든 일련의 일들이 극우의 폭동에 레드카펫을 깔아 줬다. 우익 결집은 체제 수호 기관들과 그 조직 내 윤석열 지지자들에게도 영향을 미친다. 폭동에 앞장섰던 청년들 일부는 법적 처벌을 거치며 단련돼 미래의 극우/파시스트 간부로 성장할 수 있다.

반면, 민주당은 윤석열 탄핵 가능성이 커질수록 조기 대선을 염두에 뒤 "내란" 세력 척결 기조가 주춤하고 있다.

지금 우익이 결집하고 극우화해 헌법재판소와 법원, 수사기관들을 압박하고 있다. 따라서 반윤석열 운동이 '우리는 모든 국민을 대변한다'며 좌우 갈등으로 비치는 걸 회피하려 할수록 극우는 (고립되기는커녕) 방해 없이 이런 기관들을 압박하며 활개 칠 수 있다. 방송통신위원장 이진숙 탄핵이 헌재에서 기각된 것 같은 일들이 반복되면, 윤석열 퇴진 지지자들의 김을 빼 운동을 약화시킬 수 있다.

극우의 성장을 막으려면, 다시금 거대한 대중 동원으로 맞불을 놓으며 윤석열 일당을 시급하게 제거하라고 헌재, 내각, 수사기관들을 압박해야 한다.

김문성, 〈노동자 연대〉 534호(2025-01-23).

"내란 청산"과 "국민 통합"을 동시에 이룰 수는 없다

이재명 민주당 대표는 개혁 염원 지지자들과 '중도층'(실은 보수 유권자) 모두를 잡고 싶어 한다. 2025년 2월 10일 국회 연설에서 이재명은 "내란 세력과 끝까지 맞서 싸우겠다"면서도 "국민 통합"이 필요하다고 했다. 또, 노동시간 유연화를 하자면서도 총노동시간은 줄이자고 했다. 경제성장이 우선이고 국민연금을 서둘러 '개혁'하자면서도 국가가 기본적 복지를 제공하는 기본사회론을 유지했다.

이재명은 국힘이 극우화하는 상황이 오히려 중도층을 포섭하고, 자신이야말로 정치를 안정시킬 적임자임을 지배계급에게 보여 줄 기회라고 보는 듯하다. 2월 10일 이재명은 "헌정 수호 연대"를 제안했다. 극우의 민주공화정 공격에 맞서 조국혁신당·진보당·기본소득당·사회민주당뿐 아니라 보수 정당인 개혁신당까지도 연합하자는 것이다. 지배계급의 묵인과 안정 지향형 중도의 지지를 구하려는 메시지다. 13일에는 친문계에게도 "헌정 수호 대연대"를 하자며 화해 메시지를 전했다. 최근 친문계는 민주당이 더 '중도적'으로 가야 한다며 당내 투쟁을 개시했다.

물론 이재명은 윤석열 탄핵 집회 적극 참가를 계속 호소하고, 국회 연설 다음 날 김어준의 유튜브 방송에 나와 비상계엄 선포 때 국회로 달려와 준 사람들과 그 뒤 국회의 탄핵안 가결 때까지 국회를 지킨다며 노숙했던 청년들과 '응원봉'들에게 재차 감사를 표했다. 노동자 등 서민 지지층과 진보 성향 지지층도 의식해야 하기 때문이다. 그러나 반도체특별법과 관련된 민주당의 노동시간 유연화 타협안에 우파는 사기가 올랐고, 민주노총은 물론이고 민주당을 공식 지지해 온 한국노총과 금융노조 등은 반발했다. 이런 갈지자 행보는 이재명의 오래된 화전 양면작전에서 비롯한 것인데, 쿠데타 반대, 윤석열 반대, 극우 반대로 모인 운동의 목소리를 일관되게 반영하지 못한다.

국가기관들과 고위 관료들 중 어디까지 쿠데타에 연루돼 있는지 알 수 없는 상황에서 보수까지 포함하는 민주공화정 수호 연대론은 적이 누구인지 헷갈리게 한다. 개혁신당 이준석은 윤석열 당선의 일등 공신이었고, 우파적 차별·혐오 정치의 선도자다. 극우의 서부지법 폭동은 당연히 비난받고 엄벌돼야 하지만, 그렇다고 해서 경찰·검찰을 우리 편으로 봐서는 안 된다. 경찰은 2월 15일 광주에서 극우인 세이브코리아 측에게 금남로를 집회 장소로 내줬다. 따라서 윤석열과 그 측근만 핀셋으로 제거해 기성 정치체제를 안정화시키자는 타협 추구는 목표와 방법 면에서 운동에 자기제한성을 강요하는 것이다.

지금 개혁신당이 참가 여부를 결정하지 못한 상황에서 야 5당(민주당·조국혁신당·진보당·기본소득당·사회민주당)의 원탁회의가 출범 협상 중이다. 조국혁신당은 내란 종식과 사회대개혁을 동시에 내걸자고 하고, 민주당은 개혁신당을 끌어들이려고 내란 종식만 걸자고 하고 있다. 그런데 2월 16일 김재연 진보당 대표가 내란 종식에 집중해 신속하게 최대 연합을 출범시키자는 입장을 발표했다. 지배계급에 좀 더 타협적인 입장을 취하고 있는 민주당을 편든 것이다. 절충을 통해 원탁회의가 출범할 것이다. 그러나 그 무엇을 걸든 이런 민중전선은 노동계급에게 일정 수준 이상의 투쟁은 자제할 것을 요구할 것이다.

지배계급 맘에 들려 하기

이재명은 우클릭을 "집권을 위한 고육지책으로 이해해 달라", "집권을 해야 쿠데타 세력 청산과 개혁 추진이 가능하다"며 개혁 염원 지지층을 달랜다. 집권을 위해 지배계급을 기만하는 것이니 잠시 좀 참아 달라는 것이다.

그러나 실은 이런 행동은 지배계급을 설득하는 효과는 없고, 대신 서민 지지층에는 혼란을 조장하고 사기 저하를 낳는다. 당장 우파 언론들은 이재명 대표의 국회 연설에 대해, 우클릭에 일관성이 없다거나 또다시 말을 뒤집었다거나, 이율배반이라는 식의 부정적 평가를 내놨다. 국힘은 이재명의 "잘사니즘"을 "뻥사니즘"이자 "위장 우클릭"이라고 비난했다. 우클릭의 진정성을 보이라고 오히려 더 압박하는 것이다.

소수가 다수를 지배해야 하는 계급사회에서 지배계급은 강압 수단(경찰·군대·감옥 등)과 동의 수단(정당·교육기관·언론 등)을 통해 사람들이 기성 질서를 당연하게 받아들이게 하려고 나날이 투쟁한다. 트로츠키가 지적했듯이, 이런 일을 짧게는 수십 년에서 길게는 수백 년 동안 지속해 왔고, 국제적으로도 그런 경험을 공유하는 지배계급의 계급 본능은 일상적 시기에 노동계급 대중보다 훨씬 더 발전해 있다. 그래서 대기업주, 국가 관료, 군부 고위층은 윤석열의 쿠데타 기도에 적극

동조하지는 않았지만, 그것이 실패해 내란죄로 수사와 재판을 받는 상황에서도 쿠데타 기도를 비판하는 목소리를 내지 않고 있다.

반면, 지배계급에 잘 보이려는 책략을 써서라도 집권을 해야만 개혁이 가능하다는 전략은 오히려 목적 달성을 위해 스스로 우경화한다. 지금 최상목이 노골적으로 윤석열 세력 처단을 방해하고 있는데도 민주당은 그를 날릴 태세가 전혀 아니다. 미국과 재계·관료들이 최상목을 지지하기 때문이다. 윤석열과 김용현의 위험천만한 전쟁 유도 행위 수사 요구도 쏙 들어갔다. 군부가 반발했기 때문이다. 이런 식으로 대중의 사기와 계급의식을 갉아먹고 대중운동을 부차화·수동화시키며, 운동의 열성 지지자들을 세상 물정 모르는 순진한 사람들로 취급하고 정치적으로 소외시키기 십상이다. 이는 저항의 기세를 약해지게 만든다. 중도가 반발할 만한 일은 피하라는 압력이 커지기 때문이다. 좌우 극단을 배제하는 것이다.

윤석열과 국힘의 지원 속에서 극우가 주류화·세력화하고 있는데도, 윤석열 퇴진 운동이 극우와의 맞대결을 피하는 것도 같은 맥락이다. 윤석열이 극우화하는데, 윤석열 반대 운동은 극우와 맞서지 않겠다는 건 한 손을 묶고 싸우는 격이다. 이는 대중이 극우 반동에 맞설 행위 주체로 자리 잡기 어렵게 만든다. 한편, 비상행동의 온건한 개혁주의 지도자들이 민주당을 불편하게 만들지 않으려고 운동을 자기제한적으로 끌고 가는 것도 운동의 기세를 약화시키는 일이다.

대중의 자주적 행동이 가장 중요하다

헌법재판소의 탄핵 인용 가능성이 지금 좀 더 높기는 해도 장담할 수 있는 상황은 아니다.

지금 태세로 보면, 헌재에서 윤석열 탄핵이 인용돼도 윤석열·여당·극우 진영이 (각자 강도는 달라도) 이를 순순히 승복할 것 같지 않다. 윤석열 1차 체포영장 집행 때 수만 명이 집결했던 극우는 그날 영장 집행을 막아 내면서 자신감과 교훈을 얻었다. 그것이 서부지법 폭동, 국가인권위 점거 난동으로 이어졌다. 더 많은 일상 공간에 극우의 진지를 마련하려고 한다. 설사 이재명이 집권해도 아래로부터의 대중운동이 크게 일어나지 않는다면, 개혁 정부가 개혁을 배신하고 우익은 그로부터 반사이익을 얻으며 상황이 문재인 임기 말경처럼 다시 나빠질 수 있다.

대중이 대거 행동에 나서지 않으면 진정한 개혁을 지키거나 새롭게 쟁취하는 것이 불가능하다. 지난 두 달간 쿠데타를 좌절시키고 윤석열을 정치적 궁지로 몬 진정한 힘은 대중행동에서 나왔다. 그런 행동에 담긴 변화의 열망은 단지 쿠데타 이전, 윤석열 이전으로 돌아가는 것에 전혀 만족할 수 없다.

윤석열 반대 운동은 민주당으로부터 (함께 싸우더라도) 정치적으로 독립적이어야 한다. 특히, 계급적 행동들이 늘어나야 한다. 그리고 단호하고 대담하게 극우와 대결해야 한다.

김문성, 〈노동자 연대〉 536호(2025-02-18).

이재명의 "중도·보수" 선언이 보여 주는 것

이재명 민주당 대표가 민주당의 정체성을 "중도·보수"라고 밝힌 것은 기회주의가 선을 넘은 것이다.

국힘이 순식간에 극우화하면서 중도층(실은 보수적 유권자층)에 여백이 생기자 이를 외연 확장의 기회로 삼겠다는 것이다. 물론 지배계급의 이재명에 대한 거부감을 누그러뜨리겠다는 것이기도 하다. 이재명은 SNS에 "국민의힘이 버리고 떠난 보수의 책임을 민주당이 져야 한다"고 말했다.

이재명이 이런 셈법을 할 수 있는 것은 좌파로부터 위협을 느끼지 않기 때문이다. 정의당은 대중 지지를 많이 잃어 존재감이 크게 약화됐고, 진보당은 민주당과의 선거 연합을 지지하고 있다. 이재명은 2025년 2월 21일에 민주노총과 한국노총 지도부를 만나 비공개 대화를 나눴다. 민주노총 방문 때는 장기 투쟁 사업장 노동자들의 요구도 직접 청취했다. 그러는 한편, 이재명은 지배계급에게 자신이 경제·안보 위기 극복을 위한 정치 안정의 적임자임을 보이고자 한다.

이 점에서 이재명의 중도·보수 선언은 새삼스러울 뿐이다.

이재명은 2월 21일 민주당 최고위원회에서 이렇게 말했다. "국가 살림을 하는 정당이 오로지 진보, 오로지 보수 이렇게 해서 어떻게 국정을 하느냐. 예를 들면 국정 운영할 때도 안보·경제 영역은 보수적 인사들이 보수적 정책으로, 사회·문화 영역은 진보적 인사들이 진보적으로 집행하면 된다."

이는 미국 민주당이나 유럽 사회민주주의 정당들의 제3의 길, 이른바 '사회적 자유주의'로 불렸던 노선을 연상시킨다. 이 정당들은 전쟁이나 신자유주의 문제에서는 우파와 별 차이 없이 굴면서, 차별 문제에서는 진보적 외양을 띠려고 했다. 사실 더불어민주당의 공식 정책 연구소인 민주연구원은 이미 2024년에 그런 노선을 정리한 바 있다. 민주연구원이 발표한 "민주당의 역사와 정치철학"은 민주당이 중도·보수로 출발했고, 그 역사 내내 중도에 기반을 두고 때에 따라 진보 정책과 보수 정책을 활용해 왔다고 한다. 이재명의 당 최고위원회 발언은 "예를 들어"라고 표현됐지만, 사실상 친기업·친성장 노선과 한미 동맹 우선 노선 추구를 가리키는 것이었다.

지배계급의 경계를 다소 누그러뜨리는 것이 선거에는 도움이 될 수 있다. 1997년 대선에서 김대중이 "유신 잔당" 김종필, 박태준 등과 연합해 지배계급 일부의 지지도 받은 것이 승리에 도움이 됐다. 1997년 IMF 경제 공황 직후 수십 년 일당독재에 대한 환멸 때문에 대중의 절대 다수가 김대중에게 투표한 선거에서 김대중은 우클릭을 했던 것이다. 김대중은 집권하자마자 쿠데타 주범 전두환·노태우를 사면하고 경제정책을 김종필계에게 맡기고 정리해고·파견제를 도입하는 노동 개악을 추진했다.

윤석열이 쿠데타를 기도한 것은 강경한 신자유주의 정책과 노골적 친미·친일 노선(특히 한·미·일 군사동맹 추구)이 대중의 반감을 사서 정치 위기가 급격히 심화된 것이 가장 큰 이유였다. 그런데 장차 민주당 정부의 노선이 큰 틀에서 윤석열과 그다지 차이가 없다면, 윤석열에 반대했던 많은 사람들은 '왜 목숨 걸고 계엄군에 맞섰나, 왜 엄동설한에 거리를 지키며 윤석열 구속·탄핵을 위해 싸웠나' 하고 회의할 수밖에 없을 것이다. 그리되면, 임기 초부터 정권 흔들기에 나설 우익은 다시 사기가 오르고, 대중의 실망감을 이용해 부활 기회를 잡으려 집요하게 반격할 것이다. 김대중·노무현·문재인 정부 때에도 이런 일이 반복됐다. 그러나 마르크스가 강조했듯이, 역사는 똑같은 일이 똑같이 반복되지 않는다. 문재인 정부의 배신은 극우가 청년들 일부를 포섭하는 기회가 됐다.

중도·보수 정당 선언은 이재명이 지금 빈 중원을 차지하러 대부대를 이끌고 공격적으로 진격하고 있다고 포장된다. 개혁을 성취할 수 있는 유일한 방안인 집권을 위해 실용주의적 책략, 지배계급 기만 책략을 벌이는 중이라는 것이다.

그러나 앞의 글에서 지적했듯이, 지배계급에 아첨해 기만하려는 책략은 결코 통하지 않으며, 스스로를 우경화로 끌고 간다. 이미 신년 기자회견 때 이재명은 성장이 우선이라며 우클릭을 본격화했지만, 국힘이나 조중동은 더욱 우클릭의 진정성을 요구해 왔다. 그러자 이제 중도·보수 정당 선언을 하기에까지 이른 것이다. 이런 일은 국힘의 성장 우선론, 한미 동맹 중시론 등을 민주당이 이어 가게 되면서 정치 지형이 오른쪽으로 기울게 할 수 있다.

그동안 이재명에게 보수적 압력을 넣어 온 비명계(친문계 포함)는 이재명의 중도·보수 정당 선언을 비난한다. 하지만 전 경남도지사 김경수는 중도·보수 정당 선언이 정체성이 아니라 대선 전략의 문제라며 비판을 철회하고 지지를 나타냈다. 당내에서는 윤석열의 계엄에 반대했던 우파 인사들과의 연합 문제도 거론되고 있다.

지금 이재명 지지층 사이에서 우클릭에 항의하는 소수 의견은 반향을 얻지 못하는 듯하다. 아직은 이재명의 선택이 '불가피하다'며 지지를 보내고 있다. 그러나 이는 자신을 속이는 것이다. 그동안 왜 그토록 '수박'을 미워해 온 것인가?

한편, 민주당이 지배계급의 환심을 사려 하면서, 민주당과의 연립정부 구성까지 염두에 두고 내란 종식 원탁회의에 참여한 진보당의 운신의 폭은 더 좁아지고 있다. 김재연 진보당 대표는 민주당이 진보였던 적이 없다고 옳게 지적했다. 그러나 김재연 대표는 민주당은 중도·보수의 길을 가고 진보당은 진보를 대표하는 길을 걸으면 된다고 밝혔다. 민주당의 중도·보수 선언에도 불구하고, 진보당은 민주당과 연합하고, 그 연합 안에서 진보당이 진보좌파를 담당하는 위치를 차지하고 싶다고 말한 셈이다. 그러나 '그들은 그들 할 일 하고 우리는 우리 할 일 하면 된다'는 식의 주장은 1+1=2라는 식으로, 계급투쟁 역학에 무지함을 반영한다.

집권 후 개혁을 위해 참고 지켜보자는 식의 태도를 취하는 것은 진정한 개혁 동력이 대중 자신에게 있지 않다고 말하는 것이다.

김문성, 〈노동자 연대〉 537호(2025-02-25).

대중행동들로
극우의 전진에 대응해야 한다

헌법재판소의 윤석열 탄핵 심판 변론 과정이 2025년 2월 25일 종결됐다. 극우는 헌법재판소를 정조준하고 있다. 특히 3월 1일 서울에서 전국 집중 동원을 한다.

극우는 헌법재판관들과 탄핵 심판 과정의 '불공정성'을 집요하게 물고 늘어져 왔다. 탄핵이 인용되면 헌재를 "쓸어버리겠다"는 협박도 서슴지 않았다. 극우 목사 전광훈이 이끄는 대한민국바로세우기국민운동본부(대국본)는 매주 토요일 광화문에서 대규모 집회를 열고 있다. 전광훈의 광화문 집회는 쿠데타 미수로 심각한 위기에 처해 있던 윤석열과 국힘에 산소호흡기가 됐다.

전광훈이 이끄는 극우 운동은 어느 날 갑자기 등장한 게 아니다. 전광훈은 문재인 정부 시절 거리에서 문재인 반대 집회를 꾸준히 조직하는 한편, 기층에서 극우 조직을 구축해 왔다. 그렇게 구축된 기층 조직들이 지금 전광훈의 광화문 집회에 지지자들을 동원하고 있다. 전광훈은 집회 참가자들에게 "윤석열의 군사 쿠데타는 정당했다", "중국의 영향력을 차단하고 좌익을 청소하려면 윤석열 사기 탄핵이 기각돼야 한다", "우파가 계속해서 100만 명씩 모이면 기각된다"며 행동을 촉구해 왔다.

특히, 윤석열이 대국민 담화 형식으로 극우 지지자들에게 힘을 실어 줬다. 윤석열은 특히 체포영장 집행을 거부함으로써 거리 극우의 투지를 고무했다. 현직 대통령이 공권력에 저항하자 극우의 투쟁성이 강화됐다. 국힘은 지금 거리 극우와 함께 헌재 흔들기에 주력하고 있다. 최상목의 마은혁 임명에 반대했고, 문형배 재판관 비방에도 앞장섰다. 국힘 의원들은 극우 집회에 참가하고 심지어 극우 청년 폭력배들의 국회 기자회견을 주선했다.

극우 진영은 현재 크게 둘로 나뉘어 있다. 손현보 목사가 주도하는 개신교 극우 단체 세이브코리아는 대국본과 별도로 집회를 열어 왔다. 극우를 추적하고 기록하는 트위터리안 '카운터스(극우 추적단)'의 추정에 따르면, 전광훈 쪽은 김문수를 지지하는 듯하고 손현보 쪽은 오세훈을 지지하는 듯하다.

국힘은 양측에 다 손을 내밀며 중재를 시도하고 있다. 삼일절 집회 단일화 시도는 무산됐지만, 극우는 진작부터 삼일절 최대 동원을 준비해 왔다. 특히 지역 순회 집회 등을 조직해 삼일절 시위로 집중시키는 방법을 사용했다. 세이브코리아는 매주 대도시에서 대규모 집회를 열며 이목을 끌었다. 부산(2월 1일), 대구(8일), 광주(15일), 대전(22일)을 찍고 마침내 3월 1일 여의도에서 전국 총동원 집회를 열 예정이다.

극우는 2월 중순부터는 대학에서 진지를 구축하려고 해 왔다. 2월 10일 연세대를 시작으로 15/17일 서울대, 21일 고려대에서 탄핵 반대 시국선언을 했다. 2월 마지막 주 들어서는 부산대·이화여대·인하대·

건국대·서강대·성균관대·서울시립대·한국외국어대에서 탄핵 반대 시국선언을 했다(경희대는 3월 1일로 예고했다). 이는 대학가에서도 탄핵 반대 여론이 일고 있다는 인상을 주려는 것이다.

그러나 이 대학들에서 윤석열 반대 활동가들이 조직한 맞불 집회를 통해 대학생들의 탄핵 반대 목소리는 소수에 불과하다는 사실이 드러났다. 그래서 극우 대학생들은 극우 유튜버들에게 SOS를 쳐야 했다. 안정권, 배인규 등 극우 유튜버들은 심지어 이화여대에서 여학생들에게 폭력을 행사하기까지 했다. 삼일절 이후에도 극우는 대학가 탄핵 반대 시국선언을 이어 가려고 한다. 국립인천대학교에서는 (지금까지와 달리 개인이 아니라) 극우 학내 조직 준비 모임 명의로 탄핵 반대 기자회견을 열겠다고 한다.

극우가 헌재를 겨냥한 기층의 압력을 키우고 이를 통해 운동과 조직도 건설하려 하는 것이다. 3월 중순 예상되는 헌재 판결을 앞두고 극우는 3월 1일과 8일 최대 동원을 예고했다. 한편, 비상행동과 민주노총의 최대 동원은 3월 15일로 잡혀 있다.

헌재가 윤석열을 파면한다면 그것은 반윤석열·친민주주의 운동의 승리일 것이다. 그러나 평결이 어떻게 될지 불확실하다. 중요한 점은 헌재가 파면 결정을 내리더라도 극우 운동이 사라지는 것은 아니라는 점이다. 사회의 다중적 위기에 맞서는 대중운동이 크게 일어나지 않는다면 위기의 현재 국면은 극우의 성장을 위한 토양이 될 위험이 크다. 극우의 전진에 대응하는 대중행동들이 필요하다.

〈노동자 연대〉 537호(2025-02-28).

2월 15일 반극우 맞불 집회
광주는 달랐다

2025년 2월 15일 토요일 광주 금남로에서는 격노한 윤석열 퇴진 시위대가 극우를 규모와 기세로 눌렀다. 극우 시위대는 5000여 명이 참가한 반면, 윤석열 퇴진 시위대는 1만 명이 넘게 모였다. 광주에서 위세를 떨쳐 자신감을 얻으려던 극우의 시도에 타격을 입혔다. 극우 단체 세이브코리아가 전국 동원을 해 탄핵 반대 집회를 개최하자, 광주비상행동은 그보다 갑절로 큰 맞불 집회를 벌였다.

양측은 각각 금남로 1~2가(광주비상행동)와 3가(세이브코리아)에서 맞대어 집회를 벌였다. 경찰은 양측의 충돌을 막겠다며 둘 사이를 차벽과 울타리로 가로막고 극우 집회를 보장해 줬다. 그 안에서 우익들은 "탄핵 반대가 민주 수호"라고 악을 쓰며, 가당찮게도 자신들이 "광주 정신의 진정한 계승자"라고 떠들어댔다. 국힘 국회의원 조배숙과 광주 시당·전남도당 위원장들도 이 집회에 참석했다. 광주비상행동은 15일 아침 긴급 성명을 발표해 경찰이 극우에 협조한 것을 문제 삼았지만, 아쉽게도 경찰을 분명히 비판하는 것은 삼갔다.

경찰 울타리 너머에서 광주 시민들은 극우를 노려보며 울분을 토로했다. "육시럴 것들", "저 사람 같지도 않은 새끼들이 …." 청소년들은 "5·18처럼 [항쟁]해야 되는 거 아니냐"고 수근댔다. 광주 곳곳에서 시민들이 극우에 격분하는 모습을 볼 수 있었다. 지하철 안에서는 나이 지긋한 여성들이 "발 달린 짐승이 여기가 어디라고, 뭣이 이렇게 왔냐!"고 거세게 질타했다. 시민들은 집회 시작 한참 전부터 금남로와 5·18민주광장으로 모여들었다. 금남로에 들어오며 "[극우와] 한판 붙어보자!" 하고 함성을 지르는 사람, 윤석열 파면 손팻말을 휘둘러 얼씬대는 극우를 쫓아내는 사람들이 곳곳에 눈에 띄었다. 광주에 거주하는 30대 여성 두 명은, 극우가 "여기까지 와서 [계엄군의] 총탄이 박힌 건물을 보며 탄핵 반대 집회를 하는 게 너무 잔인하다"고 토로했다.

비상행동 중앙은 광주에서 극우와 맞대결하기를 회피했지만, SNS에서는 광주로 집결하자는 자생적 호소가 적잖았다. 여수·진도·목포 등 전라도 곳곳과, 서울·수원·원주·대구·부산 등 전국 곳곳에서도 광주를 극우 도발에 홀로 두지 말자고 모여들었다. 뜻 맞는 사람들이 힘을 모아 관광버스를 대절해 광주로 오기도 했다. 서울에서 온 광주 출신 김창숙 씨는 이렇게 말했다. "광주 사람들이 화가 정말 많이 났어요. 계엄군이 총칼을 휘둘렀던 여기서 계엄 동조 세력이 집회를 하는 건 정말 말도 안 되는 일이에요. 저들의 코를 납작하게 해 줘야 합니다."

윤석열 퇴진 집회 사전행사가 시작된 오후 3시 30분경 대열은 금남로를 메우고 옛 도청 앞 광장으로 점점 불어나, 극우 집회 규모를 훌쩍 뛰어넘었다. 참가자들은 분노로 부글부글 끓었다. "윤석열 즉각 파면하라", "내란 세력 청산하자" 하는 구호를 외칠 때 분노에 북받쳐 눈물을 글썽이는 사람들을 어렵잖게 볼 수 있었다.

자유 발언자로 무대에 올라온 시민들은 분노를 여과 없이 쏟아 냈다. 강원도 원주에서 왔다는 한 노동자는 분노로 숨을 몰아쉬며 포효하듯 발언했다. "저들의 발악과 횡포가 심해지더니, 이제는 기어이 민주화의 성지인 광주에까지 닿았습니다. … 이곳 광주가 왜 우리 민주주의의 심장인지, 무엇이 진짜 민주주의인지를 우리가 함께 똑똑히 보여 줍시다!"

연대 버스를 타고 광주로 달려왔다는 한 시민은 이렇게 절규했다. "45년 전 5월 이곳에서 어떤 일이 있었는지 뻔히 알면서, 그 가해자들의 직계 후손이 누구인지 뻔히 알면서, 또 한 번 민주주의를 지워 버리려 한 것이 누구인지 뻔히 알면서, 다시금 '입법 독재'니 뭐니 가당찮은 헛소리를 핑계 삼아 법 위에, 국민 위에 군림하려 하는 [자들], 그리고 자존심과 양심도 모조리 잊고 그들을 지키겠다고 이곳에 모이려는 이들에게 분노가 치밉니다!"

고故 조비오 신부의 조카 조영대 신부는 연단에 올라 "여기가 어디라고 감히 신성한 민주 성지 광주 금남로에 더러운 발을 딛고 서 있느냐! 썩 물러가라!" 하고 극우에게 호통을 쳤다. 민주당·진보당·조국혁신당·기본소득당·정의당·국민주권당 등 각 정당 인사들도 연단에 올라 발언했다.

극우 한국사 강사 전한길에 '맞불'을 놓으러 온 역사바로잡기연구소 황현필 소장은 30분 가까운 맹렬한 발언으로 극우의 준동을 규탄했다. "여러분 뒤에 보이는 저 도청에서 [1980년] 5월 27일에 윤상원 열사가 돌아가셨습니다. … 그 피가 뿌려진 이 금남로에! 비상계엄을 옹호하고 학살을 동조하는 자들이 집회를 한다니! 홀로코스트가 행해진 곳에서 나치 추종자들이 집회를 한다는 것이나 마찬가지 아닙니까? … 김대중전 대통령이 가장 크게 잘못한 것 중 하나가 전두환 이 새끼를 1년 만에 풀어 준 겁니다. 그래서 윤석열 일당이 겁대가리 없이 비상계엄을 한 거예요. … 이 새끼가 대통령 자리에 있는 한 우리는 살 수가 없어요. … 만약에 정권이 민주당으로 넘어갈 것 같다고 해도, 윤석열 추종 일당들이 가만히 있겠습니까? … 독재 추종 세력, 학살 세력이 더는 이 땅에서 큰소리치지 못하게 … 만드는 것이 우리의 사명[입니다].", 호응의 박수와 함성이 쏟아졌다.

윤석열 퇴진 집회가 기세를 한창 올리는 사이 극우는 쥐 죽은 듯 조용해졌다. 해가 뉘엿뉘엿 저물어 갈 무렵 극우는 조용히 무대를 철거했다. 사회자는 극우가 다시는 발붙이지 못하게끔 시위를 이어가자고 호소하며 7시경 집회를 마무리했다.

광주에서 극우의 기세를 맞불 집회로 누른 소식은, 같은 날 집회가 열린 서울 등 전국 곳곳으로 퍼져서 많은 사람들을 고무했다. 같은 시각 서울대에서 탄핵 반대 집회를 맞대응하던 학생들도 광주 소식에 힘을 얻었다. 이를 발판 삼아 윤석열 탄핵과 쿠데타 가담 세력의 철저한 처벌 투쟁과 함께 극우와의 대결을 더 대담하게, 더 조직적으로 벌여야 한다.

현재 극우의 준동은 윤석열의 선동과 국힘의 지원 속에서 결코 무시할 수 없는 수준으로 커지고 있다. 극우가 중요한 결집점으로 삼는 행동(예컨대 3월 1일 광화문)에 강력한 맞불 행동으로 맞서야 한다.

김준효·이현주, 〈노동자 연대〉 536호(2025-02-18).

대학가 맞불 투쟁들
대학에서 초창기부터 극우에 맞서기

2025년 2월 중하순부터 극우는 대학교를 돌며 탄핵 반대(이하 반탄) 시국선언을 했다. 개강 전에 서둘러 릴레이 시국선언을 하려는 듯 3월 3일 하루 동안에만 6개 대학에서 반탄 시국선언이 열렸다. 극우 세력은 3월 1일 서울에서 대규모 집회를 열어 세를 과시하고 지지자들의 사기를 올리고 계속 싸우도록 고무했다. 대학교 반탄 시국선언에 나섰던 학생들은 박수를 받으며 연단에 올랐다.

극우는 마치 대학생들 사이에서 반탄 여론이 꽤 큰 것처럼 부풀리는 효과를 내려고 한다. 특히, 그들은 윤석열 탄핵 결의 학생총회가 열린 대학들을 의도적으로 겨냥했다. 또한 분노스럽게도 극우들은 특히 학생운동의 역사와 민주 열사 기념물이 있는 곳들을 시국선언 장소로 택해 왔다. 학생총회 결의의 상징성에 흠집을 내고, 민주주의를 모욕하려는 것이다.

그들은 대학가 시국선언을 통해 대학교에서 초기 간부층과 조직을 만들려 하는 듯하다. 아직 대학교에서 뿌리를 내리지 못하고 있기 때문일 것이다. 그래서 극우는 학교 밖으로부터 지원을 끌어들이는 전술을 채택했다. 대학교 반탄 시국선언들을 보면 그 방식이 비슷하다. 10명도 안 되는 극우 학생들이 '시국선언'을 하고, 수십 명에서 많게는 200명 정도 되는 장·노년 극우들이 이들을 엄호한다. 극우 유튜버들이 음향 설비와 재정을 수백만 원씩 후원하기도 한다.

극우 유튜버들이 반탄 시국선언 학생들과 공조한 정황이 드러나고 있다. 가령 이화여대에서는 극우 유튜버 안정권이 자신의 유튜브 영상에서 이화여대에서는 "비밀 작전"이 있을 것이라고 밝혔다. 그 실체는 먼저 2월 26일 이화여대에서 드러났다. 이화여대 탄핵 찬성(이하 찬탄) 학생들에 의해 정문까지 쫓겨났던 반탄 학생들이 기념 촬영을 하겠다며 다시 학교 안 대강당 쪽으로 이동하자, 찬탄 학생들이 이를 저지하기 위해 반탄 학생들을 따라갔다. 그러자 사전에 합을 맞춘 듯한 남성 극우 폭력배들이 교정에 난입해 스크럼을 짜고 찬탄 학생들에게 폭력을 행사했다. 또, 고려대 집회 현장에서 한 반탄 시국선언 학생은 극우 유튜버 안정권에게 90도 인사를 하며 "오늘 연락드렸는데 감사합니다" 하고 인사했다.

그러나 대학생 일반에서는 윤석열과 쿠데타 세력을 향한 분노가 더 광범하다. 12·3 쿠데타 직후 대학 십수 곳에서 윤석열 퇴진 학생총회 물결이 일었고, 12월 13일에는 신촌에서 대학생들이 5000명 가까이 모여 윤석열 퇴진을 요구했다. 그리고 탄핵소추를 앞두고 응원봉 물결 등 수많은 대학생들이 항의를 위해 일어섰다.

극우 학생들은 극우 시위대의 지원을 받아 폭력까지 행사하고 있다. 한국외대에서는 안정권과 킬문TV 등 극우 유튜버들이 집회 시작 전부터 탄핵 찬성 학생들과 졸업생들에게 폭력을 휘둘렀다. 장시간 대치에도 맞불 집회 참가자들이 지칠 기색을 보이지 않자, 극우 유튜버들은 대형 확성기에 마이크를 갖다 대어 날카로운 하울링 소음을 일으켜 탄핵 찬성 측을 도발하기도 했다. 그런 자들이 마음껏 활개치게 놔두면 현재 소수인 극우 학생들은 자신감을 얻고 대학교에서 수월하게 조직을 구축할 것이다.

극우 본색 들춰내기

다행히도 극우는 대학에서 만만찮은 반발에 부딪혔다. 방학 중인데도 친민주주의 학생들은 군사 쿠데타를 옹호하는 자들이 대학교에서 준동하게 둬선 안 된다며 맞불 집회를 열었다. 연세대에서 시작된 맞불 집회는 지금까지 서울대·고려대·부산대·이화여대·인하대·전남대·서강대·건국대·성균관대·서울시립대·한국외대·경희대·충남대·중앙대·동아대 등지로 이어졌다. 윤석열 파면을 원하는 재학생, 졸업생, 학내 노동자와 교수 등 학내 구성원을 포함해 민주주의를 지키려 연대하러 온 여러 시민과 지역 주민은 어딜 감히 극우가 교정에 발을 들이느냐며 거세게 항의 집회를 열었다.

고려대 등에서는 찬탄 학생들이 반탄 시국선언이 예고된 장소를 선점하고, 한 줌의 극우 학생들을 교정 밖으로 밀어내는 통쾌한 일도 있었다. 서울시립대 등에서도 극우 학생들은 찬탄 학생들에게 막혀 학교 안으로 들어오지 못했다. 반탄 학생들은 맞불 집회가 '표현의 자유'를 침해한다고 떠들지만, 맞불 집회 참가 학생들은 '민주적 권리를 파괴하는 계엄을 옹호하는 자들은 표현의 자유 운운할 자격이 없다'며 단호히 맞섰다. 이화여대 반탄 시국선언 학생들은 애초에 시국선언을 하려던 대강당 계단에서 맞불 집회를 이겨 내지 못하자, 극우 폭력배들이 진을 치고 있는 정문으로 이동해 시국선언을 진행했다. 한국외대에서는 찬탄 학생들과 졸업생들이 무려 10시간 가까이 싸워 반탄 학생들과 극우 폭력배들이 교정으로 발을 붙이지 못하게 했다. 찬탄 집회 참가자들이 극우 세력의 폭력과 욕설에도 기세가 꺾이지 않자, 악랄한 극우 유튜버 안정권조차 질렸다는 듯 무의미한 소음 공격이나 할 수밖에 없었다.

극우 학생들은 대학을 배경 삼아 지성인인 척하면서 기자회견을 하고 싶었을 것이다. 그리고 그것을 유튜브로 송출해 전체 극우 세력을 고무하려 했을 것이다. 그러나 맞불 집회에 부딪히자 반탄 학생들은 성조기와 심지어 "빨갱이는 죽여도 돼" 하고 적힌 팻말을 흔들고 쉴 새 없이 욕을 내뱉는 극우 시위대의 지원과 엄호를 불가피하게 요청했다.

맞불 집회는 반탄 학생들의 의견이 결코 이성적이거나 합리적인 것이 아니며, (윤석열처럼) 그들도 폭력적이고 반민주적인 극우 세력의 일부임을 드러낸 것이다.

극우에 대한 맞대응을 회피하지 않기

그런데 찬탄 진영 일부는 극우에 맞불 집회로 대응하는 것을 피하자고 한다. 예컨대, 주류 반미자주파가 주도하는 이화여대 총학생회는 2월 26일 반탄 시국선언이 도전받지 않고 열리도록 허용하려 했다. 이화여대 재학생과 졸업생을 비롯한 맞불 집회 참가자들이 반탄 학생들과 극우 폭력배들에 용감히 맞서고 있을 때 이화여대 총학생회는 모습도 드러내지 않았다. 이화여대 총학생회는 극우들의 반탄 시국선언이 모두 끝난 후인 오후 3시에야 윤석열 탄핵 2차 시국선언을 발표했다. 이는 많은 학생들이 윤석열 탄핵을 염원하고 있음을 보여 줬지만, 오전의 격렬한 대립을 보고 분노한 학생들이 많이 참가한 효과이기도 했다.

이화여대 총학생회는 윤석열 퇴진 운동에 기여해 왔다. 2024년 12월 13일 이화여대 학생총회는 정족수 1500명을 훌쩍 넘긴 2453명이 참석해 2437명의 압도적 찬성으로 윤석열 탄핵 요구안을 가결했다. 이화여대 총학생회는 학생총회를 마친 뒤 이화여대 학생 800여 명을 이끌고 신촌에서 열린 윤석열 퇴진 대학생 총궐기로 행진해 그날 집회 성공에 큰 기여를 했다. 윤석열 탄핵소추 과정에서 활약한 이화여대 총학생회가 극우 대항 맞불 집회에 함께했다면 반탄 학생들의 기를 꺾는 것이 훨씬 수월했을 것이고, 극우 폭력배들이 감히 교정에 난입하지 못하도록 압박할 수 있었을 것이다.

한편, 좌파들 사이에서도 대학교 맞불 집회를 소수의 무모한 충돌로 폄훼하는 주장이 적잖이 있다. 가령 대학교 맞불 집회들을 "충분한 지지나 참여 없는 충돌"로 묘사했다('윤석열 퇴진! 세상을 바꾸는 네트워크', 〈평등으로〉 10호).

이런 주장은 기층 학생들 사이에서 맞불 행동에 대한 지지와 공감이 컸음을 애써 못 본 체하는 것이다. 수많은 사람들이 유튜브 생중계와 언론 보도를 통해 맞불 시위대가 극우의 교정 진입을 막아 낸 것을 보며 통쾌해 하고 안도했다. 고려대와 이화여대에서 열린 맞불 집회는 방학이었고 준비 기간이 사나흘 정도였음에도 재학생, 졸업생, 학내 노동자·교수 등이 각각 150여 명과 100여 명이 참가했다. 고려대와 한국외대에서는 1970년대 학번부터 2010년대 학번까지 동참한 지지 현수막들이 교정을 수놓았다. 서울시립대에서는 교수들과 학내 노동자들, 그리고 서울시립대 인근에 있는 철도노조 서울지방본부 청량리전동승무 지부에서 맞불 집회 지지 메시지를 보냈다. 고려대에서는 정의당 성북구위원회와 노회찬재단, 진보적 사회과학서점 '지식을담다' 등 지역 진보 정당과 단체들이 지지와 후원을 했다. 맞불 집회들이 열리는 곳마다 동문들과 시민들의 후원금이 쇄도했다.

물론 극우 반대 운동은 지금보다 훨씬 더 커져야 한다. 극우를 패퇴시킬 힘은 거리 시위는 물론이고 (파업까지 포함한) 광범한 노동계급 대중의 투쟁에 있다. 그러나 대학 내 맞불 집회들은 극우의 성장을 초장부터 막아 내야 한다고 생각하는 소수가 선제적으로 행동을 제안했고, 여기에 기층의 학생 대중이 호응했(기에 성공할 수 있었)다.

극우 반대 네트워크

게다가 대학교 맞불 집회는 앞으로 대학교에서 극우 반대 운동을 할 네트워크의 맹아가 생겨날 가능성을 보여 준다.

극우는 단지 단발성 행사로 시국선언을 한 것이 아니라 대학교에서 조직을 만들고 세력을 키우고 새로운 간부층을 양성하려 한다. 이 점에서 극우 반대 운동의 초기 네트워크가 만들어진 것은 큰 의미가 있다. 특히, 맞불 집회에 참가한 학생들의 자신감과 사기가 오른 것을 빼놓을 수 없다.

극우는 그저 일탈적 현상이고, 탄핵이 인용되면 곧 사라질 테니 무시하면 된다고 생각하는 좌파들이 많다. 그러나 극우의 부상은 국제적 현상이다. 설령 윤석열이 파면되고 정권이 바뀌더라도 극우는 계속 세력을 키우고 반동을 도모할 것이다. 극우의 존재가 단지 정부의 성향에

달린 것이 아니라 사회의 위기, 곧 세계적이고 다중적인 자본주의 시스템의 위기에서 비롯하고 있기 때문이다.

윤석열의 쿠데타를 저지한 일등 공신은 12월 3일 밤 국회의사당 앞으로 달려 나가 계엄군을 가로막은 노동자, 청년, 학생 등 평범한 대중이었다. 쿠데타를 옹호하고 민주주의를 파괴하려는 극우를 막아 낼 힘도 우리에게 있다. 극우가 더 성장하기 전에 불붙기 시작한 극우 반대 운동을 키워 가야 한다. 선거뿐 아니라 기층 항의로도 극우의 준동에 맞대응해야 한다.

이재혁, 〈노동자 연대〉 538호(2025-02-28).

6장
윤석열 기습 석방부터 파면까지

헌법재판소가 윤석열 탄핵 심판 선고를 계속 미루자 2025년 3월 15일 분노한 대중 수십만 명이 거리에 나섰다(사진은 앞서 열린 전국노동자대회).

제국주의와 극우의 위협에 직면한
국제 상황

국제 정세가 급변하면서 각국의 국내 정치에도 파장을 낳고 있다.

트럼프 2기 정부는 냉혹한 제국주의적 의도를 노골적으로 드러내고 있다. 우크라이나 대통령 젤렌스키가 백악관을 방문해서 당한 수모가 이를 단적으로 보여 준다. 트럼프는 약소국을 존중한다는 겉치레를 내던지고 젤렌스키를 대놓고 압박했다. 제국주의자들이 이전까지는 밀실에서나 하던 짓을 대놓고 한 것이다. 트럼프가 러시아와 협상을 하는 것은 우크라이나 전쟁 이래로 특히 가까워진 러시아와 중국의 동맹에서 러시아를 떼어 놓으려는 전략의 일환이다. 그리고 그 과정에서 우크라이나가 희생되더라도 크게 개의치 않겠다는 것이다. 이는 우크라이나 전쟁이 제국주의 전쟁이고, 우크라이나가 그 전쟁에서 서방의 대리인 구실을 했다는 주장이 옳음을 다시금 확인시켜 준다(우크라이나와 러시아 등지의 수많은 평범한 사람들의 참혹한 희생 끝에 말이다).

중동에서는 가자 지구에서 학살이 일시 중단됐지만 이스라엘은 구호 물자 반입을 차단해 가자 지구를 교살하려 하고 있다. 또, 이스라엘은 시리아에서 공격적 행보를 취하고 있다. 최근 튀르키예 국가가 쿠르드인 운동과 좌파 활동가들을 대대적으로 체포하는 동시에 오랫동안 중단돼 있었던 '평화 프로세스'를 재개하는 것도 이런 요동치는 중동 정세를 배경으로 한다. 가자와 시리아 상황이 불안정하다는 것에 더해, 튀르키예 지배자들은 이란과 전쟁을 벌일 가능성도 내다보고 있고, 그것이 현실이 되기 전에 쿠르드인 운동을 잠재우려는 것이다. 따라서 중동에서 충돌은 다시 벌어질 것이다. 그에 대응하는 운동이 벌어질 가능성을 예상해야 한다.

급변하는 국제 정세 속에서 마르크스주의적 제국주의론은 복잡하고 때로는 비이성적으로 보이기까지 하는 현상들을 이해할 수 있게 해 주는 틀을 제공한다. 혁명가들이 마르크스주의 전통에 굳건하게 근거해야 하는 이유다.

한편, 트럼프의 재선과 급변하는 지정학적 정세는 극우의 성장을 자극하고 있다. 예컨대 독일 총선을 앞두고 트럼프의 측근 일론 머스크는 독일의 파시스트 정당인 '독일을 위한 대안'을 지지함을 밝혔다. 트럼프의 부통령 JD 밴스는 뮌헨 안보 회의에서 유럽 정부들을 비난하는 연설을 하고 '독일을 위한 대안' 당대표와 만나기도 했다.

물론 머스크와 밴스의 지원 사격으로 '독일을 위한 대안'이 이번 총선에서 애당초 예상되던 것보다 훨씬 많은 표를 얻은 것 같지는 않다. 그럼에도 '독일을 위한 대안'은 이번 독일 총선에서 21퍼센트 가까이 득표했고 그 전 총선보다 득표수를 두 배로 늘렸다. 독일사회민주당은 3위로 밀려났다. 서구의 또 다른 노동계급 대중정당이 쇠락하고 있는 것이다. 독일 지배계급은 미국의 안보 보장이 흔들릴까 봐 불안해하며 군사비 지출을 늘리면서 강한 유럽을 주장하고 있고, 사회민주당도 여기에 부응하고 있다. 그런 가운데 '독일을 위한 대안'은 신자유주의적 외양에서 탈피해 더 국수주의적인 사회정책을 제시하려 하고 있다. 이는 '독일을 위한 대안'을 더 위험한 세력으로 만들 것이다. 이번 총선 결과로 독일에서는 보수 정당이 주도하고 사회민주당이 참여하는 대연정이 들어설 공산이 크다. 이는 '독일을 위한 대안'이 권력자들에 맞서는 아웃사이더를 자처하기 좋은 환경이 될 것이다.

독일 외에도 극우 부상이 국제적 현상임을 보여 주는 사례가 세계 도처에서 확인된다. 아르헨티나의 극우 대통령 하비에르 밀레이가 그런 사례다. 캐나다에서는 트럼프식 반이민 정치를 추구하는 보수당이 집권당이던 자유당을 오른쪽으로 견인해 왔다. 한편, 트럼프의 관세 위협 등으로 중도좌파 정당과 노동조합 관료 사이에 국민적 단결과 노사정 합의주의가 강화되고 있다. 폴란드 총리 도날트 투스크는 2019년까지 유럽의회 의장을 지낸 중도 인사이고, 지금도 국제 무대에서는 트럼프와 충돌하고 있다. 그러나 국내 정치에서는 부쩍 트럼프를 흉내 내고 있는데 이주민 범죄자 대규모 추방을 발표하거나, 폴란드판 일론 머스크를 임명해 공공 기관 대규모 구조조정을 추진하는 것이 그렇다.

그러나 극우가 단연 가장 멀리 나아간 곳 하나는 바로 한국이다. 지난 몇 년 동안 한국의 극우는 극우가 전진한 서구 나라들에 비하면 덜 두드러졌다. 그러나 심화되는 위기 속에서 대통령 자신이 쿠데타 기도를 감행함으로써 한국의 상황은 급속도로 첨예해졌다. 윤석열과 극우에 맞선 투쟁에는 지정학적 함의가 있다. 윤석열이 미국 제국주의를 확고하게 지지해 온 만큼, 반윤석열 운동의 승리는 동아시아에서 미국 제국주의를 약화시키는 효과를 낼 수도 있다.

윤석열 탄핵 절차는 현재 헌재의 인용을 남겨 두고 있다. 그러나 헌재가 윤석열을 파면할지는 결코 확실하지 않다. 국민의 다수(60퍼센트)가 파면을 지지하지만, 헌재는 결코 국민에 책임지는 민주적 기관이 아니고 엘리트들로 이뤄진 보수적 국가기관이기 때문이다. 3월 1일에 열린 탄핵 반대 집회는 10만 명이 모인 탄핵 찬성 집회보다 3~4배가량 컸다. 이렇듯 상황은 결코 호락호락하지 않다.

자유주의자들과 온건 좌파는 이런 상황을 초현실적이거나 일탈적인 것으로 여기지만, 이는 오류다. 한국의 정치 구조가 새롭게 바뀌고 있는 것이다. 윤석열의 쿠데타를 계기로 위로부터의 극우 운동과 아래로부터의 극우 운동이 결합돼 시너지 효과를 내고 있고, 그것이 공식 정치에도 영향을 미치고 있다. 국힘뿐 아니라 국민의 일부도 빠르게 우경화하고 있다. 따라서 헌재의 탄핵 인용 여부나, 탄핵이 인용될 시 조기 대선 결과와 상관없이 정치 양극화는 더 첨예해질 것이다.

현재 윤석열에 맞서 민주당이 사실상의 주도권을 행사하는 민중전선이 형성돼 있다. 극우는 주요 도시와 대학 캠퍼스를 순회하며 시위를 조직하고 있다. 그 운동은 한국에서 파시즘으로 발전할 배아를 품고 있다. 혁명가들은 이런 극우 집회들에 맞서 맞불 집회를 제안하고 있다. 반면, 개혁주의자들과 민중전선 지도부는 이런 맞불 집회에 동의하지 않고, 그런 집회를 건설하려는 노력을 외면하거나 때로는 어깃장을 놓기까지 한다. 그러나 맞불 집회를 건설하는 사람들은 집회를 건설하면서 기층에서 지지를 확인하고 있다.

혁명가들은 극우의 위험성에 관해 앞장서서 경종을 울리며 최대한의 공동전선이 필요함을 주장해야 한다. 반면, 서구의 일부 좌파는 이번 독일 총선에서 좌파당의 표가 늘어난 것에 주목하며 '독일을 위한 대안'의 전진을 애써 외면한다. 그러나 그 위험을 직시해야 한다.

동시에, 극우의 부상을 보면서 '할 수 있는 게 없다'며 마비돼서도 안 된다. 일부 좌파들이 '노동자들이 원자화, 보수화됐다'고 비판하며 자신들의 우경화를 정당화하는 주장과도 논쟁해야 한다. 그런 비관론은 주류 개혁주의자들뿐 아니라 급진 좌파의 일부가 공유하기도 한다.

혁명가들은 현 상황을 사람들에게 이해시키는 데에 중요한 구실을 할 수 있다. 단지 선거 결과를 가지고 노동계급이 패배했다는 식의 결론을 내리는 것을 거부해야 한다. 맞서 싸우는 것이 가능하고 이길 수 있다는 것을 보여야 한다. 또, 민중전선 전략에 대한 분명한 비판과 대안을 제시할 수 있어야 한다. 민중전선 문제는 한국뿐 아니라 세계 곳곳에서 제기되고 있다. 가령 미국에서 트럼프와 극우에 맞서 민주당을 포함한 범민주 세력이 단결해야 한다는 주장이 여전히 엄청난 호소력을 발휘하고 있다. 민주당이 트럼프에 맞서는 데서 형편없는 전력을 보여 줬는데도 말이다.

프랑스 신민중전선의 경험은 민중전선이 운동을 막다른 골목으로 이끈다는 것을 잘 보여 준다. 프랑스의 급진 좌파 정당 '불복종 프랑스'는 신자유주의를 받아들이는 사회당까지 포함한 신민중전선을 결성하고, 2024년 총선 결선투표에서 극우에 맞서고자 중도우파 대통령 마크롱과 선거에서 제휴했다. 그러나 마크롱은 총선에서 극우를 견제하는 데 좌파를 써먹은 뒤 좌파를 버리고 우파와 손을 잡았다. 그리고 최근에는 신민중전선에서 사회당을 떼어 내는 데 성공해 자신의 입맛에 맞는 정부를 구성했다.

혁명가들은 공동전선을 통해, 싸우려는 사람들로부터 고립되지 않으면서도 민중전선 전략의 문제점을 명료하게 비판할 수 있어야 한다.

〈노동자 연대〉 국제팀, 〈노동자 연대〉 538호(2025-03-04).

윤석열 구속 취소 판결 규탄한다

2025년 3월 7일, 서울중앙지법 형사25부가 윤 대통령 측이 제기한 구속 취소 청구를 인용했다. 검찰이 7일 이내 항고하지 않으면 윤석열은 석방된다.

〈노동자 연대〉는 1월 15일 윤석열이 체포됐을 때 윤석열 체포가 친민주주의 대중의 승리이지만 얼마 뒤 풀어 줄 위험성을 경계해야 한다고 경고한 바 있다. 그리고 헌법재판소와 법원을 믿지 말고 정권 전체의 퇴진을 요구하는 운동을 발전시켜야 한다고 주장했다. 이 경고와 주장을 지금 다시 강조하고자 한다.

법원은 법적 절차에 하자가 있어 차후에 재심 사유가 될 수 있다고 판결했다. 윤석열이 군대를 동원해 민주적 권리들을 유린하고 정치적 반대자들을 학살할 계획을 세웠음이 계속 드러나고 있다. 그런데도 법원은 달리 해석될 수도 있는 사소한 법적 절차 문제를 이유로 쿠데타 미수범의 석방을 명령한 것이다. 헌재의 윤석열 탄핵 심판 선고를 앞두고 쿠데타 가담·옹호 세력들에게 힘을 실어 주는 판결이 아닐 수 없다.

담당 판사 지귀연은 2024년 삼성그룹 탈세 승계(삼성물산과 제일모직의 부당 합병) 재판에서 이재용에 무죄를 선고한 바 있다.

윤석열 탄핵 반대와 석방을 요구해 온 극우는 이번 판결로 서부지법 폭동과 삼일절 전국 동원이 효과를 냈다고 여길 것이다. 그만큼 대단히 위험하고 불길한 판결이 내려진 것이다. 윤석열이 풀려나면 국힘과 극우는 사기가 올라 더 극악하게 나올 것이다. 게다가 윤석열이 구속된 상태에서 헌재 탄핵 심판 선고가 이뤄지느냐 아니냐는 큰 차이가 있다.

윤석열이 구속돼 있었는데도 그동안 '윤석열 없는 윤석열 정부'는 대중의 반감을 사온 윤석열 노선을 실행해 왔다. 이 와중에도 한미연합훈련을 실시하다 경기도 포천에서 위험천만한 오폭 사고를 일으켰다. 최상목은 마은혁을 헌법재판관에 임명하지 않으며 탄핵 인용을 방해하고, 쿠데타 가담자인 윤석열 측근을 서울경찰청장 직무대리에 임명했다. 검찰은 그동안 쿠데타 세력 수사를 사실상 방해해 왔는데, 최근 검찰의 가담 정황 증거가 나왔다. 경찰은 비상행동 대표단과 운영진을 줄소환하며 수사를 본격화하고 있다. 대학가 맞불 집회에서도 경찰은 확연하게 극우 편을 들었다.

헌법재판소의 탄핵 인용은 결코 확실하다고 볼 수 없었는데, 오늘 윤석열 구속 취소 판결로 헌재 평결 결과는 더욱 불확실해졌다. 비상행동은 오늘 긴급 규탄 집회를 개최하겠다고 밝혔다. 그리고 검찰에 즉시 항고를 요구했다. 민주노총 지도부는 파업을 포함한 대중 항의를 조직해야 한다.

〈노동자 연대〉 538호(2025-03-07).

민중전선 전략의 모순이 낳은 위기, 그러나 아직 기회는 있다

헌법재판소 탄핵 심판을 앞두고 윤석열이 법원과 검찰의 도움으로 석방됐다.(민주당은 왜 법원 비판은 안 하는가?) 순식간에 정치적 긴장이 고조되고 있다. 그동안 사람들에게 윤석열 파면 가능성이 좀 더 우세해 보였는데, 이제 완전한 안갯속이 돼 버렸기 때문이다. 많은 사람들이 윤석열 체포와 구속을 환영했던 것은, 윤석열이 구속 상태에서 헌재 심판과 내란죄 재판을 받느냐 아니냐가 차이가 있기 때문이었다.

윤석열과 국힘은 그동안 극우 거리 시위를 활용해 법원과 헌재를 압박하고, 내각을 포함한 국가기관들이 윤석열에 불리한 조치를 취하지 않도록 압박하는 등 집요하게 공세를 펴 왔다. 극우 거리 시위는 현직 대통령과 여당의 공개적 지원을 받으며 사기가 올랐을 뿐 아니라, 그 극단성을 뿜어내며 영향력을 증대시키는 기회로 삼고 있다. 그들은 연일 "헌재를 쓸어버리겠다"고 협박하고, 삼일절 전국 집중 집회에 수십만 명을 동원해 한껏 세를 과시했다. '윤석열 없는 윤석열 정권'의 일부인 최상목 권한대행 내각은 여야 갈등을 이유로 내란죄 특검, 마은혁 재판관 임명 등을 계속 거부해 왔다. 검·경 등도 마찬가지다. 검찰은 교묘히 수사를 방해해 왔다. 좌우 거리 시위에 대한 경찰의 태도도 우파에 유리하고 진보파들에게는 적대적으로 변해 왔다. 결국 우파 동원과 결집이 탄핵 반대, 정권 교체 반대 여론을 만만찮게 형성하고, 윤석열이 탄핵 심판 직전 석방되게 만들었다.

게다가 트럼프와 한국의 기업인들은 이런 우파 결집을 이용해, 행여 윤석열의 몰락이 자신들에 피해를 주는 일이 없도록 상황 관리에 치중해 왔다. 윤석열이 군사 쿠데타 미수로까지 간 원인 일부는 강경 신자유주의와 노골적 친미·친일 노선에 대중이 반발하고 정치 위기를 불렀기 때문이다. 트럼프와 한국 기업인들은 비록 군사 쿠데타라는 방법에는 놀랐을지라도 윤석열이 성취하려던 목표에 반대하는 것은 아닌 것이다. 그래서 윤석열 퇴진에 대한 동의를 표명한 적이 없다. 반대한다고 밝히지도 않았지만 말이다.

민중전선: 막다른 골목

반면, 윤석열 반대 운동은 우파만큼 동원과 기세를 만들어 내지 못했다. 정권 퇴진 운동을 만들려 하지 않고 합헌·합법적 수단에 집착하며, 극우에 대항한 최대 동원을 회피해 온 결과다.

물론 민주당은 서울중앙지법이 윤석열 구속 취소 결정을 내리자마자 긴급 의원총회를 하루 사이 두 차례나 열고 의원 비상 대기(국회를 떠나지 않기)를 시키며 투쟁 태세에 나섰다. 그러나 내란죄 특검을 두 차례나 거부하고, 헌재의 위헌 결정도 무시하며 마은혁 재판관 임명을 거부하고 있는 대통령 권한대행 최상목에 대해서는 구시렁구시렁 불평만 해 왔다. 수십 년 기획재정부에서 핵심 관료로 자리 잡아 와, 미국과 재계가 모두 그를 내버려 두길 원하기 때문이다. 윤석열이 계엄 선포 명분을 만들려고 북한 당국을 접촉하려 하고 심지어 선제공격으로 국지전을 일으키려 했다는 진술이 나왔는데도 군부가 집단으로 반발하자 외환죄 수사 얘기는 아예 쏙 들어갔다.

민주당은 차기 정권을 잡아도 이럭저럭 국정을 운영하려면 미국, 재계, 고위 국가 관료, 군부의 묵인이 필요하다. 민주당은 쿠데타를 좌절시키는 데 일조하고, 윤석열 국회 탄핵안 가결에 앞장서며 탄핵소추 촉구 집회에 대중 동원을 하면서도, 쿠데타 세력 척결을 목표로 삼기는커녕 국정 안정을 위한 여야정 협력을 말했다. 이는 윤석열 개별 탄핵(파면), 즉 윤석열 하나만 제거해 조기 대선을 치르는 데 치중하는 것이었다. 지배계급의 이익을 침해하지 않겠다고 입증해 그들에게 잘 보이려는 것이었다.

그러나 민주당의 '우클릭'은 우파의 사기를 올려 줄 뿐이다. 우파는 민주당의 우클릭을 보며 자신들의 주장이 옳았고 압박이 통하고 있다는 자신감을 가질 것이기 때문이다.

윤석열이 군사 쿠데타를 기도한 것은 지배계급의 의제를 추진하다가 대중의 반발에 부딪혔기 때문이다. 그래서 지배계급도 윤석열 소생시키기에 큰 열의가 없었던 것이지만 이제는 달라지고 있을지도 모른다.

따라서 쿠데타 세력 타도를 하려면 노동자들이 진정한 총파업 등 계급적 방식을 동원하는 더 효과적인 대중행동으로 사용자들과 국가기관들에 타격을 가하며 압박해야 한다. 그런데 오히려 이재명 민주당 대표는 국회 탄핵안 가결 직전, 직접 나서 철도 파업을 끝내도록 종용했다. 그때는 그 행동의 난점이 드러나지 않을 수 있었지만 이제는 상황이 하루가 다르게 달라지고 있다.

그동안 대규모 거리 집회를 주최해 온 비상행동은 민주당이 고수하는 투쟁 수위를 벗어나지 않았다. 이런 추수주의를 정당화한 것은 윤석열 탄핵이 기정사실이라는 소박한 낙관이었다. 노무현·박근혜 탄핵 심판 결과가 모두 대중의 친민주주의 염원에 부합했다는 경험에 더해 이번에는 내란죄 혐의이기 때문에 빼박 파면이라는 것이었다.

그러나 군사 쿠데타를 일으킬 정도로 가차 없는 자들이 박근혜 때처럼 순순히 물러설 거라고 여기는 게 오히려 순진한 것이었다. '윤석열 없는 윤석열 정권'은 대중 동원까지 해 가며 조직적으로 탄핵에 저항하고 있다.

비상행동의 주축인 참여연대, 진보당, 민주노총 지도부 등 주요 좌파 세력들이 민주당과의 공조를 통해 선거로 정권을 바꾸고 연립정부를 세우고 그후 개혁 공조를 통해 개혁을 얻어 내겠다는 전략은 민중전선이다. 이 전략의 당장의 난점은 민주당의 집권(조기 대선)에 불리할 만한 일(지배계급이 놀라거나 민주당 집권에 결사 반대할 만한 일)을 피하는 것이다.

이렇게 회피하다가 윤석열 석방으로 세력균형이 급변하는 듯하자 비상행동은 긴급 투쟁 계획을 내놓고 지도부 단식 농성 등에 들어갔다. 하지만 여전히 노동자 파업 등 질적인 투쟁 수위 제고 방법이 추진되지는 않고 있다. 3월 10일, 단식 중인 비상행동 지도부, 야 5당 원탁회의(민주당·조국혁신당·진보당·기본소득당·사회민주당), 정의당은 공동 합의를 이뤘다. 내란 세력 종식과 재집권 저지, 사회대개혁을 위해 함께 연대한다는 내용이다. 민중전선 전략의 모순이 낳은 위기를 민중전선 확대로 돌파하겠다는 것이다.

지금의 위기 국면은 그런 전략의 모순이 야기한 것이다. 반윤석열 최대 결집을 이룬 듯하지만, 실제로는 윤석열 일당을 타도할 힘은 여전히 억제하는 것이다. 그러나 지금은 민주 파괴와 극우 반동을 막기 위해 파업 등 우리 편이 가진 강점(특히, 노동계급의 경제적 힘)을 현실화시켜야 할 때다.

〈노동자 연대〉 539호(2025-03-11).

헌법재판소는 민주적 기관이 아니다

　헌법재판소가 윤석열 탄핵 심판을 기약 없이 미루자, 반윤석열 대중은 이제는 헌재의 행태에 분노하면서 헌재를 규탄하기 시작했다. 탄핵 인용(파면)이 돼야 마땅한데도 선고가 계속 지연되는 것은 탄핵 기각(윤석열 복귀) 가능성이 만만찮다는 신호로 여겨질 수밖에 없기 때문이다.

　윤석열 석방 이후 윤석열 탄핵 촉구 집회 참가자들의 분위기도 조금씩 달라졌다. 지난주까지만 해도 헌법재판소를 믿자는 발언이 압도적이었다. 3월 15일 전국 집중 집회에서 이태호 비상행동 공동운영위원장은 헌재가 1987년 민주 항쟁의 승리로 탄생한 "87년 헌법"의 산물이라며 신뢰를 표했다. 그러나 3월 19일 집회에서 한 청년은 헌재가 "내란 세력을 방임하고 있다"며 직격했다.

　1987년 개헌 때 만들어졌다는 이유만으로 헌재를 민주주의 친화적 기관이라 말할 수 없다. 애초 헌법재판 제도는, 삼권분립이라는 미명하에 선출된 의회의 입법권을 선출되지 않는 권력자들이 견제하려고 만든 것이기 때문이다. 헌법재판 권한이 대법원에 있든, 헌법재판소처럼 별도 기관에 있든 말이다. 이 점은 헌법재판소 신설을 1987년 개헌 협상 때, 당시 독재 정권의 여당인 민주정의당이 제안했다는 점에서도 엿볼 수 있다.

본질적으로 헌법재판소는 매우 보수적인 고위 사법 엘리트로 구성됐다. 헌법재판관은 15년 이상 법조인 경력이 있고 판사 자격이 있는 사람들로 자격이 엄격히 제한된다. 헌법재판관 9명 중 3명이 대법원장, 3명이 대통령에 의해 지명된다. 심지어 대법원장은 그 자신이 대통령에 의한 임명직이다. 독립 헌법기관이라지만, 9명 전원이 대통령의 임명장을 받아야 한다. 그 점을 이용해 최상목은 국회가 지명한 마은혁 후보를 헌법재판관에 임명하지 않고 있다.

이런 기구이니 보수적 판사들이 주로 임명돼 왔다. 이런 엘리트 판사 9명이 공직자 탄핵 심판과 정당 해산 같은 중요 사안에 결정권을 가진다. 이 점은 헌재 설치의 목적이 민의가 국가기관에 반영되는 것을 방지하려는 것임을 알 수 있다.

선출된 국회의원의 3분의 2 이상이 불신임한 대통령을 단 9명이(더 구체적으로는 단 3명이) 살려 낼 수 있다는 것은 어떤 의미에서도 민주주의가 아니다.

실제로 헌법재판소는 거의 일관되게 보수적 판결을 내려 왔다. 진보적 판결이 예외적으로 보인다. 헌법재판소는 1991년부터 2023년까지 총 8차례나 국가보안법 (전체도 아니고 그 일부인) 7조에 합헌 판정을 내렸다. 국가의 사상 통제권을 헌법상 표현의 자유보다 우선한 것이다. 군부 정권의 연장이었던 노태우가 전셋값·집값 급등으로 인한 지지율 추락을 면해 보려고 알량한 토지 공개념 제도로 내놓은 개발이익환수 등도 헌재는 위헌으로 판결했다. 심지어 이미 폐지된 법에도 부자들과 재벌 건설사들의 아우성으로 위헌 판결을 해 확인사살을 했다. 사유재산권을 공공의 이익보다 우위에 놓은 것이다.

헌재는 노무현 정부가 2003년에 미국의 이라크 침략 전쟁에 파병한 것이 침략 전쟁을 부인한 헌법에 위반된다며 제기된 헌법소원에 대해서도, 파병이 합헌이라고 판결했다. 그때 헌재는 '통치행위론'을 인정했다. "[파병은] 대통령이 내린 고도의 정치적 결단, 이른바 통치행위는 사법 심사의 대상이 아니다." 윤석열의 계엄에 대해서도 내려질 수 있는 판결이다. 2004년엔 국회 본회의를 통과한 신행정수도건설특별법이 "관습 헌법"에 반한다며 위헌 판정을 했다. 관습 헌법의 문헌적 근거는 조선 초기에 집필된 경국대전이었다. 전제 군주정을 위한 법문서가 선출된 의회의 입법권보다 우선이라고 판결한 것이다. 2016년에는 동성애를 차별적으로 처벌하는 군형법 제92조의6 조항에 합헌 판결을 내렸다.

헌재는 우파 정부하에서는 정권을 돕는 판결도 자주 내렸다. 이명박 때는 방송 장악을 위해 날치기한 미디어법을 인정해 줬다. 박근혜 때는 현직 교사만 전교조 조합원 자격이 있다고 판정해 당시 정권의 전교조 법외노조화를 지원했다.

노무현 탄핵 기각, 박근혜 탄핵 인용, 낙태죄 위헌 등은 순전히 거대한 대중투쟁의 압력에 따른 예외적 판결이었다.

헌법재판소를 믿지 말아야 한다. 대중의 염원을 거슬렀을 때 더 큰 반격이 있을 거라는 두려움을 줘야만 친민주주의 대중이 원하는 결정을 강요할 수 있다.

김문성, 〈노동자 연대〉 540호(2025-03-21).

민주노총은 헌재 압박 위해 파업해야 한다

윤석열 석방 후 사람들이 느낀 불안감이 더 커지고 있다. 헌법재판소가 파면으로 확고히 기운 상태라면 선고를 미룰 이유가 없는 듯하기 때문이다. 늦어도 3월 14일로 예상된다던 윤석열 탄핵 심판 선고일은 3월 20일에도 공지되지 않았다. 대신 한덕수 탄핵 심판 선고기일이 3월 24일(월)로 잡혔다. 윤석열 선고는 일러야 다음 주 후반일 텐데, 그조차 분명치 않다.

현재 헌법재판관들이 고심하며 시간을 끄는 것은, 좌우의 압박이 약해져 자신들이 더 자유롭게 선고할 수 있길 바라기 때문인 듯하다. 그러나 우파의 압박은 거리만이 아니라 국가기관 내에서도 전개되고 있다. 최상목 내각과 국힘뿐 아니라 법원·검찰·경찰 등에 있는 윤석열 지지 세력의 압력은 전방위적이다. 무엇보다 헌법재판관들 자신이 보수적 엘리트 관료다.

헌재가 시간을 끌면서 윤석열 탄핵 찬반 운동의 열기가 식기를 기다리는 동안 수천만 명이 윤석열 파면을 갈망하고 있다. 그러나 단 3명이 결정할 수 있다는 것 자체가 자유민주주의의 심각한 결함을 보여 준다.

지금 사태가 만만찮음은 여당인 국힘의 오만한 태도에서도 드러난다. 쿠데타 미수 직후에는 일부 다른 목소리도 나왔지만 지금은 대열을 정비하고 지지율도 거의 온전하게 회복했다. 도리어 민주당에게 탄핵 심판 결과에 대한 승복을 요구하고 있다. 이재명 민주당 대표가 이미 채널A 유튜브에 출연해 승복할 거라는 언급을 했는데도(완전히 잘못한 일이다!) 더 분명한 승복 확언을 요구한다.

대통령 권한대행 최상목은 명태균 특검법에 거부권을 행사했는데, 벌써 9번째다. 최상목은 석 달 만에 건국 이래 셋째로 많은 거부권을 행사한 행정부 수반이 됐다. 최상목은 마은혁 헌법재판관 임명도 거부해 탄핵 기각 가능성을 좀 더 높였다. 9인 체제라면 4인이 반대해야 윤석열이 복귀하는데, 8인 체제에선 3인 반대로도 충분하다. 마은혁 임명 거부가 위헌이라고 판결한 지 3주가 다 돼 가는데, 최상목은 이 판결을 완전히 무시하고는 뻔뻔하게도 헌재 심판 결과를 전 국민이 존중하고 승복하라고 협박하고 있다.

국힘은 헌법재판소에 직간접으로 압력을 계속 가하면서도, 탄핵 찬성 집회는 헌재 흔들기라며 적반하장으로 비난하고 있다. 재계는 태도를 모호하게 하며 지금 이재명에게 연금 개악 등 자신들에 필요한 것들을 받아 내고 있다.

그러나 무장 계엄군이 강제로 국회 본회의장으로 진입하려는 장면을 전 세계가 생중계로 목격했다. 쿠데타 실패 후에는 훨씬 충격적인 사실들이 더 많이 드러났다. 쿠데타 모의가 최소 1년 전부터 시작됐다는 점, 계엄 선포의 빌미를 만들려고 북한과의 교전을 유도하려 시도했던 점, 막강한 무장을 갖춘 정예부대들이 꼼꼼하게 투입됐고 국회의 계엄 해제 결의 후에도 투입 대기를 하고 있었다는 점, 최소 500명에 대한 검거·고문·살해 계획이 준비돼 있었던 점 등이 그것이다.(수많은 시신을 넣을 백도 준비했다!)

계엄은 군대가 행정권·사법권을 행사하며 국가에 의한 기본권 보장 등 민주적 절차를 강제로 중단시키고 무력 통치를 행하는 것이다. 그래서 한국 현대사에서 대통령의 계엄 선포는 언제나 친위 쿠데타 기도, 대량 학살, 저항 분쇄와 연관돼 있었다. 1948년 제주도 계엄, 한국전쟁 중 계엄, 이승만의 1960년 4월 19일 계엄, 박정희의 1972년 10월 유신 계엄, 1980년 신군부의 비상계엄 전국 확대 조치 등이 그것이다(그러니 이번이 이승만의 4·19 계엄과 함께 두 번째 실패인 것이다). 윤석열의 계엄 작전과 포고령 등은 이번 쿠데타가 독재자들의 선례를 그대로 따랐음을 잘 보여 준다. 따라서 계엄 선포 요건이 위헌·위법이니 하는 것조차 사소한 것이다. 국지전을 벌여 계엄의 요건을 만들어 내려 했던 자들이다. 계엄 선포 자체로 윤석열은 사형감이다.

헌재가 진정으로 민주주의를 지키는 기관이라면, 1월에 파면 결정이 났어도 하나도 이상할 게 없다. 그러나 헌재는 그런 기관이 아니기에 윤석열의 극우 선동과 거짓말의 향연이 된 변론 기간을 연장해 주고 변론 종결 후로도 한 달이 다 되도록 파면 선고를 하지 않고 있다.

민주당은 쿠데타 저지 과정에서 잠시 보였던 과단성을 지금은 전혀 보이지 않고 있다. 민주당은 윤석열 탄핵 후 조기 대선을 위해 재계와 미국의 눈치를 보며 몸을 사리고 있다. 가령, 헌재 선고가 미뤄지자 최상목 탄핵 운운하며 마은혁 임명을 압박했지만, 몇 주째 말뿐이다. 이제야 야 5당이 최상목 탄핵소추안을 발의했지만, 그것이 헌재의 교착 상태를 벗어날 뾰족한 수가 될 것 같아 보이진 않는다.

윤석열 퇴진 운동은 헌재에 운명을 맡겨 놓고 전전긍긍할 게 아니라 정권 타도 투쟁으로 나아가려 했어야 한다. 지금이라도 윤석열 없는 윤석열 정부의 지속과 헌재의 무책임을 규탄하며 "기각 시 불복"을 선동해야 한다. 그래야 당장의 기세도 올릴 수 있다. 그러나 비상행동 지도부는 물론이고 민주노총, 진보당 등 실질적 세력을 동원할 수 있는 좌파들은 소심해진 민주당과 보조 맞추기 급급하다. 모처럼 형성된 민중전선이 행여라도 깨질까 봐서다. 그래서 노동자들의 경제적 힘 동원은 극구 회피한다.

기층의 분위기는 헌재의 시간 끌기를 보며 조금씩 달라지고 있다. 광장에서는 〈노동자 연대〉의 '민주노총 총력 파업 촉구'에 대한 호응이 크게 늘었다. 집회 참가자 일부는 SNS에서 파업 등 "초강력 투쟁"에 대한 염원을 표현하기 시작했다. 그러나 민주노총이 발표한 '3월 27일 하루 파업' 계획조차 26일까지 헌재가 선고일을 공지하지 않으면 파업한다는 조건부다. 선고일만 공지해도 파업은 안 하는 것이다.

이번에 윤석열이 파면돼도 우익은 조용히 침잠하지 않을 것이므로 좌파와 노동운동은 자신의 투쟁력을 과시할 필요가 있다.

김문성, 〈노동자 연대〉 540호(2025-03-21).

지속되는 윤석열-국힘-거리극우 넥서스

위로부터의 극우와 아래로부터의 극우가 만나고 있다.

윤석열 파면을 환영한다

 2025년 4월 4일 오전 11시 22분, 그동안의 노심초사를 한 방에 날리듯 드디어 윤석열이 파면됐다. 12·3 군사 쿠데타 미수 122일 만이다. 국회 탄핵소추안 가결로부터는 111일 만이다.
 윤석열 파면은 민주주의 염원 대중의 위대한 승리다. 위험을 무릅쓰고 용감하게 국회의사당 앞으로 달려가 장갑차를 막고 계엄군에 맞선 평범한 시민들이 쿠데타를 저지했다. 그 뒤 그보다 훨씬 더 많은 사람들이 꾸준히 거리로 나와 윤석열 파면을 요구했다.
 헌법재판소는 전원일치에 깔끔한 논리로 윤석열 파면 결정을 발표했다. 헌재는 윤석열 탄핵 심판의 실체적·절차적 쟁점 모두에서 윤석열이 파면돼야 한다고 결정했다. 완전히 정당하고 당연한 결정이다.
 헌재의 파면 결정으로 윤석열의 공직자로서 목은 떨어졌다. 이제 윤석열은 '자연인' 신분으로 내란 우두머리 혐의로 기소된 형사재판을 받게 된다. 윤석열은 반드시 구속돼야 한다. 또한, 쿠데타 세력과 잔당들은 여전히 남아 있다. 당장에 국무총리, 국방부·행정안전부·법무부 장관 등 8명의 각료들이 쿠데타 방조 의혹을 받고 있다. 쿠데타의 밤 때

합참의장은 북한의 남침을 대비한다며 경계태세 2급을 발령했다. 검찰 고위 간부들의 쿠데타 가담 수사는 아예 착수조차 못 하고 있다. 지난 2월에 발표된 경찰 경무관과 총경 승진자들에는 친윤 경찰이 다수 포함됐다. 더 심각한 문제는 누가 쿠데타에 가담했는지 분명하고 자세하게 알지 못한다는 점이다. 따라서 쿠데타 세력과 잔당들에 대한 처벌을 위해 계속 싸워야 한다.

또한 윤석열이 파면됐어도 극우 세력은 결코 사라지지 않을 것이다. 극우는 전열을 가다듬고 반격을 노릴 것이다. 따라서 극우에 맞선 동원을 재개해야 하게 될 것이다. 윤석열 탄핵 운동이 3월 서울 한복판과 대학 등지에서 맞불 집회를 연 이후로 극우 세력이 주춤했다. 앞으로는 지역사회에서도 극우에 맞서는 대항적 집회가 열려야 할 것 같다.

이제 곧 대선이 있을 것이다. 이제 극우 본색을 드러낸 정당 국힘을 대선에서 패퇴시켜야 한다. 대선에서 이재명 후보가 당선할지라도 극우는 곧 대대적 반격을 가할 것이므로 절대 안심해서는 안 된다. 선거에만 매몰되지 말고, 정치 상황의 변화를 이용해 노동계급 투쟁을 활성화해야 한다.

선거를 전후해 동아시아 지정학 문제가 중요해질 것이다. 따라서 반제국주의 운동을 구축하기 위해 노력해야 한다. 정권이 교체돼도 국힘과 거리 극우는 집요하게 반중·반북 선동을 할 것이다.

오늘과 이번 주말은 자축하자. 잠깐 휴식도 필요할 것이다. 그러나 모든 요인이 우리가 자기만족에 빠져서는 안 된다고 경종을 울리고 있다. 곧 전열을 정비해 극우와 윤석열 없는 윤석열 정부와 사용자들과 제국주의에 맞설 새로운 태세를 구축하자.

〈노동자 연대〉 540호(2025-04-04).

윤석열 탄핵 정국 123일 돌아보기

윤석열이 마침내 파면됐다. 헌법재판소는 넉 달이나 탄핵 심판을 끌더니, 결국은 아래로부터의 압력에 밀려 윤석열을 파면했다.

하루 전만 해도 수만 명이 윤석열 파면을 외치는 마지막 밤이기를 바라며 안국동에서 경복궁까지 도로를 가득 채워 집회를 하고, 수천 명이 도로에 앉아 야간 집회와 철야 노숙 농성을 했다. 12월 3일 윤석열의 기습적 비상계엄 선포를 통한 친위 쿠데타 기도가 그날 새벽 실패로 돌아간 지 딱 넉 달 만에 윤석열은 대통령직을 박탈당했다. 눈치 보며 시간만 끈 헌재 덕분이라기보다는 윤석열 탄핵 외에는 어떤 선택지도 헌재에 허용할 수 없다는 평범한 사람들의 질긴 의지 덕분이다.

경제·안보 위기를 우파에게 유리하게 해결하려고 윤석열은 무려 43년 11개월 만에 계엄의 망령을 불러냈다. 그날 밤 어떤 위험이 도사리고 있을지 모를 국회의사당 앞으로 무작정 달려간 무명의 투사들이 오늘 기쁜 승리의 출발점이었다. 목숨을 걸고도 보상을 바라지 않았던 그들에게 윤석열 파면은 작은 보상이 될 것이다. 반면, 윤석열 파면은 미국과 한국의 우파에게는 큰 타격이다.

끈질긴 거리 투쟁 끝에 민주 염원 대중은 윤석열을 쫓아내고 1960년 4월 혁명에 이어, 현직 대통령의 계엄 시도를 두 번째로 좌절시킨 역사를 써 내려갔다. 4월 혁명은 계엄군의 출동과 경찰 발포 이후 단 열흘 만에 이승만을 하야시켰다. 이번에는 넉 달이 걸렸다. 곳곳이 차벽이나 바리케이드와도 같은 헌정 절차를 통해 윤석열을 퇴진시키려 했기 때문이다.

넉 달 동안 연인원 수백만 명의 사람들이 어떻게든 정권을 놓지 않으려는 윤석열 일당의 비열함과 악독함에 맞서 거리를 지켰다. 윤석열의 체포영장 집행 거부, 극우의 서부지법 폭동과 대학 순회 난동, 윤석열 석방, 헌재의 선고 지연과 기각 가능성 고조 등 숱한 위기를 넘겼다.

청년 세대의 응답

12월 4일 새벽 쿠데타를 좌절시킨 것에 영감과 용기를 얻은 청년들이 빠르게 거리로 나왔다. 여세를 몰아 민주 염원 대중은 윤석열 즉시 탄핵을 요구했고, 열흘 만에 윤석열을 직무 정지시켰다. 대학 캠퍼스에서는 10여 년 만에 수천 명이 참가한 학생총회들이 열려 윤석열 탄핵 요구를 채택했다. 학생 수천 명의 연합 집회도 열렸다. 청년들이 윤석열 탄핵을 위해 여의도 앞으로 몰려오면서 12월 7일과 14일 시위에서는 대단한 열기 속에서 응원봉과 합창의 새 시위 문화가 등장했다.

청년 세대는 정치적 경험과 역사적 이해는 앞 세대보다 적어도 자유주의적 민주주의를 당연한 것으로 여기며 자라 온 세대다. 그들은 민주주의 권리를 일거에 밟아 버리려 한 윤석열 일당에게 분기탱천한 것이다. 이런 감성은 운동에 새로운 활력이 됐다. 남태령의 노숙 철야 농성은 여성 청년들의 패기가 만들어 낸 예상치 못한 상황 전개였다. 이런 열정은 윤석열 체포 촉구 한남동 철야 농성으로 이어졌다.

비록 노동계급 고유의 힘이 발휘되진 않았어도 윤석열 퇴진 운동은 노동계급에 속한 청장년들이 대거 참가한 운동이었다. 쿠데타 미수가 준 충격과 그것을 막아 낸 것에 고무된 청년들의 열기가 여론을 주도하며 국가기관들을 크게 압박했다.

비상행동이 출범해 매주 많게는 수십만 명, 적게는 수만 명이 모인 윤석열 퇴진 집회와 행진을 이끌었다. 비상행동이 운동에 제공한 리더십은 민주당이 주도하는 헌정 질서 내 윤석열 제거 절차에 아래로부터 동력을 제공하는 것이었다. 초기엔 윤석열 탄핵, 한덕수 탄핵, 윤석열 체포 등 효능감을 줬고, 청년 세대의 감수성을 잘 반영했다. 하지만 시간이 지날수록 민주당의 신중함과 보조를 맞추려다 사람들에게 영감과 투지를 크게 불러일으키지 못하고 심지어 위기를 겪기도 했다. 비상행동은 헌재의 결정 지연이 임계점에 이르자 막판에 매일 집회와 행진, 헌재 앞 차도 점거 투쟁을 벌이며 그런 손실을 만회했다.

3년간 꾸준히 윤석열 퇴진/탄핵 집회를 열어 온 촛불행동은 평일에도 계속 집회를 열며 운동 안에서 좀 더 투쟁적인 목소리를 대변해 왔다. 윤석열의 계엄 음모를 일찍부터 경계하자고 했던 촛불행동은 탄핵 정국 동안에 미국의 제국주의적 한국 정치 개입 기도도 꾸준히 비판했다. 촛불행동은 시간 끄는 헌재를 규탄하며 "기각이면 타도다"라는 슬로건을 내걸어 막판에 지지자들을 무장시켰다.

그러나 탄핵 찬성자들 중 노동자들이 파업을 벌이고 거리로 나와야 한다는 점을 강조한 사람들은 많지 않았다. 윤석열이 직무가 정지되고 심지어 구속된 후에도 남은 국가기관 내 요직을 차지한 자들과 국힘이 거리 극우와 연대해 반격을 펴는 상황에서 그것을 돌파하는 가장 효과적인 길은 노동자들이 파업을 하고 거리로 나와 투쟁에 힘차고 새로운 동력을 제공하는 것이었을 것이다.

극우의 부상

많은 사람들이 12월 14일 국회 탄핵소추안 가결 이후, 윤석열 파면이 박근혜 파면 때처럼 순조롭게 이뤄질 거라고 기대했다. 그러나 이번엔 달랐다. 국지전 위험을 감수하며 계엄 음모까지 꾸민 자가 헌법·법률 절차에 순순히 따를 것이라고 본 것은 착각이었다.

윤석열 체포에 예상보다 2주가 더 걸렸지만, 쿠데타 미수 한 달 반 만에 현직 대통령을 구속시킨 것(1월 19일 새벽)은 사실 대중운동의 효과였다. 기대대로라면 1월 19일은 윤석열 구속 소식을 들으며 일어나 안도하고 기뻐하는 일요일이 돼야 했고 그 하루 동안 윤석열 탄핵 인용(파면)은 거스를 수 없는 대세라는 분위기가 전국에 퍼져 나가야 했다.

그러나 극우 세력들이 윤석열 구속영장을 발부한 서부지법에 난입해 폭동을 일으켰다. 순식간에 뉴스의 주인공이 극우의 부상으로 바뀌었다. 그 폭동으로 윤석열과 국힘, 거리 극우의 결집은 더 공고해졌다. 국힘 정치인들은 더 노골적으로 극우적으로 말하고 행동했다. 탄핵 반대 여론이 형성되고 국힘 지지율이 순식간에 회복됐다.

한동안 거리 집회에서도 극우 측 규모가 더 컸다. 극우는 각 대학에서 탄핵 반대 선언도 기도했다. 대학생들의 여론조차 반으로 갈라진 듯 여론을 호도하려는 술책이었다. 청년 세대와 학내 여론이 압도적으로 군사 쿠데타 미수와 윤석열에 부정적인 흐름 속에서 공개적 입장 발표를 조직해, 장차 대학에서 극우 학생 운동을 키울 초기 재료들을 발굴하고 훈련하려는 것이었다.

그래서 맞불 집회를 열어 여론 조작을 막고 초기 극우 인자들의 자신감을 약화시키는 것이 필요했다. 연세대, 서울대에서 시작한 맞불 집회는 전국의 대학에서 벌어졌고, 극우의 학내 진출에 대항하는 보편적 전술이 됐다. 만만찮은 반격에 직면하자 극우 유튜버들은 폭력적 본성을 드러냈다. 이를 들춰낸 것은 대학 맞불 집회 운동의 중요한 소득이었다.

박근혜 탄핵 때와 달랐던 점

좌우 양극화 속에서 극우 주도로 우파가 결집해 윤석열 탄핵 찬반 여론은 대강 60 대 35 비율로 고착됐다. 박근혜 때에는 탄핵 직전 박근혜 지지율이 한 자릿수로 폭락했고, 탄핵 찬성은 75퍼센트 수준을 유지하거나 상회했다.

윤석열 퇴진 운동도 박근혜 때와 달랐다. 박근혜 퇴진 운동 때에는 공공 부문 파업의 선두였던 철도노조 파업 대오와 좌파들이 그 운동의 닻을 올렸다. 당시 시위 규모는 촛불 운동이 시작된 지 보름 만인 민주노총의 전국노동자대회 날에 15만여 민주노총 조합원 대오를 중심으로 수많은 사람들이 몰려들어 100만 명을 돌파했다(그날 130만 명이 광화문-시청 시위에 참가한 것으로 최종적으로 조사됐다). 박근혜 정권 퇴진 운동이 노동계급의 주도성 발휘로 건설(빌드업)되고 있음을 보여 준 상징적인 날이었다. 그 덕에 이후 한 달 만에 여당이 반으로 쪼개져 국회 탄핵이 이뤄졌다. 국회 탄핵 과정에서 운동은 점차 민주당에게로 주도권이 옮겨 간 채로 마무리됐다.

이번 윤석열 퇴진 운동은 박근혜 퇴진 운동이 멈춘 지점에서 다시 시작됐다. 이번에는 처음부터 민주당이 주도력을 발휘했다.

처음에 민주당은 과단성 있게 행동해, 계엄 해제와 윤석열 국회 탄핵안 가결을 정치적으로 주도했다. 그러나 국회에서 헌재로 공을 넘긴 후 민주당은 다시 예의 답답한 상태로 돌아갔다. 내란죄 수사는 증거 은폐가 쉬우므로 초기에 전광석화처럼 밀어붙여야 했는데, 한덕수에게는 초기에 초당적 협력을 제안해 시간을 끌고, 최상목에 대해서는 중대 결심 말만 반복하다가 끝내 자리에서 제거하지 못했다.

민주당은 합헌적으로 정권을 넘겨받기 위해 지배계급에게도 잘 보여야 하고, 낙점 후에도 그럭저럭 정권을 운영하려면 고위 관료들과 군부, 사용자들의 묵인과 도움을 받아야 한다. 그래서 애초에 민주당은 노동계급 투쟁을 호소할 수 있는 정당이 아니다. 그들은 개혁을 약속하며 노동자 투쟁은 자제시킨다. 서부지법 폭동 후에는 의식적으로 투쟁의 목표를 헌정 수호로 축소하고, 심지어 중도·보수를 표방하기에 이른다.

사회운동의 개혁주의적 지도자들은 윤석열의 군사 쿠데타 미수를 선진적 민주주의로 가는 정상 궤도로부터의 일시적 일탈로 여기고 사법제도가 모종의 합리성을 발휘할 것이라고 여겼다. 그래서 헌정 질서를 복구하고 그에 대한 신뢰를 재구축하는 것을 목표로 삼았다. 그러나 윤석열이 "헌정 질서를 지키려 한 고도의 통치행위"라고 계엄을 정당화하는 마당에 이는 위험한 프레임이었다.

개혁주의적 사회운동 지도자들은 윤석열 탄핵과 조기 대선을 통해 민주당이 재집권하면(또는 민주당과 온건 좌파의 연립정부가 구성되면) 의회 다수당이자 집권당으로서 윤석열 세력 숙정과 사회 개혁에 결정적으로 유리한 고지에 설 수 있다고 본다. 개혁주의자들의 이런 목표, 곧 자유주의자들과 (온건) 좌파를 묶는다는 것은 퇴진 운동의 기세와 전투성을 위태롭게 하는 효과를 냈다. 극우는 자신들이 뿜어내는 극단성이 반윤석열 운동을 위축시켰다고 여겼을 법하다.

헌재 불신

결국 동원이 정체하고 참가자들 사이에서도 불안과 불만이 커지는 상황에서 3월 8일 윤석열이 기습적으로 석방됐다. 비상행동은 그제서야 비상 긴급 행동을 선언했지만, 민주당과 동행하는 가운데 당장 할 수 있는 일은 평일 집회 개최와 지도부 단식 농성뿐이었다. 더 다급해진 3월 말에 가서야 상징적이나마 민주노총 총파업 선언도 하고, 차도 점거에 나서는 등 전투성을 발휘했다.

이 시기에는 청장년 직장인들의 참가가 두드러졌다. 퇴근한 직장인들이 평일 집회에 우루루 몰려오는 것을 눈으로 확인할 수 있었다. 4월 1일 안국동 철야 농성 때는 철야 후 5시 반 지하철 첫차를 타고 귀가하는 청년들이 있었다. 옷 갈아입고 출근하려는 것이었다.

막판에는 헌재에 대한 신뢰가 약화됐다. 여론조사에서 줄곧 50퍼센트를 상회하던 헌재에 대한 신뢰도는 선고를 지연시키면서 46퍼센트로 떨어졌다. 이 점은 집회에서도 느껴졌다. 민주주의를 유린하려 해 대중의 다수가 퇴진을 원하는 대통령, 선출된 국회가 3분의 2 넘게 탄핵한 대통령을 단 3명이 권좌에 복귀시킬 수 있다는 현실에 의문을 제기하는 사람들이 늘어났다.

극우의 부상과 윤석열 석방으로 위기감이 고조된 상황에서 이에 맞설 힘을 보여 줄 세력은 노동자들뿐이고 방법은 파업이라는 급진 좌파의 의견이 비상행동 내에서도, 집회 참가자들 사이에서도 늘었다. 한사코 파업 명령을 거부하던 민주노총 집행부는 결국 3월 27일, 총파업을 선언했다. 상징적 수준에 불과했지만, 파업 투쟁의 객관적 필요를 집행부 스스로 인정한 셈이다. 매번 집회장 바깥쪽 끄트머리에 앉던 민주노총 대열이 마지막 철야 투쟁에서는 앞자리를 차지했다. 민주당의 주도력이 여전하고, 노동계급의 잠재력이 발휘되는 것을 제약했는데도 객관적 상황의 긴박함 속에서 민주노총의 책임이 부각된 것이다. 다음번 대규모 투쟁은 지금 멈춘 바로 이 지점에서 시작돼야 한다.

4월 2일 보궐선거에서 국힘은 참패했다. 3년 전 지방선거에서 자신들이 이겼던 곳에서 모두 패했다. 낮은 투표율로도 부산 교육감, 경남 거제시에서 패한 것은 여론조사에서 드러난 것보다 민심 이반이 더 크다는 것을 보여 준다. 그러나 이주민 배척을 내세운 자유통일당 후보가 국힘 후보가 없는 곳에서 30퍼센트 넘게 득표한 것은 경계할 일이다.

윤석열을 다시 구속해야 한다. 윤석열이 파면돼도 '윤석열 없는 윤석열 정권'은 60일 동안 생존한다. 쿠데타 연루 세력 수사를 전면적이고 전방위적으로 확대해야 한다. 그런 자들의 엄벌과 숙정은 민주주의를 지키고 키우는 길이다. 이제 다시 반격의 기회를 노릴 극우는 결코 조용히 사라지지 않는다.

김문성, 〈노동자 연대〉 540호(2025-04-04).

윤석열 파면에 대한
미국의 논평이 보여 준 것

4월 4일 윤석열이 파면된 후, 미국 백악관 국가안보회의NSC와 국무부는 "헌법재판소의 결정을 존중한다"고 짤막하게 논평했다. 윤석열 탄핵 정국에 대한 트럼프 정부의 첫 논평이다.

이 논평의 진정한 강조점은 그다음에 나왔다. "미국은 한미 동맹의 안정성과 연속성을 보장하기 위해 전념하고 있다. … 양국 모두에 안보와 번영을 가져다줄 긴밀한 협력의 미래를 위해, 새 정부 수립을 앞두고 한덕수 대통령 권한대행과 계속 협력할 것이다." 누가 다음 정권을 차지하든 한미 동맹 강화 노선을 유지해야 한다는 주문(사실상 압박)이다.

윤석열 파면은 미국 제국주의에 타격이 되는 일이다. 미국에게 "윤석열은 전임 지도자들보다 더 적극적으로 중국을 비판하고 … 취임 이래로 북한·중국·일본 문제에서 미국과 보조를 더 긴밀히 맞추는 방향으로 한국을 움직여 온" 만족스런 파트너였다(미 의회조사국CRS 보고서, 2024년 12월 23일). 이 점은 그간 트럼프 정부 인사들이 윤석열을 방어하고 자신들에게 구애하는 한국 극우를 노골적으로 편들어 온 배경이기도 하다. 일례로, 트럼프의 대중국 정보전 자문단원인 존 밀스는 "윤석열의 계엄은 중국의 선거 개입에 맞서기 위한 전략적이고 … 유일하게 합법적인 시도"라고 옹호했다.

바이든 정부든 트럼프 정부든 모두 한국인 대중의 민주주의 염원은 뒷전이다. 미국의 핵심 관심사는 "한미 동맹의 현황과 … 윤석열의 행동의 여파로 주요 대외 정책에서 주도력을 발휘할 한국 정부의 역량이 손상될 수도 있다는 것이다"(미 의회조사국 보고서). 미국은 윤석열의 쿠데타를 반대하지도 않았다. 쿠데타 직후 바이든 정부 인사들 몇몇에게서 불평이 나오긴 했지만, 이는 사전에 미국과 상의하지 않은 데 대한 불평이었다. 12월 3일 쿠데타가 성공했다면 미국은 결국 쿠데타를 사후 용인했을 것이다. 미국에게 쿠데타의 정당성 여부는 관심사가 아니다. 미국이 문제 삼은 것은 윤석열 탄핵소추안이 윤석열의 외교정책을 비판했다는 것이었다. 그래서 미국은 민주당에게 한·미·일 협력 강화를 윤석열 탄핵 사유로 꼽을 만큼 반대하느냐고 여러 채널로 '문의'했다. 설령 윤석열이 탄핵되더라도 그의 외교정책 기조를 유지하라고 사실상 압박한 것이다(결국 민주당은 이를 삭제한 탄핵소추안을 발의했다).

심지어 미국은 윤석열과 '윤석열 없는 윤석열 정부'에 은근히 힘을 실었다. 윤석열 탄핵소추안 국회 표결을 앞두고 당시 바이든 정부의 국무부·국방부는 "한국의 대통령은 윤석열"이고 "윤석열 정부와의 대화·협력이 굳건히 지속되고 있다"고 재확인시켜 줬다. 윤석열의 직무가 정지된 바로 다음 날, 바이든은 한덕수와 통화해 한덕수 체제를 인정해 줬다. 한덕수도 탄핵되자 당시 국무장관 블링컨이 방한해 "최상목의 리더십을 완전히 신뢰한다"고 추켜세웠다.

탄핵 국면에서 바이든·트럼프 정부 모두 한미 동맹 강화 작업을 지속했다. 미국 핵무기의 한반도 배치를 논의하는 한미 핵협의그룹 회의가 재개됐다. 한미연합군사훈련도 계속됐다. 그 와중에 경기도 포천의 민가를 오폭하는 위험천만한 일도 일어났다. 윤석열 파면 바로 전날인 4월 3일에는 트럼프의 국무장관 마코 루비오와 한일 외교장관이 만나 한·미·일 안보 협력 진전, 3국 군사 협력 강화를 결의하는 공동선언문을 채택했다.

미국은 이재명이 윤석열만큼 만족스런 한미 동맹 파트너가 될지 의심의 눈길을 보내며(위 언급된 미 의회조사국 보고서), 이재명이 집권해도 한미 동맹 강화 기조를 유지하도록 하기 위해 영향력을 행사했다. 미국은 1월 초 윤석열 체포에 즈음해 '한국통'으로 알려진 조셉 윤을 대사 인준 절차도 마치지 않고 대사 대리로 급파했는데, 조셉 윤이 접촉한 대표적 인물 하나가 바로 이재명이었다. 이 자리에서 조셉 윤은 이재명과 양국 동맹 관계의 미래에 관한 "의견을 교환했다." 1월 22일 조셉 윤을 만난 자리에서도 이재명은 한미 동맹 강화를 약속했고, 같은 날 민주당 의원 82명과 함께 한미 동맹 지지 국회 결의안을 발의했다. 이 결의안은 3월 13일에 (윤석열 석방 직후 대립이 격화되는 와중에도) 국힘 의원들의 압도적 지지를 받아 채택됐다. 이재명도 자신의 집권이 한미 동맹에 불안정 요인이 될 수 있다는 우려를 불식시키려 애썼다. 사실 우파의 주장과 달리 이재명과 민주당도 기본적으로 한미 동맹을 중시해 왔다. 그들은 그저 미국과 중국을 둘 다 중시하자는 입장이었던 것이다.

이렇듯 민주당은 탄핵 국면에서 트럼프 정부 출범에 대응하고 차기 집권을 의식하며 친미 행보를 강화했다. 민주당이 자신의 외교정책 기조를 이전의 "균형 외교"에서 "미국 중심 실용 외교"로 바꾸려 한다는 움직임도 포착됐다(《서울신문》).

불길하게도, 윤석열 탄핵 운동 과정에서 민주당과 공조한 비상행동은 미국에 대한 비판을 자제했다. 한편, 촛불행동은 미국의 내정 간섭을 지속적으로 강하게 비판했는데, 민주당에 대해서는 경고하거나 (에두르는 비판이 함축된) 주문하기 식이었다.

대만을 둘러싸고 미국과 중국이 직접 격돌할 수도 있다는 가능성이 제기되는 상황에서 한미 동맹 강화는 긴장과 위험을 더 키울 일이다. 동시에, 윤석열의 친미(·친일) 정책에 분노한 민주주의 염원 대중의 뜻과 충돌하는 일이다. 민주주의 염원 대중은 윤석열과 쿠데타 가담자들을 구속·처벌하라는 투쟁과 동시에, 한미 동맹 강화 노선에 맞서는 반제국주의적 투쟁도 해야 한다.

김준효, 〈노동자 연대〉 541호(2025-04-08).

끝나지 않은
윤석열-국힘-거리극우 넥서스

　윤석열은 박근혜 파면 8년 만에 또 파면된 대통령이 됐다. 친민주주의 대중은 8년 새 우파 대통령 두 명을 끌어내렸다. 그러나 윤석열은 우리가 승리를 만끽할 시간을 갖지 못하게 만들고 있다. 헌법재판소의 파면 결정으로 윤석열의 공직자로서 직위는 끝났다. 그럼에도 윤석열은 자신의 정치생명이 건재함을 과시하고자 한다. 구속 취소로 자유의 몸이 됐기 때문에 오히려 아무 제약도 받지 않고 정치 메시지를 내보내고 있다. 이자는 즉시 구속돼야 한다.

　윤석열은 파면된 날 국힘 지도부를 만나 대선 승리를 당부했다. 또, 특히 더 우익적인 윤상현(4일)과 나경원(5일)을 관저에서 만났다. 4월 6일에는 극우 지지자들에게 "좌절"하지 말라고 선동했다. 극우를 결집시켜 반격을 꾀하려는 것이다. 극우의 위협은 헌재의 윤석열 탄핵 심판이 박근혜보다 더 길어지게 만든 주요 요인이었다. 헌재는 변론 종결 뒤 38일 만에 탄핵 심판을 선고했다.

　윤석열은 《'87체제'를 넘어 새로운 대한민국》을 출간할 계획이다.

12·3 군사 쿠데타의 정당성을 강변하는 책이라고 한다. 국힘 의원 김기현·나경원·윤상현과 세이브코리아의 전한길, 이승만 예찬자 복거일 등과 공저했다. "87체제"는 군사독재에 맞선 항쟁을 통해 형성된 정치체제를 상징하는 용어다. 그런데 윤석열 등 극우가 주장하는 "새로운 대한민국"은 실은 5공 시절로의 회귀를 뜻한다. 윤석열은 아마 복귀를 염두에 두고 이 책을 출간하려 했던 듯하다. 그 계획은 물 건너갔다. 그러나 이 책은 윤석열이 앞으로 극우 운동에 영향력을 행사하는 한 수단이 될 듯하다.

윤석열은 이미 권영세·권성동을 만나 정권 연장을 당부했다. 이제 극우로 만천하에 드러난 정당 국힘을 대선에서 패퇴시켜야 한다.

국힘이 대선을 치르려면 극우와 거리를 둘 거라는 관측이 많다. 선거가 극우의 불만을 제도권으로 흡수해 극우의 위력이 약해질 것이기 때문이라는 것이다. 그러나 선거는 극우의 불만을 빨아들이는 진공청소기가 되지 못할 것이다. 윤석열의 쿠데타는 위기 때문에 미쳐 버려 극단적으로 돼 가는 수많은 개인들에게 "분노의 빅 텐트"를 만들어 줬다. 4월 2일 서울 구로구청장 보궐선거는 극우에 대한 경각심을 일깨워 주는 한 사례다. 전광훈이 이끄는 자유통일당 소속 후보 이강산이 32퍼센트를 득표했다. 이자는 외국인 불법체류자 추방을 최우선 공약으로 내세웠다. 구로구는 중국 동포 이주민이 많은 곳이다. 윤상현 등 국힘 의원들이 이강산과 함께 선거 유세를 했다. 이것은 극우의 정치 세력화 가능성을 보여 준 것이자 극우가 주류 정치에서 점점 더 '존중'받는 세력이 돼 가고 있음을 보여 줬다.

현재 극우는 조기 대선을 놓고 분열했다. 세이브코리아는 헌재 결정에 승복하고 조기 대선에서 승리해야 한다고 주장했다. 반면 전광훈

측은 조기 대선을 반대했다. '부정선거로 어차피 이재명이 당선할 텐데 뭐 하러 투표하냐'는 것이다. 그래서 '윤 어게인' 구호를 외치고 있다. 윤석열이 (법적으로 대통령에 출마할 수 없더라도) 여전히 자신들의 지도자라는 것이다.

극우가 분열했다고 해서 국힘이 극우와 거리를 두지는 않을 것이다. 물론 국힘 내부에는 윤석열 탄핵을 찬성한 온건한 보수 유권자들("중도층")을 포섭해야 한다고 주장하는 정치인들이 일부 있다. 그러나 어쨌든 국힘은 반이재명 기치로 갈 것 같다. 그것이 지지층 결집에 유리할 수 있기 때문이다. MBN과 〈매일경제〉가 공동으로 실시한 여론조사(4월 7일 발표)를 보면, 헌재의 탄핵 심판이 "잘못된 결정"이라고 응답한 비율은 32.1퍼센트였다(64.4퍼센트는 "잘된 결정"이라고 응답했다). 그런데 국힘 지지층에서는 79퍼센트가 "잘못된 결정"이라고 답했다. 실제로 국힘은 4월 6일 의총을 열어 윤석열 탄핵을 반대했던 현 지도부를 재신임했다. 국힘 중앙윤리위원회는 윤석열 징계 논의를 대선 뒤로 미뤘다. 대선 뒤에도 윤석열을 출당시키지는 않을 것 같다. 쿠데타의 "주불" 윤석열이 자유의 몸이 된 상태로 정치 활동을 하고, 쿠데타 가담 의혹을 받고 있는 현직 고위 관료들이 대선을 관리하는 불안한 상황이다.

이 점에서, 우원식 국회의장의 권력 구조 개편 개헌 제안은 쿠데타 가담 세력과 극우에 맞선 투쟁으로부터 주의를 분산시킬 뿐이다. 그의 개헌 제안은 사회대개혁의 일환도 아니다. 윤석열 탄핵 운동 진영이 구체제의 청산인이 아니라 파산 관재인 구실을 해야 한다는 함의를 담고 있기 때문이다. 개헌을 하려면 국힘과 민주당의 합의가 필수적이다. 우파 언론들이 "이제 후유증을 최소화해야 한다"고 설파하는 것과 같은 맥락이다. 그리되면 구체제와의 단절보다 연속성이 더 많을 것이고 변화는 기껏해야 미미할 것이다. 이재명 민주당 대표는 "내란 종식이 먼저"라며 대선·개헌 동시 투표를 반대했다. 그러자 애초 우원식의 개헌 제안을 환영했던 진보당도 하루 만에 반대 입장으로 돌아섰다.

쿠데타 옹호 세력에 맞선 투쟁을 통해 노동계급과 천대받는 사람들은 싸워 이길 수 있다는 자신감을 얻었다. 이런 자신감을 이용해 쿠데타 가담자·방조자 처벌 투쟁, 극우 반대 투쟁, 노동자 투쟁, 반제국주의 투쟁이 전진할 수 있도록 애써야 한다.

김인식, 〈노동자 연대〉 541호(2025-04-08).

쿠데타 세력 척결은
민주주의 확장의 첫걸음

국힘이 대선 후보 경선 중이다. 탄핵 과정에서 윤석열을 편든 정당이 대선에 나오겠다는 것도 부아가 치밀지만, 어떻게든 표를 얻겠다고 아등바등하는 예비후보 간 토론을 보고 있자면 그 당 전체가 얼빠져 보인다. 윤석열을 국무총리로서 보좌했고 권한대행으로서 조기 탄핵을 방해한 한덕수의 대선 출마는 더 화난다. 한덕수는 피선거권을 박탈하고 수감해야 할 자다.

이처럼, 민주주의 파괴에 공조한 자들이 연일 소음 공해를 내뿜으며 사기극을 벌이는데도 주류 언론 어느 곳도 국힘에게 대선 참여 자격이 없다는 말은 하지 않는다. 이런 뻔뻔한 작태들을 보고 있으면, 쿠데타 세력 척결 과제가 얼마나 중요한지 새삼 실감 난다. 또한 이런 것이 도대체 모종의 민주주의인가 하는 분노에 찬 의구심이 든다.

지금 쿠데타 가담·엄호 세력은 여전히 행정부·사법부·의회 등의 국가기관, 재계와 언론계 등 곳곳에 살아남아 있다. 어디까지 쿠데타 핵심 세력과 교감했는지 알 수도 없는 상황이다. 계엄 선포 직후 최상목과 한국은행장 이창용, 금융위원장 김병환, 금융감독원장 이복현이 모여 계엄 통치를 뒷받침할 무한 유동성(자금) 공급을 결정해 보도자료까지 냈다. 12월 4일 자정 대법원은 긴급 회의를 소집해, "계엄사령관 지시와 비상계엄 매뉴얼에 따라 향후 대응을 마련"하려고 했다(당시 〈조선일보〉 보도). 최근 국가정보원은 육사 출신자들로 고위 장성 후보 인사 검증을 몰래 실시했고, 경찰·검찰도 인사를 진행하려 한다. 정권이 바뀌기 전에 표면에 드러나지 않았던 자기 세력들로 알박기 인사를 하려는 것이다.

과거 세월호 참사와 은폐 책임자들, 양승태 사법 농단 책임자들, 촛불 무력 진압 계엄 음모자들에 대한 수사와 재판이 거의 성과가 없었던 점을 생각하면, 단순한 수사와 재판으로는 쿠데타 세력의 진정한 일소가 요원해 보인다.

그런데 민주당 대선 후보로 확정된 이재명 후보는 첫 공식 일정으로 "국민 통합"을 위해 전직 대통령 묘소를 전부 참배한다는 명분으로 현충원에 가서 이승만·박정희 묘역까지 찾았다. 자신이 집권해도 정치 보복이 없을 것이라는 메시지를 던진 것이다. 이것이 당장 대선 득표에는 도움이 될지 몰라도, 계엄의 밤에 국회 앞으로 달려간 사람들, 4개월을 쉬지 않고 거리를 지켰던 사람들의 염원과는 분명히 다른 것이다.

민주당은 기성 권력자들과도 얽혀 있기 때문에 쿠데타 세력 척결이라는 과제를 제대로 수행할 수 없다. 행정부 집행권을 잡아도 국가를 그럭저럭 운영하려면 미국, 기업주, 군부, 정보기관 등의 묵인과 협조가 필요하다. 그래서 민주당은 계엄을 물리치고 윤석열을 탄핵해 조기 선거로 자신들이 재집권하는 것까지만 민주주의 투쟁을 (극히) 일부 수행한 것이다.

이는 민주당으로 정권이 바뀌어도 선출되지 않은 진정한 권력이 개혁을 훼방 놓을 것임을 의미한다.

형식적 민주주의의 한계

개혁주의 지도자들의 합헌주의에 한계가 있다. 쿠데타 세력을 진정으로 척결하려면 어떤 국가기관들은 해체해야 하고 어떤 권력자들은 사회에서 영원히 격리해야 하고, 또 어떤 자들은 정·관계에서 영원히 퇴출시켜야 한다.

이는 현행 헌정 절차를 그대로 따르는 방식으로는 절대로 한계가 있고, 오히려 그런 질서의 안정성을 위협하는 규모의 대중투쟁이 벌어져야만 가능하다. 4월 혁명은 많은 한계에도 불구하고 아래로부터의 (민주주의) 혁명이었기 때문에, 부정선거 주범인 최인규 전 내무부 장관과 시위 현장 발포 명령자인 경무대경찰서장을 사형시킬 수 있었다. 하지만 과도 내각이 비혁명적 방법으로 혁명을 수행하자며, 기존 법률하에서 재판을 진행한 결과, 최종적으로 매우 온정적인 판결들이 나왔다. 가령, 경찰에 발포를 지시한 내무부 장관 홍진기는 사형에서 감형돼 곧 석방됐다. 그 결과 관료와 재벌의 지위는 거의 손상되지 않았다. 가령 홍진기는 이후 중앙라디오, 중앙일보, 동양방송 사장 등을 역임하며 1986년 사망 때까지 권력자로 살았다.

그런데 일각에선 "내란 세력 청산보다는 사회대개혁 과제가 더 중요하다"고 말한다. 그러나 쿠데타 세력 척결은 사회대개혁의 전제 조건이다. 개혁을 가로막고 사람들의 삶을 악화시키고, 노골적 친제국주의 노선과 강경 신자유주의 노선 추진에 방해되는 야당·좌파·노조를 "일거에 척결"하려 한 세력을 소탕해야 개혁의 추진력이 생길 수 있다.

쿠데타 세력 척결은 민주주의 투쟁이자 사실상의 계급투쟁인 것이다. 왜 그런가?

계급의 특별한 의미

윤석열이 파면됐어도 쿠데타 미수 정권은 임기가 남았다. 그들은 남은 임기 동안 자신들의 노선을 되돌리기 어렵게 하려고 알박기 인사 등을 하며 전방위적으로 움직이고 있다. 한덕수와 최상목이 관세 등 한미 협상을 굳이 서두르는 이유이기도 하다.

경찰은 최근 생계 관련 노동자들의 농성, 난민 지지 집회 등에 매우 적대적으로 나왔다. 내란죄 수사, 서부지법 폭동 등 극우를 수사하고 처벌해야 하는 입장에서 우파 일반을 달랠 희생양이 필요한 것이다. 반면, 극우 세력이 거리에서 혐중 선동을 하며 폭력을 휘두르고, "빨갱이를 죽이자"고 선동을 해도 아무런 제재도 받지 않고 있다.

쿠데타 세력 척결 과제는 노동계급이 결정적으로 해결의 열쇠를 쥔 과제다. 노동계급은 투쟁을 더 전진시킬 이해관계와 능력(이윤 시스템에 타격을 가할 잠재력)이 있다. 노동자들이 민주주의 투쟁에 능동적으로 참가하는 것은 스스로 정치의식과 조직을 고양시킬 수 있다. 당장에 경제 침체 속 고용 안정, 임금 인상, 조건 개선 등을 위한 조직화와 투쟁에도 도움이 될 것이다. 일터와 거리 곳곳으로 노동자 대중의 활력이 퍼져 나가야 당장에 지배자들의 양보도 얻어 낼 수 있다.

김문성, 〈노동자 연대〉 544호(2025-04-29).

대법원의 이재명 대선 후보 자격 박탈 기도

2025년 5월 1일 대법원은 이재명 민주당 대선 후보의 공직선거법 위반 혐의 사건을 유죄 취지로 파기환송했다. 그러나 이 사건은 애초 기소 자체가 부당했다. 이재명의 관련 발언은 대선 후보 토론회 도중 공격적 질문들에 대한 답변이었고 자기 생각을 말한 것이었다.

정작 대선 토론회에서 대놓고 거짓말을 한 것은 윤석열이었다. 윤석열은 아내 김건희가 도이치모터스 주가 조작 사건에서 "손해만 보고 그냥 나왔다," "[장모 최은순은] 사기를 당한 적은 있어도 누구한테 10원 한 장 피해 준 적 없다"고 말했다. 그러나 도이치모터스 주가 조작 거래에서 김건희와 최은순은 20억 원이 넘는 시세 차익을 거뒀다. 또, 최은순은 사기 범죄로 윤석열 재임 중에 수감됐다가 윤석열의 사면으로 풀려났다.

그런데도 검찰은 당선자의 범죄 은폐 거짓말은 기소조차 하지 않은 반면 낙선자의 의견 피력은 허위사실이라고 기소했다. 1심 재판부는 검찰의 사진 증거 조작을 눈감아 주면서까지 징역형 판결을 내렸다. 윤석열 탄핵 운동이 고조되고 있던 3월 26일, 2심 재판부는 당연하게도 무죄판결을 내렸다. 그러나 대법원은 "속도만이 능사가 아니"라는 소수 의견을 무시하고 전례 없는 속도로 2심 무죄판결을 파기했다.

대법원은 이재명이 대통령이 돼선 안 된다고 판단한 것이다. 그래서 이재명 후보의 대통령 후보 자격을 박탈하려 한 것이다. 설사 그 목표를 이루지 못하더라도, 형사재판 진행 문제를 가지고 이재명 정부를 흔들겠다는 포석이다.

이재명 후보는 현재 부동의 지지율 1위 후보다. 중대 범죄도 아닌 사소한 혐의, 그것도 기소 자체가 부당해 무죄가 나와야 마땅한 건으로 유력 야당 후보의 출마를 막으려 하는 시도는 쿠데타 세력의 정권 연장 기도를 지원하는 것이자 민주주의에 대한 위협이다.

대법원은 이미 쿠데타 당일에도 계엄사령부의 지시를 따를 준비를 곧바로 시작했고, 국가보안법 재판 등을 군사재판으로 넘기려 했다(《연합뉴스》).

현재 민주주의 염원 대중에게 특히 중요한 과제는 쿠데타 세력 척결이다. 그런데 선거에서 쿠데타 세력의 재집권을 저지할 수 있는 선택지는 이재명밖에 없는 게 현실이다. 그런 점에서 대법원은 형식적 민주주의조차 파괴하려 했던 쿠데타 세력을 투표를 통해 심판하려는 대중의 정치적 의사 표현을 방해하려 한다.

대법원 판결 이후 우익의 사기가 오르고 있다. 국힘 원내대표 권성동은 "흥분이 가라앉질 않는다" 하고 말했다. 한덕수는 대법원 판결이 나자마자 총리 사퇴와 대선 출마를 선언했다. 우파의 사기 진작과 결집 효과를 극대화해 보겠다는 것이다. 한덕수는 국힘 경선 1위 후보와 단일화를 시도하는 등 보수 표 총결집을 시도할 것이다.

물론 그렇다고 해서 우파의 선거 전망이 밝은 것은 아니다. 광범한 대중은 이번 대선을 쿠데타 세력 심판의 장으로 여기고 있기 때문이다. 그럼에도 결코 안심할 상황이 아니다. 지금 윤석열 측은 필사적으로 반격을 꾀하고 있다.

검찰이 5월 1일 윤석열을 직권남용 혐의로 추가 기소하자, 법원은 이 재판을 윤석열을 석방한 지귀연 재판부에 배당했다. 윤석열 일당이 직권남용 유죄 정도로 내란죄 유죄 선고를 피해 가려 한다는 의심이 드는 정황이다. 이재명 후보의 공직선거법 위반에 대한 대법원 판결을 보면, 윤석열 내란죄 재판도 절대 안심할 수 없다. 이미 사법 농단 재판 개입 사건도 셀프 판결로 유야무야한 사법부다. 최근 검찰은 서부지법 폭동자 재판에서 징역 1년을 구형했다. 보통 판결 형량이 검찰 구형보다 더 낮은 관례를 감안하면, 검찰이 극우 폭동자들에 대한 엄벌 의지가 없음을 알 수 있다. 반대로 저항 세력에 대해서는 가혹하다. 최근 잇따른 국가보안법 판결이 그렇다. 또, 경찰은 노동자, 난민, 장애인 등에게 폭력적으로 대응했다. 무엇보다 쿠데타 수괴 윤석열이 법원과 검찰의 농간으로 완전한 자유를 누리고 있다.

그 점에서 이재명 후보가 선거적 실익을 고려해 이승만·박정희 묘지 참배를 하며 국민 통합을 주창한 것은 대중의 변화 염원과 배치되는 것이다.

쿠데타 세력 척결은 중요한 과제다. 민주주의를 염원하는 대중 자신이 그 과제의 수행을 위해 나서야 한다.

〈노동자 연대〉 544호(2025-05-02).

극우 온라인 커뮤니티, 화면을 뚫고 나오다

  12월 3일 윤석열이 비상계엄을 선포하자 극우 온라인 커뮤니티 '디시인사이드 국민의힘 갤러리'(이하 국힘갤)에 계엄을 환영하는 글들이 올라왔다. "후폭풍이 좀 있을 거 같긴 한데 나는 속이 뻥 뚫리는 거 같음", "반국가 세력 척결 진심으로 속 시원하네", "계엄 포고문이 너무 감동적이어서 지지할 수밖에 없네." 2020년 2월 '미래통합당 갤러리'로 출발한 국힘갤은 윤석열의 군사 쿠데타 기도 이후 급성장했다. 국힘갤 전체 게시물의 40퍼센트(164만여 개)가 쿠데타 기도 이후 올라온 것이다. 디시인사이드 내 다른 극우 게시판인 미국 정치 갤러리(미정갤)와 국민의힘 비대위 갤러리(빈갤)도 덩달아 이용 수가 크게 늘었다.
  국힘갤 전에도 극우 온라인 커뮤니티는 있었다. 대표적으로 일베가 있다. 일베는 광주항쟁 비하, 여성·성소수자 혐오, 성범죄 등으로 악명을 떨쳤다. 그런데 윤석열의 쿠데타 기도와 극우 운동 부상이라는 맥락 속에서 극우 온라인 커뮤니티는 더한층 진화했다. 오프라인 극우 세력과의 연결성이 강화됐고, 청년층 일부를 극우 쪽으로 당기는 통로가 되고 있다.

극우 온라인 커뮤니티 이용자들은 "계엄령"으로 자신들을 일깨워 준 윤석열을 찬양하며 오프라인 행동에도 적극 나서고 있다.

극우 단체들도 극우 온라인 커뮤니티를 조직화 수단의 하나로 활용하고 있다. 트럼프도 매노스피어(남성계라는 뜻. 반페미니즘 남초 웹사이트와 커뮤니티 일체)에 적극적으로 파고들어 지지층을 늘렸다. 서부지법 폭동 참가자 중에는 국힘갤 등에서 조직된 청년들이 여럿 있었다. 서부지법 폭동 며칠 전부터 국힘갤·미정갤·빈갤에 폭동 모의로 의심되는 글들이 올라오기도 했다. 윤석열 탄핵 심판 기간에는 광화문·여의도·헌재 앞 극우 집회에 참가할 것을 호소하거나 참가를 인증하는 글들이 수없이 올라왔다.

국힘갤 등은 지난 2월 말부터 3월 초 사이에 발표된 대학가 탄핵 반대 시국선언의 주요 홍보 공간이었다. 어느 대학에서 탄핵 반대 시국선언이 발표된다는 공지가 올라올 때마다 '추천'과 응원 댓글이 대거 달렸고, 더 많은 대학으로 확산돼야 한다는 독려도 많았다. 고려대 탄핵 반대 시국선언 때는 제안자들이 맞불 집회 예고에 기가 눌려 시국선언 잠정 연기를 공지했었다. 그러자 국힘갤에서는 시국선언을 강행해야 한다는 글들이 빗발쳤다. 시국선언 제안자에게 직접 연락해 강행을 촉구하는 국힘갤 이용자도 있었다.

말만 하는 것이 아니라 행동에 나서고, 더 많은 사람들이 행동에 동참하도록 고무하는 것이 최근 극우 커뮤니티의 핵심 특징이다. 그리고 전광훈, 손현보, 황교안, 부정선거부패방지대(부방대), 자유대학, 탄탄대로 등 극우 지도자들과 단체들은 크고 작은 거리 행동을 조직하며 극우 커뮤니티 이용자들이 투지를 뿜어낼 공간을 제공한다.

윤석열이 파면돼도 극우 온라인 커뮤니티의 기세는 죽지 않았다. 윤석열 파면 선고일인 4월 4일 국힘갤과 미정갤 등에는 결의를 다지는 글들이 잇달아 올라오고 많은 추천을 받아 '개념글'에 올랐다. "우리가 윤카(윤석열 각하)의 뜻을 이어받아 깨어나지 못한 국민들을 깨우자," "진실을 알게 된 이상 돌아갈 수 없다. 난 끝까지 싸울 거다. 멸공."

이어서 4월 5일에는 국힘갤에서 '윤 어게인' 구호가 등장하기 시작했다. 국힘갤 이용자들은 이 구호에 열광하며 전의를 다졌다. 자유대학은 4월 8일 이태원을 시작으로 서울 도심과 전국 여러 도시에서 '윤 어게인' 시위를 조직했다. '윤 어게인' 시위에 참가한 극우 청년들은 "짱깨, 북괴, 빨갱이를 죽이자"라고 외치며 거리를 행진했다. 서울 건대입구역 앞 양꼬치 거리에서는 '윤 어게인' 시위 참가자 일부가 중국 음식점 직원들을 대상으로 폭력을 행사했다.

대선 국면에서 극우 온라인 커뮤니티들은 극우 결집의 구심이 된 김문수로 지지를 모았다. 그러면서 소위 부정선거 감시 활동에도 동참했다. 김문수가 대선 패배를 인정하며 승복을 선언하자, 강경 지지자들은 "부정선거 불복하라"를 외쳤다. 따라서 극우가 선거 불복 운동에 나설 것은 확실하다. 그 규모는 불확실하지만 말이다. 사실 김문수 자신이 부정선거 음모론을 내놓으며 선거 불복의 군불을 때 왔다. 자유대학, 부방대, 전한길 등은 지난 주말 서울 도심과 중앙선관위 과천 청사 앞에서 대선 무효 집회를 열었다. 대선 결과가 어떻든 극우의 준동은 계속될 것이고, 극우 온라인 커뮤니티들도 일정한 구실을 할 것이다.

2010년대 초반 떠올랐던 일베는 거대한 대중운동이 박근혜를 퇴진시키자 약화했다. 그러나 문재인 정부의 개혁 배신에 대한 환멸이 자라나자 극우는 그것을 파고들어 성장했다. 최근 극우 커뮤니티의 부상은 그런 맥락에서 봐야 한다. 극우의 성장에 맞서려면 온·오프라인에서 폭로 선동과 대중행동이 결합돼야 한다. 이때 헌정 질서 수호 연합에 발이 묶이지 않은 좌파의 구실이 중요하다.

극우에 반대하는 사람들이 유의해야 할 또 하나의 커뮤니티가 있다. 에펨코리아(이하 펨코)다. 이준석의 별명이 '펨통령'(펨코 대통령)일 정도로 펨코에서는 이준석 지지 분위기가 매우 강하다. 대선 정국에서는 개혁신당 입당을 인증하는 글, 이준석과 찍은 기념 사진, 이준석 유세 참가 인증 게시물이 많이 올라왔다. 펨코도 안티 페미니즘, 성소수자 차별, 난민·이주민 차별, 반중, 반북 등 극우 성향이 강하다. 민주당에 대한 강한 환멸도 펨코의 핵심 특징의 하나다.

펨코 이용자들 중에는 2017년 대선에서 문재인에 투표한 사람들이 적잖이 있는 듯하다. 펨코에서는 자신이 문재인(과 민주당)에 기대를 걸었다가 크게 실망했다는 글들을 어렵지 않게 찾을 수 있다. 이준석은 바로 그 점을 파고든다. 청년들의 고통과 불만, 환멸을 페미니즘·민주당·노동조합·좌파 탓으로 돌리고 여성, 성소수자, 장애인, 이주민을 속죄양 삼는 것이다.

물론 펨코 이용자들은 대체로 윤석열과 윤석열의 계엄 선포에 반대하고, 서부지법 폭동 같은 행동을 비난한다. 그러나 펨코의 극우 성향을 결코 가벼이 볼 수 없다. 펨코의 성소수자 혐오, 반중·반이민 정서도 극우의 요소다. 김문수·이준석 등 반동적 정치인들에 의해 온갖 극우적 주장이 공론장에서 용인될 수 있는 주장으로 포장되고 있다.

이재혁, 〈노동자 연대〉 549호(2025-06-03).

3부

정권 교체와 극우 주류화

대선: 쿠데타 응징 염원이 승리했으나

2025년 대선은 쿠데타 응징 염원을 보여 줬지만 극우 후보들도 세력을 결집하며 만만찮은 득표를 했다.

김문수 지지율 상승,
대규모 맞불 집회를 열어야 한다

2025년 5월 21일 윤석열이 부정선거 음모론 다큐멘터리 영화 시사회에 참석했다. 영화의 비상계엄 선포 회견 장면에서 박수와 함성이 나왔다고 한다. 영화 후에는 "윤 어게인" 구호가 외쳐졌다. 윤석열이 지지자들과 옥내 정치 집회를 연 셈이다. 민주주의를 파괴하고 수백 명을 살해하려 한 군사 쿠데타 주범이 감옥이 아니라 거리를 활보하는 것도 열 받는데, 계엄 선포의 핑계로 삼았던 부정선거 음모론을 들고 대선판에 난입한 것이다. 김문수는 윤석열의 행보를 두둔했다. 이 사건은 지금 대선이 쿠데타 세력(가담·비호)과의 대결이라는 맥락 속에서 치러지고 있음을 다시 환기해 줬다.

국힘은 오랜 집권 세력답게 후보 결정 이후 빠르게 김문수 중심으로 조직을 정비했다. 내란 세력과 단절하자던 한동훈, 안철수 등도 선거운동에 합류했다. 이들은 당내 경선에서의 차별화에만 관심 있었지, 진정한 민주 수호에는 관심이 없었던 것이다. 이 둘이 합류하고 윤석열이 자진 탈당하면서 국힘이 "내란당" 이미지를 희석시키려는 시도를 주류 언론이 돕고 있다. 김문수는 저버린 지 오래된 노동운동 경력을 꺼내들어 청렴과 친서민 이미지를 유포하고 있다.

그러나 극우도 김문수 주위로 결집하고 있다. 5월 19일 윤석열 탄핵 반대 운동을 양분했던 전광훈 세력과 손현보의 세이브코리아 측 모두 김문수 지지를 선언했다. 5월 26일에는 이들과 국힘 사이에서 브로커 노릇을 하던 윤상현이 국힘 공동선대위원장에 임명됐다. 5월 21일 국힘 선거대책위원회는 부정선거 음모론자가 대부분인 극우 유튜버들을 국회로 불러 "도와주면 보상하겠다"고 약속했다(《뉴스타파》 보도). 5월 24일 김문수는 박근혜를 방문해 서로 덕담과 격려를 나눴다. 박근혜는 5월 27일 박정희 생가 등을 공개 방문할 예정이다. 우파층 결집에 한 손 보태겠다는 것이다.

우파 결집 효과는 최근 여론조사 동향에서도 확인된다. 김문수가 지지율 40퍼센트를 넘기며 이재명 민주당 후보와의 격차를 크게 좁혔다. 일각에서 말하는 "보수의 과표집"이 아니라 "샤이 국힘"이 결집하고 있는 것이다. 지난겨울 서부지법 폭동 전후로 우파의 거리 결집과 윤석열 탄핵 반대 여론이 가장 고조됐을 때도 우파 결집 현상이 있었다. 김문수는 26일 문재인의 총리 출신인 이낙연을 끌어들이는 데 성공했고, 여세를 몰아 계속 이준석에 단일화 압박을 하고 있다.

국힘은 반이재명·반좌파 거짓 비방을 일삼으며 진흙탕 싸움을 하고 있다. 자기들 지지층 투표율은 올리고, 진보 염원 대중에게는 환멸을 일으켜 투표 의욕을 떨어트리려는 것이다. 지난 2차례의 TV 토론에서 김문수와 이준석은 둘 다 극우적 발톱을 드러냈다. 우파 청년층에 어필하려는 이준석의 교활한 극우 언동이 김문수에게 도움이 되고 있다. 윤석열을 쫓아낸 덕분에 열린 대선의 후보 토론에서(그리고 1부 리그와 2부 리그 모두에서) 극우가 설치는 것을 보는 것은 민주 염원 대중에게 못 견딜 일이다. 최근 서부지법 폭동 가담자들에 징역 1년의 가벼운 형량이 선고됐는데도 검찰은 항소를 포기했다.

물론 여전히 이번 대선을 쿠데타 세력 심판 선거로 보며 정권 교체가 돼야 한다고 보는 사람들이 근소하지만 과반이다. 그러나 이들이 쿠데타 세력 척결 표를 던지고 향후 투쟁에 동참하게 하려면 선거가 통상의 선거처럼 여야 후보의 공약 경쟁 식으로만 치러져서는 안 된다. 이재명 민주당 후보가 온화한 ('국민 통합') 이미지로 중도·보수 포섭을 강조하는 것은 국힘과 김문수를 고립시키기는커녕 오히려 돕는 것이다. 우파에게도 대의명분이 있으므로 우파적 사상도 존중받아야 한다는 인상을 널리 퍼뜨리는 것이다. 그러면, 우파의 기를 살리고 자신감을 살려 줘 그들에게 유리한 이데올로기 지형이 형성될 것이다.

이재명 후보와 민주당은 2025년 5월 26일 소집된 법관대표회의를 앞두고 사법 개혁안을 철회했다. 법관회의가 민주당을 겨냥해 '재판의 독립성 침해 우려'를 핵심 안건의 하나로 삼았기 때문이다. 민주당이 대법원 개혁안을 공식 철회하자 법관회의는 대선 이후로 미뤄졌다. 이렇게 타협적으로 행동하면 선거에서 이기더라도 극우의 세력을 약화시키지는 못한다.

민중전선의 가장 신화화된 역사인 1936년 5월 프랑스 총선에서 민중전선은 376석을 얻어 214석을 얻은 극우 연합에 대승을 거뒀지만, 막상 총득표수 차이는 불과 1.4퍼센트였다. 민중전선이 선거에서 승리했지만 극우의 세력은 진정으로 약화되지 않았던 것이다. 프랑스 파시스트를 진정으로 위협한 것은 노동자들의 거대한 파업 물결이었다. 그러나 이번엔 민중전선의 논리가 운동이 혁명적으로 발전하는 것을 막았다. 친자본주의 자유주의적 세력과의 연립정부를 안정적으로 유지해야 한다는 목표 때문에, 공산당은 자기 지지 기반인 노동자들에게 파업을 끝내라고 종용했다. 진정한 동력이 식어 버리자, 기업주들과 우익은 반격을 개시했고, 민중전선 정부는 집권 반년 만에 개혁 약속을 뒤집더니 곧 반파시즘에서도 후퇴했다.

2024년 프랑스 총선에서는 총선 1차 투표를 2주 앞두고 벌어진 반나치 100만 전국 시위가 국민연합의 제1당 등극을 막는 데 결정적으로 기여했다.

국힘 정권 연장은 제2 계엄의 위험을 현실화시키는 것이다. 김문수의 선전은 쿠데타 세력에 반격의 힘을 실어 주는 것이다. 최대한 빨리 대규모 극우 후보 반대 집회가 열려야 한다. 그러면 민주노총은 조합원을 총력 동원해야 한다.

〈노동자 연대〉 548호(2025-05-27).

이준석을 의원직에서 제명하라

이준석을 국회의원직에서 제명하라는 국민청원이 올라온 지 11일 만에 57만 명을 넘겼다. 2024년 7월 제기된 '윤석열 탄핵소추안 발의 요청 청원'에 이어 역대 둘째로 많은 동의를 받은 것이다.

제명 청원의 기폭제는 2025년 5월 27일 열린 대통령 선거 토론회에서의 발언이었다. 이준석은 그날 TV 토론에서 당시 진보진영의 이중잣대 폭로를 명분으로 이 대통령 아들이 온라인에 썼다는 저속한 표현을 인용해 질문했다가 큰 반발을 샀다. 결국 6월 4일 국회 국민동의청원 홈페이지에 '이준석 의원의 의원직 제명에 관한 청원'이 올라왔다. 해당 청원은 게시 하루 만에 심사요건(30일 이내 5만 명 이상의 동의)을 충족했다. 국민 전체의 1퍼센트가 넘는 숫자가 제명에 동의했는데도 이준석은 "그런 일[제명]이 벌어지리라고는 여기지 않는다"거나 "민주라는 이름을 달고 있는 세력의 폭거"라고 비난하며 버티고 있다.

이준석 제명이 정당한 것은 비단 대선 토론 때의 저질 음담패설 발언 때문만이 아니다. 제명 청원 제안자가 밝혔듯이 "이준석 의원은 대통령 선거 후보자 토론회 전에도 여성과 소수자를 끊임없이 '시민'과

'비시민'의 이분법적 구도 안에서 왜곡하는 등의 행태를 보이며 차별·선동 정치에 앞장서 왔"다. 더구나 이준석의 정치 전반이 법질서 강조, 반중·혐중, 사회적 약자 경멸 등의 극우적 주장을 공식 정치 영역에 내놓는 데 주력해 왔던 것이다.

이준석은 마치 자신이 청년의 대변인인 양 자처하면서, 청년들의 불만을 페미니즘·민주당·노동조합·좌파 탓으로 돌리고 여성, 성소수자, 장애인, 이주민을 속죄양 삼는 행태를 보여 왔다. 특히, 이준석은 일관되게 중국을 '위험 요소'로 설정하고 민주당·노동조합·좌파 등이 '외부의 적'과 협력하기 때문에 온갖 문제가 발생한다고 주장하는 전형적인 극우적 책략을 구사했다.

이번 대선 토론에서도 이준석은 "중국의 위협"을 꺼내 들며 이재명을 '친중'으로 몰아 공격하는 데 앞장섰다. 이런 모습은 지난 20대 대선 국면에서도 드러났다. 2021년 이준석은 국힘 대표로 선출된 지 얼마 되지 않아 블룸버그와의 인터뷰에서 "분명하게 말할 수 있는 것은 문재인 정부는 중국에 기울고 있다는 것"이라며 민주당 정부를 '친중' 세력으로 공격한 바 있다. 이준석은 '부정선거' 음모 문제에서만 윤석열과 의견을 달리했을 뿐이고, 윤석열이 군사 쿠데타를 시도한 이유로서 중국의 위협을 내세우며 혐중 분위기를 고조시킨 것과 별 다를 바 없는 행태를 보인 것이다.

그래서 이준석은 자신이 국힘 대표로서 윤석열 당선에 정치적으로 일조했던 것을 반성하지도 않는다. 윤석열이 탄핵되자 "제가 해 줄 말은 '자기 잘난 줄 알고 저렇게 하더니 꼴좋다'밖에 없다"고 개인적으로 비웃은 게 다다. 국힘과 그 지지층의 극우화가 진행되고 있는 데서 보듯, 주류 우파와 극우의 경계가 점점 흐릿해지는 '극우의 주류화'(이는 국제적 추세이기도 하다)가 벌어지고 있는데, 이를 선두에서 이끈 인물 하나가 바로 이준석인 것이다.

이런 위험한 자가 국회의원으로서 활동하지 못하도록 제명시키는 것은 너무나 정당하다.

그러나 국회 재적 의원 3분의 2 이상이 찬성해야 하는 이준석의 제명은 쉽지 않을 듯하다. 민주당이 제명에 나서려 하지 않기 때문이다. 민주당은 대선 토론회 이튿날인 5월 28일에 "혐오 선동가 이준석 의원은 정계를 떠나야 한다", "대선 출마는커녕 정치할 자격도 없다"며 강하게 비판했지만, 막상 대선이 끝나자 태도가 달라졌다.

민주당이 회피를 택한 이유는 이재명과 민주당의 우클릭과 관련 있을 것이다. 이재명은 선거 기간에 "국민 통합"을 말하며 중도우파 인사들을 포섭해 지배계급을 안심시키려 해 왔다. 그런데 이준석 국회의원 제명 절차가 새로 얻은 이 보수 기반의 이반을 야기할까 봐 우려하는 것일 테다.

그러나 이재명의 중도우파 포섭은 절묘한 해법이 되기는커녕 오히려 이준석 같은 자들이 다시 극우 선동을 재개하며 기회를 잡는 데 도움이 될 것이다.

강동훈, 〈노동자 연대〉 551호(2025-06-17).

제21대 대선 결과가 보여 준 것

윤석열의 쿠데타 미수와 파면으로 인해 치러진 대선에서 "내란 세력 심판"을 앞세운 이재명 민주당 후보가 당선했다. 이재명 후보는 계엄 해제와 윤석열 탄핵 운동에 앞장섰다. 이재명이 많은 득표 차로 당선한 것은 이번 대선을 좌우한 핵심 쟁점이 쿠데타 응징 염원이었음을 반영한다.

조국혁신당·진보당 등과 '내란' 세력 청산을 기치로 한 반국민의힘 선거 연합을 이룬 이재명은 역대 대선 최대 득표인 1728만 7513표(49.42퍼센트)를 얻었다. 국힘 김문수보다 289만 표를 더 얻었다. 이재명 본인이 3년 전 대선에서 얻은 표에서 114만 표가 늘어났고, 전국적으로 골고루 득표가 늘어났다. 윤석열 쿠데타 기도를 사실상 비호한 김문수는 1439만 5639표(41.15퍼센트)를 얻었다. 윤석열·이명박·박근혜 등 전임 대통령, 한동훈·안철수 등의 반윤계까지 모두 김문수 지지로 결집했지만, 3년 전 윤석열 득표의 87퍼센트밖에 얻지 못했다.

그럼에도 거리 극우와 윤석열, 국힘 사이에서 아교 같은 구실을 한 인물이 1400만 명이 넘는 지지를 받은 것은 불길한 일이다. 국힘이 극우를 끌어들이며 그 자신이 극우적이 됐기 때문에 더욱 그렇다. 김문수는 과거의 노동운동 경력을 이용해 자신이 서민을 대표한다는 극우 포퓰리즘을 보수적 서민층을 결집시키는 데 효과적으로 이용했다.

이준석은 국힘 측의 사퇴 압력에도 불구하고 291만 7523표(8.34퍼센트)를 얻었다. 이준석은 선거 기간에 법질서 강조, 반중·혐중, 사회적 약자 경멸 등 극우성을 드러냈지만, 자신이 계엄에 반대하고 윤석열 탄핵에 찬성한 후보라고 떠들어 대며 반사이익을 얻었다.

역대급 투표 열기는 첨예한 좌우 양극화의 영향을 받았다. 이번 대선 투표율은 79.4퍼센트로 1997년 대선(80.65퍼센트) 이후 가장 높다. 투표자 수도 역대 최대다. 지난 대선과 비교하면 118만 명이 더 투표했는데, 이재명 표는 114만 표가 늘고, 김문수와 이준석을 합한 표도 윤석열보다 90만 표 늘었다. 두 극우 후보의 합계 득표율(49.49퍼센트)이 만만찮다. 쿠데타 정권 응징 염원이 많은 사람들을 투표장으로 이끌었지만, '샤이 보수'도 만만찮게 결집해 투표율이 올라간 것이다.

윤석열 정권 퇴진 경로를 헌정 절차 안으로 한정한 것도 우파 결집에 결과적으로 유리하게 작용했다. 대선 투표일은 윤석열의 비상계엄 선포 딱 6개월이 되는 날이다. 윤석열 퇴진 운동은 그 절차를 준수하느라 사태를 더 빠르게 진행시킬 방법을 자기제한적으로 피했고, 헌재가 시간을 질질 끌면서 그 사건의 충격이 꽤 엷어진 데다가, 그사이에 물타기 할 시간도 많았다. 그 틈을 타서 극우 부상도 벌어졌다. 게다가 윤석열 헌재 탄핵 후 대중투쟁이 멈추면서 대선 구도나 지형에 좌파적 영향을 미치기도 쉽지 않았다(진보정당 표는 85만에서 34만으로 줄었다). 이런 점들을 이용해 김문수는 서민 행세를 하며 핵심 쟁점 흐리기를 시도한 것이다.

선거로 극우를 한두 차례 이길 수 있어도 그 세력을 약화시킬 수 없음을 보여 주는 사례다. 이번 대선 결과에 안도하면서도 극우의 성장 가능성에 경계를 늦추지 말아야 할 이유다.

〈노동자 연대〉 549호(2025-06-04).

극우가 패배했지만
자기만족에 빠져선 안 된다

많은 사람들이 대선 결과에 안도와 기쁨을 표하고 있다. 극우 후보 김문수가 낙선했다. 김문수의 패배는 우파 일반에 타격일 것이다. 막판에 본색을 숨겼지만 쿠데타를 사실상 옹호한 김문수가 이겼다면, 윤석열 못지않게 권위주의적으로 통치하려 할 것이다. 민주주의 염원 대중에게는 지옥 같은 상황일 것이다. 1960~1980년대 군부독재의 경험은 극우의 잔인함이 일단 시작되면 거의 끝이 없음을 보여 줬다.

따라서 민주주의 염원 대중이 대선 결과에 환호하는 것은 당연하다. 국힘의 재집권을 저지한 원동력은 계엄 후 지난 반년 동안 지속된 운동이다. 그러나 사실 윤석열 탄핵 운동의 규모는 박근혜 탄핵 운동에 비해 작았고, 심지어 극우의 동원 규모(특히 3월 1일)에도 못 미칠 때가 여러 번 있었다. 박근혜 탄핵 운동 때는 탄핵 찬성 집회가 반대 집회보다 평균 8배 컸다. 이번엔 민주주의 염원 대중이 극우 세력을 압도하지 못한 상황에서 위로부터 헌법재판소가 윤석열을 파면했다.

대선도 이런 힘의 균형을 반영했다. 쿠데타 직후 국힘이 존망의 위기에 처했다는 섣부른 관측들이 유행했지만, 김문수는 41퍼센트 득표했다. 또 다른 극우 후보 이준석의 득표까지 합치면 49퍼센트를 넘는다. 반면, 권영국 민주노동당 후보의 득표율은 1퍼센트가 안 됐다.

대선 기간에 좌파의 투쟁 목소리는 거의 들리지 않았다. 진보당은 대중투쟁은커녕 이재명 선본에 참여했다. 이재명 후보는 "내란 종식"을 주장하면서도 온건 보수 세력의 환심을 사기 위해 우클릭을 하는 등 중도·보수 행보를 했다.

국힘은 지배계급의 제1 선호 정당이다. 그런 국힘이 윤석열 탄핵 정국에서 급속하게 극우화했다. 김문수는 국힘 대선 후보 예비경선에서 네 번 모두 이겼다. 국힘 당원 과반이 김문수를 확고하게 지지했다는 뜻이다. 본 선거에서는 전광훈·손현보·전한길·황교안 등 온갖 종류의 극우가 김문수에게 붙었다. 김문수의 득표율 41퍼센트는 윤석열 탄핵 반대 평균 여론 30퍼센트보다 10퍼센트가량 더 높은 것이다. "선거의 시간"은 극우를 약화시키지 못했다.

김문수는 공식 정치의 극우와 거리 극우를 가시적으로 매개하는 핵심 인물이다. 물론 이전부터 두 부류의 극우는 서로 연결돼 있었다. 리박스쿨의 댓글 조작, 늘봄학교 의혹 사태는 이들의 커넥션을 잘 보여 준다. 리박스쿨은 윤석열 정부와 국힘과 전광훈의 영향력이 상호 작용하는 극우 단체다. 김문수가 41퍼센트를 득표하고 국힘이 여전히 제1야당으로 존재한다는 것은, 그들이 거리 극우를 앞으로도 잘 비호할 수 있다는 뜻이기도 하다. 거리 극우는 거리 운동을 통해 대중적 기반을 구축하는 한편, 지배계급·국가기구의 일부와 연계를 맺어 제도적 정당성을 확보하려 한다. 따라서 대선 결과로 극우의 위협(공식 정치에서든 거리에서든)이 사라지지는 않을 것이다.

무엇보다, 쿠데타 세력 일소라는 면에서 보자면 아무것도 해결되지 않았다. 윤석열은 공공연히 선동을 하고, 쿠데타 가담자들의 극히 소수만 재판받고 있을 뿐 그 전모조차 드러나지 않았다. 검찰·국정원·경찰 등 핵심 억압적 국가기관들이 쿠데타를 축소·은폐하고 있기 때문이다.

김문수는 선거 공간을 이용해 윤석열의 군사 쿠데타를 경쟁 후보 간 정쟁의 쟁점으로 축소시켰다. 김문수는 민주적 권리를 파괴하고 적어도 수백 명의 목숨을 앗아 갈 계획을 세운 군사 쿠데타 기도를 이재명의 장남 도박 문제나 유시민의 여성 노동자 학벌 차별 발언과 피장파장 쟁점인 양 몰아갔다.

따라서 좌파는 선거 기간에 극우 후보 김문수에게 단 한 표도 줄 수 없다고 설득하며 대중 동원을 했어야 했다. 아쉽게도 진보당은 '이재명 후보에게 투표하면 내란을 종식할 수 있다'고 주장하며 모든 힘을 선거에 쏟아부었다. 불안정하고 취약해지고 있는 의회 민주주의의 구조물을 떠받치는 전략("민주 헌정 수호")을 고수한 것이다. 의회 민주주의의 취약성은 윤석열이 군사 쿠데타를 기도하게 한 요인이었다.

따라서 이번 대선 결과를 두고 자기만족에 빠져서는 안 된다. 그것은 극우의 위협을 과소평가하는 것이며 극우 대응 전략의 전환을 가로막는 장애물이다. '승리'를 말하는 사람들은 이번 선거로 인해 극우의 위협이 오히려 강화될 것임을 이해하지 못하고 있다.

자본주의는 장기적·구조적 위기를 겪고 있고, 극우는 위기에 대한 분노를 좌파(심지어 민주당을 포함해)에 대한 증오로 돌리려고 애쓰고 있다. 본질적으로 자본주의의 이익을 지키는 민주당은 머잖아 대중의 환멸을 살 것이고, 그로 인한 위기는 극우에게 기회를 다시 제공할 것이다.

명심해야 할 점은 지배계급에게도 새로운 차악이 있다는 사실이다. 지배계급에게는 좌파가 진정한 적이기 때문에 그들에게 극우는 차악이다. 그래서 자유주의자들은 결국 극우와 거래하려 할 것이다. 따라서 좌파는 민주 헌정 수호라는 미명하에 민주당과 전략적 동맹(이재명 정부에 대한 "연대와 협력")을 맺어서는 안 된다.

좌파는 극우 반대 공동 행동을 건설해야 한다. 그 대전제는 강령적 통일(개혁 입법 추진 계획)이 아니라 실제 전투를 함께하는 것이다.

김인식, 〈노동자 연대〉 549호(2025-06-03).

이재명의 중도 좌우 연합은
어떤 효과를 냈는가?

이재명 민주당 후보는 국힘이 극우화하는 상황에서 반극우 중도 좌우 연합을 형성해 국힘을 고립시키겠다는 책략을 구사했다. 아마 쿠데타에는 동의할 수 없다고 보는 보수 세력들도 포섭해 국힘을 고립시켜 국힘 득표를 최소화시키겠다는 계산이었던 듯하다.

이재명은 선거를 앞두고 중도·보수를 천명했고, 국민 통합을 강조했다. 실제로는 중도파로 행동했다. 또, 좌파인 진보당을 포함한 야당들과 내란 세력 심판, 민주 헌정 수호를 위한 선거 연합을 꾸렸다. 유명한 우파 논객 정규재의 지지를 받고, 국힘과 개혁신당의 일부 의원을 영입했다. 윤석열 파면 전에는 민주 헌정 수호 명목으로 심지어 이준석과도 연합하려 했다. 선거 의제도 '기본사회 시리즈' 같은 개혁 입법이 아니라 경제성장, 국민 통합, 안정 같은 보수적 의제를 내세웠다. 동시에 한국노총과 정책 협약을 맺고 민주노총과도 협약을 맺으려 시도했다.

그러나 이런 책략의 성공은 중도·보수파 일부를 포섭하는 데 달려 있기 때문에, 보수파가 선호하는 의제가 부각되고 좌파의 비판이나 행동을 억제하는 경향이 있다. 이는 개혁 염원 대중을 수동화시킬 위험이 있고, 무엇보다 우파들이 자신들의 주장이나 의제, 담론이 채택되는 걸 보며 사기가 오를 수 있다. 그래서 단기적으로 선거에선 득을 봐도 대중운동에는 도움이 되지 않는 것이다.

그런데도 진보당과 진보당계 활동가 다수는 민주당과의 연립정부 방향으로 더 달려갈 듯하다. 극우 지지세가 만만치 않음을 근거로 말이다. 물론 좌우 모두로부터 지지층을 흡수하겠다는 이재명의 전략에 진보당이 동조한 것은 얼마간 득이 될 것이다. 그러나 진보당이 좌파적 비판을 삼가고 민주당과의 연립에 매달릴수록 개혁 염원 대중의 수동화에 일조할 것이고, 이재명의 개혁 배신에 대한 환멸의 대안을 제공하지 못할 것이다.

20대 남성은 극우화됐나?

방송 3사 출구조사 자료 중 20대 남성의 37.2퍼센트가 이준석에게, 36.9퍼센트가 김문수에게 투표했다는 결과가 나오자, '이대남 보수화'에 대한 한탄이 다시 등장했다.

그러나 이준석이 극우 후보라고 해서 이준석에게 투표한 청년들이 모두 극우, 여성혐오자인 것은 아니다. 이준석은 20대 여성 속에서도 자신의 평균 득표율보다 높은 지지를 받았다. 김문수와 이준석 간 우파 단일화가 집중 거론될 때, 여러 여론조사에서는 김문수로 단일화할 경우 이준석 지지층의 4분의 1은 이재명에게 투표할 것이라는 결과가 나왔다. 가령 5월 하순 한국갤럽 조사에서는 이준석이 사퇴하면 이준석 지지층 중 29퍼센트가 이재명에게로 옮겨 간다고 조사됐다.

이는 인생 경험이 적고 좌파적 학생운동도 과거보다 위축돼 정치적이고 집단적인 경험이 적은 청년들의 의식이 모순되고 매우 유동적인 것을 반영한다. 무엇보다, 많은 청년들이 세월호 참사에 분노하고, 박근혜 탄핵을 지지하며 문재인 정부에 기대를 걸었다가 큰 환멸을 겪은 점을 봐야 한다. 그들에게는 민주당도 국힘과 마찬가지 기득권 세력으로 비치는 것이다. 바로 이 때문에 계엄 해제에 동참하지 않았으면서도 이준석이 양당 체제 바깥의 제3당 아웃사이더 행세를 하며 윤석열의 계엄과는 거리를 두려고 했던 듯하다.

이런 청년들을 '보수화'라고 낙인찍지 말고 그들의 불만과 좌절을 대변하는 목소리를 꾸준히 내려 노력해야 한다. 무엇보다, 노동자 운동이 힘을 과시해 다른 대안이 가능함을 보여 줘야 한다.

권영국 후보의 득표 저조

권영국 후보는 정의당·노동당·녹색당과 노동운동 좌파 일부가 모인 사회대전환연대회의의 후보였다. 이런 취지를 살리기 위해 기존 정의당 당명을 민주노동당으로 바꿔서 출마했다. 아쉽게도 득표는 저조했다(34만 4150표, 0.98퍼센트). 1997년 대선에서 권영길 후보가 30만 표를 얻은 것과 비슷한 수치였지만, 그러나 당시는 노동운동이 선거 도전을 막 시작한 때였고, 지금은 영욕의 세월을 거쳐 주변화돼 버린 맥락 속에서의 성적이다.

권영국 후보는 비상계엄 선포 직후 국회로 달려갔고, 윤석열 퇴진 운동에 참여했으나 쿠데타 정권 응징·심판 정서의 주목을 거의 받지 못했다. 게다가 김문수와 이준석이 반이재명을 부각하는 방식으로 선거

운동을 하자 좀처럼 주목받을 기회를 잡기 어려웠다. 그 결과, 3년 전 대선에서 심상정 후보가 얻은 80만 표의 절반에도 못 미쳤다.

8년 전 심상정 정의당 후보가 박근혜 파면 직후 대선에서 200만 표를 얻은 것과는 비교할 바도 못 된다. 당시는 박근혜 퇴진 운동 자체가 좌파와 민주노총 노동조합들의 주도로 시작됐다. 그래서 노동운동은 퇴진 운동 안에서 존재감이 있었다. 박근혜 퇴진 운동 5개월 동안 집회에서 가장 인기 있는 정치인은 이재명과 심상정이었다. 노동운동의 영향력 때문에 당시 대선에서 홍준표와 유승민조차 임기 내 최저임금 1만 원 공약을 내놨고, 심상정은 '노동이 당당한 나라'를 기치로 200만 표나 얻은 것이다.

그러나 윤석열 탄핵 국면에서 노동운동은 주도적 역할을 하지 못했다. 그러다 보니, 계엄 이후 윤석열 퇴진 운동에서도 두각을 나타내지 못했다. 그동안 선거중심주의가 발전하면서 정의당과 노동당 모두 당원들의 수동성이 커져 왔고, 동원 면에서도 대중투쟁에 기여하지 못했다. 정의당은 이재명 체포동의안에 찬성하는 등 정치적 오판도 범했었다.

그럼에도 권영국 후보는 극우 후보 둘, 중도연한 이재명 후보와의 TV 토론에서 노동자, 장애인, 성소수자 등 이번 대선에서 부각되지 못한 사회 세력과 의제들을 제시하며 일부의 갈증을 풀어 줬다. 투표 마감 후 밤새 후원금이 13억 원이나 들어왔다고 한다. 이를 기반으로 권영국 지지 활동가들은 다음 선거 준비에 착수할 것이다. 그러나 34만 명은 선거 위주 정당 설립에는 충분치 않다. 어렵게 모은 34만 표를 향후 극우에 맞선 투쟁, 노동자들의 삶과 소수자들의 권리를 위한 대중적 투쟁을 발전시키는 기초로 삼으려 한다면 오히려 더 효과적일 것이다.

김문성, 〈노동자 연대〉 549호(2025-06-04).

9장

국힘, 대법원, 미국의 반동과 내란 청산 부진

공식 정치의 극우와 거리 극우의 상호작용으로 "극우의 주류화"가 일어나고 있다.

국가기관 내 쿠데타 지지자들을 일소해야 한다

 오늘(6월 3일) 대선 투표는 12월 3일 윤석열의 비상계엄 선포 후 딱 반년 지난 시점에서 치러졌다. 이제 정권이 바뀌면 윤석열 정권은 쿠데타 실패 후에도 여섯 달이나 생존했다가 곱게 선거로 마감되는 것이다. 실패한 쿠데타였는데도 반년간 주동자 처벌은커녕 국가기관 숙정이 거의 진척되지 않은 이유다. 헌정 절차 내 퇴진의 한계다.

 윤석열 친위 쿠데타 군대가 국회, 선관위 등 국가기관에 난입하고 그 기능을 멈추려 한 것의 효과로 서부지법 폭동은 물론이고 민주적 절차에 대한 과격 극우 인자들의 공격 행위가 늘었다. 대선 사전투표 기간 동안 극우 음모론자들은 선거관리 업무에 침투해 자작극을 벌이고, 선관위 건물에 침입했다. 야당의 선거운동원은 린치를 당했다.

 윤석열 석방 사태에서 보듯이, 국가기관 곳곳에서 암약하는 쿠데타 지지·비호 세력들은 새 정부하에서도 은근한 사보타주를 벌일 것이다. 그런 세력들이 어설프게 용서받는 것은 재발 위험성을 키운다.

 선거로 정권을 바꾸는 것만으로는 한참 모자란 이유다. 대중적 행동이 계속돼야 한다. 민주주의 권리를 지키고 확장하려면 윤석열과 쿠데타 세력을 철저히 처단해야 한다. 가담자들을 중형에 처하고, 지지·비호 세력들도 공직에서 퇴출시켜야 한다. 윤석열 등 지휘부는 사회로부터 영구히 격리시켜야 한다.

그런 조처들이 신속하고 단호하게 이뤄질 때, 극우의 정당성을 약화시키고 사기를 떨어트려 그들의 성장을 늦출 수 있다.

〈노동자 연대〉 549호(2025-06-03).

윤석열을 반드시 재구속하라

　형법의 내란죄는 내란을 "대한민국 영토의 전부 또는 일부에서 국가권력을 배제하거나 국헌을 문란하게 할 목적으로 폭동을 일으[키는 행위]"로 정의하고, 그 "우두머리는 사형, 무기징역 또는 무기금고에 처한다"고 정하고 있다.

　윤석열 일당의 죄는 단순한 내란 선동이나 예비 음모 같은 것이 아닙니다. 윤석열은 실제로 무력 행사를 했다. 4월 4일 헌법재판소는 지난해 12월 3일 선포된 비상계엄 전 과정이 모두 위헌·위법 행위라며 윤석열을 파면했다. 헌재는 윤석열의 계엄을 국헌 문란 폭동으로, 윤석열을 내란 우두머리라고 규정한 셈이다.

　그런데도 재판 중인 내란 우두머리가 자유롭게 돌아다니며 자기 세력을 선동하고 조직하고 있다. 이런 황당한 상황도 사람들에게 익숙한 상황이 돼 버리면, 윤석열이 지은 죄가 용인될 수 있는 수준의 범죄라는 인상을 키울 수 있다.

　6월 16일 재판을 마치고 나온 윤석열은 기자단을 대표해 질문하는 기자에게 자기 지지자들을 봐야 하니 비켜 달라고 말했다. 당시 윤석열 지지자들은 "윤석열 어게인" 같은 팻말을 들고 "윤석열 대통령"을 연호하고 있었다. 윤석열 석방 상태가 무엇을 뜻하는지 보여 주는 상징적 장면이다. 윤석열이 정당했다는 믿음을 강화시켜, 헌재 파면과 최근 대선 결과를 모두 부정하고 윤석열의 쿠데타를 옹호하는 극우 지지자들을 뭉치게 하는 핵심 요인이다. 극우 지지층이 공고하게 버티고 있으니 윤석열이 국힘을 통해 계속 공식 정치에 영향력을 행사하는 것이다.

정권이 교체된 후에도 국힘은 핏대를 세우며 임기가 한 달도 안 된 새 정부 발목 잡기에 주력하고 있다. 국힘은 윤석열 탄핵에 반대한 송언석을 원내대표로 선출하고 국회 법제사법위원장을 차지하려 했다. 본회의에 법안이 올라가기 전 반드시 거쳐야 하는 법사위원장 자리를 차지해, 법안 거부권을 어느 정도 행사하려 한 것이다(다행히 실패했다). 윤석열 정부 비판에 앞장선 인사들의 입각을 막으려 갖은 애를 쓰는 것은 물론이고, 가당치도 않은 색깔론을 펼친다. 이는 진보당 등 좌파 계열을 겨냥하는 것이기도 하다.

윤석열은 사사건건 내란 특검과도 충돌하며 수사를 방해하고 있다. 내란 특검은 우여곡절 끝에 6월 28일 윤석열을 불러 조사를 벌였다. 윤석열은 체포영장을 모면하려 특검의 1차 소환에는 응했다. 그러나 "허위와 왜곡으로 가득 찬 정치적 목적의 수사를 분쇄할 것"이라며 다시금 지지자들을 선동하고, 반나절 조사 받은 뒤로는 다시 조사를 거부하고 있다.

〈노컷뉴스〉 보도를 보면, 이날 특검 측이 윤석열에 매우 불리한 증거를 내놓자, 당황한 윤석열 측이 일단 시간을 벌려는 계략으로 조사를 거부했다고 한다. 실제로 윤석열은 7월 3일까지는 소환에 응할 수 없다고 일방적으로 밝히고 7월 1일 오전 2차 소환에 불응했다.

그런데 조은석 특검은 윤석열과 대립하는 듯하면서도 편의를 봐주고 있다. 특검은 7월 1일 오후나 7월 2일로 출석을 명하고 응하지 않으면 곧바로 체포영장을 청구하겠다고 하는 대신, 다음 소환일을 윤석열이 원한 7월 5일로 통지했다. 기간이 한정된 특검이 윤석열의 지연 전술에 응해 주는 것은 시간 낭비로, 책임을 다하지 않는다고 볼 수도 있다. 수사 대상을 확대해야 하는 내란 특검은 특히 더 그렇다. 이미 윤석열 일당에 대한 수사와 재판은 지연될 만큼 지연돼 왔다.

윤석열은 검찰총장 출신이자 현직 대통령인 신분을 이용해 김건희 수사, 채 해병 사망 진상 수사를 막아 왔다. 군부·검찰·경찰·국힘 등에 친윤 세력이 살아 있기 때문에 윤석열이 석방돼 있는 것은 다른 특검 수사에도 방해 요인이 된다. 군부를 수사해야 하는 채 해병 특검이 특히 그렇다. 김건희 수사라고 다르지 않다. 명태균 선거 개입과 여론 조작 등은 윤석열과 김건희가 사실상 공범이고, 국토부가 연루된 양평 고속도로 변경이나 도이치모터스·삼부토건 주가 조작 등도 윤석열의 연관성을 부인하기 어렵다.

윤석열이 내란 우두머리 혐의로 파면돼 재판을 받으면서도 자유를 누리는 황당한 일은 윤석열의 비상계엄이 현직 대통령에 의한 친위 쿠데타 미수였기 때문이다. 그 때문에 각 국가기관조차 분열해 어떤 세력은 윤석열을 내란 우두머리라 하고, 어떤 국가기관은 윤석열을 따르거나 비호하는 것이다.

따라서 국가기관 숙정 요구는 군·검찰·경찰·국정원·법원 등의 권력 기관들에 맞선 투쟁임과 동시에 새 정부 출범 후 더 확대될 국가기관들의 분열을 이용해 극우 세력과의 투쟁을 전진시키자는 제안이기도 하다. 윤석열을 재구속하고 다시는 풀려날 일 없는 상황을 만들어야 이후 투쟁도 좀 더 유리하게 벌일 수 있다.

　이재명 정부는 장차관 인사나 대통령실 수석비서관 인사에서 "통합"과 "실용"을 강조하며 벌써 우려를 안겨 주고 있다. 쿠데타 세력 일소 시도가 새 정부의 안정을 해칠 수 있다고 보는 것이다. 그러나 이는 대중의 염원을 거스르는 것일 뿐 아니라 자기 무덤을 파는 해로운 신호다. 심각한 복합 위기 속에서 과격 체제 수호파인 극우는 양보와 타협으로 포섭할 수 없다. 공식 정치 바깥에서 쿠데타 세력 척결을 요구하는 대중의 압력이 행동으로 옮겨져야 하는 이유다.

〈노동자 연대〉 553호(2025-07-01).

북풍 공작범들을 단호하게 수사해야 한다

내란 특검(조은석)이 먼저 수사를 개시한 가운데, 김건희 특검(민중기), 순직 해병대원 특검(이명현)도 곧 수사를 개시한다. 세 특검은 역대급 규모와 수사 기한을 보장받았고, 정권이 바뀌어 여당이 지원하는 특검이라는 강점도 있다. 그럼에도 제약이 있다. 한정된 인원이 한정된 시한 안에 수사를 끝내야 한다는 한계, 아직 새 정부 출범 초기라 여전히 국가기관 내 구여권 지지자들의 방해가 있다는 것이 그것이다.

내란죄 수사는 이미 지연돼 왔고, 윤석열은 법원과 검찰의 합작으로 풀려났다. 김건희 수사는 검찰의 비호로 제대로 착수조차 되지 않았고, 채 해병 관련 수사는 군검찰이 여전히 박정훈 대령을 항명죄로 처벌하려는 등 방해와 불복은 끝나지 않았다.

내란 특검은 우여곡절 끝에 6월 28일 윤석열을 불러 조사했다. 이날 윤석열을 당황케 하는 증거를 수사팀이 제시했다는 보도가 후에 나왔다. 그다음 날부터 중요한 단독 보도들이 연이어 터졌다. 6월 29일 MBC 탐사보도 프로그램 '스트레이트'는 지난해 한국군이 무인기를 보내 북한을 자극하는 국지전 도발을 한 것이 사실이고, 이는 비상계엄 명분을 만들려는 것이었다는 내부 제보를 상세히 보도했다. 그동안 북한이 한국군 소행이라고 강하게 반발했던 평양 상공 무인기 침투에 대해 정부와 군은 "확인해 줄 수 없다"는 답변을 고수해 왔다. '하지 않았다'는 답변이 아닌 것 자체가 한국군 소행이라는 정황상 방증이지만, 이번 내부 제보로 그것이 더 분명하게 확인됐다.

평양 침투에 사용된 무인기 기종은 군 자체 검증 결과 소음이 너무 커서 실전에 부적합하다고 판정돼 교육·훈련용으로만 사용하는 기종이었다. 그런데 '스트레이트'가 인용한 내부 제보자에 따르면, 무인기가 북한에 적발됐다는 보고에 대통령과 국방장관(김용현)이 박수를 치며 기뻐했다고 한다. 서해 해병대의 북한 방향 포격, 휴전선 부근 대북 위협 비행, 평양 상공 무인기 침투, 오물 풍선 원점 타격 지시 등이 모두 비상계엄 선포의 명분이 될 "전시·사변 등의 국가비상사태"를 만들어 내려는 공작이었다. 윤석열과 쿠데타 일당에게는 북한군의 공격보다 국내에서 정치적 반대파를 싹쓸이 수거해서 제거하는 것이 더 중요한 문제였다.

MBC 보도 다음 날 〈한국일보〉와 〈오마이뉴스〉가 각각 군부에 관한 단독 폭로 보도를 했다. 〈오마이뉴스〉는 공수처가 방첩사 군사정보실과 드론사 방첩부대장이 주고받은 이메일 보고를 통해 드론 운용과 전단지 투하 작전에 관한 문서를 입수했다는 보도를 내보냈다. 앞에 언급한 MBC 보도를 뒷받침하는 내용이다. 같은 날 〈한국일보〉는 합참의장, 합참차장, 합참 작전본부장·정보본부장, 지상작전사령부 사령관과 부사령관(수방사령관 직무대행 겸직 중), 방첩사령관 직무대행 등 최고위 장성 12명이 올해 3월부터 대선 직전까지 휴대전화를 모두 교체했다고 보도했다. 이 중 9명이 윤석열 파면 후 그랬다. 북한 도발 공작은 작전 체계상 합참(작전본부), 지상작전사령부, 드론작전사령부, 해병대사령부(와 서북도서방위사령부) 등이 모두 연루된 것이다. 결국 수사망을 피해 있던 핵심 수사 대상자들이 윤석열 파면과 정권 교체 가능성이 높아지는 시점에서 쓰던 휴대전화를 폐기한 것이다.

이미 쿠데타 미수 후 드론작전사령부에서는 원인 모를 창고 화재가 났는데, 평양 침투 작전 때 뿌린 전단지 등이 이곳에 보관돼 있었고 화재로 전소했다는 보도가 있었다. 공교롭게도 드론작전사령부는 윤석열 정부 들어서 졸속 창설됐다. 창설 당시 육·해·공·해병대로 구성된 합동전투부대로 "세계 최강의 게임 체인저", "스텔스 드론 전력화" 운운했지만, 정작 실전에 부적합한 드론을 북한에 침투시켰다.

계엄군으로 출동한 707특임단은 계엄 전 북한의 오물 풍선에 대응하는 원점 타격 작전을 훈련하고 있었다. 지난해 윤석열 정부의 9·19 군사 합의 공식 폐기의 명분이 된 북한의 오물 풍선이 극우 단체의 대북 전단 발송 이후 시작된 점을 고려하면, 정권과 극우 단체들의 유착, 9·19 합의 폐기 과정까지 다 수사 대상이 돼야 마땅하다.

윤석열 내각과 대통령실 멤버들의 쿠데타 연루 의혹도 낱낱이 조사돼야 한다. 특히, 쿠데타 비선 노상원과 전 대통령실 국가안보실 제1차장 김태효에 대한 수사가 중요하다. 김태효는 최근 아무 일 없었던 듯 성균관대학교 교수로 복직했다.

김태효는 12월 4일 쿠데타 발생 직후 주한 미국 대사 필립 골드버그와 통화해 "계엄이 불가피했다"고 말한 것으로 알려져 있다. 상황 파악을 위한 통화를 주한 미국 대사와 할 정도로 정권의 실세였는데도 그에 대한 수사는 거의 이뤄지지 않았다. 무엇보다 김태효는 노상원과 문제의 HID 부대로 연결돼 있다. 정보사령관 출신인 노상원은 대북 침투와 요인 암살 등의 특수 임무를 띤 HID 부대 요원들을 쿠데타 공작에 동원했는데, 계엄 직전 속초에 있는 HID 부대에 업무적 연관성이 전혀 없는 김태효가 방문한 것이다.

북한을 이용해 계엄 명분을 만든다는 계획은 노상원의 수첩에서도 나온다. 이것이 현실에서 벌어진 일과 들어맞는 것은 쿠데타가 훨씬 더 사전에 준비되고 있었음을 보여 주는 결정적 증거다.

김태효는 이미 2012년 군과 국정원, 경찰 등이 동원된 정치 개입 공작에 연루된 혐의로 유죄를 받은 전력이 있다. 당시 그의 상관은 박근혜 탄핵 국면에서 계엄 검토를 지시했다고 알려진 김관진이다. 그는 대북 원점 타격론의 원조다. 둘 다 댓글부대 건으로 유죄를 받았지만 윤석열이 사면 복권해 중용했다.

국가기관에서 쿠데타 지지 세력을 숙정하려면 이미 기소된 윤석열, 김용현, 주요 사령관들뿐만 아니라 김태효, 노상원, 북풍 연루 군부, 검찰과 법원의 내란죄 재판 방해 세력들이 철저히 수사돼야 한다.

김문성, 〈노동자 연대〉 553호(2025-07-01).

윤석열 재구속을 열렬히 환영한다

12.3 친위 쿠데타 미수범 윤석열이 재구속됐다. 판사 지귀연과 검찰총장 심우정의 농단으로 편법 석방된 지 124일 만이다. 기쁘고 다행한 일이다. 윤석열은 머그샷(범죄자 증명 사진)을 찍고, 수의로 갈아 입고 서울구치소에 수감됐다. 1차 구속 때와 달리 수감 이후 윤석열에 대한 경호도 중단된다.

윤석열 재구속은 윤석열의 쿠데타에 맞서 저항하고 그의 파면과 엄벌을 요구해 온 친민주주의 대중의 승리다. 이들의 정당한 염원에 따라, 다시는 윤석열이 감옥에서 나오는 일이 없어야 한다. 건강 문제 등 감옥을 탈출할 온갖 핑계를 대겠지만 말이다.

서울중앙지법 영장 전담 재판부(남세진 판사)는 윤석열이 "증거를 인멸할 염려가 있다"고 구속영장을 발부했다. 이는 내란 특검팀의 구속영장 청구서에 적시된 범죄 혐의가 상당히 소명됐다는 의미다.

윤석열은 계엄 해제 후 계엄 선포를 합법 절차로 포장하는 문건 작성을 지시했다. 지난 연말 연초 체포영장 집행의 물리적 저지를 대통령경호처에 지시하면서 총기 노출을 지시했다. 계엄군으로 출동했던 부대의 사령관들과의 비화폰 통화 기록 삭제도 지시했다. 윤석열은 영장 실질 심사에서도 관련 행위를 모두 부인했다.

윤석열의 석방 상태는 그 지시를 따랐던 자들에 대한 수사를 방해하는 가장 큰 요인이었다. 윤석열은 부당한 자유를 이용해 자신의 지시를 따랐던 자들과 공모하고 회유하고 협박해 왔다. 그런데 내란 특검은 윤석열-김건희의 책임 문제로 좁혀 가야 하는 다른 특검과 달리, 대통령실·내각·군부·검찰·경찰·국가정보원·국힘·거리 극우 등의 쿠데타 가담, 전쟁 유발, 사후 비호 행위 등으로 수사를 확대해야 한다.

윤석열 재구속은 수사 확대의 출발점인 것이다. '내란 우두머리'가 구속도 안 되고 자유롭게 돌아다니는데, 나머지 쿠데타 가담 세력 처단과 지지 세력 숙정에 제대로 동력이 생길 수 있겠는가.

윤석열이 살아서 감옥문을 나서는 일이 없어야 한다. 윤석열은 유혈 낭자한 친위 쿠데타를 통해 자유와 민주주의를 빼앗으려 했다. 이런 범죄에는 용서가 없다는 점을 보여 줘야 한다. 그것이 대중의 염원이고 민주주의를 지키는 일이다.

〈노동자 연대〉 553호(2025-07-10).

서부지법 폭동 극우에게
관대한 검찰과 법원

1월 19일 극우 폭도들이 윤석열 구속영장 발부에 항의해 서부지법에서 폭동을 벌인 지 반년이 됐다. 그날 서부지법 폭동자들은 한 층 한 층 올라가며 건물을 미친 듯이 때려 부쉈고, 일부는 구속영장 발부 판사를 잡겠다며 판사실을 뒤지고 다녔다. 56명이 당일 현장에서 체포됐고, 총 112명이 기소됐다.

서부지법 폭동은 쿠데타 미수 후에도 윤석열, 국힘 등이 윤석열의 친위 군사 쿠데타 기도의 정당성을 강변하며 극우 대중을 선동한 결과였다. 윤석열 자신이 체포·구속에 저항하며 "애국 시민이 나서 달라"고 선동했다. 다수 국힘 정치인들은 광화문, 여의도, 한남동 관저 앞에서 극우들을 격려하고 "진짜 내란범은 이재명"이라며 증오심을 부추겼다. 무력으로 민주주의를 파괴하고 정치적 반대파를 물리적으로 제거하려 한 윤석열의 쿠데타 기도가 정당하다면, 그 윤석열을 권좌에서 물러나게 하려는 운동과 압력("반국가 세력")을 향한 또 다른 폭력도 정당화될 수 있는 것이다.

그런데 이 명백한 폭동 범죄에 대한 재판은 내란죄 재판 못지않게 천천히 진행돼 왔다. 기소된 자들의 절반이 현행범으로 체포됐는데도, 반년 동안 1심 선고를 받은 자가 15명에 불과하다. 8월 1일에야 49명이 1심 선고를 받는다. 선고는 죄질에 비해 너무 관대하다. 소요죄 적용이 가능한 법원 폭동(내란 수괴 피의자를 지지해, 그를 구속시킨 판사와 공수처 검사·수사관 등에 위해를 가하려고 건물을 파괴하거나 방화를 기도한 행위)에 대해 경찰·검찰 모두 소요죄를 적용하지 않았다. 2015년 경찰의 과잉 진압(그날 경찰의 물대포 조준 사격으로 백남기 농민이 사망했다)에 맞서 도심에서 경찰과 충돌한 박근혜 퇴진 전국민중총궐기 주도자들에게는 경찰이 소요죄를 적용하고, 그 혐의는 박근혜 정권이 쫓겨난 뒤에야 불기소 처분된 것과는 대비된다.

서부지법 폭동자들에 대한 검찰 구형은 최고 5년(방화 미수)을 넘지 않는다. 현장 체포된 극우 유튜버 김모는 폭동을 생중계하며 건물에 따라 들어가 폭력을 계속 선동하다가 체포됐는데도 검찰은 구속영장을 신청하지 않았다. 공수처 차량을 포위한 8명은 보석으로 풀려났다. 이 9명은 불구속 재판을 받고 있다.

판결도 관대하다. 이미 판결을 받은 15명 중 5명이 집행유예를 선고받았다. 그중엔 MBC 취재진을 폭행한 자도 있다. 3년 반 징역형이 지금껏 나온 최고 형량인데, 소화기로 출입 통제 장치를 부수는 등 건물 파손에 앞장섰던 '녹색점퍼남' 딱 1명만이다. 이자는 '전땅크'라는 별명을 가진 자로 MZ자유결사대 회원이었다. MZ자유결사대는 이날 조직적으로 참여했다. 입건된 임원진 중에는 국힘 경남도당 간부인 청년도 있었다. MZ자유결사대에는 범죄단체 혐의가 적용되지 않았다. MZ자유결사대 단장 이 모는 그 자신이 건물 파손을 시도했을 뿐 아니라 회원들의 건물 난입과 폭력을 부추겼는데도 집행유예를 선고받았다. 사람을 다치게 하지 않았다는 게 이유였다. 폭동 시각이 일요일로 넘어가는 새벽이라 다친 법원 직원이 없는 게 당연했다.

무엇보다, 폭동을 배후에서 선동한 전광훈에 대한 수사는 감감무소식이다. 기소는커녕 소환 조사 소식도 없다. 그날 폭동에서 전광훈의 사랑제일교회 특임전도사 두 명이 주요 구실을 했는데, 한 명은 겨우 3년형을 받았다(한 명은 선고를 기다리는데, 구형이 3년뿐이다).

윤상현이 훈방을 장담한 서부지법 월담자 22명 중 21명이 실제로 당시 훈방되기도 했다. 그런데 윤상현, 윤상현과 통화한 강남경찰서장 등은 전혀 이 일로 수사받지 않고 있다.

반면, 검찰은 극우에 반대하는 취지로 폭동을 취재하려 한 정윤석 다큐멘터리 감독에게는 징역형을 구형했다. 그의 작품 세계와 박찬욱·김성수 감독, 영화계 단체들의 구명 운동도 무시했다.

12년 전, 단지 모여서 비공개 정치 토론을 했을 뿐인 이석기 전 통합진보당 의원 등은 박근혜 정권의 법원에 의해 내란을 선동했다는 죄목으로 8~9년씩 징역형을 선고받았고 통합진보당은 헌법재판소를 통해 해산당했다. 그런데 1500명이나 되는 실탄 무장 군인이 출동한 군사 쿠데타를 지지해 폭동을 일으킨 자들에게 법원은 솜방망이 판결을 내리고 있는 것이다. 실제로 한 일은 그저 평화적인 집회·시위나 홍보 활동밖에 없는 청주, 제주, 창원, 서울 지역 평화 활동가들이 사실관계도 명확하게 해명되지 않은 상태에서 북한 사람과 접촉했다는 이유만으로 1심에서 징역 15년, 12년씩을 선고받았던 것을 생각하면 억압적 국가기관들의 극우 감싸기에 기가 막힐 뿐이다. 그 활동가들은 2심에서 감형을 받았는데, 그래도 무려 3~9년씩의 징역형이다.

이와 극명히 대비되는, 서부지법 폭동자들에 대한 불공평한 솜방망이 처벌은 국가기관이 본질적으로 (과격하지만 체제 수호파인) 극우를 감싼다는 것을 보여 준다. 좌파와 민주주의 염원 대중이 쿠데타 세력 처단과 숙정을 요구하는 행동을 해야 하는 이유다.

정권이 바뀌고도 극우는 부정선거 음모론을 계속 제기하고 있다. 미국의 부정선거 음모론 정치인(모스 탄)을 끌어들여 미국 극우의 지원을 받고 국내에서도 다시 영향력을 키우려 하고 있다. 서부지법 폭동 직후 폭동 가담자들을 무료 변론하겠다고 나섰던 전직 총리 황교안은 최근 부정선거 음모론을 내세우는 신당을 창당했다. 윤상현 등 국힘 의원들은 부정선거 음모론자 전한길을 국회로 불러 토론회를 열었다. 이런 상황에서 서부지법 폭동자들에 대한 관대한 판결은 극우가 더 자신 있게 과격함을 과시하며 불만에 찬 청년들을 포섭하기 쉽게 해 준다.

더구나 윤석열의 내란죄 재판이 지연되고 윤석열이 기습 석방되는 것에서 보았듯 법원, 검찰, 경찰 등 국가기관 곳곳에서 쿠데타 지지자들이 암약하고 있다. 윤석열이 재구속된 뒤에도 특검 조사를 거부하며, 지지자들에게 굴복하지 말고 싸울 것을 사실상 선동하고 있는데도 서울구치소장 김현우는 특검의 강제 구인 지시를 거부했다. 김현우는 지난해 윤석열이 고위 공무원으로 승진시킨 자로, 윤석열이 서울구치소에 1차 구속 수감된 직후 최상목에 의해 서울구치소장에 임명됐다.

윤석열을 강제 구인해 윤석열과 그 지지자들 모두의 기를 꺾어야 하는 것처럼 서부지법 폭동 가담자들에 대해서도 중형 선고를 하라고 압박해야 한다. 그래야 쿠데타 지지 극우 세력을 조금이라도 기를 꺾고 분열시킬 수 있다.

김문성, 〈노동자 연대〉 553호(2025-07-15).

국힘 해산 요구 정당하다

2025년 1월 초 공수처와 경찰이 윤석열 체포영장 집행에 나섰을 때 이를 몸으로 막아섰던 국힘 의원 45명이 있었다. 그들에 대한 수사가 경찰에서 내란죄 특검으로 넘어갔다. 이 소식이 알려지자 국힘을 위헌정당심판으로 해산시켜야 한다는 의견이 다시 늘고 있다.

특권형 부패로 얼룩진 정당이고, 몰락하는 소상공인의 당장의 생존을 위한 민생지원금 15만 원조차 반대할 정도로 부자들만을 위한 정당인 데다, 다른 무엇보다 윤석열의 군사 쿠데타를 비호하고 있기 때문이다. 정권 교체 후 국힘 지지율은 10퍼센트대로 추락한 뒤 회복 기미가 없다.

국힘은 비상계엄 해제 결의안 표결에 불참했다. 표결 불참을 유도한 추경호(당시 원내대표), 그리고 나경원 등이 윤석열과 사전에 통화한 사실이 드러났다. 쿠데타 수괴의 지시에 따라 표결 방해를 기도했을 개연성이 매우 큰 것이다. 그 뒤 윤석열 국회 탄핵소추 표결에도 계속 불참했다. 바로 그때 "국민의힘 정당 해산" 국민동의청원에 순식간에 35만 5507명이나 동참했다. 그러나 국회 탄핵 뒤에도 국힘 의원 45명은 윤석열 체포를 막는 인간 방패를 자임했다. 국힘 정치인 상당수가 쿠데타 기도와 비호 행위에 관여했다.

대선 기간 국힘 내에서 분란이 일어났지만 그것도 고작해야 윤석열 내각의 총리 한덕수와 장관 김문수 중 누구를 대선 후보로 밀 것이냐 하는 문제를 둘러싼 것이었다. (내란죄 피의자) 한덕수는 트럼프가 선호했고, 김문수는 거리 극우가 선호했다.

현재 국힘 당권파인 친윤계는 공식 정치 바깥에서 행동하던 '윤 어게인' 극우를 끌어들여 새 당대표 선출 절차에 돌입했다. 전한길을 불러 국회에서 연설할 기회를 줬던 국힘 의원 장동혁은 이번 당대표 선거가 "극우 프레임을 깨부수기 위한 자유민주주의 수호 세력과 반자유민주 세력의 싸움"이라고 호도하며, "탄핵에 찬성했던 내부 총질 세력[에] 책임을 묻겠다"고 벼르고 있다. 국힘 새 대표는 결국 김문수 아니면 장동혁이 될 듯한데, 누가 되든 쿠데타 지지 극우파가 주류 우파 정당의 중심에 굳건하게 자리 잡는 일이 될 것이다.

이런 '극우의 주류화'를 굳히기 위해 국힘과 '윤 어게인' 극우는 미국 극우 인사들의 윤석열 지지 선언을 받아 내는 데 혈안이다. 모스 탄 방한에 이어, 한미의원연맹 소속 의원들이 미국에 가서 트럼프 정부 1기 때 백악관에서 일했던 프레드 플라이츠를 만나 윤석열 옹호 발언을 받아 냈다. 공개된 사진을 보면, 나경원은 플라이츠의 손을 꼭 붙잡고 경의를 표했다. 미국 고위 인사들의 윤석열 지지 발언은 전통적 친미 국가인 한국에서 극우가 '정상적' 정치 세력으로 행세하는 데 크게 도움이 된다.

윤석열의 군사 쿠데타 기도는 정치·경제·안보 등 복합 위기에 대한 극우적 해결책이었다. 그래서, 국힘 의원 다수가 쿠데타를 옹호하고 극우화하는 것과 직결돼 있는 것이다. 물론 윤석열이 성마르게 앞서가는 바람에 기업주들은 당황했지만, 그들은 쿠데타를 공개 비난하지도 않았다. 그 덕분에 윤석열 파면·구속 과정에서 국힘은 분열되지 않고 통합을 유지했다.

그렇다고 쿠데타에 협력하지 않은 자들이 실질적으로 민주주의를 옹호한다고 볼 수도 없다. 1973년 9월 11일 쿠데타로 칠레 전역을 피로 물들이며 아옌데 민중연합 정부를 전복한 피노체트도 그 직전 실패한 6월 쿠데타 때는 쿠데타 군이 아니라 아옌데의 편에 섰었다. 피노체트는 그저 세력균형을 저울질하고 있었을 뿐이다. 국힘의 장동혁도 계엄 해제 결의안 표결에는 찬성표를 던졌던 자다. 한동훈, 안철수는 쿠데타 옹호 극우 후보 김문수 지지 운동을 대선 때 열심히 했다.

국힘은 한미·한일 관계뿐 아니라 반노동·반환경 정책의 청산도 반대하고 있다.

국힘과 협치를 통해 정국을 안정시켜 개혁을 추구한다는 것은 몽상이다. 국힘은 해체당해야 마땅한 쿠데타 동조 극우 정당이다. 이번에 누가 당대표가 되든 극우화 흐름은 역전되지 않을 것이다. 국힘이 해산당하고 그 주요 정치인들은 공론장에서 축출당해야 한다.

그러나 위헌정당심판 청구만 바라볼 수 없다

2024년 12월 7일 국힘의 불참으로 윤석열 탄핵 투표가 성립되지 못했을 때, 적잖은 사람들이 국회 앞 국힘 당사로 몰려가 "국힘 해체"를 외치며 항의했다. 분노의 투쟁 대상을 명확히 표현하는 구호였다.

그런데 이재명 정부가 들어서자 국힘 반대 요구는 위헌정당해산심판을 통한 방식으로 거론되고 있다. 위헌정당심판은 행정부만이 청구할 수 있다. 위헌정당해산심판론은 쿠데타 저지와 윤석열 탄핵에 앞장선 이재명 정부에 대한 기대뿐 아니라 박근혜, 윤석열을 모두 만장일치로 파면시킨 헌법재판소에 대한 기대도 반영된 것으로 보인다.

그러나 이재명 정부는 오히려 '국민적 위기 극복'과 '먹사니즘'을 위한 실용 통합 정부를 말하며 좌우를 넘나드는 포퓰리즘적 인사 정책을 펴고 있다. 더군다나 국힘과 극우는 한미 극우 커넥션을 활용해 자신들에 대한 민주당 등의 공격을 가뜩이나 예민한 한미 관계의 마찰 요소로 만들고 싶어 한다. 이런 상황에서 이재명 정부와 민주당은 국힘 해산 시도가 정치 양극화를 더 심화시켜 기업인들이 바라는 정치 안정과 안정적 한미 관계를 해치고 이재명 정부의 '폭넓은' 포섭 시도를 해칠 위험을 키우는 것이라고 볼 것이다.

그래서, 민주당 내에서 나온 보완 입법은 이재명 정부가 직접 정당해산심판을 청구하는 부담을 덜어 주자는 취지일 것이다. 민주당 당대표 후보인 박찬대와 정청래 등이 보완 법안들을 발의했다. 국회도 위헌정당해산청구를 할 수 있게 하는 안, 소속 대통령이 내란·외환죄를 저지른 정당에 대해서는 국고보조금 지급을 금지하거나 자동으로 위헌정당심판이 청구되도록 하는(의무화) 내용이 그것이다.

이 법안들은 이재명 정부나 민주당이 국힘 해산 시도를 부담스러워한다는 방증이다. 실제로 2025년 7월 29일 민주당은 의원 징계(제명 포함) 안건을 다루는 국회 윤리특위를 국힘과 동수로 구성하기로 합의했다. 과반이 넘는 의석을 가진 민주당이 양보해 국힘에게 사실상 징계 비토권을 제공한 것일 뿐 아니라, 다른 야당 몫조차 무시해 버린 것이다. 이를 합의하고 반색한 국힘 유상범은 윤석열 체포 저지에 나섰던 자로, 특검이 수사하고 국회 윤리특위에서 징계해야 하는 당사자다.

이런 조건에서 위헌정당해산심판에만 기대는 것은 허망하다. 정부가 심판을 청구해 주길 마냥 기다리다가 시간만 허비하거나, 설사 정부가 청구하더라도(또는 보완 입법으로 청구되더라도) 헌재가 언제 어떻게 심판할지 미지수다. 윤석열 탄핵 때도 헌재 판결은 5개월이나 걸렸고, 윤석열을 제외하고 윤석열 일당에 대한 탄핵 건들은 모두 기각됐다. 부담을 피하려고 헌재는 시간을 끌며 열기가 식기를 기다릴 것이다.

따라서 대중적 국힘 반대 투쟁을 건설하는 것이 필요하다.

앞서 인용한 장동혁의 발언을 봐도, 그들은 자신들이 극우로 규정되는 것을 꺼린다. 그러나 그럴수록 그들이 극우 정치 세력임을 적극 알려야 한다. 극우 정치 세력들이 부추기는 반공주의와 외국인 혐오, 성소수자 혐오 등의 공작에 왜 반대해야 하는지 끊임없이 알리고 반대 행동을 건설해야 한다. 특히, 윤석열 파면 후 열리는 다가올 전당대회에서 극우 후보가 당대표가 되는 것을 폭로하고 반대하는 행동이 필요하다.

'선거 심판론'의 약점

한편, 위헌정당심판 청구에 대해 좌파 진영은 입장이 통일돼 있지 않다. 촛불행동이나 민주노총은 헌재를 통한 국힘 해산을 바라는 듯하다. 물론 촛불행동은 지속적으로 반국힘·반우파 집회를 열고 국힘 해체 운동을 하고 있다.

진보당은 헌재를 통한 정당 해산 방식 자체를 반대하고 그 대신에 선거를 통한 심판을 제안하고 있다. 김재연 진보당 대표는 통합진보당

해산 때에 "정당을 강제 해산시키는 제도 자체에 대한 반민주성을 목놓아 외쳤[었다]"며, "처벌을 제대로 하고 국민의힘에게 최저 득표를 안겨서 해체 수준으로 몰아붙여야 한다"는 방안을 제시했다.

정당 해산 법안이 행정부가 반대당을 탄압하는 데에 악용되는 것을 우려하는 지적은 이해할 수 있지만, 진보당의 전망은 결국 선거 심판론이라는 큰 약점이 있다. 선거 심판을 위해서는 최대한 많은 표를 확보해야 하고, 그러려면 민주당과의 전략적 연대(민중전선)를 지속해야 한다는 뜻이기 때문이다.

그러나 이재명 정부가 주되게 중도·보수층 포섭 방향으로 가고, 약속했던 개혁 입법도 누그러뜨려 추진하고 있는 상황에서 이런 우클릭에 대한 비판과 독립적 행동 건설을 회피하도록 만드는 전략은 피해야 한다. 민주당과의 민중전선에 계속 매여 있는 것은 오히려 우파의 기를 살려 주는 효과를 낼 수 있다는 우리 같은 급진 좌파의 지적을 귀담아 들어야 한다.

김문성, 〈노동자 연대〉 553호(2025-07-29).

쿠데타 세력 숙정 정도껏 하라는 트럼프

한미 정상회담에서 트럼프는 제국주의적 우선순위를 훼손하지 않는 선에서 한국의 극우 세력에게도 힘을 실어 줬다. SNS에서 "혁명"과 "숙청"을 언급하며 이재명 정부에게 쿠데타 세력에 대한 수사와 처벌을 '정도껏 하라'고 견제구를 던진 것이다. 이어서 트럼프는 기자들에게 "교회"와 "미군"에 대한 급습이 있었다는 얘기를 들었다며 "절대 용납하지 않을 것"이라고 말했다.(순직 해병 특검의 순복음교회 압수수색과 내란 특검의 오산 공군기지 압수수색을 말한 듯하다. 전광훈 교회도 서부지법 폭동 연루 혐의로 최근 압수수색을 받았다.) 한밤에 전해진 메시지에 극우는 환호했다. 이재명 대통령은 '정부가 아니라 국회가 임명한 특검의 수사'라고 해명했지만, 트럼프는 이런 형식적 대답에 아랑곳하지 않고 한국의 특검을 자신을 수사한 미국 특검에 빗대 "정신질환자"라고 공격했다. 곧이어 "농담"이라고 하고 배석한 관리들이 웃으며 넘어가려 했지만 한동안 "여운이 가시지 않았다"고 한다(《조선일보》).

이처럼 트럼프가 한국의 특검 수사를 저격했으니 앞으로 특검이 쿠데타 지지 관료들과 국힘(극우의 핵심이 된) 정치인들을 수사하기는 한층 부담이 될 것이다. "숙청"을 하지 말라고 했으니 쿠데타 세력에게 중형을 선고하는 것에도 제동이 걸릴 수 있다. 지금 여당이 추진하는 특검법 개정에도 신중론이 제기될 가능성이 있다.

이는 한국 극우의 부상을 과소평가하거나 세계 자본주의의 '정상' 상태에서 일탈한 예외로 보는 시각이 얼마나 잘못된 것인지 보여 준다. 세계 자본주의의 심장부라 할 수 있는 미국에서부터 지배자들이 세계적 수준에서 극우를 고무하고 후원하고 있음을 봐야 한다.

트럼프는 윤석열의 쿠데타 미수 후에도 공범인 한덕수, 최상목 등을 공개 지지하며 힘을 실어 주기도 했다. 얼마 전에는 트럼프 1기 시절 국무부 국제형사사법대사를 지낸 모스 탄이 한국에 와 (중국 개입설이 핵심인) 부정선거 음모론을 펴며 극우에 힘을 실어 줬다. 가뜩이나 쿠데타 세력 척결이 지연되고 이재명 정부 주요 인물들이 신중론을 펴기 시작한 상황에서 트럼프의 메시지는 극우 측에 힘을 주는 일이다.

한미 정상회담에서 이재명 대통령이 보여 준 친미 행보는 (한일 회담에서 강제 동원 피해자, 위안부 문제를 내친 것과 함께) 국내에서 미국 제국주의의 영향력을 강화하고 극우 주장을 정상화해, 의도와 다르게 극우 성장에 도움을 주는 효과를 낼 것이다. 극우 지도부를 새로 선출한 국힘의 영향력을 활용해 극우는 다시 급성장할 가능성이 있다.

단기적으로 한국 자본주의와 기업주들에게는 이윤을 안겨 줄지 몰라도 이런 외교를 '실용주의'라고 포장하는 것은 노동계급과 서민 대중에 해로운 일이고 지지자들의 염원을 배신하는 일이다. 좌파는 정부에 대한 환상을 재고하고, 제국주의와 극우에 맞서는 독자적 방향을 추구해야 한다.

장호종, 〈노동자 연대〉 556호(2025-08-26).

"사법부 독립"은
내란 청산 반대하는 사법부의 구호

법원이 쿠데타 세력 청산에 드러내 놓고 반발하고 있다. 법원은 내란 특별재판부 설치와 사법 개혁을 공개적으로 반대하고 나섰다.

법원은 최종적으로 법을 해석하는 권한을 가지고 있다. 그래서 "최종적 분쟁 해결자"라는 권위를 내세워 국가권력의 정당성을 사회적으로 확립하는 구실을 한다.

대법원은 "비상한 상황"이라고 규정했다. 사법제도의 안정성이 흔들리는 상황이라는 것이다(판사 출신의 민주당 의원 박희승도 내란 특별재판부 설치를 반대하는 것을 보면, 하나의 국가기관으로서 사법부의 권위를 지키려는 이해관계는 정파를 뛰어넘는 듯하다). 이에 대응하기 위해 대법원은 9월 12일 전국 법원장 임시 회의를 소집했다. 매년 12월에 열리는 정기 회의와 달리, 3년 6개월 만에 소집되는 임시 회의다. 가만히 앉아서 당하지 않겠다는 것이다.

그러나 사법제도의 안정성이 도전받는 것은 법원이 공정하지 못해 대중의 불신이 커졌기 때문이다(양승태를 떠올려 보라).

대법원은 윤석열의 군사 쿠데타 기도에 대해 아무 비판 성명을 내지 않았었다. 비판은커녕 윤석열의 억압적이고 권위주의적인 조처에 협조하려 했다. 대법관 전원이 쿠데타의 밤에 모여 국가보안법 재판 등을 계엄 사령부에 이월하는 것을 논의하는 회의를 했다. 그 뒤에도 법원은 내란 사건 수사·재판 과정에서 윤석열 쪽에 유리한 판단을 자주 내렸다. 판사 지귀연은 룸살롱 접대 의혹에 연루돼 있는데도 윤석열의 내란 재판을 진행하고 있다. 그는 내란죄 재판을 고의로 지연시켜 왔다. 그래서 윤석열이 다시 석방될지도 모른다는 불안감이 커지고 있다. 윤석열의 구속 기간은 2026년 1월 18일에 만료된다.

재판 속도가 느리다는 비판이 비등하자 지귀연은 12월까지 심리를 마치겠다고 말했다. 그러니 내란 특별재판부는 필요 없다는 것이다. 지귀연은 "특검과 변호인께서 원만히 협조해 준다면"이라는 단서를 달았다. 윤석열에게는 시간을 끌라는 시그널이다. 윤석열은 내란 특검법이 위헌이라며 위헌법률심판 제청을 신청했다. 법원이 피고인의 신청을 받아들여 위헌심판을 제청하면 헌재 결정이 나오기 전까지 해당 재판은 중지된다.

지귀연 한 명만의 문제가 아니다. 서울중앙지법 영장 전담 부장판사 정재욱은 8월 27일 한덕수에 대한 구속영장을 기각했다. 대법원장 조희대는 이재명의 공직선거법 위반 사건에서 유죄 취지 파기환송 판결을 주도해 이재명의 대선 출마를 막으려 했었다. 법원은 내란 특검 재판 1심을 중계하는 것에도 반대하고 있다.

법원이 쿠데타 세력에 관대한 것은 법원의 본질과 관련 있다. 법원의 구실은 지배계급의 이해관계를 법적으로 보장함으로써 기존 질서를 유지하는 것이다. 그래서 과거 군사독재 시절에도 법원은 국가 폭력을 정당화·합리화했다. 긴급조치 사건, 간첩 조작 사건 등에서 국가 탄압을 정당화하는 판결을 다수 내렸다. 반면, 국가 폭력 피해자들에 대한 재심·배상 과정은 매우 더디게 진행했다. 게다가 현재 대법원은 윤석열과 한덕수가 임명한 대법관들이 장악하고 있다. 14명의 대법관 가운데 자그마치 10명이다. 이자들은 쿠데타 세력 청산을 가로막을 최종 관문 역할을 할 공산이 크다.

국제적으로도 그런 사례를 확인할 수 있다. 제2차세계대전 종전 후 프랑스에서는 나치의 괴뢰였던 비시 정권의 협력자들을 숙정하는 작업(에퓌라시옹)이 진행됐다. 대중은 종전을 파시스트들에 대한 (정당한) 복수를 실현할 기회로 봤다. 일부 지역의 레지스탕스 투사들은 파시스트 부역자 1만여 명을 처형했다. 그러나 공식적인 법적 처벌은 매우 온건했다. 약 7000명이 사형을 선고받았지만, 실제로 처형된 사람은 770명에 불과했다. 법원이 구질서의 복원을 중시했기 때문이다.

좌고우면하는 민주당

따라서 많은 사람들이 사법부를 불신하는 것은 지극히 당연하다. 지금 많은 사람들은 윤석열과 아무 관련 없는 판사들이 속도 있게 재판을 진행해 쿠데타 관련자들을 처벌하기를 원한다. 그래서 내란 특별재판부 설치 찬성 여론이 높다. 민주당이 발의한 내란특별법은 특별재판부가 압수·수색·검증·체포·구속영장 청구 등 수사 단계부터 1심과 항소심까지 맡도록 설계됐다.

우파는 거세게 반발하고 있다. "특정 사건만 담당하는 별도 재판부는 … 반민족행위특별조사위원회 산하 특별재판부, 4·19 직후 부정선거 사건 특별재판부 정도가 있었다. 그러나 이는 혁명기라는 특별한 상황 때문이었다. … 지금이 과연 그런 '혁명기'인가"(《중앙일보》, 2025년 9월 1일 자 사설). 그러나 내란특별법은 반민특위(1948년)나 3·15 부정선거 특별재판소(1961년)보다 후퇴한 것이다(이 두 특별재판소도 각각 미국 제국주의와 한국 국가의 반대, 박정희의 군사 쿠데타로 구체제 청산에 실패했다).

민주당은 특별법원이 아니라 특별재판부 설치를 제안했다. 반민특위 특별재판소나 3·15 부정선거 특별재판소와 달리, 현재 존재하는 법원 내에 직업 법관으로 구성된 재판부를 신설하는 것이다. 판사들 중에서 대법원장의 영향력에 상대적으로 덜 휘둘릴 인물들을 뽑자는 것이다. 그리고 국회, 판사회의, 대한변호사협회가 세 명씩 추천한 후보자추천위원회에서 2배수 후보를 뽑으면 대법원장(!)이 임명한다.

우파의 반발에 직면해 민주당은 좌고우면하고 있다. 원내대표 김병기는 내란 '전담'재판부 설치를 제안했다. 법률에 의해 설치되는 특별재판부가 아니라 법원이 자체적으로 전담 재판부를 설치하는 방식을 언급한 것이다. 민주당은 내란특별법의 처리 시점도 특정하지 않고 있다. 법원과의 충돌을 우려하기 때문이다. 그러나 조희대의 사법부는 주요 고비 때마다 쿠데타 세력을 사실상 비호해 왔다. 이제는 공공연하게 쿠데타 세력 청산에 저항하고 있다.

법원의 반동 시도에 맞선 대중투쟁이 필요하다. 그러지 못하면 쿠데타 세력 청산 과업은 위기를 맞을 수 있다.

김인식, 〈노동자 연대〉 558호(2025-09-09).

먹구름 짙어지는
내란 청산과 사회 개혁

2025년 9월 8일 여야정 회동은 정청래의 '전광석화' 개혁에 제동이 걸렸음을 보여 준다. 이재명 대통령은 3자 회동 전 정청래 민주당 대표를 따로 만났는데, 그 자리에서 강경 대응 기조를 이어 가는 정청래의 태도를 누그러뜨리고 속도 조절을 하라고 설득한 듯하다. "악수는 사람과 하는 것"이라던 정청래가 장동혁과 손을 맞잡도록 한 것이 협치의 상징적 조처였다면, 민생경제협의체 설치는 그 협치의 내용이 무엇인지 짐작케 한다.

민생경제협의체에서 '민생'이란 기업의 사업 활동을 뜻하는 코드로, 향후 국내외 자본가들의 관심사를 정부 정책에 반영하는 통로에 국힘이 참여하게 될 것으로 보인다. 즉, "극우의 주류화"의 재가동으로, 국힘의 대선 패배로 잠시 주춤했던 과정이 한미 정상회담 당시 트럼프가 "숙청과 혁명" 운운하며 날린 견제구로 다시 재개되고 있는 셈이다.

미국 이민세관단속국이 조지아주 현대차 배터리 공장을 급습한 9월 5일(현지 시각 4일) 여야정 회동 계획이 발표된 것도 여기에 한몫했을 것이다. 조지아주의 극우 정치인이 고발하고 트럼프 정부가 여러 달에 걸쳐 기획한 이 사건은 바이든 정부의 '치적'을 깎아내리고, '미국 일자리는 미국인에게' 같은 극우적 어젠다를 강화하기 위한 것으로 보인다. 여야정 회동 직후 트럼프는 중국 내 삼성·SK 반도체 공장에 미국산 장비 반입을 금지했던 조처를 제한적으로 허용하기로 했다. 회동 직전에는 미국 내 한국인 공장에 '미국인 인력 훈련을 위한' 한국인 전문가들이 일할 수 있게 하겠다고 약속하기도 했다.

트럼프는 한미 정상회담 당시에 보여 준 것과 마찬가지로, 동아시아에서 미국 제국주의의 핵심 이해관계를 해치지는 않는 틀(한·미·일 동맹) 내에서 한국 내 극우(국힘)를 활용해 한국 정부에 압력을 가하고 있다.

이재명 대통령은 여야정 회동에서 무역 협상, 한미 정상회담, 한일 정상회담 등을 언급하며 '국력'과 '협치'의 필요성을 강조했는데, 현 정부가 미국 트럼프가 주도하는 제국주의 질서의 논리와 변화를 받아들이고, 그 기조 아래에서 우선순위를 정하고 있음을 보여 주려 한 듯하다. 장동혁이 당대표 선거 때의 과격한 극우 이미지를 감추고 온화한 언사와 표정으로 여야정 회담에 응한 것도 이런 기회를 활용하고자 함일 것이다.

이는 윤석열을 탄핵한 대중의 염원이 정부와 민주당을 통해서는 '사회대개혁'으로 이어지지 못할 것임을 힐끗 보여 준다. 그러기는커녕 경제가 회복되지 않고, 중도 정치 세력이 지지층에 실망과 환멸을 자아냄으로써 윤석열의 잔당들 같은 극우들이 다시 활개를 칠 가능성이 커질 수 있다.

거세지는 쿠데타 세력의 저항

 이재명 대통령과 민주당은 내란 청산과 사회대개혁을 하겠다고 했지만, 사실 사소한 개선을 사회대개혁이라고 포장하는 게 아니라면 쿠데타 세력 일소와 숙정, 이를 통한 민주주의의 확장이야말로 가장 시급한 사회대개혁이라고 해야 할 것이다.

 이재명 대통령은 이를 온전히 특검에 맡겨 두고 있는데, 특검 수사가 부진해지자 특검 기한을 연장하는 법안 개정을 추진하고 있다. 그러나 국민 화합과 협치, 대화를 강조하려고 이재명 대통령 자신이 직접 손을 쓰기를 주저하고 동요하는 한 특검 기한 연장만으로는 이렇다 할 성과를 보기 어려울 것이다. 그럴수록 극우는 국내외에서 힘을 얻어 반격을 강화할 것이다.

 정청래 민주당 대표가 이재명 대통령에 비해 좀 더 강경한 언사를 써 오긴 했지만 검찰 내 쿠데타 세력 일소는 갈수록 멀어지고 있다. 애당초 처벌을 최소화해야 한다던 측근 정성호를 이재명 대통령이 법무부 장관에 임명했을 때 그 방향은 정해진 것이나 다름없었다. 정청래의 주도로 민주당은 9월 5일에 검찰 수사권을 박탈하는 법안을 발의할 계획이었지만, 발표 한 시간 만에 취소하고 7일 고위당정협의를 거쳐 정부조직법 개편안을 확정 발표했다. 의총 결과를 뒤집지는 않았지만 유예기간을 1년이나 뒀다. 그 전에 지방선거가 있는 만큼 '중도층' 포섭을 한다며 재개정할 가능성도 있다. 정성호는 "검찰 개혁 자체가 목적은 아니"라고 하고, "검찰도 반성하고 있다"며 두둔한다. 검찰총장 직무대행은 "헌법에 명시돼 있는 검찰" 운운하며 저항하는 목소리를 높이고 있다. 정부조직법 개편안이 설사 9월 25일 국회 본회의를 통과하더라도 헌법재판소로 가는 것은 기정사실화 됐고, 위헌 결정 가능성은 커 보인다. 정성호는 검찰 개혁을 가로막는 '5적'을 폭로한 임은정 서울동부지검장을 공개 비판했고, 임은정 검사는 검찰 내에서 조롱과 적대의 대상이 되고 있다.

조희대, 지귀연 등 사법부 내 쿠데타 지지·동조·방조 세력에 대한 수사와 처벌도 요원하다. 쿠데타의 밤에 쿠데타에 협조하기 위해 열려던 회의를 누가 주도했는지는 아직도 수사되지 않고 있고, 윤석열을 풀어 준 바 있는 지귀연은 여전히 해당 재판을 주관하고 있다. 윤석열의 재판 불출석으로 여론이 나빠지자 지귀연은 12월에 심의를 종료하겠다고 밝혔는데 이는 윤석열 구속 기한이 만료되는 시점까지 재판을 질질 끌겠다는 얘기다. 조그만 사정 변경이라도 생기면 그 시점 전후로 윤석열은 석방될 가능성이 매우 크다. 내란재판부 설치에 대법원이 공개 반발하자 민주당 원내대표 김병기는 또 속도조절론을 펴는가 하면, 대안을 내라며 절충(타협) 의사를 드러내고 있다. 대법원은 9월 12일 법원장회의를 열겠다며 노골적으로 반발하고 있다.

민주당이 추진하겠다고 한 '징벌적 손해배상제' 도입에 관해서도 대통령실은 결정된 바 없다고 선을 그었고, 양도세 관련 세법 개정안도 이견이 해결되지 않아 계속 지연되고 있는 듯하다. 오히려 민주당은 배임죄를 완화하겠다고 발표했다. 노란봉투법 통과 이후 기업 달래기 조처다.

이처럼 이재명 정부와 여당은 자신들이 약속한 사회대개혁의 첫발도 내딛지 못하고 있다. 이는 자본주의 국가, 특히 그중에 선출되지 않은 자들과 그 시스템이 얼마나 공고한지 보여 주는 것이기도 하다. 문제는 이재명 정부와 여당 자신이 바로 그 시스템을 유지하고 지키는 것을 전제로 삼음으로써 개혁을 미루고 동요하고 있다는 점이다.

경제 위기와 세계적 지위 하락을 만회하려는 트럼프의 서방 제국주의 질서 개편 시도는 다른 서방·친서방 국가들에도 커다란 영향을 끼치고 있는데, 특히 한국에서는 이재명 정부가 이에 호응하며 내란 청산에도 적신호가 켜지고 있다. 하물며 이재명 정부에 '사회대개혁'을 기대하기는 갈수록 난망한 일이 되고 있다. 해결의 주체는 투쟁하는 노동계급(노동조합으로 환원되지 않는) 몫일 것이다.

장호종, 〈노동자 연대〉 558호(2025-09-09).

국힘의 극우 반동 공세와
여권의 우유부단함

추석 이후 국힘 등 극우 세력의 반동 공세가 목소리를 키우고 있다. 지난 당대표 선거에서 김문수보다 더 극우적인 목소리를 낸 국힘 대표가 된 장동혁은 대표 선거 공약대로 최근 윤석열을 면회했다. 10월 17일 서울구치소를 방문해 윤석열을 만난 장동혁은 다음 날 오후 면회 사실을 SNS에 공개하며 이렇게 썼다. "[윤석열이] 성경 말씀과 기도로 단단히 무장하고 계셨다. … 좌파 정권으로 무너지는 자유 대한민국을 살리기 위해 … 하나로 뭉쳐 싸우자." 극우 정당 국힘이 주도하고 관료와 엘리트 출신의 전통적 우파, 개신교 우파, 거리 우파 등이 모두 연대하는 보수대연합 전망을 제시한 것이다. 단기적으로는 내년 지방선거를 겨냥한 것이다.

지난 2022년 지방선거는 문재인 정부에 대한 환멸 덕분에 국힘이 대승을 거뒀다. 국힘은 이제 정권은 빼앗겼지만 우파가 총결집해 서울·경기·부산 등지에서 우위를 유지하면 이재명 정부를 조기에 약화시킬 수 있다고 보는 것이다.

6월 새 정부 취임 후 국힘의 행보는 내내 오른쪽을 향했다. 3특검 출범 반대, 특검 수사 비협조, 극우 지도부 선출, 트럼프의 제국주의적 압박과 대법원의 저항을 활용한 내란 청산 반대, 개혁 입법 반대 등등. 이런 노선은 이재명 정부 취임 직후에는 인기가 없었다. 국힘의 정당 지지율은 추락했다. 대중의 "내란 청산" 염원의 효과였다.

그러나 이재명 정부는 '실용'과 '협치'를 말하며 윤석열의 장관을 유임시키고 쿠데타 부역이 의심되는 친윤 검사들을 중용했다. 정부 스스로 "내란 청산"(특히 국가기관 내 계엄 지원 세력 숙정)이 시급하고 중차대한 과제라는 인식을 약화시킨 꼴이다. 더구나 외교·안보 분야에서 윤석열 노선에서 크게 벗어나지 않는 행보가 지속됐다. 미국과의 관세·무역 갈등이 시험대였다. 그러자 8월부터는 대통령 지지도가 낮아지고 국힘의 지지율은 점차 회복됐다.

대법원의 도발과 국힘의 공세

조희대 대법원이 내란 세력 청산의 방해자로 전면에 나서며 국힘은 다시 힘을 얻었다. 법원은 내란 재판 지연뿐 아니라, 한덕수(당시 총리), 박성재(당시 법무부 장관), 군 장성 등 주요 피의자의 구속영장을 기각해 엄벌 시도에 어깃장을 놓고 있다. 그러나 그전까지 내란특별재판부, 조희대·지귀연 탄핵 등을 말하던 민주당은 어떤 실질적 조치도 취하지 못하고 있다.

국힘은 9월 말에 텃밭인 대구, 그리고 서울에서 세 과시용 대중 집회를 열었다. 아직 정세의 주도권을 확실히 잡은 것은 아니지만, 정세의 분위기가 달라지는 것에 대한 자신감의 표현이었다. 사기가 더 오른 국힘은 심지어 친북 색깔론으로 직격하며 이재명 대통령실을 마녀사냥하기 시작했다. 국힘 의원들은 국정감사 기간에 갑자기 김현지 대통령실 전 총무비서관(현 제1부속실장)을 경기동부 주사파라고 비방하며 언론에서 "1일 1 김현지 때리기"라고 부를 정도로 연일 중상모략을 해대고 있다. 김현지 실장은 온건 PD 경향 학생운동 출신인데도 '아님 말고' 식이다.

대통령 최측근에 대한 색깔론 공세는 극우의 흔한 수법으로, 사실상 대통령을 종북 반국가 세력의 지도자라고 공격해 정부를 흔들고, 좌파 일반에 대한 고립화 효과를 내려는 것이다. "파렴치한 종북 반국가 세력을 일거에 척결하겠다"고 한 윤석열의 비상계엄 선포문을 떠올리게 한다.

친미멸공과 함께 혐중도 국회로 들어왔다. 국힘은 윤석열 정권이 시행하기로 한 중국인 관광객 무비자 입국 허용을 이제 와서 반대하며 국수주의적 혐중을 부추긴다. 최근 보수적 매스미디어가 캄보디아 한국인들 납치 사건을 중국인들 문제로 몰아가는 것도 혐중 분위기를 키워 극우를 유리하게 하는 효과를 내고 있다.

이런 와중에 김건희 특검은 양평군 공무원 자살과 민중기 특별검사의 주식 거래 부당 이득 의혹으로 암초에 부딪혔다. 어느 회사의 분식회계가 들통나 상장이 폐지됐는데, 민중기 특검이 상장 폐지 직전 그 회사 주식을 모두 팔아 1억여 원의 차익을 챙겼다는 의혹이다. 개미투자자 7000여 명이 갑작스런 상장 폐지로 손실을 본 것으로 알려졌는데, 민중기 특검은 이 회사 대표와 고교·대학 동창이라 덕을 본 것 아니냐는 의혹이다(그런데 얄궂게도 김건희도 이 주식 거래로 이익을 본 것으로 알려졌다).

주한미군의 방해

게다가 내란 특검은 주한미군의 반격을 받았다. 지난 7월 내란 특검은 한국군의 평양 무인기 도발 혐의를 수사하러 경기도 오산기지 내 한국 부대를 압수수색 했다. 7월 말 트럼프가 "숙청과 혁명" 운운한 이유 하나가 이 압수수색 건인데, 석 달이나 지나 주한미군이 주한미군지위협정SOFA 위반이라며 공식적으로 항의한 것이다.

뒤늦은 주한미군의 공세는 윤석열 비호보다는 한미 간 안보 협상에서 미국의 제국주의적 이익을 더 확보하려는 목적일 것이다. 그럼에도 주한미군의 항의는 내란 수사를 움찔하게 만들 수밖에 없다. 주한미군도 사전에 계엄 선포나 평양 무인기 도발 등을 알았느냐 하는 의혹의 대상이기 때문이다.

한국 극우는 트럼프나 주한미군의 제국주의적 압박을 적극 활용하고 있다. 이재명 정부가 반미라서 미국에게 압력을 받는다는 것이다. 이에 대한 민주당의 대응(반박)은 민주당 정부에서도 한미 동맹이 원활히 작동함을 입증하려는 것이다. 그런데 그것은 극우 입장의 대전제(한미 동맹 지지)를 인정하는 효과를 내게 된다.

"극우의 주류화"를 얕보면 안 된다

선거를 앞두고 국힘이 중도화할 거라고 착각하면 안 된다. 그렇게 보면, 국힘이 중도층을 포섭하기 전에 민주당이 먼저 더 강력하게 중도화해야 한다는 생각이 강화된다. 그러면 내란 청산과 사회 개혁보다 여야 협치, 국민적 단합, 정치 안정, 국가 안보 같은 보수적 가치들이 더 중시되는 것이다. 실제로 민주당은 중국인 무비자 입국, 캄보디아 사태 등에 따른 혐중 선동에 끌려가고 있다. 심지어 민주당 전현희 최고위원은 캄보디아에 대한 군사 조치 운운하는 아류 제국주의적 주장도 했다.

국힘의 재극우화가 중도 표심을 포기하는 어리석은 일탈이라고 봐서는 안 된다. 오히려 극우의 헤게모니 아래 우파가 총결집하는 것은 중도층을 견인하려는 시도다. 국가기관 내 계엄 지지자들 같은 국힘의 핵심 기반은 미·중 간 제국주의적 경쟁 심화 속에서 미국 제국주의를 더 확실하게 지원해 경제·안보 복합 위기에 대처하는 게 낫다고 본다. 그 권력자들은 교육기관·언론·교회·검찰·법원 등을 통해 커다란 영향력을 행사한다. 바로 그 때문에 쿠데타 미수 후 윤석열 탄핵 문제를 둘러싼 격렬한 정치투쟁에 패배하고 또 정권을 잃고도 극우가 신속하게 다시 주류화할 수 있었던 것이다. '친한동훈계'로서 12월 3일 국회에 들어가 계엄 해제 결의에 찬성했던 장동혁이 지금 '윤 어게인'파와 다를 게 없게 된 것을 보라.

제국주의 반대는 내란 세력 청산 투쟁과 결합돼야 한다. 그것은 특검·정부·국회·선거만 쳐다보고 있어서는 이뤄질 수 없는 일이다. 극우에 맞서 대중적 저항을 건설해야 한다.

김문성, 〈노동자 연대〉 561호(2025-10-21).

3특검, 용두사미로 끝나는가?

윤석열 쿠데타 세력 척결을 공언한 3특검이 난맥상을 보이고 있다. 이재명 정부가 국가기구의 안정성을 중시해 보수적 관료를 중용하고 특검에 의존해 '내란 청산'을 하겠다고 할 때부터 내재됐던 문제들이 드러나고 있는 것이다.

〈노동자 연대〉뿐 아니라 군인권센터 임태훈 소장도 일찍이 이 문제를 지적한 바 있다. 그는 내란 특검이 육사 출신 군검사와 국방부 검찰단장 김동혁 라인 인물들의 파견을 받아들이지 말 것을 공개 요구한 바 있다. "군검찰과 군사경찰은 모두 12·3 내란에 깊숙하게 관여돼 있고 … 채 상병 특검의 주요 수사 대상 기관이다."

내란 특검팀은 최근 황교안 압수수색에도 실패했다. 잠긴 아파트 현관문 앞에 서 있다가 그냥 돌아왔으니 실패라는 말도 무색할 정도다. 구치소에 있는 윤석열도 끌어내지 못하는데 잠긴 문을 어떻게 열겠는가 하는 식이었나 보다.

외환죄 수사도 지리멸렬하다. "군의 사기와 국가적인 이익을 고려"한다고 하니 11월 중 처리 약속이나 엄벌을 기대하기는 힘들다. 그러는 사이 국방부는 비상계엄 관련 직무 정지됐던 방첩사 소속 장성급 장교 4명을 원대 복귀 조치했다. 이들에 대한 수사나 처분이 어떻게 됐는지는 공개되지 않았다.

순직 해병 특검팀의 수사관이 수사 대상인 공수처에 취업한 사실이 드러나기도 했다.

순직 해병 특검팀은 10월 29일 공수처 전 부장검사 송창진을 직권남용 피의자 신분으로 소환했다. 송창진은 2024년 6월 공수처 재직 당시 윤석열의 개인 휴대전화와 대통령실 내선번호에 대한 압수수색 영장 청구를 방해한 혐의를 받고 있다. 한 공수처 검사는 "송 전 부장검사가 사직하겠다는 뜻을 비칠 정도로 비정상적"이었다고 진술했다. 송창진은 윤석열과 2009년 대구지검과 2011년 대검찰청 중앙수사부에서 함께 일한 사이다. 송창진은 해병대 수사 외압 사건에 이종호 전 블랙펄인베스트 대표가 연루된 사실을 몰랐다고 2024년 국회에서 증언한 바 있는데, 2021년 도이치모터스 주가조작 사건으로 수사를 받던 이종호를 변호해 놓고 뻔뻔하게 거짓말한 것이었다. 그래서 민주당은 송창진을 국회증언감정법상 위증 혐의로 고발했다. 그러나 전 부장검사 박석일은 송창진의 위증 혐의에 대해 무죄 취지의 보고서를 작성했고 공수처장 오동운 등은 이를 대검에 1년가량 통보하지 않았다(직무유기).

부장검사 김선규는 2024년 4·10 총선을 앞두고 채상병 사건 관계자들을 소환하지 말라고 지시했다가, 채상병 특검법의 본회의 통과가 임박하자 대통령 거부권 행사를 위한 명분을 주려고 다시 수사를 서둘렀다는 의혹을 받고 있다. 고위 공직자를 수사하라고 만든 공수처가 정권을 보호하는 데 열심이었던 것이다.

최근에는 해병 특검팀 소속인 포렌식 전문 수사관이 공수처에 취업한 사실도 알려졌다. 그는 지난 9월부터 공수처 채용 절차를 밟았는데, 10월 15일 압수수색에 참여하고 이튿날인 16일 면접을 치렀다. 공수처는 24일에 이 수사관을 최종 합격시켰다. 전형적 이해 충돌이다.

김건희 특검팀 내 검사들은 검찰 수사권 박탈에 항의해 집단적으로 검찰 복귀를 요구했고, 그 뒤로 아예 수사에 손을 놓고 보이콧 행위를 하고 있다. 한편, 김건희 특검에 배치됐던 검사 한문혁의 파견이 해제되고 그에 대한 감찰이 시작됐다. 한문혁은 도이치모터스 주가조작 사건 수사 담당 검사였고, 특검팀 내에서도 이 수사를 이어 갔다. 그런데 최근 한문혁은 주가조작 공범 중 하나이고 해병 순직 사건에서 구명 로비를 한 것으로 알려진 이종호와 술자리를 함께한 사진이 공개됐다. 이 사진을 특검팀에 제보한 인물은 이종호 측 사람인 것으로 알려졌다. 사태가 이 지경에 이르자 민중기 특검은 특검보 두 명을 새로 임명하고, 검찰의 부실 수사와 은폐 의혹을 수사하기 위해 변호사와 경찰로만 구성된 특별수사팀을 새로 구성했다고 한다. 그러나 수사 기한이 얼마 남지 않아 성과를 기대하기는 어려워 보인다.

김건희 특검팀은 최근 해병 특검팀에 대한 압수수색 영장을 받아 수사 자료 일부를 넘겨받기도 했는데, 임의제출 형식을 취했다지만 수사 기관들 사이의 밥그릇 챙기기 경쟁이 벌어지고 있는 게 아닌지 의심스러운 대목이다.

사법부 등 쿠데타에 연루된 기관들의 노골적 수사 방해와 각 기관의 밥그릇 챙기기 등으로 특검의 수사 동력은 급속히 약화되고 있다.

장호종, 〈노동자 연대〉 562호(2025-10-31).

4부
전략 논쟁과 과제

10장

자유민주주의 수호로 충분한가?

윤석열 체포를 둘러싼 양극화 상황에서 경찰은 차벽으로 윤석열 퇴진 시위대를 막은 반면,
극우 시위대에게는 관저 앞 골목을 내줬다.

민주주의와 자유주의를
동일시해선 안 된다

윤석열의 쿠데타 기도가 노동계급 대중의 저항으로 좌절되자, 진보 진영 일각에서 "민중 세력만이 자유주의의 상속자라는 책임을 떠맡았다"는 평가가 나오고 있다. 물론 윤석열이 자유민주주의, 즉 자유주의적 민주주의를 파괴하고 권위주의 정치체제를 복귀시키려 할 때 대자본이나 정부 관료들이 "헌법에 규정된 자유주의적 권리들"을 방어하려는 의지나 의사가 없었던 것은 명백히 드러난 사실이다. 반면, 죽음을 두려워하지 않고 국회의사당 앞으로 달려 나가고 거리와 광장에 모여 민주주의를 지키려 한 것은 대부분 노동계급 사람들이었다. 그렇다고 해서 "민중 세력"이 "자유주의의 상속자"가 돼야 한다고 주장하는 것은 자유주의와 민주주의를 동일시하고 민주주의를 자유민주주의로 축소시키는 것이다. 이들은 민주당 같은 중도 세력과 동맹해 자유민주주의를 강화하는 것을 노동계급의 당면 목표로 제시한다. 개헌을 통한 "국가기구의 민주화"를 말하면서 말이다.

그러나 처음부터 자유주의와 민주주의는 별 관계가 없었고, 오히려 종종 적대적이었다. 자유주의는 봉건제하에서 자본가계급이 성장하면서 등장했다. 당시 자본가계급은 봉건 귀족들에게 종속돼 있었지만 이미 착취 계급이었다. 따라서 그들이 봉건 귀족을 밀어내고 권력을 차지하려면 자신을 전체 사회의 대표자인 것처럼 보이게 해야 했다. 17세기 영국 혁명부터 18세기 미국 독립 혁명, 프랑스 혁명 등에서 자본가계급은 "천부인권"이나 "자유, 평등, 우애" 같은 보편적이고 모호한 구호를 외치며, 자신들이 특정 계급을 대표하는 것이 아니라 고통받는 전체 인류를 대표한다고 내세웠다.

은폐되는 계급 불평등

그러나 이런 자유주의적 구호들은 항상 중대한 예외 조건과 회피 조항을 담고 있을 수밖에 없었다. 보통 사람들에게 완전한 권리를 보장하는 것이 자본가들의 재산을 위협할 수 있다고 우려했기 때문이다. 예컨대, 자유라는 구호로 자본가들은 노동자들을 마음대로 착취할 자유를 누리려 했겠지만, 민중은 '착취에서 벗어날 자유'로 해석할 수 있다. 평등이라는 구호는 자본가의 지위가 봉건 귀족보다 낮지 않다는 것을 뜻했지만, 모두를 위해 부를 더 평등하게 분배하자는 약속으로 들리기도 했다.

이 때문에 자본가들은 보통선거권의 확립 같은 민주주의 확대를 매우 두려워했다. 그래서 자본가들은 의회 통치를 추구하면서도, 선거 참여자나 대표자를 일정한 신분과 재산을 가진 자들로 한정하는 자유주의 정부를 수립했다.

오늘날 대다수 사람들이 민주주의의 핵심 구성 요소로 여기는 참정권뿐 아니라, 언론·출판의 자유, 집회·결사의 자유, 노동조합 조직의 자유, 파업권, 저항권, 법 앞의 평등 등과 같은 민주적 권리들은 자본가나 그 자유주의자 친구들이 선사한 것이 아니라 노동자들이 기나긴 싸움을 통해 쟁취해 낸 것이다. 보통선거권은 20세기 초중반이 돼서야 겨우 확립됐다.

그러나 다른 한편으로, 자본주의적 민주주의가 서서히 확립된 것은 자본가들이 민주주의를 통제해 자기네 재산권을 노동계급 대중이 침해하지 않도록 유도할 수 있다는 점을 차츰 깨달았기 때문이기도 했다. 이는 핵심 생산수단이나 사회에 축적된 부가 여전히 선출되지 않은 자본가들의 수중에 남아 있으며, 자본주의적 경쟁 법칙에 따라 작동한다는 점 때문에 가능했다.

아무리 선출된 정부라도 만약 자본가들의 재산권에 도전하려는 듯하면 투자 중단, 자본 도피 등의 공격을 받았고, 결국 자본가들의 요구에 굴복했다. 게다가 의회나 대통령 등 일부 선출직을 제외하면, 대다수 국가기구(군대, 경찰, 사법부, 행정부 등)는 선출되지 않고 자본가계급의 이해관계와 수천 가닥으로 묶여 있는 고위 관료들의 통제 아래에 있다.

따라서 아무리 이상적인 자유민주주의 정부라고 하더라도 자본가계급이 받아들일 수 있는 한계 안에서만 통치할 수 있을 뿐이고, 결코 진정으로 민중의 통치를 구현할 수 없는 것이다.

유럽에서는 사회민주당 같은 좌파 정당들도 체제의 이윤 논리를 가장 우선에 두고 노동자들을 공격해 왔기 때문에 노동자들이 자유민주주의 정치 일반에 대해 느끼는 환멸은 더 심해졌다. 게다가 지금 자본주의는 세계적인 심각한 위기를 맞고 있고, 이 위기가 다양한 경제·사회·정치적 긴장을 낳고 있다. 지배자들은 통상적인 수단으로 위기를 통제할 수 없다고 느낀다면 파시즘이나 군사독재 같은 공공연한 독재를 용납할 수 있다. 이는 세계 각지에서 극우와 파시스트 세력들이 힘을 키워 나가는 데서도 알 수 있다. 이번 윤석열의 쿠데타 기도도 세계적인 극우·파시스트 세력의 준동과 떼어 놓고 생각할 수 없다.

이것은 민주주의를 단지 자유민주주의로 축소할 수 없음을 보여 준다. 자유주의가 자유와 평등을 동시에 실현할 수 없었던 이유는 법적·정치적으로 자유와 평등을 도입했을지라도 실제 사회에서 대다수 사람들을 부자유와 불평등 속에 남겨 둘 수밖에 없었기 때문이다. 사회가 여전히 계급사회로 남아 있기 때문에 진정한 민주주의는 실현될 수 없는 것이다.

물론 자유민주주의는 자본가계급한테서 얻어 낸 양보이기 때문에, 이를 파괴하려는 극우 세력에 맞서 싸워야 한다. 그러나 민주주의를 위한 대중의 투쟁은 자유민주주의 강화에 머무르지 말고 경제적으로 중요한 문제에 대해 노동자 대중이 실질적 결정권을 가지는 노동자 민주주의로까지 나아가야 한다.

강동훈, 〈노동자 연대〉 534호(2025-01-17).

윤석열 정권 퇴진 운동 상황에서 민주주의의 의미를 살펴본다

약 6주 전 우리는 40여 년 만에 군사 쿠데타를 목격했다. 그것도 현직 대통령 자신이 계획한 것이었으니 하마터면 성공할 뻔했다. 일반 대중 수천 명이 국회의사당으로 달려가 몸으로 막지 않았다면 말이다. 민주주의를 지킨 건 두려워하지 않은 그들, 평범한 사람들이었다.

반면, 대자본가와 정부 관료, 군 장성, 경찰 간부 등 지배계급은 지금 입을 꾹 다물고 있다. 사실 그들은 군사 쿠데타가 실패한 것을 그리 크게 기뻐하지 않았다. 심지어 실패를 아쉬워하는 자들도 적지 않았을 것이다.

특히, 지배계급에 기반을 두고 있고 우파 정당인 국힘이 지금 하는 짓을 보면, 그들은 윤석열을 지켜 주고 있을 뿐 아니라 극우 시위가 성장해 좌파 측의 희망을 꺾기를 바라고 있음을 알 수 있다.

1년 반 전쯤 국힘은 극우 대표 전광훈을 공개 지지했다 해서 당시 지도부의 일원인 김재원을 징계했다. 그런데 며칠 전에는 국힘 소속 의원 몇 명이 전광훈 집회 연단에 올라가 극우 시위대에 큰 절을 하고 그들을 칭찬·격려하는 연설을 했다. 그리고 당 자체가 이를 후원하고 있다. 집권당이 1년 반 새 극우 본색을 공공연하게 드러내고 있다. 그러니 기층의 극우가 더욱 기세가 오르고 있다. 극우는 윤석열 체포를 막으려고 윤석열 관저를 에워쌌었다.

윤석열은 쿠데타 미수 때 발표한 포고령을 통해 좌파와 노동자 운동을 공격할 목적이었음을 분명히 밝혔다. 그리고 지금, 좌파와 노동자 운동을 증오하는 극우가 윤석열을 여전히 지키려 하고 있다. 그러므로 윤석열 등 극우가 군사 쿠데타를 일으키고 그것을 옹호하면서까지 민주주의를 싫어하는 이유는 분명하다. 민주주의의 사회적 내용이 노동계급 조직들이기 때문이다.

또한 노동계급 조직들도 민주주의를 지키고 확장하려 하기 때문에 극우는 민주주의를 싫어한다. 평범한 사람들이 사회 조직 방식과 자원 배분 방식을 결정할 수 있게 되는 것, 이것이 민주주의의 진정한 의미다.

노동자 등 보통 사람들의 투쟁이 더 많은 사람들을 참여시킬수록, 더욱 민주적 의사결정 방식을 따를수록 그 투쟁은 상명 하달식 조직 방식보다 더 효과적이게 된다. 민주적 구조는 헌신과 책임 의식을 고취시킨다. 투쟁 참가자는 새로운 경험을 할 기회가 더 많아지고 이를 통해 개인적으로, 집단적으로 성장한다는 느낌을 갖게 된다. 또한 투쟁을 할 줄도 알게 되고, 대중 연설을 할 줄도 알게 되고, 사람들을 이끌 줄도 알게 된다.

관료적으로 통제되는 투쟁 속에서는 이런 것들을 배우기가 쉽지 않다. 설사 대규모 파업일지라도 관료적으로 조직된다면 그렇다.

반면 민주주의가 대중적으로 구현된다면 당면 투쟁의 생동하는 동력이 될 뿐 아니라 미래로의 가교 구실을 할 수도 있다. 특히, 파업 노동자들이 자신의 직장에서 일터 기반 조직들을 세우고, 다른 직장들에서 세워진 비슷한 구조물들과 연계를 맺는 등의 활동을 조직할 줄 알게 된다면 더할 나위 없이 효과적으로 민주주의가 구현되는 것이다. 1987년 7~8월 대파업 기간에, 특히 8월 중순경에 일부 대공장들에서 이런 일들이 일어났다. 반면 1997년 1월 파업 중에는 이런 일들이 일어나기 직전에 당시 민주노총 지도자들이 파업을 중단시켰다.

미래에는 1987년보다도 더 나아가야 한다. 미래에는 노동자들과 그들의 가족들, 주변 지역사회의 서민 친지들 등이 지역의 식료품 배분, 교통 통제, 치안과 행정까지 담당하기 위해 자신들의 대표자들을 선출하는 데에까지 나아갈 수 있어야 한다. 이것이 노동계급의 민주적 기구들이다.

자본주의 시스템의 수혜자들과 수호자들은 정반대를 필요로 한다. 그들은 대중의 참여를 제약하고 억제해야 한다. 대중이 정치체제에 참여하는 것이든, 정치체제 바깥의 운동과 투쟁에 참여하는 것이든, 둘 다 제약하고 억제하려 든다. 그들은 민주주의를 약화시키고 줄이고 심지어 없애 버리고 싶어 한다.

이것은 윤석열과 국힘 등 단지 극우에게만 해당하는 얘기가 아니다. 자유주의자들도 대중 민주주의의 확장이 현상 유지를 위협하면 민주주의를 억압하려 든다는 것을 우리는 1997년 이래 세 차례 경험한 민주당 정부하에서도 목격했다. 특히, 그중 가장 급진적인 듯했던 노무현이 미국의 이라크 전쟁을 위해 국민 다수의 반대를 거슬러 파병했던 것을 기억해야 한다.

자본주의와 민주주의

지금까지 윤석열 쿠데타에 맞서 민주주의를 지켰던 사람들은 바로 노동계급 등 보통 사람들이고, 우리에게는 민주주의의 확장이 득이 된다는 점에 대해 얘기했다. 반면 대기업 소유주들과 부자들, 권력자들, 요컨대 지배계급은 민주주의를 지키는 데에 별로 관심이 없을 뿐 아니라 심지어 민주주의의 확장에 흔히 적대적이기도 하다고 얘기했다.

사실 자본주의하에서 애당초 민주주의가 등장하던 때부터 자본가들은 민주주의에 별로 열의와 관심이 없었다. 어떤 사람들은 자본주의와 민주주의가 서로 밀접한 관계를 맺으며 등장했다고 주장한다. 18세기 말 프랑스 혁명을 이렇게 설명하는 일이 가장 흔하다. 하지만 근래 한국과 관련해서도 대기업들을 합리화해 주는 한경협이나 한국경제연구원이 "산업화 세력과 민주화 세력의 만남"이 이뤄졌다고 떠들었다.

그러나 서구에서 자본주의와 민주주의의 관계든, 한국에서 자본주의와 민주주의의 관계든 사실 자본주의와 민주주의는 별 관계가 없었고 종종 적대적이었다. 미국 헌법은 거의 한 세기 동안 노예제를 비호했다. 그리고 1820년대, 1830년대, 1860년대, 1920년, 그리고 1960년대에 선거권이 확대된 것은 자본가들의 호의 덕분이 아니라 아래로부터의 투쟁, 때때로 폭력적이었던 대규모 대중투쟁 덕분이었다.

유럽에서도 일찍부터 자본가들은 왕, 귀족, 군 장성 등과 거래를 해서 민주주의를 기피하려고 애썼다. 거기서도 19세기 후반부에 선거권이 확대된 데에는 노동계급 조직들(대부분 노동조합과 노동자 정당)의 역할이 가장 중요했다. 특히, 1864년부터 1870년대 초반까지 카를 마르크스와 엥겔스가 활약한 제1인터내셔널과 1871년 파리 노동자들이 건국한 파리코뮌이 민주주의의 돌파구를 열었다. 그리고 여성 전체가 선거권을 얻은 최초 나라는 1917년 노동자 혁명이 성공한 러시아였다.

자본가들이 양보한 선거권 확대로 사회 개혁 지향 정당이 의회 다수당으로 부상하는 경우가 있다. 그러면 지배계급과 제국주의자들은 경제적 압력과 군사적 압력을 가해 대중을 지치게 만들고, 그것을 이용해, '당신들이 우파 정당을 지지하면 숨통이 트일 것'이라는 메시지를 보낸다. 21세기에 라틴아메리카에서 떠올랐다 가라앉고 다시 떠올랐다 다시 가라앉은 핑크 타이드는 이런 식으로 길들여졌다.

그중 특히 2년 전 브라질 사례에 주목해야 한다. 2년 전, 브라질의 파시스트 등 극우는 막 당선한 룰라 대통령이 선거 부정으로 당선했고 이제 공산주의 정권을 세우려 한다며 국회의사당과 대법원 건물을 점거하고 대통령궁을 포위했다. 극우 폭도들이 이런 폭동을 일으키는 동안 경찰 다수는 수수방관했다. 결국 극우는 쫓겨났지만, 노동자 운동과 좌파는 파시스트 등 극우를 물리치기 위해 국가의 힘에 기댈 수 없다는 것을 교훈으로 얻어야 한다(현재 윤석열 반대 운동도 마찬가지다).

사실 지배계급은 자기들 권력이 심각하게 도전받을 때는 군사 쿠데타를 이용해서든 아니면 파시스트 조직을 이용해서든, 민주적으로 선출된 정부나 의회를 주저 없이 전복한다는 것을 역사는 거듭 보여 줬다. 가장 잘 알려진 사례만 들면, 2013년 7월 이집트 엘시시의 쿠데타, 1973년 9월 칠레의 쿠데타, 1933년 1월 히틀러로의 정권 이양 등이 있다. 물론 이번에 미수로 끝난 윤석열의 쿠데타가 있고, 1980년 5월 전두환의 쿠데타가 있다. 윤석열은 끔찍한 폭력을 사용해 야당 지도자들과 좌파와 노동운동을 박살 내려 했다. 이런 위협은 장차 재연될 수도 있음을 역사의 교훈으로 배워야 한다.

자유(주의적) 민주주의는 진정한 민주주의의 미니어처

윤석열은 '자유민주주의'를 지키기 위해 비상계엄을 선포했다고 주장한다. 하지만 자유주의자 야당 대표, 자유주의자 국회의장, 그 밖의 다른 자유주의 정치인들을 잡아서 감금하고 심지어 여차하면 죽일 생각도 했으면서 자유민주주의를 지키려 했다는 말은 어불성설이다. 윤석열은 자유민주주의를 파괴하고 권위주의 정치체제로 돌아가고 싶어했다. 1988년 이전으로.

1988년 이전에는 한국에 자유민주주의가 존재하지 않았다. 당시에 군사독재 정부들과 극우는 독재 정권을 자유민주주의라고 우겼다. 김영삼과 김대중 같은 자유주의 정치인들조차 정치적 자유를 전혀 못 누리는 정치체제였는데도 말이다. 서구 나라들의 대형 서점에서 버젓이 팔리는 학술적 좌파 서적조차 판매 금지 조치를 당하고, 출판사 대표가 보안법으로 1년 이상 교도소에 가야 하는 정치체제를 두고 자유주의적이라고 한다면 말의 오용이 너무 터무니없는 것 아니겠는가.

그러므로 평범한 사람들이 윤석열의 쿠데타를 좌절시킨 것은 너무 당연했다. 그리고 혁명적 좌파는 극우의 권위주의 정치체제 복귀 시도에 맞서 자유민주주의를 방어해야 한다. 만약 12월 3일 군사 쿠데타가 성공했다면 이제 우리는 몇 주나 늦어도 몇 달 안에 〈노동자 연대〉를 발행하지 못하게 될 수도 있었다.

평범한 사람들이 12월 3일 윤석열의 군사 쿠데타에 맞서 지킨 것은 자유민주주의, 즉 자유주의적 민주주의였다. 우리는 1990년대 초반 이래 지금까지 30여 년 동안 자유민주주의 정치체제하에서 살아 왔다. 그런데 살아 보니 자유민주주의는 진정한 민주주의의 미니어처라는 것을 절실히 느꼈다. 여기에 집의 미니어처가 있다고 하자. 집의 미니어처는 집이 아니다. 거기서는 아무도 잘 수 없고, 쉴 수도 없다. 어떤 사물이 너무 작아지면 그것은 더는 그 사물이 아니다. 자유민주주의는 진정한 민주주의의 미니어처이다. 따라서 자유민주주의는 진정한 민주주의가 아니다(그래서 다수 사회민주주의자들과 달리 민주주의를 자유주의와 똑같은 것으로 봐서도 안 된다). 자본주의의 민주주의는 진짜 민주주의가 아니다.

왜 그런지 한 번 보자. 우리는 4~5년마다 한 번씩 대통령과 국회의원, 지방자치단체장 등을 뽑는다. 선출된 그들은 국민의 대표, 즉 우리를 대표해 또는 우리를 위해 활동하겠다고 약속한다. 그러나 우리는 투표 이상의 어떤 결정에도 참여하지 못한다. 우리의 대표라는 그들은 다음 선거가 있을 때까지 우리에게 책임지지 않는다. 그들은 공약을 무시하기 일쑤이고, 우리의 의견을 못 들은 척하기 일쑤이다. 한국에서 일당 국가가 끝나고 민주당 소속 첫 대통령이 된 김대중은 공약의 겨우 17퍼센트가량만을 지켰다. 24퍼센트가량은 아예 손도 안 댔다. 그다음 민주당 소속 대통령 노무현은 자기가 김대중 정부의 전철을 밟고 있다고 느낀다고 실토했다. 또한 노무현은 자기를 지지한 개혁 염원 대중을 설득하기가 더 힘들다고도 실토했다.

노동자들은 오랜 시간 일하는 데다 여성들은 가사와 육아까지 부담을 져야 하는 경우가 흔하다. 그래서 노동계급 사람들은 정치 활동을 하는 데에 어려움을 겪는다. 다양한 봉사 활동과 다양한 커뮤니티 활동이 '공익'으로 포장되고 있지만, 정치 활동에 능동적으로 참여하는 것과는 다르고 오히려 사람들을 정치 행동으로부터 멀어지게 하는 쪽으로 끌고 가는 경향이 있다.

그런데 더 근본적인 측면이 있다. 자본주의의 민주주의는 정치와 경제의 분리에 바탕을 두고 있다. 그래서 우리의 대표라는 사람들이든 우리 자신이든 대기업들의 행동들에 관여하지 못한다. 잘 알다시피 지난 몇 년 새 물가가 많이 올라 사람들의 생계에 대한 압박이 심해졌다. 물가는 우리나 우리의 대표들이 아니라 기업들과 정부가 올린 것이다. 임금도 억제되거나 깎였는데, 이것도 기업들이 한 일이다. 또, 지난 몇 년 새 금리도 많이 올랐다. 은행 대출 문턱이 높아졌다. 집 사기가 더 힘들어졌고, 월세와 전세도 올랐다. 금리도 우리가 올린 게 아니다. 정부의 재정 긴축도 우리가 원한 일이 아니다. 의료보험 악화도 우리가 원한 일이 아니다.

이런 일들은 민주주의를 정면으로 거스르는 일들인데, 이런 일들을 저지르는 대기업들로부터 정당들과 정치인들이 정치자금을 제공받으므로 바로 정당들과 정치인들도 민주주의에 역행하고 있는 셈이다. 좌파 정치인을 뽑고 좌파(진보) 정당을 선출해도 사정은 달라지지 않는다는 것도 우리는 경험했다.

결국 핵심적인 문제는 국가가 적대적 계급들 간의 갈등 위에 공정하게 중립적으로 군림하는 존재가 아니라는 것이다. 국가는 기업들과 자본가들의 지배를 실행하기 위해 존재하는 것이다. 되도록이면 동의에 의해 실행하려 하지만 여의치 않으면 강압적으로 실행하려 한다.

민주주의 확장의 원동력은 대규모 노동계급 투쟁

따라서 민주주의를 촉진하고 고쳐시키려면 거대한 대중행동이 필요하다. 박근혜를 탄핵시켰을 때도 노동계급 사람들의 수백만 촛불 집회가 가장 중요한 구실을 했다. 지금 윤석열 없는 윤석열 정권을 쫓아내는 데에도 똑같은 일이 필요할 것이다. 게다가 윤석열이 당당하게 버티며 극우들을 선동하고 결집시키고 있으므로 커다란 대중투쟁이 필요할 것이다(선거에 기대며 선거를 기다리면, 선거에서 승리한다 해도 다중 위기 상황이라서 민주주의 확장과 사회 개혁의 기회가 오지 않을 수도 있다).

사실 민주주의를 지키는 데 성공해도 자본주의가 존속하는 한은 그런 방어는 도로 공격당할 수 있다. 우리는 윤석열의 비상계엄 선포가 45년 만의 일이라는 말을 들었다. 광주항쟁을 부른 전두환의 1979~1980년 쿠데타를 말하는 것이다. 그런데 전두환의 독재를 물리친 게 1987년 6~8월의 거대한 노동계급 대중투쟁이었다는 사실도 명심해야 한다.

6월항쟁은 대학생들과 노동계급 사람들이 대거 거리로 나온 사건이고, 7~8월 대파업은 노동자들이 일터에서 파업을 통해 생활수준을 향상시키고 일터에서 노동조합 조직을 만든 사건이다. 6월부터 8월까지의 이런 행동들을 통해 노동자 조직들이 세워지고, 이후 성장하면서 군 장성들과 국가 관료, 대기업들은 국가 탄압 등 정치적 억압을 조금씩 완화해야만 했다.

그러나 근래에 경제가 어려워지고 지정학적 긴장도 높아지자 그중 일부 성마른 자들이 오랜만에 군사 쿠데타로 상황을 옛날로 돌리려 애쓴 듯하다. 그들의 기도는 미수에 그쳤지만 우리는 자기만족에 **빠져서**는 안 된다. 어떤 사람들은 윤석열 쿠데타가 장기적 정치 진화 과정에서 일시적 일탈인 양 여기고 사회적 평화가 재개될 것으로 낙관한다.

여기에는 민주주의 문제와 관련된 근본적인 문제가 있다. 즉, 자본주의 국가를 민주화해서 민주주의를 사회의 모든 측면으로 확장한다는 것은 결국 자본주의 국가의 존재라는 한계에 부딪힐 수밖에 없다. 필자가 앞에서 강조했듯이 "국가가 정치적 갈등 위에 중립적으로 공정하게 군림하는 존재가 아니고 기업들과 자본가들의 지배를 실행하기 위해 존재"하기 때문이다. 따라서 현행 국가, 자본주의 국가를 비할 데 없이 훨씬 더 민주적이고 책임성 있는 국가로 대체해야 한다. 그러려면 노동계급 사람들의 민주적 권력 기구들이 솟아 나와 자본주의적 기존 국가와 권력 투쟁을 벌여야 한다.

이런 전망을 '공상적'이라고 볼 사람들이 많을 것이다. 그러나 국가의 민주화가 결코 영속적일 수 없다는 게 역사적 경험이고, 마르크스와 룩셈부르크, 레닌, 트로츠키 등 고전적 마르크스주의자들도 이 사실을 강조했다. 기존 (자본주의) 국가는 전복되고 노동자들의 민주적 의사결정 시스템으로 대체돼야 한다고 그들은 강조했다. 실제로 1871년 파리코뮌과 1917년 러시아 혁명에서 등장한 코뮌과 소비에트는 노동자 국가의 기초적인 발전 단계를 나타낸 노동자 민주주의 기구였다. 이런 철저하고 근본적인 과정을 통해서만 노동자들은 자신들이 사회를 운영할 능력이 있음을 확신할 수 있다. 그리고 사회를 바꾸는 가운데 노동자들은 스스로 바뀐다.

이런 고전적 마르크스주의의 관점에서 보면 노동자 혁명은 세상에서 가장 민주적인 것이다. 그리고 진정하고 영속적인 민주주의를 성취할 수 있는 유일한 길이기도 하다.

최일붕, 〈노동자 연대〉 534호(2025-01-17).

삼권분립은 환상이다

국가권력을 입법·행정·사법으로 나누는 삼권분립 이론은 근대 초 서구 절대왕정의 중앙집권적 권력에 맞서 싸운 부르주아지의 부상과 함께 등장했다. 의회(입법부)는 자본가계급에 직접적 입법 권한을 부여하고, '독립된' 사법부는 재산권과 부르주아 법의 신성함을 보장한다는 것이었다.

그러나 이런 정치 메커니즘은 역으로 민중(노동계급과 농민)에 의해 중앙집권적 국가기구가 공격받지 않도록 막았다. 부르주아지가 지배계급이 되자 삼권분립 이론은 자본주의 사회의 모순을 관리하고 자본주의 국가의 본질적 성격을 은폐하는 그럴듯한 지배 이데올로기가 된 것이다.

국가는 사회 위에 군림하는 중립적 기구가 아니라 지배계급의 이익을 보호하고 피지배계급을 억압하는 도구이다. 반면, 삼권분립론은 국가를 서로 독립된 권력기관들의 경쟁적 연합으로 제시한다. 그럼으로써 특정 집단이 권력을 독점하는 것을 방지한다는 '견제와 균형'의 외양을 만든다.

그러나 현실은 다르다. 흔한 상호 갈등에도 불구하고 모든 권력기관은 결국 동일한 사회 질서를 유지하는 구실을 한다. 자본가계급의 생산수단 지배를 보호하고, 지배계급에 유리하게 계약을 집행하고, 이런 질서에 대한 위협(대규모 파업과 시위 등)을 억압하는 역할이다.

제국주의 시대에 행정부(정부)는 국가기구, 경찰, 군대, 외교정책 등을 직접 관리하며 지배계급의 이해를 관철한다. 입법부로부터의 '분립'은 종종 연막으로 작용한다. 그리고 행정부가 지배계급의 이해를 따라 신속히 행동하는 동안 입법부는 끝없는 연극적 토론으로 '국민'(대중)에게 '주권(권력)'이 있다는 환상을 준다.

의회는 국민(대중)의 의지를 대변하는 것처럼 보이지만, 실제로는 말잔치에 불과한 것이다. 선택지는 항상 지배계급의 서로 다른 정파들로 제한되며, 대중의 불만은 체제에 도전하지 않는 선거주의적·의회주의적 통로 속으로 흡수, 무력화된다.

'공정'과 '정의'의 미사여구로 포장된 사법부는 사실상 자본주의 법·질서의 수호자이다. 사법 '독립'은 자본주의 법의 틀 안에서만 유지된다. 그러나 자본주의 법 자체가 착취적·억압적 사회관계를 성문화한 것이므로 사법부는 결국 자본가들의 소유권과 노동자가 그의 노동력을 팔 권리 — 근본적으로 불평등한 관계다 — 를 지켜 준다.

소위 '견제와 균형'은 급진적 변화를 막는 데 매우 효과적이다. 근본적 사회변혁 운동은 하나의 권력 중심이 아니라 여러 '독립적' 권력기관을 동시에 제압해야 하는 데다, 각 기관이 대중운동을 방해하고 지연시킬 능력과 적법성을 갖고 있다. 이 장치들과 그 시스템은 현상을 유지하며 기존 국가권력을 보호하도록 고안돼 있다.

파리코뮌과 러시아 소비에트의 역사적 경험은 근본적으로 다른 대안을 제시한다. 노동계급은 자신의 새로운, 참으로 민주적인 국가(노동자 국가)로 기존 자본주의 국가를 대체해야 하는데, 이 새로운 국가 형태의 특징은 권력의 '분립'이 아니라 '통합'이다. 입법 기능과 집행 기능이 단일 기구로 통합되는 것이다. 동일한 선출 대표자들이 법을 제정하고 그 집행까지 직접 책임진다. 이 대표자들은 노동자 평균임금을 받고 언제든 소환될 수 있으므로, 별도의 특권적 관료 기구는 존재하지 않는다. 사법부는 '신비적' 독립성을 벗고 새로운 노동자 국가의 일부로 통합돼야 한다. 판사도 선출돼야 하고 소환될 수 있어야 하며, 자본주의의 추상적 법리가 아니라 노동계급의 이익에 직접 책임져야 한다.

여전히 국가는 계급 지배 도구임이 공공연히 인정되지만 이번에는 소수 착취 계급이 아니라 압도 다수인 노동자들이 지배한다. 과도적인 이 노동자 국가는 궁극으로 계급이 폐지되고 국가 자체가 서서히 소멸되도록 하는 길을 닦는다.

삼권분립은 사실 커다란 허상이다. 그것은 자본가계급의 지배를 정치적 민주주의의 절정으로 포장하는 뛰어난 이데올로기적·정치적 장치다. 외견상 권력을 분산시키면서 실제로는 계급적 기능으로 통일시키는 방식으로 삼권분립은 자본가계급의 지배를 안정화하고 자본주의 국가의 내부 갈등을 관리하며, 중립적인 민주적 통치라는 신화를 통해 노동계급의 사상적 무장을 해제할 목적으로 고안된 정치 시스템이다.

최일붕, 〈노동자 연대〉 560호(2025-09-30).

자본주의 사회에서
법과 사법의 기능

　법원이 군사 쿠데타 세력을 비호하면서 사법부의 권위가 크게 불신받고 있다. 2025년 5월 한겨레와 정당학회가 실시한 '2025~26 유권자 패널조사'에 따르면, 국가기관 신뢰도에서 법원의 신뢰도는 검찰에 이어 둘째로 낮았다. 반면, 2024년 12월 조사에서 법원 신뢰도는 헌법재판소에 이어 둘째로 높았었다(《한겨레》 2025년 5월 15일 자).
　윤석열의 군사 쿠데타 기도는 정치 시스템 전반을 위태롭게 만들었다. 이재명 정부는 내란 청산을 내걸고 당선했지만, 국가기관 내 우익들이 반발하고 있다. 그 핵심에 사법부가 있다. 법원은 노골적으로 내란 청산에 제동을 걸고 있다.
　내란 청산에 제동을 거는 사법부의 반동적 태도를 비판하며 사법 개혁을 요구하는 목소리가 거세다. 일부 사법 개혁안, 가령 대법관 증원은 피해자이든 피의자이든 신속한 재판을 받기 위해 필요하다. 하지만 일부 개혁안들이 보통 사람들에게 얼마간 이롭다 해도 법치주의에 환상을 가져서는 안 된다.

윤석열은 불법적으로 계엄령을 선포했음에도, 그것이 "반국가 세력"의 헌정 질서 "유린"이라는 존재론적 위협으로부터 법치를 지키기 위한 것이라고 강변했다. 대통령의 비상계엄 선포 권한이 헌법에 명시돼 있다는 사실을 내세운 것이다. 법치의 경계를 넘어 행동할 권한이 역설적으로 법에 명문화돼 있는 것이다.

독일 나치 정권도 집권 동안 자유주의적 바이마르헌법을 폐지하지 않고 "유예"하거나 효력을 정지시키기만 했다. 나치는 헌법을 유지해 합법성의 외관을 띠고 권력 이양의 근거로 활용했다. 1933년 3월 제정된 수권법(전권위임법)은 바이마르헌법에 근거해 통과됐다. 법률적으로 말하자면, 나치의 "무법성"은 사실 자유주의적 헌정 국가였던 바이마르공화국에 근거를 두고 있었던 것이다.

일찍이 카를 마르크스도 1848년에 제정된 프랑스의 자유주의적이고 민주적인 헌법에 예외 조항이 명시돼 있는 모순을 지적한 바 있다. "프랑스 헌법은 자유를 보장한다고 하지만, 언제나 **법으로 정해졌거나 앞으로 정해질 예외**를 단서로 단다!"(강조는 마르크스 자신의 것)

한국의 헌법에도 예외 조항(가령 제37조 제2항)이 있다. 이 조항에 근거해 국가보안법이 사실상 헌법의 상위법 노릇을 해 온 것이다. "국민의 자유와 권리는 국가안전보장·질서유지 또는 공공복리를 위하여 필요한 경우에 한해 법률로써 제한할 수 있[다.]"

그래서 독일의 마르크스주의자 발터 벤야민은 "비상사태"에 "진정한 비상사태"로 맞서야 한다고 촉구했다. 국가 폭력을 상대할 때 법치의 틀 자체를 거부해야 한다는 뜻이다. 그러지 않으면, 국가 폭력이 법적 형식을 통해 정당성을 확보하게 될 것이기 때문이다.

사법부와 정의

먼저 지적할 점은 사법부와 정의를 혼동해서는 안 된다는 점이다. 그리되면 운동의 슬로건인 정의가 국가권력과 동일시될 것이기 때문이다.

사법부는 행정부·입법부와 함께 (실제로는 서로 분리될 수 없는) 국가권력의 일부다. 자본주의 국가에서 권력 분립은 허상이다. 자본주의 국가권력은 복합적 통일체다. 2017년 양승태 사법부의 사법 농단으로 드러난 권력 3부 간 삼각 거래는 국가권력이 복합적 통일체임을 잘 보여 준다. 법원은 박근혜의 청와대가 여당을 움직여 법원의 요구(대법원의 위상을 최고 사법기관으로 확고히 하는 것)를 들어주기를 원했고, 이를 위해 박근혜 정부의 안정적 통치를 뒷받침하는 식으로 사법권을 행사했다. 그 거래의 희생자들은 보통 사람들이었다. 일제 강제 징용·동원의 피해자들, 유신 독재 피해자들, 세월호 참사 유가족, 쌍용차 노동자들, KTX 노동자들 등. 사법부가 국가권력의 억압적 기관임이 드러나면서 사법부에 대한 불신이 급증했다.

윤석열의 군사 쿠데타는 정치적 위기를 극복하기 위해 국가 형태를 권위주의적으로 되돌리려는 시도였다. 개혁주의자들은 "견제와 균형의 원리"를 복원·강화해 이 유산을 청산해야 한다고 주장한다. 그러나 자본주의의 위기는 지배자들에게 막다른 골목이다. 러시아의 저명한 마르크스주의 법학자 예브게니 파슈카니스(1891~1937)는 1924년에 출판된 《법의 일반이론과 마르크스주의》에서 비상사태 시기에 "법치국가는 더욱더 실체 없는 환영"이 된다고 썼다. "[아래로부터의 저항이 격렬해지면] 부르주아가 법치국가라는 가면을 완전히 버리고, 한 계급이 다른 계급에 가하는 조직된 물리력이라는 권위의 본질을 드러낼 수밖에 없게 된다"(사회진보연대 회원들이 번역한 이 글의 국역본이 인터넷상에 있다).

그러나 개혁주의자들은 사회의 개혁을 위해 자본주의 국가를 점진적으로 민주화하려고 애쓴다. 이를 위해 그들은 자본주의의 정상화를 추구하지만, 시스템의 심각한 위기는 이 목표를 점점 더 실현 불가능하게 만들고 있다. 이것은 다시금 정치 위기, 극우의 부상, 국가의 권위주의 경향을 촉진할 공산이 크다.

법적 상부구조

마르크스는 《정치경제학 비판을 위하여》 서문에서 다음과 같이 주장했다.

인간은 자신의 생활을 사회적으로 생산하는 과정에서 자기의 의지와 무관하게 일정한 관계를 맺는다. 그것은 물질적 생산력의 발전 단계에 상응하는 생산관계다. 이 생산관계 전체가 사회의 경제구조를 이룬다. 이 경제구조야말로 진정한 토대이고, 그 위에 법률적·정치적 상부구조가 세워지고, 사회적 의식의 일정한 형태도 그 토대에 상응한다.

법은 자본주의 사회의 물질적 토대와 무관한 것이 아니라 그 토대 위에서 제정되고 변천하며 제약을 받는다는 것이다. 예컨대, 형식적 평등 원칙은 자본주의 법의 근간이다. 그러나 그 원칙은 자본주의 사회 시스템의 착취적 본질을 은폐하며 정당화하는 이데올로기적 기능을 한다. 따라서 자본의 지배는 법의 지배(법치)로 나타난다.

형식적 평등 원칙은 또한 시장경제가 기능하기 위한 필수 전제이기도 하다. 시장경제는 두 상품(노동력을 포함해) 소유자가 상품을 '자유롭게' 교환할 수 있는 조건을 필요로 한다. 파슈카니스는 이런 교환 행위(계약)가 경제뿐 아니라 자본주의 법의 중심 개념이라고 지적했다. 그는 마르크스의《자본론》을 법 이론에 적용해 "법 형태(법적 관계)는 상품 관계의 반영"이라고 주장했다. 그리고 이런 계약이 이행될 것임을 보증하는 장치가 바로 국가의 입법·사법·행정 기능이라고 한다. 이것은 계약이 이뤄지는 개인들의 관계뿐 아니라 형법에도 적용된다. 그래서 처벌(형벌 선고)은 "지불" 형태로 나타난다. 파슈카니스는 다음과 같이 썼다.

자유의 박탈(법원의 판결에서 지시한 한정된 기간)은 현대, 즉 부르주아 자본주의의 형법이 등가 응보의 기초로서 실행하는 특유한 형태다. 이런 방법은 추상적 인간, 추상적 인간 노동시간이라는 개념과 깊숙하게, 그러나 무의식적으로 연결된다. 19세기에, 즉 부르주아 사회가 완전히 발전되고 그 모든 특징이 굳건해졌을 때, 이런 처벌 형태가 강력히 성장하고, 결국 자연스럽고 예상할 수 있는 것으로 여겨지게 된 것은 우연이 아니다. 물론 고대에나 중세에도 감옥이나 성 안의 지하 감옥이 다른 물리적 강압 수단과 함께 있었다. 그러나 당시에는 수감자가 보통 죽을 때까지 또는 몸값을 지불할 때까지 갇혀 있었다.

이렇듯 자본주의 법률은 자본주의 생산양식에 상응한다. 따라서 자본주의적 법률은 역사적으로 규정된다.

그렇다고 해서 법적 상부구조(또는 상부구조 전체)가 노동계급과 아무 관계가 없다는 뜻은 결코 아니다. 노동자들은 법적 영역에서 투쟁하고 있다. 권리와 자유를 쟁취·확립·수호하는 것은 향후 투쟁에서 더 유리한 위치를 확보해 준다. 경제적 토대가 결정적이고 상부구조는 그것의 수동적 결과물에 불과하다고 보는 것은 고전적 마르크스주의와 아무 관계 없는 기계적 유물론일 뿐이다. 토대와 상부구조 사이에는 상호작용이 지속적으로 존재한다.

프리드리히 엥겔스는 다음과 같이 주장했다.

> 경제 상황이 토대입니다. 그러나 상부구조의 다양한 요인들(계급투쟁의 정치적 형태와 그 결과, 더 정확히 말하면 전투에서 승리한 계급이 만든 헌법 등의 법률 형태, 심지어 이 모든 실제 투쟁에 참가한 사람들의 머릿속에 반영된 것들, 즉 정치적·법률적·철학적 이론, 종교관 그리고 이것이 더 발전한 교리 체계)도 역사적 투쟁의 전개 과정에 영향을 미치고 많은 경우 역사적 투쟁의 형태를 결정하는 데서 가장 중요한 구실을 합니다.*

착취와 차별을 합리화하는 법률과 법원(사법부)에 대한 신뢰가 약화되는 것은 매우 중대한 일이다. 이때 진정으로 중요한 쟁점은 이런 상황을 자본주의의 위기가 심화되는 증상으로 여기고 그 위기를 가속시킬 계급투쟁을 발전시킬 것인지, 아니면 (개혁주의가 그러듯이) 사법부의 독립을 추구하며 체제를 정상화하는 것을 목표로 삼을 것인지 하는 점이다.

---

* 블로흐에게 보낸 1890년 9월 21~22일 자 편지.

자본주의적 민주주의에서 법은 중립적·자율적인가?

개혁주의자들의 전반적 접근법은 법을 경제적 토대와 (얼마간) 분리된 중립적·자율적 영역으로 보는 것이다. 그들이 '토대'와 '상부구조'를 기껏해야 은유로 보는 이유다. 경제가 법의 적용과 집행에 영향을 미치겠지만 그것은 어디까지나 법이 허용하는 틀 내에서 가능하다는 것이다. 또, 사법 중립성 착각 때문에 일부 좌파는 입법권에 의해 법이 임의로 개정돼서는 안 된다고 주장한다. 그들은 가령 입법을 통한 내란특별재판부 설치는 "견제와 균형의 원리"에 어긋난다며 반대한다. 이것은 국가권력을 지배계급에 유리하게 작동하지 않는 중립적·자율적 권력으로 보는 관점에서 비롯하는 견해다. 이로부터 운동의 요구를 "사법부 견제"에 맞춰야 한다는 논리가 나온다.

사법부 견제든 사법부 독립이든, 판사들이 적용하는 것은 자본주의 국가가 제정한 법률이다. 그래서 이들의 '독립 보장'은 (법의 계급적 본질을 가린 채) 지배계급과 노동계급의 실재하는 지배-종속 관계를 은폐하는 구실을 한다. 판사의 개인적·기능적 독립성이나 사법 절차의 추상적 자율성만으로는 공정한 판결을 보장하지 못한다.

대중투쟁의 중요성

봉건제에서 자본주의로의 전환 과정에서 확보된 자유주의적·법적 성취와 그 뒤 노동계급이 이룩한 성취가 심각한 자본주의 위기의 시기에는 도전받는다. 피지배 대중의 전진을 막기 위해서다. 이것은 노동계급의 저항 능력을 위협하고 공격한다는 뜻이다. 하지만 동시에, 지배계급의 취약성과 모순을 드러내 저항운동의 가능성을 열어 주는 것이기도 하다.

이런 상황에서 사법부의 독립과 공정에 초점을 맞추고 일부 우익적 판사들을 제거하는 것으로 투쟁의 목표를 맞춘다면, 운동의 전망을 협소하게 제약하는 것으로, 자본주의의 위기 탈출에 여지를 주는 것이다.

민주주의 투쟁을 사회의 위기 속에서 터져 나오는 각종 저항과 연결해야 한다. 그럴 때 억압과 착취와 차별의 문제를 법이라는 협소한 틀에 욱여넣으려는 기성 질서에 맞서는 투쟁으로 발전할 수 있다.

김인식, 〈노동자 연대〉 561호(2025-10-21).

11장
내란 청산과 사회 개혁, 어떻게 쟁취할 것인가?

내란 세력 척결 구호에 담긴 염원은 반민주적 행위자들에게서 권한과 권력을 뺏으라는 것이다.

윤석열 파면 후, 보이지 않는 사회대개혁 전망

4월 4일 헌법재판소는 윤석열 파면 결정을 선고하면서 그의 위헌적 계엄을 좌절시킨 것은 "시민들의 저항과 [그로 말미암은] 군경의 소극적 임무 수행 덕분"이었다고 인정했다. 그러나 계엄을 좌절시킨 평범한 시민들이 또한 윤석열을 파면하게 만들었다는 것도 중요하다. 어떤 전망을 하든 이 중요한 사실의 바탕에 있는 근본적 진실에서 출발해야 한다. 그것은 민주주의를 지킬 의지와 능력과 이해관계가 있는 사람들은 바로 평범한 사람들, 즉 다수가 노동계급에 속하는 대중이라는 점이다.

반면, 개량(이하 개혁)주의자들은 아래로부터의 대중투쟁보다 이성과 지식인의 사상을 변화와 개혁의 동력으로 본다. 이른바 "헌재의 시간" 동안 개혁주의자들은 윤석열 파면을 낙관했는데, 그 이유인즉 윤석열이 한 짓, 곧 계엄의 밤에 그가 부하들을 시켜 하게 한 짓들을 모든 사람이 두 눈으로 똑똑히 봤고, 윤석열이 헌재 법정에서 했던 증언·진술·변론의 궁색함을 모두가 목격했는데, 재판관들이 달리 어떻게 결정하겠느냐는 것이었다.

이것은 세상을 본질적으로 사상들의 경쟁의 장으로 보고 거기서 우월한 주장이 승리를 거둔다고 보는 계몽주의 세계관일 뿐이다. 물론 결과적으로 그들의 전망대로 결정이 났다. 그러나 부패한 사회에서는 이성이 지배하지 않는다. 상이한 이해관계를 가진 상이한 세력들의 충돌이 지배한다. 헌재 재판관들도 윤석열 파면 운동의 커다란 압력이 아래로부터 가해지지 않았다면 법적·정치적 엘리트층의 일부로서 그들 나름의 이해관계에 따라 심판했을 것이다.

물론 변화를 위한 운동을 건설하기 위해 급진적 사상을 전파하는 것은 중요하다. 실제로 마르크스주의자는 표현의 자유를 부정하는 법률들에 반대해 싸운 오랜 역사와 전통이 있다. 그러나 사상 자체는 아무것도 변화시키지 못한다. 사상이 물질적 힘, 곧 대중의 운동과 만날 때만 사회를 변화시킬 수 있다. 그래서 레닌은 이렇게 강조했다. "대중의 행동, 예컨대 대규모 파업이 의회 활동보다 언제든 더 중요하다."

민주주의와 변화의 동력이 대중투쟁이라는 점은 매우 중요하다. 왜냐하면 탄핵 국면에서도 바로 이 보통 사람들, 다수가 노동계급에 속하는 이 사람들 자신이 민주주의를 지킨다는 점을 잊어버리고, 개혁주의 정치인들이 관리하는 국가가 민주주의를 지켜 준다고 흔히 착각했기 때문이다.

첫째, 국회가 계엄을 막았다고 생각한다. 물론 국회가 계엄 해제를 결의했다. 그러나 다수 국회의원들이 그 회의를 열 수 있게 바깥에서 그들을 지켜 준 건 누구였는가? 바로 평범한 사람들이었다. 바로 평범한 사람들이 군대 병사들(그들도 대부분 노동계급에 속한다)을 설득하고 그들과 논쟁하면서 병사들의 사기와 확신을 떨어뜨린 것(헌재 결정문이 언급한 "군경의 소극적 임무 수행")이 국회의원들이 회의를 개최할 수 있었던 결정적 요인이었다.

둘째, 흔히들 국회가 윤석열 탄핵소추를 의결했다고 생각한다. 물론 야당 의원들과 극소수 여당 의원들이 탄핵소추 의결을 했다. 하지만 두 차례 발의해서야 비로소 가까스로 윤석열 탄핵소추 의결을 할 수 있었는데, 이것도 여의도 거리를 50만 명의 평범한 시민들이 가득 메우고서야 이뤄진 일이라는 점을 명심해야 한다.

셋째이자 마지막으로, 헌재의 파면 결정과 관련해서도 진정한 원인이 뭔지 잊지 말아야 한다. 헌재 재판관들의 평결을 마무리하면서 문형배 헌법재판소장 권한대행이 "윤석열을 파면한다"고 선언했을 때 우리 모두 감격에 겨웠다. 필자는 그 장면을 이후 TV에서 거듭거듭 볼 때마다 문형배 재판관이 참 이뻐 보였다.

민주주의의 주체, 그리고 헌법의 모순

하지만 문형배 재판관은 2019년 헌법재판관 인사 청문회 때 통합진보당 해산 결정이 잘못된 것이냐는 질문에 "잘못됐다고 생각하지 않는다"고 답변했다. 이는 이번 윤석열 파면 결정문과 모순되는 것이다. 윤석열 파면 결정문은 윤석열의 계엄 포고령을 이렇게 비판했다. "피청구인은 계엄 포고령을 통해 국민의 정치적 기본권, 언론·출판·집회·결사의 자유 등을 포괄적·전면적으로 제한하고 그 행사를 범죄행위로 규정하였다." 그러나 통합진보당 강제 해산은 정치적 기본권의 억압이었다.

필자가 문형배 재판관을 폭로하려고 이런 일을 언급하는 게 아니다. 필자는 그저 어느 나라든 자본주의 국가 헌법에는 모순과 그로 말미암은 애매함과 모호함이 있다고 지적하는 것이다. 어떤 자본주의 헌법이든 모순으로 애매하고 모호한데, 헌법 제정권이 자본주의 정치인들에게 있으면서도, 상충하는 계급 이해관계들의 타협을 표현할 수밖에 없기 때문이다.

예를 들어, 2013~2014년 통합진보당 해산 사건을 둘러싸고 헌법재판소가 다룬 주된 쟁점은 다음과 같았다. 노동자·농민을 최우선으로 고려하는 것은 계급주의적인 것이고 국민주권주의와 모순되는 것인가 아닌가. 결국 당시 헌재는 통합진보당이 국민주권주의에 위배되는 위헌 정당이라고 결정했다. 그렇다면, 국힘을 생각해 보자. 당명에 "국민"이라는 말이 들어가 있어도, 또 툭하면 '국민' 어쩌고저쩌고해도 실제로는 부유층의 이익을 구현하려 애써 왔으므로 국힘은 국민주권주의와 모순되는 정당 아닌가?

2015년 초 이석기 전 의원의 내란 음모 사건에 대한 대법원 판결을 살펴봐도 헌법의 모순을 알 수 있다. 당시 대법원 판결은 내란을 이렇게 정의했다. "폭력 등의 수단에 의하여 헌법기관의 권능 행사를 불가능하게 하거나 헌법의 기능을 소멸시키는 행위." 2013년 이석기 당시 의원이 체포되던 상황은 "명백하고 현존하는 위험"이 없었다. 그리고 이석기 당시 의원과 그의 조직은 당시에 그런 행위를 할 능력도 의지도 없었다. 당시에 그와 그의 동지들은 그저 토론을 했을 뿐이다.

그러나 석 달 전 서부지법을 점거해 폭동을 일으킨 극우 시위대를 생각해 보자. 방금 인용한 대법원의 내란 정의에 따르면 서부지법 폭도들이야말로 내란을 실행한 자들 아니겠는가. 그리고 헌재 박살을 공공연히 집회 연단에서 여러 차례 주장한 전광훈은 내란 선동을 한 것 아니겠는가.

정말로 "헌재의 시간"이 됐더라면?

지금까지 헌법의 모순과 헌법재판소의 모순에 관해 얘기했다. 그런 얘기로써 필자가 하려는 말은, 탄핵 운동 지지자들이 이른바 "헌재의 시간" 동안 그저 헌재 결정을 기다리거나 헌재를 응원했다면 크게 위험했을 뻔했다는 것이다.

실제로 탄핵 운동 지도부들이 헌재 결정을 기다리거나 헌재를 응원하며 흘러가던 시간이 있었다. 그 시간에 극우는 우파를 대거 동원해 헌법과 헌재의 모순을 공략했다. 특히, 윤석열은 12·3 계엄이 내란이 아니었다며 내란 개념의 애매함과 모호함을 이용했고, 법원과 검찰은 윤석열 구속 시간 문제를 놓고 애매하고 모호한 기본권 개념을 윤석열에게 유리하게 적용해 줬다.

헌법과 헌재의 모순을 공략한 우파의 반격으로 좌우 세력균형이 우파 측에 유리해지게 될 수도 있다는 위험이 탄핵 운동 지도부들 측에도 감지됐다. 극우의 3·1절 대규모 동원과 특히 3월 8일 법원(과 검찰)의 윤석열 석방을 계기로 그랬다. 그러자 민주당과 비상행동은 동원을 강화했다. 그 전까지 이재명 당시 민주당 대표는 안일하게 선거를 의식해 '중도·보수'를 자처하며 우클릭을 해 오고 있었다. 3월 10일 자 〈중앙일보〉는 "이재명 우클릭, 윤 석방에 '스톱'"이라는 제목의 기사로 이런 뒤늦은 경계심에 대해 보도했다. 그 후 3월 15일 탄핵 운동 측의 거대한 동원이 있었고, 이후 헌재 선고일까지 헌재에 대한 탄핵 운동 측의 비판 수위가 점점 올라갔다. 3월 24일 헌재의 한덕수 탄핵 기각 이후로는 비판 수위가 더욱 높아졌다. 시간 끌지 말고 빨리 선고하라는 비판이었지만, 민주당을 포함해 탄핵 운동 참가자들이 입을 모아 하는 말이었으므로 진정한 뜻은 윤석열을 즉각 파면하라는 것이었다.

이재명 민주당 대표와 헌재의 좌고우면에 대한 이런 비판은 필요했고, 투쟁을 지지하는 광범한 대중이 왼쪽으로부터 제기하는 것이었으므로 효력이 있었다. 그러므로 윤석열 탄핵 운동 일각에서 민주당 비판을 삼가자고 주장하는 것은 잘못된 것이다. 비판을 위한 비판은 부적절하지만, 대중의 투쟁적이고 좌파적인 정서를 표현하는 비판은 효과가 있고 필요하다.

대선 가도에서 이재명 민주당 후보는 또다시 우클릭해 대기업 소유자·경영자들의 환심을 사려 할 것이다. 3월 20일 국민연금 합의를 노동단체들과 좌파적 사회단체들은 "정치적 야합"이라고 비판한 바 있다. 우익과의 타협은 지지자들의 사기를 떨어뜨리고 적들의 자신감과 사기는 높이는 구실을 한다.

개혁주의자들은 또한 윤석열과 그의 처 김건희가 정치적 부패 행위(가령 해병대원 사망 책임 은폐 등)를 너무 많이 저지른 것에 민주당이 탄핵 공세를 가하자 윤석열이 터무니없이 불균형적으로 계엄으로 응수한 것이라고 주장한다. 그가 중국에 적대적 태도를 드러내 극우 지지자들을 선동한 것도 탄핵을 모면해 보려는 거짓 데마고기에 불과하다고들 한다. 친중 인사들이 민주당과 공직을 다수 장악하고 있다는 윤석열의 음모론으로 치부된다.

가까운 전망

이제 앞으로 몇 달 동안 탄핵 운동 참가자들 앞에 놓인 전망 문제를 네 가지 키워드를 통해 언급하고자 한다. 첫째, 선거. 둘째, 민중전선. 셋째, 극우, 넷째 제국주의.

첫째, 선거 문제를 언급하고자 한다. 순서상 맨 먼저 언급하는 것은 대선 문제가 가장 중요해서가 아니다. 필자가 위에서 강조했듯이 계엄 반대 투쟁, 국회 탄핵소추를 위한 투쟁, 헌재 파면 결정을 위한 투쟁 등 탄핵 운동의 매 국면에서 결정적이었던 것은 아래로부터의 투쟁이었지, 국가기관들의 조처와 행동이 아니었다. 탄핵 국면에서 우리는 너무도 많은 사람들이 대선 승리로써 극우 퇴치와 사회 개혁을 이룰 수 있다고 주장하는 것을 봤다.

그러나 민주당과 좌파가 다수의 국가 공직들을 잡게 되더라도 사회의 진정한 권력은 경제 권력을 갖고 있는 자들, 특히 대기업 소유자·경영자들에게 있고, 선출되지 않은 국가 관료들은 이들의 이해관계에 응답한다는 사실을 알아야 한다. 가령 한덕수 같은 자는 노무현 때도 국무총리를 역임하며 노무현 임기 말기의 친기업 정책들을 적극 시행했다. 그는 4월 8일 윤석열의 최측근 중 하나이자 쿠데타 미수 당일 밤 안가에서 수습책을 함께 의논했던 이완규 법제처장을 헌법재판관에 지명했다. 여야를 넘나든 국가 관료들은 한덕수 외에도 많다. 결국 친기업 정책들을 시행한 역대 민주당 정부들은 지지자들을 배신하고 실망시키고 심지어 환멸을 안겨 줬다.

선출되지 않은 국가 관료 가운데 정보기관장들과 군부 최고 지휘관들은 특별히 언급할 만한 선출되지 않은 권력이다. 특히, 동아시아 지정학 정세가 매우 중요한 우리나라 상황에서는 개혁파 정부들도 보수 정부들과 별반 다르지 않음을 역사적 경험으로 알 수 있었다. 가령 노무현 정부는 미국의 이라크 점령을 돕고자 파병을 했다. 문재인도 북한 김정은과 판문점에서 서로 손잡은 모습을 보여 남북한 간 평화에 대한 기대를 불러일으켰지만 결국 남북 관계는 다시 악화됐다. 그래서 2019년 8월 16일 북한은 문재인의 '평화 경제' 운운하는 발언에 대해 "평화 경제? 삶은 소대가리가 웃는다"고 비난했다. 2020년 3월 4일에도 북한은 문재인을 비난했다. "내뱉는 한마디 한마디와 하는 짓거리 하나하나가 다 구체적이고 완벽하게 바보스럽다." 문재인의 대중국 외교로 말하자면, 사드를 들여온 후과로 그는 중국 국빈 방문 중에 열 끼 중 여덟 끼를 중국 측 인사 동석 없이 혼자 먹는 수모를 겪었다.

이런 역사적 경험에도 불구하고 특별히 이번 대선은 정치적으로 매우 양극화된 정세 속에서 극우의 지지를 받는 후보와 대결하게 될 것 같으므로 탄핵 운동 지지자들이 대선에 무관심하면 안 될 것이다. 그러나 민주당과 여타 원탁회의 정당들에게는 선거가 일종의 목적 자체이겠지만, 근본적 사회변혁을 추구하는 사람들에게는 착취나 차별을 받는 사람들의 궁극적 해방이라는 훨씬 중요한 목적을 위한 하나의 특정 수단인 것이다.

따라서 혁명적 좌파에게는 선거 방침이 원칙이나 기본 입장 문제가 아니라 전술 문제다. 그래서 선거 참여에 유리한 조건이 조성돼야만 선거에 참여하는 게 적절하다. 한편, 탄핵 운동 과정에서 부차적이었던 군소 좌파 정당이 두 달밖에 남지 않은 선거에서 괜찮은 성적을 거둘 것으로 기대할 수는 없다. 따라서 동아시아에서 중요한 지정학적 충돌이 일어나지 않고 그의 신상에 별일이 없다면 이재명 후보가 탄핵 찬성 진영 다수의 지지를 받는 후보가 돼 선거에서 탄핵 반대 진영 후보와 겨룰 개연성이 클 것 같다.

그와 경쟁하는 더 좌파적인 후보를 세웠다가 너무 형편없는 득표를 하면 차라리 안 내보내는 게 나았을 것이라는 평가를 받을 수 있다. 반면, 좌파 측 후보가 이재명 후보가 낙선할 만큼 많이 득표해서 우파 측 후보가 어부시리를 얻는다면 그것은 미련하고 어리석은 행위라고 평가받을 뿐 아니라 심지어 반동적인 짓이라고까지 비난받을 수 있다.

따라서 좌파 일각에서 뭐라고 각을 세우든 필자는 이재명에게 투표하는 게 불가피하다고 생각한다. 단, 불가피성을 미덕으로 격상시키지 말아야 하며 결코 필요한 비판을 삼가서는 안 될 것이다.

민중전선이냐 공동전선이냐, 또 민중전선이냐 계급투쟁이냐

이제 둘째 문제인 민중전선을 언급하고자 한다. 민중전선은 지금 이 나라에서 민주당과 진보당 등 야 5당과 그들을 지지하는 시민·사회단체들이 결성하려 하는 연합을 말한다. 필자는 그냥 역사적 용어로 민중전선이라고 부르겠다. 민주당과 진보당 같은 민중전선 지도부들은 우익에 맞서기 위해서는 계급을 초월한 국민적 연합이 필요하다고 강조할 것이다. 그러나 정확히 그 정반대다. 극우나 우익을 패퇴시키려면 노동계급 투쟁이라는 막대한 힘이 필요하다.

물론 민중전선 전략은 투표에는 도움이 될 수 있을 것이다. 하지만 그런 투표 방침 정도는 필자가 위에서 전망하는 것처럼 각 정치조직이 자신의 정치적 독립성을 유지하면서 실행할 수 있다. 민중전선은 투표 연대 훨씬 이상의 것이다. 그것은 관련 정치조직들이 서로 비판을 삼가면서 자신의 정치적 독립성을 유보하고 정부의 공동 운영에 헌신하는 것이다.

민중전선은 좌파와 자유주의자들의 연립이라고도 정의할 수 있다.

1990년대 말 IMF 공황 이후 민주당의 최신 역사를 보든 1960년대 이후 미국 민주당의 역사를 보든 또 2000년대 유럽의 사회적 자유주의 정당, 즉 신자유주의를 실행한 사회당과 노동당의 경험을 보든 좌파가 자유주의자들과 연합하는 정책은 모조리 실패했다. 자유주의와 좌파는 마치 서로 반대로 나아가려는 말들과 같아서 그 말들이 이끄는 마차는 마비되거나 자유주의 방향으로 가게 된다.

그러므로 민중전선의 실패는 필연적이다. 하지만 극우 등 우파가 득을 보는 것은 필연이 아니다. 노동계급 투쟁과 공동전선이 활성화되지 않는 경우에 우파나 극우가 득을 본다. 공동전선은 연립정부 수립을 위한 전략적 연합이 아니라 사안별(때로 몇 가지 사안이 될 수도 있다) 공동 투쟁을 하기 위한 전술적 연합이다. 특히, 극우의 공세에 대응하는 데에는 필수적이다.

노동계급의 투쟁이 반드시 경제투쟁이기만 한 건 아니다. 좌파들이 서로 단결할 줄만 안다면 그들은 노동조합과 함께 극우에 반대하는 투쟁을 할 수도 있다. 이것은 필자가 탄핵 운동 참가자들이 직면해야 할 셋째 문제로 언급한 극우 문제로 우리를 이끈다. 넷째 문제(제국주의)와 합쳐서 언급하겠다.

윤석열 친위/군사 쿠데타의 주된 원인

윤석열 군사 쿠데타의 핵심 원인은 그의 좌파 증오와 좌파에 대한 전면 탄압 의지였다. 이는 계엄 포고령 전체에 반영됐다. 해외 인권 기구들은 윤석열하에서 한국의 민주주의 지수가 하락하고 권위주의 지수가 상승해서 한국의 민주적 지위가 누적적으로 하락했다는 보고서들을 그동안 발표했다. 윤석열이 이렇게 정치적 억압 수위를 높여 왔던 것은 미·중 갈등 수위가 올라가고 북한의 핵 대응 능력과 의지도 올라가는 상황에서 남한 야당들과 정치적 반대파들이 자기를 공격하는 건 이적 행위이고 반국가 행위라고 본 것이다. 그리고 (특히 부정선거를 통해) 그 배후에 중국과 북한이 있음이 틀림없다고 믿었다. 그러므로 정부 반대자들은 모두 "종북 좌파"이고, 그들의 국회 정당들이 탄핵 공세를 펴는 건 그들의 전술일 뿐이라고 봤다.

윤석열은 정말로 음모론을 믿었고 그 나름으로 지정학과 국내 공식 정치와 극우 대중운동을 일관되게 연결시키는 듯했다. 물론 윤석열은 군대의 힘을 훨씬 믿었지만 거리 극우가 그토록 신속하게 우파 일반을 규합하며 그토록 놀라우리만큼 빠르게 성장해 자신을 지켜 줄 것처럼 보인 것에는 적이 놀라고 매우 기뻤을 것이다.

그저 공식 여야 정당들 간의 충돌로 (개혁주의자들처럼) 설명하기보다는, 이렇게 제국주의 지정학 갈등과 정부 지도자와 집권당과 기층 대중운동을 연결하고 그 연결 끈으로서 음모론에 근거한 이데올로기를 주목하는 것이 더 일관된 설명이고, 역사유물론에 더 잘 부합한다. 물론 윤석열과 극우 일반은 이런 이론과 이데올로기에는 아직 도달하지 못했다. 급박한 상황 전개와, 인식을 앞서가야 하는 실천 때문에 아직 그들도 이론과 이데올로기를 계발하는 것은 뒤처지는 듯하다. 특히, 자신들의 정치적 실천을 사회경제적 기본 입장(강령)으로 아직 전환시키지 못하고 있다. 그러나 극우가 이론과 이데올로기를 정립하는 데 그다지 오랜 시간이 걸리지는 않을 것이다.

이처럼, 극우 운동을 경제 위기 속 지정학적 갈등 첨예화, 정부 지도자의 주도성, 기층 극우 대중운동의 응답과 부상, 집권당이 이로부터

받는 우경화 영향("극우의 주류화") 등으로 설명하면, 즉 구조와 인간 행위자들, 또 토대와 상부구조를 이렇게 통합적으로 연관시켜 사태를 보면 앞으로의 전망은 더 심각한 정치 위기를 시사한다. 극우에 맞서고 제국주의에 반대하는 운동을 앞으로 오히려 강화해야 한다는 점도 드러난다.

제국주의는 국내 민주주의에 악영향을 미친다(이를테면 트럼프가 한덕수와 통화함으로써 사실상 그를 넌지시 지지해 주고 있다는 점도 생각해 볼 만한 점이다). 특히, 미·중 제국주의 간 지정학적 충돌이 동아시아에서 일어난다면 한국 내 상황이 어쩌면 혁명적으로 급변할 수도 있다.

"혁명의 현실성", 레닌 정치의 대전제

물론 전통적 극우 언론인들인 조갑제와 김진과 정규재가 윤석열이 파면되지 않으면 "혁명 수준의 민중 항쟁이 일어날 것"이라고 염려했던 것은 기우였다. 아무리 격동기여도 지금의 상황은 지난 한 세기 동안 혁명적 마르크스주의가 혁명 직전 상황의 특징이라고 규정한 것에 아직 들어맞지 않는다. 혁명적 마르크스주의는 혁명 직전 상황의 필수적 특징 세 가지를 다음과 같이 든다.

첫째, 지배계급이 자기네의 지배 방식을 바꾸지 않으면 지배를 유지할 수 없다고 느낀다.

둘째, 피지배계급도 "더는 못 참겠다, 일어서자"고 느낀다.

셋째, 중간계급은 전통적 정당들을 더는 신뢰하지 못하고 크게 동요하기 시작한다.

차례차례 살펴보자.

첫째, 지금, 지배계급이 자기네의 지배 방식을 바꾸지 않으면 지배를 유지할 수 없다고 느끼고 있지는 않다. 윤석열의 군사 쿠데타는 1980년 전두환 쿠데타와 달리, 또는 1973년 칠레 피노체트 장군의 쿠데타와 달리 지배계급이 학수고대하던 것이 아니었다. 그리고 지배계급은 사후적으로도 윤석열을 확고히 지켜 주지 않았다. 아마 그들은 이재명이 대통령 되는 것도 그리 탐탁하지는 않겠지만 윤석열이 금세 또다시 사고 치는 것도 바라지 않았을 것이다. 헌재도 이렇게 밝혔다. "이 사건 계엄 선포 당시 정치 상황과 사회 상황이 전시·사변에 해당한다거나 적과 교전 상태에 있었다고 볼 수 없음은 명백하다."

둘째, 노동계급도 "더는 못 참겠다, 일어서자"고까지 느끼지는 않는 듯하다. 탄핵 국면에서 노동계급의 자세는 절박하거나 필사적이지는 않았다고 보였다. 노동계급 사람들이 자기 계급 고유의 요구들을 절박하게 제기하거나, 계급 고유의 행동을 하자고 자기 지도자들에게 강력히 촉구하는 움직임은 두드러지지 않았다.

셋째, 중간계급이 전통적 정당들을 더는 신뢰하지 못하고 크게 동요하기 시작한 것도 아니다. 물론 특히 소상공인들과 실직자들은 물가 상승과 정부의 긴축재정, 여전히 높은 대출금리 등으로 가장 커다란 고통을 받고 있다. 그래서 주로 그들이 극우 대중운동의 기반이 되고 있다. 그러나 그들은 파시즘처럼 독자적 강령과 정당을 추구하기보다는 아직 국힘당을 지지하는 것에 머무르고 있다.

이런 계급 역학을 보건대 당장에 노동계급 혁명이 일어날 공산은 크지 않은 듯하다.

그러나 한 가지 매우 중요한 변수가 있다. 제국주의 때문에 어느 한

나라의 문제가 국제적 문제로 전환된다는 것을 알아야 한다. 특히 레닌이 이를 강조했는데, 제국주의 간 지정학적 충돌은 순식간에 사태를 달라지게 만든다는 것이다. 가령 대만을 놓고 미국과 중국이 크게 충돌하는 상황이 벌어진다면 한반도나 한국 국내 상황도 엄청난 소용돌이에 휘말리게 될 것이다.

제국주의하의 이런 국제적 역학을 두고 1924년 루카치는 "혁명의 현실성"이라고 부르며 레닌의 핵심 사상이라고 지적했다. "혁명의 현실성"은 구체적으로 다음 세 가지를 뜻한다.

첫째, 국민 대중의 민주주의 염원과 민주주의적 요구들은 단지 국내의 비민주적 정부와 충돌할 뿐 아니라 제국주의 열강과도 충돌하게 된다.

둘째, 제국주의 때문에 민중 혁명을 그 논리적 결말에 도달하게 할 세력은 노동계급밖에 없다.

셋째, 미래의 혁명이 현재의 길라잡이가 된다.

하나씩 살펴보겠다.

첫째, 민주주의를 위한 민중 혁명은 제국주의의 반대에 부딪힌다는 명제다. 윤석열이 비록 미수에 그쳤지만 군사 쿠데타를 일으킨 가장 주된 동기(좌파 척결)의 근저에는 지정학적 맥락이 있었다. 윤석열의 쿠데타 기도는 단지 그와 그의 아내의 부패 문제를 둘러싸고 민주당이 공격한 것 때문만이 아니었다. 민주당은 명태균 게이트 등을 언급하며 전적으로 윤-김 사기꾼 부부에만 집중하고 있는데, 미·중 간 제국주의적 갈등이라는 명백한 배경은 애써 언급을 피하고 있다. 그러나 윤석열의 쿠데타는 특히 중국과 북한 그리고 이 국가들을 지지하는 일부 좌파들을 겨냥한 것이었다. 이재명도 그런 좌파의 일부(그것도 지도자)로 여겼던 것이고.

그리고 윤석열과 극우는 미국 측도 이재명을 믿지 못한다고 보고 있었다. 사실 미국 의회조사국은 지난해 12월 23일 보고서 하나를 냈는데 거기서 이런 진술을 했다. "윤석열 대통령은 이전 한국 지도자들보다 더 적극적으로 중국을 비판하는 태도를 갖고 있었는 데 반해 이재명 민주당 대표는 이런 태도에 의문을 제기했다."

요컨대 비민주적 정부를 몰아내고자 하는 민중 혁명은 미국 제국주의와 충돌할 공산이 매우 크다.

둘째, 제국주의 때문에 민중 혁명을 그 논리적 결말에 도달하게 할 세력은 노동계급밖에 없다는 명제다. 민중 혁명이 성공하려면 노동계급이 혁명적 운동을 이끌어야 한다는 것이다. 특히, 한국 지배계급은 역사적으로 미국과 극도로 밀접한 경제적, 정치군사적 관계를 맺어 왔다. 그런데 민주당은 지배계급의 최선책이나 차선책이 되고자 하므로 미국 지배자들과 단절할 의지도 능력도 없다. 따라서 민중 혁명을 이끌 능력은 노동계급에 있다. 노동계급이 힘을 한껏 발휘해 중간계급을 이끄는 것이 유일하게 성공 가능한 시나리오다.

노동계급이 중간계급의 지지를 받으며 민주주의와 국가 자주성을 구현하는 혁명, 바로 이를 두고 트로츠키는 연속혁명이라고 불렀다.

셋째, 미래의 혁명이 현재의 길라잡이가 된다는 명제다. 혁명가들은 혁명의 전망을 먼 미래로 미뤄 두지 않아야 한다는 것이다. 그리고 지금 적절한 전술 방침과 계획을 세우려면 미래의 혁명과 연결시켜야 한다는 것이다. 혁명의 전망을 먼 미래로 미뤄 두면 좌파는 불가피하지 않은데도 타협으로 이끌리고, 차악론으로 이끌리고, 선거를 사회 개혁의 주요 수단으로 취급하는 것으로 이끌리고, 대세 추수로 이끌리고,

결국 혁명적 기회를 놓치게 된다.

혁명에 못 미치지만 대규모 항쟁의 가능성이 있는데도 혁명가들이 선거와 의회 참여를 통해 사회 개혁을 이루는 것에 주된 관심을 두는 것도 바로 혁명의 현실성을 인식하지 못한 결과다. 오히려 혁명에 못 미치는 항쟁이 일정에 오르는 듯한 때 혁명가들은 혁명을 위한 조건들을 스스로 창출하는 데 일조해야 한다. 현재를 혁명적 미래 쪽으로 향하도록 틀어 버리는 데 최선을 다해야 한다.

맺음말

사회의 위기가 커지면 커질수록 주관적 요인이 그만큼 더 중요해진다. 1917년 러시아에서 볼셰비키 당이 그저 멘셰비키 당과 별로 다르지 않았다고 가정해 보라. 특히 10월의 막중한 과업을 감당해 낼 수 있었겠는가. 계속 임시정부가 잘하라고 압박을 가하는 수준에 머물렀다면, 또다시 반동적 군사 쿠데타가 일어나 트로츠키 말대로 "파시즘"을 뜻하는 낱말은 이탈리아어가 아니라 러시아어가 됐을 것이다. 그리고 모든 좌파가 대가를 톡톡히 치렀을 것이다.

물론 한국의 극우는 파시즘이 아니고 아직 파시즘으로 진화한 것도 아니다. 그러므로 노동자 조직과 좌파 조직을 깡그리 박살 낼 능력과 의지가 있는 것은 아니다(그러나 극우의 일부가 파시즘으로 진화할 조건이 국내외적으로 형성돼 있음을 유념해야 한다).

개혁주의자들이 활동할 운신의 폭이 없어지는 것도 아니다. 이재명이 설사 "수거" 당한다 해도 다른 개혁주의자들이 움직일 여지가 있다. 다른 개혁주의자들이 기회를 빼앗겨도 또 다른 개혁주의자들이 기회를 잡을 것이다. 역사를 통틀어 보면, 최악의 양극화 상황에서조차 개혁주의자들은 중간 지점을 찾으려 애썼고, 그런 길이 없는 때에도 그런 길을 내려 무진 애를 썼고, 안 되면 그런 길의 신기루를 만들어 냈다.

지금 정치적 상황의 혼란과 흐트러짐은 세계 자본주의의 구조적 원인들에 따른 것이다. 특히 제국주의적 충돌의 핵심 양상은 더는 강대국 대 약소국의 충돌이 아니라 강대국들끼리 충돌하는 것이다. 노동계급의 조건들은 계속 악화되고 있고, 일부 나라들에서는 도저히 참을 수 없는 지경에 이르렀다. 기후 위기가 산불과 홍수로 비교적 가난한 사람들을 끔찍한 고통에 빠뜨리고 있는가 하면, 빈국에서 지진은 수많은 빈곤층 사람들을 죽음과 장애로 내몰고 있다.

바로 이런 상황을 배경으로 지배자들은 갈수록 권위주의적 지배로 향하는 경향이 있다. 튀르키예 정부가 야당 유력 대선 주자를 비롯해 야당 정치인 100명을 체포한 것은 바로 한 달도 안 된 최근 사례일 뿐이다. 윤석열은 계엄 훨씬 전부터 정치적 억압을 강화해 오고 있었다. 윤석열이 대통령직에서 사라졌어도 미래 언젠가 또 다른 자가 군사 쿠데타를 일으킬지도 모른다.

체제를 전복할 수 없고 그저 개혁할 수만 있다며 급진적이지만 수동성에 침잠해 있는 좌파는 그저 '정상성'으로 돌아가기를 희망하고 기원할 것이다. 그들은 위기를 일시적 에피소드나 초현실적 상황으로 보고 시스템 전복 호소를 윤석열 계엄만큼이나 비이성적이고 무모한 시도로 여길 것이다.

그러나 군사독재 정부가 끝나고 들어선 최초 '민선 민간 정부'의 대통령 김영삼이 남긴 유명한 말처럼, "개혁이 혁명보다 어렵다." 실제로 그동안 30여 년이 지나고 개혁파 정부들을 네 차례 겪는 사이에 우리는 이 말을 실감해야 했다. 이제 설상가상으로 구조적·유기적인 다중·복합 위기 상황이 도래해, 개혁으로 가는 오솔길마저 폐쇄될 위험이 시시각각 다가오고 있다(어쩌면 이미 다가온 것인지도 모른다). 그 대신에 열강의 제국주의적 충돌로 일국의 비혁명적 상황이 일거에 혁명적 상황으로 전환될 수도 있는 "혁명의 현실성"이 존재한다. 그런 전환의 순간이 왔는데도 깨닫지 못하거나 놓치면, 반동이나 심지어 반혁명에 직면할 것이다.

요컨대 시간이 갈수록 우리 앞에 제시되는 선택지는 100여 년 전 폴란드계 독일 혁명가 로자 룩셈부르크가 경고한 것과 닮아 가고 있다. 로자 룩셈부르크는 인류의 역사적 선택이 사회주의냐 아니면 야만이냐에 점점 근접할 것이라고 했다.

정말이지 탄핵 운동 진영은 자기만족에 빠질 여유가 없다.

최일붕, 〈노동자 연대〉 542호(2025-04-15).

이재명 정부는
내란 세력을 뿌리 뽑을 수 있을까?

윤석열 계엄을 반대하고 그의 탄핵을 지지한 사람들은 모두 이재명 정부가 내란 세력을 깨끗이 청산하기를 염원하고 있다. 결론부터 말하면, 그렇게 되지 못할/않을 것이다. 왜 그런지 살펴보기 위해 나는 마르크스주의에 근거한 이론적 분석을 내놓으려고 한다.

윤석열의 비상계엄 선포를 보고 지배계급이 대부분 어떤 태도였을까 하는 질문을 던져 본 적이 있을 것이다. 하나의 계급으로서 전체적으로 그들은 뜨뜻미지근한 태도였다. 왜냐하면 지배계급은 민주적 권리를 방어할 의지가 별로 없는데, 윤석열의 군사 쿠데타 기도는 민주적 권리들을 침해하고 유린할 목적을 이루려 한 것이었기 때문이다.

12·3 계엄 포고령을 살펴보겠다.

1. 국회와 지방의회, 정당의 활동과 정치적 결사, 집회, 시위 등 일체의 정치 활동을 금한다.
2. 자유민주주의 체제를 부정하거나, 전복을 기도하는 일체의 행위를 금

하고, 가짜 뉴스, 여론 조작, 허위 선동을 금한다.

3. 모든 언론과 출판은 계엄사의 통제를 받는다.

4. 사회 혼란을 조장하는 파업, 태업, 집회 행위를 금한다.

5. 전공의를 비롯해 파업 중이거나 의료 현장을 이탈한 모든 의료인은 48시간 내 본업에 복귀해 충실히 근무하고 위반 시는 계엄법에 의해 처단한다.

6. 반국가 세력 등 체제 전복 세력을 제외한 선량한 일반 국민들은 일상생활에 불편을 최소화할 수 있도록 조치한다.

※ 이상의 포고령 위반자에 대해서는 대한민국 계엄법 제9조(계엄사령관 특별조치권)에 의해 영장 없이 체포, 구금, 압수수색을 할 수 있으며, 계엄법 제14조(벌칙)에 의해 처단한다.

역사적으로 자본가계급은 억압받는 대중의 민주적 권리 문제에 열의가 없이 뜨뜻미지근했다. 1789~1799년 10년간 당시 세계를 뒤흔든 프랑스 혁명이 정치적 민주주의를 온전히 성취했다거나 평범한 민중의 민주적 권리를 보장했다는 말은 자유주의적 역사가들의 뻥튀기다. 물론 봉건 전제 국가를 전복하고 민주적 이상을 설파해, 미래를 위한 씨앗이 뿌려지기는 했지만 말이다.

그러나 역사뿐 아니라 이론으로도 우리는 지배계급이 민주적 권리를 향한 의지가 별로 없음을 알 수 있다. 지금부터 이 점을 설명하겠다. 그러고 나면 우리는 지배계급, 특히 그 가장 효과적인 정치조직인 국가가 자체 내의 쿠데타 세력을 뿌리 뽑는 일에 심드렁할 것임을 알게 될 것이다.

자본주의 국가는 쿠데타 세력 숙정 의지가 없을 뿐 아니라 그럴 능력도 없다. 의지 부족 문제를 다룬 다음에 능력 부족 문제를 다루겠다. 그렇게 해서 우리는 다음과 같은 점을 알 수 있을 것이다. 이재명 정부와 민주당은 "내란 세력"을 일소할 의지가 설사 있다손 치더라도 그들은 그럴 능력이 없거니와, 그들 자신도 이를 잘 알기에 의지도 발휘하지 않을 것이다.

얘기를 계속하기 전에 간단한 용어 해설이 필요할 듯하다. 국가는 헌법·사법부·입법부·행정부·군경·관료제·공기업 등과 제도·조직·법질서까지 포괄해 총칭하는 말이다. 반면, 정부는 정책 결정과 집행을 중심으로 일하는 행정부 상층을 가리키는 말이다.

자본주의 국가는 왜 민주적 권리 방어에 열의가 없는가?

먼저, 자본주의 국가에게는 민주적 권리를 보장할 의지가 강하지 않다는 점을 설명하겠다. 우선, 우리가 늘 전제로 삼아야 할 점이 있다. 자본주의적 민주주의의 결정적 특징인데, 자본주의적 민주주의하에서는 정치와 경제가 매우 분리된다는 것이다. 그리고 자본주의적 민주주의는 정치적 민주주의에 한정된다. 그러나 착취는 선거·의회 등 정치 영역 '바깥'에서 일어난다. 즉, 착취는 기업주와 그의 관리자들이 독재적으로 경영하는 일터에서 일어난다. 자본주의는 일터를 민주적 통제 바깥에 두면서도 형식적 인권은 보편화한다. 그래서 민주주의의 폭이 넓은 듯해도 전혀 깊지가 않다. 정치와 경제의 이 제도적 분리 덕분에 국가는 정치적 평등을 선언하면서도 경제적 압제는 온전히 남겨 둔다. 그래서 민주주의와 민주적 권리가 미치는 영역은 사실 크게 제한된다.

그나마 정치적 민주주의도 국가의 중심부에 선출되지 않는 권력이 있다는 점을 명심해야 한다. 비록 대통령과 국회의원들이 선출돼도 자본주의 국가는 정보기관과 검찰, 경찰, 대법원, 상비 관료, 군부 같은 기관들에 결정적 권력이 집중돼 있다. 이들은 '체제 안정'이나 소유 문제가 걸린 경우 선출된 권력을 제약하거나 압도할 수 있다. 윤석열 탄핵 지지자들이 이재명 정부와 민주당에만 의존한다면 민주적 권리는 선출되지 않은 강압적 핵심 권력에 의해 쉽게 후퇴 또는 역행할 수 있다. 가령 국정원과 보안경찰은 일부 반미자주파 활동가들을 보안법에 근거해 탄압하고 있다. 대외 경쟁과 전쟁은 '국가 안보' 논리를 강화해 (가령 보안법 등으로) 표현·언론·여행의 자유를 축소하는 경향을 낳고 있는 것이다. 국내의 정치적 반대파는 안보 프레임에 따라 표적이 되기 쉽다.

민주적 권리도 그나마 '선 소유, 후 민주적 권리'다. 민주적 권리는 소유권이나 영업의 자유와 충돌할 때 번번이 좌절된다. 형식적 평등은 실질적 불평등 앞에서 빛이 바랜다. 자본주의 사회에서 법은 개인의 형식적 평등과 계약의 자유를 전제하지만, 커다란 물질적 격차를 전제로 작동한다. 헌법은 민주적 권리를 형식상 보편화하지만 사회체제는 소유와 이윤을 우선시한다. 그래서 만약 민주적 권리가 이윤이나 기존 질서와 충돌하면 국가의 강제력이 우선한다. 국가가 자본가계급의 이익과 권력을 보호하기 때문이다. 국가는 스스로를 '공익'으로 포장하면서도 민주적 권리의 한결같은 보장을 방해하는 구조적 경향이 있다.

이런 경향은 국가의 계급적 성격 때문이다. 국가는 중립적 중재자가 아니다. 자본주의 국가는 자본주의 사회관계들의 일부다. 나는 내가 편집한 《자본주의 국가》라는 책의 서문에서 "국가도 자본의 일부"라고 말했다. 국가의 기본적 임무는 자본주의 사회관계들을 유지·재생산하는 것, 좀 더 구체적으로 말해 소유·임금노동·자본축적 시스템을 지키는 것이다. 그러므로 이와 충돌하면 민주적 권리는 쉽게 후순위로 밀린다.

그래서 '민주적 권리'는 결코 중립적이지 않다. 민주적 권리는 자본가계급의 이윤과 권력을 보장하도록 확립된 질서 속에 놓여 있다. 그래서 민주적 권리는 자본축적과 사회체제 안정에 기여할 때는 유지되지만, 그 목표를 위협할 때는 제한되거나 철회된다. 예컨대 강력한 노동자 투쟁, 대규모 항의, 반제국주의 투쟁 등이 기존 질서를 위협할 때는 민주적 권리가 제한되거나 철회된다. 민주적 권리는 신장되기도 하고 위축되기도 하지만 계급 권력을 근본적으로 넘어서는 데에는 이르지 못하는 것이다. 경제와 사회의 권력이 자본가계급 수중에 있는 한은 민주적 권리는 여전히 부분적일 뿐 아니라 언제든 회수될 수 있다.

이 문제를 그람시가 말한 헤게모니 개념을 통해 파악해 볼 수도 있다. 자본주의 질서는 경찰·군대·법원 같은 '강제 기구'와 학교·언론 등 '이데올로기 기구'가 결합돼서 유지되는 것이다. 평시에는 '동의'가 강조되지만, 심각한 위기나 격렬한 계급투쟁 국면에서는 강제가 더 부각되고 민주적 권리의 제한이 정당화된다. 그래서 자본주의적 민주주의의 작동 원리를 요약하면 이렇다. '가능하면 동의, 필요하면 강제.' 그람시가 말한 헤게모니는 동의를 얻는 것과 강제를 위협하는 것이 결합되는 것이다. 지배계급은 정당성이 필요할 때는 민주적 권리를 신장하고, 전쟁·경제공황·대중반란 같은 위기시에는 민주적 권리를 위축시킨다. 민주적 권리는 '평상시'에는 넓고 '비상시'에는 좁아지는 탄력성이 있는 것이다.

이렇게 민주적 권리가 불안정하고 취약한 처지에 있는 것은 나쁜 지도자들 때문만은 아니다. 국가는 상층의 인물들을 바꾼다고 성격이 바뀌지 않는 장치다. 자본주의 국가는 자본가계급의 지배가 관철되는 특별한 강제력의 구현체다. 그래서 선거로 정부가 교체돼도 검찰·경찰·군대·행정관료·법원 등 국가기구의 구조와 운영 규칙은 그대로 남아, 지속적으로 자본가계급에 유리하게 작동한다. 그래서 "사람을 싹 갈아치우면 해결된다"는 발상 자체가 비현실적이다.

물론 이재명과 민주당 인사들이 좌고우면하는 것도 문제이긴 하다. 하지만 더 근본적인 이유는 크리스 하먼이 말한 "국가와 자본의 구조적 상호의존"이다. 국가 재정은 기업 이윤에 구조적으로 의존한다. 그리고 국가는 투자·성장·경쟁력 같은 자본주의적 필요와 얽혀 있다. 물론 국가는 제한적으로는 특정 기업과 충돌할 수 있고 노동계급에 일부 양보할 수도 있다. 그러나 전반적으로는 자본주의 사회관계들의 재생산을 지향한다. 특정 자본가 집단과 충돌하기도 하지만 국가는 (자본주의) 체제 전체의 이익을 우선한다.

이처럼 국가는 자본과 결부돼 있으므로, 경제 위기 시기에 국가는 민주적 권리를 제약하는 비상 조처(감시 확대, 집회 제한, 긴급 명령)를 택하기 쉽다. 또, 민주적 권리(가령 노조 할 권리, 시위의 권리 등)가 신장되는 바람에 기업 이윤과 공공 질서가 위협받는다고 판단되면, 국가는 기업들의 압박을 받아 민주적 권리를 제약하는 선택을 하게 된다. 당장의 사례로 노란봉투법이 있다. 노란봉투법 문제의 핵심은 파업권 제약인데, 파업권은 민주적 권리의 하나다. 이재명 정부는 경제 6단체의 반대를 받자 통과시켜 놓고도 비틀거리고 있다.

이재명 정부는 국가의 장벽을 돌파할 수 있을까?

지금까지 내가 얘기한 바를 요약하면 이렇다. 자본가계급과 자본주의 국가는 민주적 권리를 지키는 데에 별로 이해득실이 있지 않아 심드렁하다. 민주적 권리를 보호할 의욕이 별로 없다.

그렇다면, 이재명 정부는 자본주의 국가의 이런 미온성을 거스를 능력이 있을까? 의지는 있다고 가정하고.

이재명 정부와 민주당은 민주적 권리들을 둘러싼 자본주의 국가의 미온성을 거스를 능력이 없다. 첫째, 법과 제도 문제가 있다. 가령 헌법 7조는 공무원의 신분과 정치적 중립을 법률로 보장한다. 대규모 일괄 해임·면직은 위헌·위법 소지가 크다. 사법부 독립 문제도 있고, 검찰·경찰·군대 내의 인사·징계 절차도 각각의 법률 절차를 거쳐야 한다. 최상층의 일부 자리들은 대통령의 인사권으로 교체 가능하지만, 신분이 보장되는 대다수 관료층은 법적 지위가 다르다. 그들은 권력자 네트워크(고위층, 정보기관 수뇌부, 경찰 수뇌부, 고위 공무원, 언론사 소유주 등의 연결망·관계망)의 일부다. 권력자 네트워크는 산업계와 금융계, 검찰, 정보기관, 고위 행정관료, 군부, 보수 언론 등으로 이뤄진 네트워크다. 이들은 정부 교체보다 훨씬 느리게 바뀌거나 거의 바뀌지 않는다. 성급한 대규모 인적 청산 기도는 '정치 보복' 프레임을 키워 역풍을 부를 수 있고, 사법적 제동을 받을 가능성도 크다. 검찰 조직의 정치화 문제를 다룬 연구들도 이런 관성과 네트워크 효과를 지적한다. 정성호보다 더 급진적인 자(가령 조국)가 법무부 장관 자리에 있다 해도 별로 다르지 않다.

대규모 인사와 전면적 제거는 곧바로 법정 공방, 헌법 소원, 국제 여론전으로 비화한다. 그러면, '질서'와 '중립'을 내세운 보수파의 반격이 강화되고, 그리되면 강력한 행정권·치안기구에 기대어 전세가 역전되는 시나리오가 펼쳐질 수 있는 것이다. 결국 행정과 인사만으로는 구조를 못 바꾼다.

그래서 이재명 정부는 법치에 근거한 책임 추궁의 연쇄를 만들려 애쓰고 있다. 특검, 진상 조사, 국회 청문, 감사 강화 등으로 사안별 기소와 징계를 축적해서 국가 조직의 재보수화 성향을 야금야금 바꾸려 하고 있다(가령 12·3 계엄/내란 관련 사법 절차의 정상화).

또, 제도 개혁을 중심적인 전략적 선택지로 삼고 있다. 여당은 검찰의 수사와 기소 분리 등 검찰 제도 개편 법안을 추진하고 있다. 숙정이 아니라 권한 배분과 조직 재설계를 통해 장기적 균형을 바꾸려는 접근법인 것이다. 여기에 우군으로 노동조합·시민단체·사회단체 지도자들을 동원해 국가기관들의 저항을 견제하려 할 것이다. 그람시의 헤게모니 개념을 개량주의적으로 변형해 활용하는 것이다.

이 모든 일들은 기존 정치제도의 한계 내에서 취하는 경로다.

이재명 정부의 이런 답답하자고 소심한 방식에는 내가 앞에서 설명한 국가의 계급적 성격 문제가 근저에서 작용하고 있기 때문이다. 앞에서 강조했듯이, 국가는 결코 중립적이지 않다. 국가는 자본가계급의 지배와 자본축적을 위한 조건을 확보하기 위해 세워졌다. 쿠데타 세력의 철저한 제거는 검찰, 경찰, 법원, 군대 등 소유와 노동 규율을 보호하는 바로 그 장치들을 불안정하게 만들 위험이 있다.

따라서 쿠데타 공모자를 모두 척결하는 것보다 최소한의 혼란으로 질서를 회복하는 것이 국가에게 최우선이다. 전면적 숙정은 정부가 노동자 투쟁이나 대규모 항의 시위 등에 대비해 강화되기를 바라는 핵심적 강압 기구들(경찰, 정보기관, 법원, 군대 등)을 무력화할 위험이 있다. 따라서 제도적 자기 보존 논리에 따라 정부는 형사 기소보다는 관대한 처분, 수평적 전근, 또는 조기 퇴직을 선호하게 된다.

그 밖의 구조적 요인들

둘째, 쿠데타 세력 전면 숙정 기도는 자본가계급의 내분을 격화시킬 우려가 있다. 국가는 자본가계급 내부의 타협을 중재하는 데에 주체성과 자발성을 발휘할 수 있는데, 실제로 자본가계급 내의 갈등을 봉합하는 기능을 해야 한다. 정부는 국가의 기반을 균열시킬 수 있는 전면적 숙정보다는 권력자들끼리의 협정이나 면책 거래나 제한된 형사 기소를 선호한다. 권력자들은 그런 타협을 통해 가장 증오받는 인물들만을 제거하면서, 제도를 보호하고 근본적 권력 구조를 그대로 유지하는 것이다. 사실 권력자들의 관점에서는 친위 쿠데타를 계급적 프로젝트로 계획된 것이 아닌 개인의 과잉 행위로 규정하는 것이 더 낫다. 왜냐하면 정부 지도자의 쿠데타를 범죄화하는 것은 나중에 비슷한 일을 획책했다 실패한 다른 권력자들에게 더 쉽사리 위협이 될 수 있는 선례가 되기 때문이다. 쿠데타를 개인의 일로 만듦으로써 나중에 더 광범하게 지배계급 자체에 불리하게 사용될 수 있는 수단이 되지 않도록 할 수 있다.

셋째, 쿠데타를 지원한 권력자들은 바로 국가가 곧 필요로 하게 되는 자들이다. 그들을 한꺼번에 교체하는 것은 통제력 상실, 정보 유출, 그리고 관료적 방해 공작 등의 위험을 초래한다. 따라서 철저한 숙정이 아니라 제한적이고 선별적인 징계와 제한적·선별적 인사 이동 정도가 필요하다. 이재명 정부는 윤석열 정부가 의존했던 것과 똑같은 억압기구·행정기구에 의존해야 하는 것이다.

넷째, 국가는 아래로부터의 대중 동원에 대한 두려움이 있다. 쿠데타 세력의 진정한 숙정을 위해서는 노동자 등 대중을 결집시켜 기성 체제에 맞서야 하지만, 대중 동원은 '민주주의 수호'를 넘어 임금 투쟁, 군사비 증액 반대 투쟁, 이주민·난민 방어로까지 확대될 수도 있다. 국가는 노동계급의 힘 강화를 막기 위해 대중 동원을 제도적이고 협소하게 유지한다. 따라서 이재명 정부가 "내란 세력" 척결 의지가 있다 해도 국가의 우려 사항을 건들면서까지 그런 시도는 할 수 없을 것이다.

사실 이재명 정부는 법치를 통해 "내란 세력"을 청산하겠다고 하는데, '법치'와 적법 절차는 대중 저항의 제어를 뜻한다. 법률주의, 절차주의, 끝없는 기구나 위원회 설립과 운영 등은 정치적 갈등과 충돌을 느리고 개별적인 판결이나 결정으로 바꾸는 구실을 한다. 이는 자본가들에게 이윤 획득 활동의 정상적인 조건들을 제공함과 동시에, 국가가 시간을 벌며 대중의 분노를 달래는 효과를 낸다.

다섯째, 국가는 자본주의 세계 속에 있으므로 국제적 제약을 받는다. 금융시장, 신용 평가 기관, 동맹국들 등은 예측 가능성을 중시한다. 쿠데타 세력의 전면적 숙정은 한국의 정부는 물론이고 사법부와 군부조차 불안정해지고 있거나 정치화하고 있는 것으로 해외 자본에 비칠 수 있다. 따라서 국가는 자신에게 연속성이 있다는 신호를 외부에 보낸다. 즉, 제한된 재판과 신속한 사면 등을 그들에게 암시한다.

이상의 요인들을 종합해 보면 이렇다. 쿠데타 세력 숙정을 놓고 국가가 보이는 미온적 반응은 과오나 실책이 아니다. 민주적 책임보다는 자본주의의 안정, 기성 권력층의 응집력, 노동계급에 대한 통제를 우선시하는 시스템과 그 수혜자/수호자가 핵심 문제다. 그래서 "내란 세력"의 숙정은 이재명 정부가 쿠데타 세력과 단호하게 결별하지 않고 대충 정리하는 것이 기본 전망이다.

맺음말

결론으로, 이재명 정부는 자신이 표방한 제일 과업인 "내란 세력" 청산을 하지 못하고 대중의 증오를 한몸에 받는 몇몇 권력자들과 "아무 것도 아닌 자"들을 처벌하는 데에 그칠 것이다. 쿠데타 세력의 제대로 된 청산은 노동계급 투쟁과 혁명적 사회주의자들의 몫이다.

혁명적 사회주의에 따르면, 민주적 권리의 안정적 보장은 생산수단의 민주적 통제(노동자 민주주의)로 나아갈 때 비로소 가능하다. 민주적 권리를 무조건적·보편적으로 방어해야 한다. 민주적 권리는 노동계급이 스스로 조직하기 위해 필수적이므로, 그것을 수단으로서 전면 방어해야 한다. 파리코뮌의 경험은 민주주의의 확장이 노동자들의 역량을 강화한다는 점을 보여 준다.

민주적 권리는 아래로부터의 투쟁을 통해 쟁취되고 보호된다. 결코 위에서 하사되는 선물이 아니다. 보통선거권, 결사의 자유, 노동조건 악화 없는 노동시간 단축 등은 아래로부터의 투쟁이 고도로 고양됐을 때 확보됐다. 투쟁이 후퇴하면 국가는 민주적 권리를 쉽게 약화시킨다.

자본주의 국가가 민주적 권리를 일관되게 보호하지 못하는/않는 이유는 국가의 핵심 기능이 권리 보장이 아니라 자본축적 질서의 안정에 있고, 법·제도·재정·국제질서가 모두 그 방향으로 구조화돼 있기 때문이다. 따라서 권리는 투쟁으로 획득·방어돼야 하며, 경제·정치의 민주화를 결합할 때만 장기적으로 공고해질 수 있다.

시민적·정치적 권리를 사회적·경제적 권리와 연결시켜야 한다. 자유주의의 한계를 들춰내면서 사람들의 일터나 지역사회에서 민주주의를 넓히는 일을 해야 한다. 노조 할 권리, 파업권, 피케팅 할 권리, 핵심 부문에 대한 사회적 통제, 경찰·규제기관의 선출성과 소환 가능성 등이 그 예다.

의회가 아래로부터의 권력을 대신하도록 놔두지 말아야 한다. 선거는 순전히 전술적으로 활용하되, 권리를 획득·방어하는 중심은 노동조합, 여성단체 등 사회운동의 대중조직과 의회 밖 행동이어야 한다.

궁극적으로 국가와 경제를 함께 민주화해야 한다. 권리의 일관된 보장을 위해서는 정치와 경제의 분리를 넘어 사회적 소유, 노동자 통제, 구 국가기구를 대체하는 진정으로 급진적인 민주적 제도(코뮌이나 소비에트)가 필요하다.

자본주의하에서는 축적과 질서를 유지하려는 국가의 역할이 보편적 권리와 거듭 충돌한다. 따라서 권리란 필수적이지만 본질적으로 불안정한 것이라고 여겨야 한다. 권리는 투쟁을 통해 획득된 성취이며, 자유주의 입헌정치("헌정")가 의도적으로 손대지 않은 영역(생산의 조직과 사회적 권력)으로 민주주의가 확장될 때만 공고해질 수 있다.

최일붕, 〈노동자 연대〉 556호(2025-08-26).

쿠데타 세력 일소 과제에 비춰 반민특위 경험 돌아보기
왜 친일파 청산은 이뤄지지 못했는가?

이재명 대통령이 당선하자 윤석열의 12·3쿠데타를 지원·동참한 세력에 대한 청산 요구가 커지고 있다. 다행히 쿠데타 우두머리 윤석열은 재구속됐지만, 아직도 검찰과 경찰, 군부 등 국가기관 내 쿠데타 세력 척결 과제는 남아 있다.

윤석열의 쿠데타는 한반도의 지정학적 불안정 심화, 경제 위기, 이로 인한 정치적 양극화 확대라는 다중의 위기 속에서 권위주의적 통치를 획책한 것이었다. 윤석열은 쿠데타로 정적을 일거에 제거하고 권위주의 통치를 강화해 대중의 불만을 억누르고자 했다.

1948년 이승만도 갈수록 첨예해지는 냉전 속에서 정부를 수립했다. 남한만의 단독 선거에 반대하는 4·3항쟁 등 민중 저항을 잔인하게 짓밟고 수립된 이승만 정부는 정통성이 취약했다. 이승만은 친일 세력에 더욱 의존했고 국가보안법 같은 권위주의 통치 수단을 동원해야 했다.

해방 후 친일파 청산에 대한 전 국민적 기대와 관심 속에 출범했던 '반민족행위특별조사위원회'(반민특위)가 이승만과 극우들의 방해와 국가기구 내 포진한 친일파 세력들에 의해 흐지부지 돼 버린 이유이기도 하다. 당시 이승만은 "친일 청산은 국론 분열을 조장"하고 "지난날에 구애되어 앞날에 장애가 되어서는 안 된다"며 대중의 열망을 거슬러 반민특위를 해체시켰다.

그 핵심에는 미국의 제국주의적 이해관계가 얽혀 있다. 미군정이 설립되자 친일파들은 미군정의 정책에 적극적으로 협조하면서 기사회생했다. 그리고 그들이 이승만 정부하에서 주요 요직을 차지했다.

미군정이 친일파를 기사회생시키다

오는 8월 15일은 해방 80주년이다. 일본 제국주의 식민 통치하에서 고통받은 민중의 가장 큰 열망은 토지 개혁, 중요 산업 국유화 등을 통한 사회변혁과 이를 위한 친일파 청산이었다. 해방 후 친일파의 규모는 부일 협력자 10만~20만 명, 민족 반역자 1000명 내외, 전범자 200~300명 정도였다.

일본의 항복 선언 후 조선의 전국 곳곳에서 민중이 억압과 수탈의 상징인 관공서를 공격했고, 친일 관리를 비롯한 친일파의 집을 습격했다. 민중은 눈에 띄는 친일파를 응징했고, 겁에 질린 친일파는 자취를 감췄다. 그리하여 해방 공간에서 조선인 경찰의 90퍼센트가 이탈해 일제 강점기의 국가기구는 와해 수준에 이르렀다. 그 권력의 공백을 민중이 메우기 시작했다. 건국준비위원회가 수립되고 지역에서 인민위원회가 우후죽순 건설됐다.

철도, 전기를 포함한 공공시설과 주요 산업 자본의 93퍼센트가 일본인 소유였고, 그들이 떠난 산업에서 노동자들의 공장 자주관리 운동이 펼쳐졌다. 농민들은 토지개혁을 요구하며 3.7제 소작료(소작료 부담 완화) 투쟁을 벌였다. 건국준비위원회(위원장 여운형)는 1945년 8월 28일 "친일파 및 일본인 재산을 몰수하여 공공시설·광산·대산업시설·공장들을 국유"로 할 것을 발표했다.

당시 미국은 한반도의 상황을 "건드리기만 하면 폭발할 수 있는 화약고"라고 봤다. 따라서 미국의 최대 관심은 혁명적 분위기를 잠재우는 것이었다. 이를 위해 미군정은 조선총독부 통치 구조를 고스란히 활용했다. 1945년 9월 9일 미군정은 '포고 제1호'("조선 인민에게 고함")를 통해 기존 통치 기구의 존속과 식민지 관리의 유임을 선언했다. 미군정은 경무국이 갖고 있었던 (일제 통치하 범죄 또는 음모에 관여됐던) 70만 명의 지문 기록을 활용했는데, 이는 대부분 저항했던 독립 투사들의 것이었다.

미군정은 쫓겨난 일본인 관리 자리에 친일파를 고스란히 앉혔다. 그 결과 친일 관료들이 경찰, 사법부, 행정 분야 국가권력의 주요 요직을 장악했다. 경찰 책임자였던 윌리엄 마그린은 다음과 같은 말로 당시 분위기를 전했다. "많은 사람들이 경찰로 다시 복무하고 있다. 그들이 일제를 위해 좋은 일을 했다면 우리를 위해서도 훌륭한 일을 할 수 있을 것이다." 결국 일제 식민지 시절 경찰 중 약 5000명이 미군정 시기에 재기용됐다. 1946년 10월까지 임명된 서울시 내 10개 경찰서장 중 1명이 일제 시기 군수 출신이었고 9명이 친일 경찰이었다. 당시 경찰 간부의 약 80퍼센트가 일본 경찰이나 일본군 출신이었다. 일제하에서 항일 독립운동가를 탄압하고 박해하던 악질 고등계 경찰 출신자들도 다시 등용됐다.

미군정은 한민당으로 대표되는 친일·친미·반공주의자들을 하위 파트너로 삼았다. 미군정 사령관 하지는 이렇게 말했다. "남조선에서 공산주의에 대한 방파제를 구축하기 위해서는 개혁을 반대하는 한민당계의 극우파가 가장 믿음직한 동맹세력[이다.]" 우익 지주와 반민족 행위자 중심인 한민당은 기회주의적 화합을 주장하며 친일파를 적극 포섭했다. 한민당의 김준연은 반민족행위처벌법(반민법) 제정을 적극적으로 반대했다.

국내에 대중적 기반이 전혀 없었던 이승만도 귀국 후 청년단체를 비롯한 우익 세력을 조직하고, 한민당과 연합했다. 이승만을 중심으로 하는 독립촉성중앙협의회는 "친일파까지 포함한 단결"을 주장해 좌파들의 비판을 받았다.

미군정 시기 친일 경찰의 억압과 횡포, 관리들의 부패에 대한 대중의 반감은 갈수록 커졌다. 물가 상승과 쌀 부족이 겹쳤다. 대중의 불만과 분노는 1946년 '10월 인민 항쟁'으로 터져나왔다. 이를 진압하기 위해 미군정은 해방 후 최초의 계엄령을 선포해야 했다.

국가기구가 반민특위를 집요하게 방해하다

10월 인민 항쟁으로 친일파 청산 요구가 터져 나오자, 1946년 12월 미군정의 입법기관인 남조선과도입법의원이 '민족반역자, 부일협력자, 모리 간상배에 관한 특별법' 제정을 추진했다. 당시 여운형이 주도한 좌우합작위원회는 "친일파 혹은 민족 반역자의 규정에 있어 적극적인 친일파와 부득이하게 친일한 자를 구분하자"고 주장했다. 그러자, 경무부장이던 조병옥은 "미군정 경찰에 재직 중인 대부분의 친일 경찰관들을 생계유지를 위해 직업상 어쩔 수 없이 일제에 협력한 부득이한 친일파

일 뿐"이라고 항변했다. 이는 친일파와 우익들에게 자신감만 줄 뿐이었다. 결국 미군정이 "범죄자의 규정이 애매하여 부득이하게 친일한 자들을 구별해 내기가 어려우므로 조선인의 정신적 통합에 악영향을 미칠 우려가 있다"며 법의 인준을 거부하면서 특별법은 시행되지 못했다.

미국은 해방 이후 냉전으로 가는 길목에서 친일파 청산이 남한 사회를 흔들고 불안정하게 만들 수 있다고 우려했다. 미국은 민중의 저항을 진압하고 이승만 정부 수립을 지원했다.

1948월 5월 10일 남한만의 총선거가 실시됐고 이에 반대하는 저항이 커지자, 조병옥의 지시로 향보단이라는 준경찰 조직이 만들어져 경찰권을 행사하기도 했다. 미국은 제주 4·3항쟁 당시, 제주비상경비사령부를 설치하고 타 지역과의 해상 교통로를 일절 차단하면서 미군함정을 동원해 해안을 봉쇄했다.

미군정하에서 경찰 규모는 약 3만 명이었는데, 이승만 정권 수립 직후는 3만 5000명으로 증가했다. 이외에도 서북청년단, 대동청년단, 조선민족청년단 등 극우 청년 단체가 경찰의 하수인 노릇을 했다. 군부도 마찬가지로 일본군과 만주군 출신에 의해 장악됐다. 친일파를 앞세워 만든 한국인 부대로 악명이 높던 간도특설대 출신의 백선엽이 육군참모총장이었다. 백선엽은 항일 무장 세력에 대한 탄압 활동과 일제의 침략 전쟁에 협력한 악질적인 친일 부역자다. 그런 자를 오늘날에도 국방부는 한국전쟁의 영웅으로 추켜세우고 있으니 오늘날에도 친일파는 청산되지 않은 것이다.

이승만 정부 수립 이후 1949년 8월까지 현직 대법관 5명, 대검찰청 검사 4명, 고등법원장 5명 전원, 지방법원장 12명 중 11명이 일제 시기에 판사나 검사를 지낸 인물이었다. 1948~1952년 행정 부처의 국장과 과장의 경우 55.2퍼센트가 일제 관료 출신이었고, 장관 중 4명, 차관 중 15명이 일제 관료 출신이었다.

1948년 5·10 총선거는 남한만의 단독 정부 수립을 반대한 좌익은 물론 중도파와 우파의 김구 계열까지도 불참한 제헌국회의원 선거였으나 이승만과 한민당계가 우세를 점하지 못했다. 국회의원 198명 중 무소속이 85명을 차지할 정도였다. 그만큼 남한 대중은 미국과 이승만 정부에 대한 불만이 컸고, 저항도 만만치 않았다.

이런 상황 탓에 7월 17일 공포한 제헌헌법에 "8·15 이전의 악질적인 반민족 행위를 처벌하는 특별법을 제정할 수 있다"고 규정함으로써 이후 반민법과 반민특위 구성의 근거가 마련됐다.

8월 5일 제헌국회에서 반민법이 통과되고, 9월 22일 공포됐다. 하지만 앞서 언급했듯이 미군정 시기 선출되지 않은 국가기구들에 친일파를 대거 포진시켰기에 이승만 정부는 처음부터 반민법에 만만치 않게 반발했다. 반민법 제정 과정에서 친일파의 범위와 처벌 수위 등을 두고 치열한 논쟁이 벌어졌고, 일부 의원들은 정부 수립 초창기에 많은 사람들을 처단하는 것은 사회 혼란을 조장할 뿐이라는 이유를 들어 신중론을 폈다.

여러 우여곡절 끝에 1948년 10월 23일 반민특위가 발족했다. 반민특위는 1949년 1월 8일 화신 재벌 박흥식을 1호로 해 대표적인 친일파들을 검거했다. 1월 25일에는 친일 경찰 노덕술을 체포했다. 하지만 반민특위는 8개월 동안 총 682건을 다뤘는데 체포 305건, 검찰 기소 221건, 재판부 판결 40건에 불과했다. 징역 이상의 형을 받은 자는 14명에 불과했고 그중 4명은 집행유예로 석방돼 10명만이 형을 받았는데, 그마저도 1950년 초 대부분 석방됐다. 이후 한국전쟁이 발발하면서 최종적으로 반민법이 폐지돼 친일파를 처벌할 수 있는 법적 근거조차 사라졌다.

친일파 청산의 좌절과 오늘날의 교훈

친일파 청산의 기대를 안고 출범한 반민특위는 결국 흐지부지 끝났다. 반민특위는 친일파 처벌에 적극적인 인물로만 구성되지 않았으며, 심지어 친일파 처벌을 반대하는 인물도 포함했으니 한계가 너무도 분명했다.

이승만은 '유능한 인재 등용', '사회 질서 회복' 등을 이유로 친일 경찰 노덕술을 정부가 보증해서라도 석방시킬 것을 지시하기도 했다. 노덕술 구속은 향후 더 많은 친일 경찰로 확대될 수 있기에 이를 차단하려 한 것이다.

우익들은 1948년 9월 23일 반민법 반대 국민대회를 개최해 국회에서 반민법 제정에 앞장선 의원들을 향해 "민족 분열을 일으키는 공산당의 앞잡이"라고 비난했다.

10월 19일 여순 반란 사건은 이승만 정부에 심각한 타격을 가했다. 가뜩이나 4·3항쟁을 무참히 짓밟고 수립한 이승만 정부였기에 군인들의 항명은 그 위기를 가속시켰다. 당시 이승만은 계엄을 선포하고 국가보안법을 제정해 탄압을 강화했다.

1949년 5월 '국회 프락치 사건'이 발생했다. 이승만 정부는 반민특위를 주도한 김약수 국회부의장을 비롯한 소장파 의원 10여 명에게 공산당 프락치 혐의를 씌워 탄압했다. 북한을 평계로 반공 논리를 내세워 친일파 등용과 독재 정부 수립을 정당화한 것이다. 결국 이승만 정부의 경찰이 6월 6일 반민특위 사무실을 습격해 탄압함으로써 친일파 청산은 용두사미로 끝났다.

아무리 임시 기관이라도 반민특위 자체도 국가기관이었다. 그러나 내각은 물론이고 신생 대한민국의 골간인 경찰·검찰·군 등의 국가기관에 친일파가 포진해 있었고, 그들이 미국과 이승만의 지지를 받고 있었기에 반민특위는 힘을 쓸 수 없었던 것이다.

국가기관 숙정은 그만큼 어려운 일인 것이다. 지금 특검을 통해 군·검찰·경찰 내 윤석열 쿠데타 지지 세력을 숙정하는 일이 만만찮은 이유다. 쿠데타 세력 척결을 압박하는 대중행동이 필수적이다. 반민특위가 설립되는 시점에 이미 국내 대중 항쟁은 모두 패배한 상태였다. 미 군정과 이승만은 반공 독재 정부 수립을 위해 친일파들을 대거 기용했고, 이들이 극우가 말하는 '대한민국 건국의 주역'이 됐다. 우익들이 친일파 청산을 대한민국 정통성을 훼손하는 것으로 보며 반발하는 것도 이 때문이다. 아직도 뉴라이트를 비롯한 우익들과의 역사 전쟁이 계속되는 이유다.

청산하지 못한 친일 세력은 이승만과 박정희, 전두환 등 친일·친미·독재 세력에 뿌리 깊이 박혀서 이어져 왔다. 그들은 한국의 자본축적을 위해서 미국 제국주의에 빌붙었다. 그런데 윤석열의 쿠데타도 미국 제국주의의 지원을 기대하며 정치적 위기를 무력으로 돌파하려는 것이었다. 따라서 친일파 청산과 마찬가지로, 쿠데타 세력 척결도 제국주의와 국가기구에 대한 도전과 연결돼 있다.

김현옥(고등학교 역사 교사), 〈노동자 연대〉 553호(2025-07-15).

내란 세력 청산과 개혁
이럭저럭 되고 있는가?

 9월 11일 취임 100일 기자회견에서 이재명 대통령은 내란 세력 청산은 반드시 해야 할 일이고, 전날 민주당 원내대표단이 한 특검법 개정 후퇴 합의를 지시한 적이 없다고 밝혔다. 협치는 야합이 아니라고도 했다. 내란 세력에 대한 수사와 처벌이 제대로 이뤄지지 않는 것에 대한 실망이 생겨나자 이를 무마하려고 한 것이다.
 현재 특검의 쿠데타 세력 수사·기소 현황을 보자. 내란 특검의 성패는 쿠데타 가담자·동조자를 얼마나 찾아내 기소하고 중형 판결을 받아 내느냐로 평가된다. 내란 특검이 시작된 지 벌써 석 달이 지났지만 구속자는 2명뿐이다(윤석열 재구속, 이상민 구속). 기소의 경우, 윤석열과 김용현에게 죄목을 추가한 것 외에는 이상민을 구속 기소하고, 한덕수를 불구속 기소한 게 전부다. 전시 또는 준전시 상황을 만들려 한 외환죄 혐의로는 아무도 기소하지 못했고, 경호처·검찰·경찰·국정원 간부 중 구속·기소된 자는 없다. 중요 임무 종사자 혐의를 받는 김태효는 대학(성균관대학교)에 복직해 강의를 하고 있다.

그래서 쿠데타 수사의 출발점일 뿐인 윤석열 재구속이 특검 수사 최대 이벤트가 돼 버렸다. 수사 진척이 더디다는 것이고, 이러다가 결국 쿠데타 주모자 몇몇만 처벌하는 선에서 끝날지도 모른다는 우려가 커지고 있다. 윤석열이 수사와 재판을 거부하며 지지자들을 선동하고 있는데도 전혀 제압이 안 되고 있다. 서부지법 폭동자들에 대한 판결도 관대하다. 건물에 침입하고 취재진을 폭행한 자들도 집행유예로 석방되고 있다. 이런 일들은 국힘을 비롯한 극우의 자신감을 올리는 자극제가 되고 있다.

채 해병 특검은 국방부가 박정훈 대령 재판을 포기하게 해 박정훈 대령을 빠르게 복직시켰다. 그러나 딱 거기까지다. 김장환 목사에 대한 압수수색 등 잠시 반짝했지만 "종교 탄압" 운운하는 트럼프의 반격을 당한 뒤로는 감감무소식이다. 임성근 전 사단장조차 아직 기소하지 못하고 있다. 김건희 특검만이 얼마간 성과를 내고 있다. 김건희와 건진법사를 구속하고, 통일교 등 부패의 연결 고리를 밝혀 내고 있다.

특검 수사가 지지부진하다는 것은 "내란 세력 청산"은 고사하고 각별히 부패하고 괴상망측한, "아무것도 아닌 자"들의 부패만 처벌하는 것으로 수사가 축소될 수 있음을 뜻한다.

이런 상황에서 이재명 정부는 국가적 위기에 대응하기 위한 여야 협치를 말하고 있다. 물론 취임 100일 기자회견에서 이재명 대통령은 협치는 야합과 다르고 내란 청산은 반드시 해야 한다고 말했다. 그러나 국힘이 재극우화하고 쿠데타 수사에 저항하는 상황에서 대통령의 여야 협치 메시지는 실상 특검 수사를 혼란시키는 효과를 낸다. 이재명 대통령은 극우의 명동 혐중 시위를 "깽판"이라고 했지만, 다른 한편에서는 중국을 겨냥한 대규모 한·미·일 군사훈련에 능동적으로 참가한다. 또,

트럼프가 쿠데타 세력 수사에 견제구를 던졌는데도 (정부가 아니라) 국회가 입법한 특검이 한 일이라며 얼버무리듯 답했다.

합법적·합헌적 내란 청산의 난관

군부·검찰·경찰뿐 아니라 그동안 쿠데타 '무풍지대'처럼 있던 국정원의 연루 사실도 새로 드러났다. 계엄 선포 당일 국정원 직원 30퍼센트가 재출근하고, 계엄사령부에 국정원 요원을 80명이나 파견하려고 했다. 이재명의 대선 출마를 막으려고 한 대법원까지 포함하면, 강제력을 가진 기관들, 강압 통치에 필수적인 기관들이 대거 계엄에 연루된 것이다.

이는 윤석열의 쿠데타가 정부 수반으로서 대통령의 권한을 이용한 친위 쿠데타였기 때문이다. 내란 세력 청산이 쉽지 않은 이유도 바로 여러 국가기관들이 쿠데타 기도에 연루됐기 때문이다. 쿠데타에 가담·지지했던 국가 관료들은 자신들이 명령권자, 군 통수권자의 명령을 따랐을 뿐이므로 처벌받거나 나서서 양심선언해야 할 잘못은 저지른 게 없다고 여긴다. 선출된 공직자가 정부 꼭대기에 있어도 선출되지 않은 고위 국가 관료들은 대체로 바뀌지 않는다. 국가의 연속성은 선출되지 않은 관료들이 대표한다.

자본주의 국가는 사회관계들로부터 동떨어져 존재하는 중립적 관리자·중재자가 아니다. 국가는 사회관계들의 산물이다. 따라서 자본주의 국가는 자본주의 사회관계의 산물이다. 자본주의 사회관계를 유지하고 재생산하는 것, 즉 자본주의적 소유, 임금노동, 자본축적 시스템을 지키는 것이 국가의 성격이자 존재 이유다. 이를 위해 자본주의 국가는 (동의에만 의존하지 않고) 강제력을 합법적으로 독점한다. 자본주의 국가 가운데 가장 중요한 조직들은 군대, 경찰, 검찰, 사법부, 국정원 같은 강압 기구들이고, 그 기구들의 고위 관료들은 각별히 보수적이다. 그런 고위 관료들 중에는 내심으로 쿠데타가 시기상조라거나 위험부담이 크다는 등의 이유로 동의하지 않은 자들도 있었을 것이다. 그러나 그런 자들조차도 안보 위기 속에서 "반국가 세력"을 시급히 척결해야 한다는 윤석열의 계엄 선포 명분에는 이견이 없었을 것이다.

대기업들은 쿠데타를 공개적으로 지지하지 않았지만 윤석열 탄핵이나 내란 세력 척결을 지지하지도 않았다. 지금 그들은 새 정부 취임 후 내란 청산 국면의 지속과 소소한 개혁 입법 조처를 달가워하지 않는 티를 팍팍 내고 있다. 그들은 안정적인 투자와 이윤 창출에 필수적인 정치·사회 안정과 예측 가능성이 시급히 확립되길 바라고 있다. 이재명 정부가 트럼프 정부를 상대로 한 대미 외교에서 자신들의 이익을 잘 대변하는 협상을 해 주는 것도 바라고 있다. 이것이 기업주들이 원하는 '정상화'다.

국가와 자본의 이런 상호 의존은 자본주의 국가의 계급적 성격을 보여 준다. 국가가 영토 안팎에서 발휘하는 다양한 국가 역량은 원활한 자본축적과 성공적 투자에 의존한다. 개별 자본에게도 국가의 지원과 보호가 필요하다. 규율 잡힌 노동력, 생산에 효율적인 제도적·물질적 인프라, 군사력과 국제적 위상 등이 확보돼야 국내외에서 원활하게 사업을 할 수 있다. 국가와 자본은 때로 갈등을 겪을 수 있지만, 구조적으로 상호 의존한다. 선출된 정부는 자본주의 국가의 이런 본질을 거스를 수가 없다.

이재명식 실용주의의 모순

이렇게 볼 때 이재명 대통령은 행정부의 수장으로서 자신이 통제할 수 없는 국가기관의 고위 관료들을 끌어안기로, 그리고 친기업·친미 행보로 정권을 안정화시키려 하고 있음을 알 수 있다. 기업주들과 중도우파 일부를 끌어들여 극우화된 국힘을 고립시키고 민주당 정부의 기반을 유지·강화하려고 하는 것이다. 고위 국가 관료들에 대한 대대적인 숙정이 자칫 (국내외에서) 정치적 반발을 불러 국가기관의 안정성이 흔들리면 개혁도 할 수 없다는 논리가 그 밑에 깔려 있다. 그러려면 그는 중도우파에 일부 양보해야 한다. 그러나 그럴수록 국힘은 "정치 보복"을, 대법원은 "사법부 독립"을, 군은 상명하복 위계 유지를 내세워 내란 수사에 저항할 명분과 힘을 얻게 된다. 이런 모순 속에서 줄타기하는 것이 이재명이 강조하는 "실용주의"의 실체다.

그래서 정부 권한을 이용한 숙정보다는 민주당이 수적 우위를 가진 국회에서 입법 활동을 하는 것에 치중한다. 입법을 통한 특검 출범, 정부 조직 개편, 국힘 압박 등. 그러나 국회에서의 우위도 녹록지 않다. 100석이 넘는 국힘이 쿠데타를 비호하고, 윤석열과 내란 세력 처단 시도를 정치 보복이라며 강하게 반발하고 있다.

이재명 대통령의 소심한 "실용주의"는 민주당이 지배계급의 제2 선호 정당이라는 데서 비롯한다. 1998년 이후 지금까지 민주당 정부는 네 번 출범했는데, 모두 우파 정부가 정치적 위기 속에서 커다란 대중적 불신을 받아 추락하고 분열했을 때였다. 필요한 정치 안정과 (노동계급에 고통을 전가할) 개악 추진이 우파 정부로는 어려울 때 민주당 정부가 구원 투수로 등장했다.

그래서 민주당은 자신들이 지배계급의 제1 선호 정당인 국힘보다 더 잘 정치를 안정화시키고 한국 자본주의의 경쟁력을 다시 강화할 수 있음을 입증해, 지배계급의 지지를 받아 내려고 한다. 이 때문에 민주당 정부는 우파의 의제를 거부하는 것이 아니라 우파보다 효과적으로 한국 경제와 정치를 이끌 세력임을 입증하려 한다. 그러나 민주당 정부는 자본주의 국가를 통제할 수 없기 때문에 결국 오락가락하다가 지지자들을 실망시킨다.

중도답게 이재명 대통령은 미·일 정상과 회담하는 동시에 중국에 특사를 파견하고 국회의장을 중국 전승절에 보냈다. 친미·친일 일변도의 윤석열과 차이가 있지만, 이재명 정부의 외교·안보·경제 정책 기조는 전임 정권과 크게 달라지지 않았다. 한미 연합 전쟁 연습인 대규모 한·미·일 연합 군사훈련을 벌써 두 차례나 실시했다.

이런 줄타기는 이재명 초대 내각과 장관급 인사에도 반영됐다. 먼저 눈에 띄는 것은 기업인 출신이 역대 최다라는 것이다(장관 3명 포함 총 5명). 외교·안보는 친미파 관료들로 채웠다.

노동·교육·여성 관련 장관들은 진보 인사들로 발탁됐다. 민주노총 위원장 출신자와 전교조 출신 교육감 등 민주노총 출신이 두 명이나 장관이 됐다. 애초 교육과 여성은 진보가 아닌 쪽에서 발탁하려다 반발을 사자 진보층 달래기로 선회했다. 환경부 장관은 민주당 중진에게 맡기는 대신 에너지 정책을 환경부에 넘겼다. 대통령실 1급 기후비서관에는 환경 운동 출신 이유진을 임명했다. 이재명식 '적녹보' 인사인 셈이다.

이재명 대통령은 취임 100일 기자회견에서, 노동부 장관은 노동자 편을 들고 기업인 출신인 산자부 장관은 기업 편을 들어, 둘이 내각에서 싸우라고 했다. 노동부 장관까지 기업 편을 들면 노동자들이 현장에서 싸우게 되니, 내각에서 대신 싸우라는 것이다. 노동운동의 개혁주의적 지도층을 포섭해 갈등을 관리하고 투쟁을 예방하자는 것이다(그런데 이재명 대통령이 노동계를 중시하는 건 노동자들로부터 끌어낼 양보가 만만찮다는 방증이기도 하다).

이재명 대통령의 '협치'론은 (헌정 질서를 깨려 한 내란 세력은 배제하고) 자본주의적 민주주의 헌정을 복원하자는 뜻이다. 그러나 국힘, 국가기관 내 보수 세력들은 내란 세력 숙청에 협조하지 않고 있다.

오늘날 자본주의적 민주주의는 다중 위기의 심화 속에서 대중의 불신을 받고 있다. 자본주의적 민주주의는 결국 자본주의 국가의 한 형태일 뿐이다. 자본주의적 민주주의가 갖는 핵심 한계는 정치와 경제의 분리, 그나마 (견제와 균형 명목의) 선출된 권력의 제한성이다. 정치적 민주주의는 경제(즉, 기업인들의 사업의 자유, 특히 착취 관계)에는 관여할 수 없다. '왜 시장에 정치가 개입하느냐?'처럼 어디서나 흔히 들을 수 있는 주장들은 정치와 경제의 분리 구조가 상식처럼 돼 있음을 보여 준다. 그러나 노란봉투법만으로 파업권을 보장받기에 부족하고 투쟁을 조직하고 파업할 권리를 실제로 행사해야 한다. 민주주의 투쟁은 정치권력뿐 아니라 경제 권력에도 도전해야 하는 것이다.

자본주의적 민주주의의 또 다른 한계는, 선출된 정부 공직자나 국회의원들이 선출되지 않는 권력을 통제할 수 없다는 점이다. 이재명 대통령은 국민주권주의를 들어 내란 특별재판부 설치를 옹호했지만, 선출되지 않은 판사들이 이를 반대한다.

국가기관 숙정 회피는 화근을 키우는 것

　비상계엄을 반대하고 윤석열 파면을 지지한 대중은 군사 쿠데타 행위를 엄벌해, 우파가 다시는 민주적 권리를 공격할 엄두를 내지 못하게 되기를 바란다. 또한 윤석열 정부의 반동적인 정책들이 전면 폐기되고 사회 개혁이 추진되기를 바란다. 이재명이 그 덕분에 역대 최다표를 얻고 당선된 것이다.

　내란 청산 구호에 담긴 염원은 반민주적 행위자들에게서 권한과 권력을 뺏으라는 것이다. 그러니 국가기관 숙정이 내란 세력 청산의 가장 기본이고 급선무다. 그런 과제를 우선하지 않고 정부 조직 개편으로 검찰청을 쪼개고 개명하는 식으로 해결하려는 것은 진정한 과제를 피하는 것이다. 세월호 참사 후 박근혜 정부의 해경 해체, 문재인 정부의 기무사 "해편"(해체에 가까운 개편)은 정권이 바뀐 뒤에 모두 원상 복구됐다. 방첩사는 1987년 이후 이름만 3번 바뀌었다. 박근혜 정부하에서 계엄 문건을 작성했던 방첩사는 이번엔 아예 계엄 실행에 앞장섰다. 따라서 국가기관 숙정을 미루거나 피하는 것은 화근을 키우는 것이 될 것이다.

　군사 쿠데타에 반대하고, 쿠데타를 지원한 자들을 쫓아내는 투쟁은 선거와 합법적 절차보다 대중투쟁으로 전개돼야 한다. 특히 노동계급 투쟁과 결합돼, 국가기관들과 기업인들, 보수 언론 사주 등 권력자들의 네트워크를 겨냥해야 한다.

　안타깝게도 윤석열 파면 이후 운동이 멈추고 대중 동원이 사실상 해제돼 버렸다. 이런 상황에서 대중의 강렬한 내란 세력 청산 염원, 사회대개혁 염원은 이재명 정부에 어떻게 작용할까? 실천에서 이재명 정부는 오락가락, 좌우 동요를 거듭할 것이다. 그러면서 점차 더 온건해지고, 마침내 무기력해질 것이다. 그런 점에서 이재명 대통령의 복심이라는 정성호 법무부 장관의 정권 초 인터뷰가 시사적이었다. 그는 내란 청산은 철저히 하겠지만 과격한 개혁과 숙정은 반대한다고 했다. 지금 하는 실천의 예고였다.

이재명 대통령과 민주당이 국가기관의 재정비 수준에만 머무른다면 그것은 대중의 염원에 크게 미달하는 것이고 사실상 배신하는 것이다. 따라서 진보당 등 비상행동 지도부와 민주노총이 대선 때 이재명에게 투표하는 것을 넘어서 이재명 정부가 쿠데타 세력 척결과 사회대개혁을 이뤄 주리라 기대하며 대규모 대중 동원을 해제한 것은 실수다.

대선에서 이재명 후보를 적극 지지한 진보당은 내란 청산 미흡 등에 대해 이재명 정부를 비판하지만 협력 관계는 유지하려고 한다. 그래서 트럼프의 관세 폭탄 등을 국익론의 관점에서 반대하며 이재명 정부의 대미 협상을 사실상 응원하고 있다. 정의당은 대선에서 이재명 후보를 지지하지 않고 독자 출마를 했다. 그런데 최근에 정의당은 이재명 정부가 100일 동안 내란 청산을 원칙 있게 잘 하고 있다고 평가했다. 특히, 이재명 정부에 민주노총 출신 장관이 둘이나 생기고 대통령이 산재와 임금 체불 문제의 해결 등을 강조하고 미흡하나마 노란봉투법이 통과되자, 민주노총은 '국회' 주도 사회적 대화 기구에 들어가기로 결정했다.

"주적은 국내에 있다"

요즘 개혁주의 세력들은 이재명 정부와 한국 기업들을 응원하는 식으로 트럼프의 제국주의적 행보에 반대하고 있다. 그러다 보니 마스가 프로젝트도 한국 기업과 안보 이익에 유리하다는 통념(단견)을 의식해 비판을 삼간다. 이런 추수주의적 입장은 자국 기업을 국경 밖에선 옹호하고, 국경 안에선 비판해야 하는 모순을 내포하게 된다.

한미 관계는 반식민지 종속 관계가 아니다. 1960년대 이후 세계 자본주의 안에서 두 국가는 경제적으로 서로 협력 관계를 맺으며 통합돼 왔다. 한국의 지배계급과 국가가 전통적으로 미국 중심의 세계 질서에 편입돼 성장해 왔다. 그래서 미국 제국주의 문제와 관련된 핵심 슬로건은 "주적은 국내에 있다"가 돼야 한다. 윤석열 정부의 반동은 사대 매국의 문제가 아니라 한국 지배계급의 정치적·경제적 권력을 유지하기 위한 최상의 방법이랍시고 미국 제국주의를 지원한 것이었다.

쿠데타 세력 척결도 반제국주의, 반극우 과제와 연결된다. 트럼프는 제국주의적 의제를 놓고 한국 정부의 협조를 촉구하면서도, 한국 내 극우를 활용해 한국 정부를 압박하는 견제구(레버리지)로 활용하려고 한다. 한국 극우는 친미주의자들이자 트럼프의 반중국·반좌파를 전적으로 공유한다. 그래서 이재명의 친미 행보는 한미 극우 연계를 약화시키거나 한국 극우를 고립시키지도 못한다.

따라서 이재명 정부에게 협력하는 식으로는 쿠데타 세력 척결, 사회 개혁, 극우 반대, 제국주의 반대라는 과제를 해결할 수 없다. 이재명 정부가 지지층을 배신하며 내란 세력 척결을 무마하고 친제국주의 행보를 하는 것을 비판해야 하고, 선거와 합법 절차만 기다리지 말고 쿠데타 세력 척결을 요구하는 대중투쟁을 건설해야 한다.

김문성, 〈노동자 연대〉 559호(2025-09-16).

12장
극우에 어떻게 맞설 것인가?

2025년 1월 19일 서부지법 폭동. 거리 시위와 폭력이 극우에게 자신감과 활력을 주다

한국의 극우,
왜 떠오르고 있고 어떻게 막아야 하나?

위로부터의 극우와 아래로부터의 극우가 만나다

극우 세력이 정치의 상층과 기층 모두에서 폭발적으로 발호하고 있다. 사실 신호탄은 윤석열의 12·3 군사 쿠데타 미수였다. 쿠데타는 평범한 대중의 저항에 부딪혀 좌절됐다. 그러나 그 뒤 상황이 첨예하게 전개됐다. 1월 5일 공수처가 윤석열 체포영장 집행을 시도하자 윤석열 지지자들이 경호처와 함께 저항했다. 1월 19일에는 극우 시위대가 서울 서부지법 경내에서 폭동을 일으켰다. 2월 11일 국가인권위원회는 극우 유튜버들의 보호를 받으며 윤석열 방어권 보장 안건을 통과시켰다. 2월 하순부터는 극우 학생들이 전국적으로 조율해 대학가에서 탄핵 반대 게릴라 시국선언을 벌였다. 3월 1일 극우 단체들은 수십만 명 규모로 전국 총동원 집회를 열었다. 집권당인 국힘은 이 모든 행동을 옹호하고 찬양·고무하고 있다.

광화문 집회나 여의도 집회에 참가하는 사람들이 죄다 극우주의자는 아니다. 그러나 그 집회들의 핵심에는 극우가 있다. 한국 극우 운동은 아직 파시즘이 아니다. 하지만 우호적 환경 덕분에 파시즘으로 진화할 배아를 품고 있다. 서부지법 폭동 혐의로 구속된 63명 중 절반 이상이 자영업자와 무직자였다. 극우의 대규모 거리 시위와 폭력이 정치적으로 원자화돼 있는 개인들에게 응집력을 부여한 것이다. 이런 점에서 현재 한국 극우 운동이 파시즘은 아니지만, 그 운동의 중심에서 파시즘을 재촉하는 역학이 작동하고 있다고 할 수 있다.

극우는 '계엄의 불가피성', '계몽령'을 주장한다. 자신들과 이견이 있는 정치 세력을 처단하기 위해 민주주의적 권리들을 유보시키고 민주주의를 억압할 수 있다는 것이다. 또, '부정선거'론, '중국 배후'론, '헌재 내 빨갱이'론을 떠들어 댄다. 정부 등 많은 국가기관들이 국가의 적에 의해 장악돼 있다는 주장이다. 법원 공격을 "저항권"이라며 실행하는 것은 기존 중도우파와 크게 다른 점이다. 이처럼 극우는 폭력적이고 공공연히 반민주주의적이다.

극우는 자유, 저항권, 혁명을 부르짖는다. 극우가 저항의 언어를 제멋대로 오염시킨 것은 오래됐다. 무솔리니는 파시즘 운동을 "혁명 투쟁"으로, 프랑코는 "국민 저항"이라고 불렀다. 히틀러는 파시스트 쿠데타를 "독일 민족의 정당방위권"이라고 주장했다.

극우 세력은 이전에도 존재했지만 두드러지지는 않았다. 윤석열은 위로부터의 쿠데타가 실패하자 아래로부터의 극우 운동을 고무했다. 따라서 12·3 쿠데타 기도는 윤석열 개인의 망상이 아니라 그를 정점으로 한 극우 세력의 부상을 뜻한다. 그래서 극우의 부상은 일회적 현상이 아니다. 한국의 정치 지형이 완전히 새롭게 바뀌기 시작한 것이다.

극우 부상의 요인들

〈노동자 연대〉가 일찍이 경고했듯이, 극우의 부상은 세계적 현상이다. 극우의 부상이 (세계) 자본주의 체제의 다중적 위기에서 비롯한 것이기 때문이다. 그래서 세계적 위기가 한국의 위기를 가속시킬 수 있고, 반대로 한국의 위기가 세계적 위기를 증폭시킬 수 있는 것이다.

극우 부상의 요인들로는 경제 위기와 정치적 위기가 결합돼 있다. 첫째, 2008년 세계경제 공황 이후 지속돼 온 저성장과 장기적인 경제 침체 상황에서 주류 정당들은 노동자 등 서민들의 생계, 임금, 복지를 공격해 왔다. 부자 과세가 아니라 서민 희생 정책을 편 것이다. 그 결과 사회 전반적으로 불만이 쌓이게 됐고 극우는 이를 파고들었다. 예를 들어 전광훈의 기층 조직인 자유마을은 문재인 정부가 지지자들을 배신하기 시작하던 2019년 이후 급성장했다. 전광훈은 자유마을을 통해 자기가 "체제 전쟁"을 벌이고 있다고 주장했다. "체제 전쟁"은 기존 체제에 반대하는 전쟁이 아니라 좌파 척결 전쟁이다. 여기서 좌파는 민주당과 좌파를 뭉뚱그려 뜻한다.

극우 부상의 둘째 요인은 "극우의 주류화"라고 불리는 현상이다. "극우의 주류화"는 주류 정치에 극우가 미치는 영향이 급속히 커졌다는 뜻이다. 지금 국힘은 극우의 요구와 주장을 공식 정치의 언어로 대변하고 있다. 그래서 극우의 견해가 순식간에 주류 우파의 견해로 격상됐다. 한낱 음모론에 불과한 중국의 선거 개입설이 국회 연단에서 공공연히 제기된다.

어떤 사람들은 선거에서 불리할 텐데 국힘이 왜 극우와 선 긋지 않고 극우화 흐름에 편승하는지 의아해한다. 그러나 극우가 거리에서 세를 불리는 것이 반드시 국힘에 유해한 것은 아니다. 그 반대로 극우의 동원력 덕분에 국힘 정치인들은 오히려 거리 극우를 선동하고 부추겨 정치적 이득을 챙긴다. 게다가 국힘 지지층 자신이 극우화하고 있다. 반윤석열 언론인 MBC 신년 여론조사에서 응답자의 29퍼센트가 부정선거를 믿는다고 답했다. 쿠데타 전에는 겨우 1퍼센트였다. 더 주목해야 하는 것은 국힘 지지층에서는 무려 65퍼센트가 부정선거를 믿는다고 답했다는 것이다. 대다수 사람들은 황교안과 극우 유튜버들이 부정선거론을 떠들어 댔을 때는 귀담아듣지 않았었다. 그러나 현직 대통령과 여당 정치인들이 주장하니까 갑자기 많은 사람들이 음모론을 믿기 시작한 것이다. 국힘의 극우화는 지지층의 붕괴를 막고 결속을 강화시키는 효과를 냈다.

그리고 공식 정치의 극우와 거리 극우의 상호작용이 가속되고 있다. 트럼프가 공화당을 극우화시키는 한편, 프라우드보이스 같은 파시스트 세력과 교류하며 그들에게 수십 년 만에 가장 대담한 행동을 할 자신감을 불어넣은 것과 같은 맥락이다. 이재명 민주당 대표는 극우를 비난하며 민주당을 '중도·보수'로 규정했다. 이런 우클릭은 극우의 위협을 막을 전략이 아니라 극우에게 자신감을 주고 사기를 높일 뿐이다.

극우의 강령과 전략

한국 극우의 트레이드마크는 냉전주의·반공주의다. 이것은 한국 극우가 냉전의 유산, 남북 대립, 동아시아 질서 등 지정학적 요인의 영향을 지대하게 받고 있는 것에서 비롯한다. 전광훈이 창당한 자유통일당의 강령을 보면, 이승만·박정희 독재를 찬양하고 '자유민주주의적' 통일을 지향한다. 여기에 반노조·반페미니즘·반동성애·반이슬람 등을 곁들여 외연을 확장하려 한다. 극우는 최근에 반중·혐중 선동을 추가했다. 윤석열 자신도 중국을 "주권 침탈 세력"으로 묘사했다. 윤석열은 자신이 분쇄하려고 하는 '내부의 적'이 '외부의 더 큰 적'과 연계돼 있다고 선동하는 것이다.

한국에서 극우 거리 운동이 가시화된 때는 2016년 12월 태극기 집회였다. 그러나 그때만 해도 박근혜 정권 퇴진 운동의 규모가 극우 집회의 8배 이상이었다. 박근혜 탄핵 후 극우는 와신상담하며 조직을 건설했다. 특히, 2019년 이후 극우의 저변이 크게 늘었다. 2019년은 그 전 두 해 동안 70~80퍼센트대였던 문재인의 지지율이 그의 배신에 대한 지지자들의 환멸로 40퍼센트대로 추락한 때였다. 조국 사태가 마디 점이었다. 그의 법무장관 임면을 놓고 양측에서 수십만 명이 참가했다. 조국은 자녀를 위해 계급 특권을 활용한 것(이것까지는 기존 시스템 안에서 이해가 된다)을 넘어, 그것을 적극 옹호했다. 조국을 제척하라고 할 수도 없고, 그를 옹호할 수도 없는 당시 상황에서 노동계 좌파 정당들은 조국을 방어하기로 해, 문재인 정부와의 협력 관계를 유지했다.

한국 극우는 서구 극우처럼 이중 전략을 구사하고 있다. 한편으로는 거리 운동과 기층 조직을 건설하고, 다른 한편으로는 선거 기반을 구축하고 있다. 전광훈은 극우 인자들을 거리로 불러모으고 정치적 결사체를 만들었다. 이 점이 일베 같은 온라인 극우와 결정적으로 다른 점이다. 극우 정치 세력화의 토대는 자유마을이었다. 자유마을은 전광훈을 비롯한 극우 개신교 세력이 정치 세력화를 이룬 기반이었다. 동시에, 전광훈은 저항의 상징적 공간인 광화문을 거점으로 삼았다. 광화문으로의 거대한 대중 동원은 황교안·윤상현 등 극우 정치인들이 꾸준히 전광훈을 찾도록 만들었다.

극우는 전통 미디어(레거시 미디어)에 의존하지 않고 유튜브 등 독자적인 온라인 매체를 통해 자신들의 주장을 선전·선동하며 지지자들을 모아 정당 결성에도 도전했다. 전광훈은 2016년 기독자유당을 창당했다. 현재 당명은 자유통일당이다. 원내에 진입하지는 못했지만, 기층 극우로서 전광훈의 정치적 영향력을 의석수만 갖고 평가할 수는 없다.

원내 진입이 실패하자 전광훈은 전략을 바꿨다. 2023년 국힘 입당 운동을 통해 국힘에 직접적인 영향력을 행사하기 시작했다. 자유통일당 당대표를 지낸 김문수가 현재 국힘 대선 후보 지지율 1위를 달리고 있다.

극우 진영은 현재 크게 둘로 나뉘어 있다. 전광훈이 주도하는 대한민국바로세우기국민운동본부(대국본)는 광화문에서, 손현보 목사가 주도하는 개신교 극우 단체 세이브코리아는 여의도에서 집회를 열어 왔다. 대국본 집회는 전광훈이 목사여도 예사로 상스런 말을 내뱉고 장터 문화제 느낌이라면, 세이브코리아 집회는 좀 더 세련된 언사를 사용하며 '영적 전쟁'에 나선다는 종교성이 느껴진다. 이런 집회 분위기와 정치문화의 차이에도 불구하고 두 세력은 모두 윤석열 탄핵을 반대하고 '부정선거'를 규탄한다. 극우를 추적하고 기록하는 트위터리안 '카운터스(극우 추적단)'의 추정에 따르면, 전광훈 쪽은 김문수를 지지하는 듯하고 손현보 쪽은 오세훈을 지지하는 듯하다. 이 차이는 원칙적이지 않아, 국힘은 양측에 다 손을 내밀며 중재를 시도하고 있다. 〈노동자 연대〉 편집팀원 하나에 따르면, 손현보는 소속 교파(예장 고신) 내부의 종교적 반발에 부딪혀 자기 집회가 종교적 예식을 따라야 한다는 압박을 받고 있다.

극우에 맞서야 한다

윤석열 탄핵 운동의 주도자들은 헌법재판소가 윤석열을 파면하면 모든 게 '정상'으로 돌아올 것이라고 본다. 헌재가 윤석열을 파면한다면 분명 그것은 친민주주의 진보 운동의 승리일 것이다. 그러나 헌재가 파면 결정을 내리더라도 극우 운동은 결코 사라지지 않을 것이다. 윤석열 탄핵 운동의 두 주요 국면을 돌아보면 이를 예상할 수 있다.

2024년 12월 14일 국회에서 탄핵안이 통과되자, 윤석열 쿠데타 미수 사건은 법률적 절차에 따라 처리될 거라는 전망이 대체적이었다. 당시 민주노총이 발표한 성명의 제목은 "윤 탄핵 국회 통과, 사회대개혁 이제 시작이다"였다. 물론 그렇게 되지 않았다. 그럼에도 1월 15일 윤석열이 체포되자 상황이 진정될 거라는 관측이 많았다. 그러나 그렇게 되지 않았다.

지금은 헌재가 윤석열을 파면하면 국가 시스템이 정상적으로 작동할 거라는 주장이 많다. 그러나 극우는 헌재가 탄핵을 인용하면 서부지법 폭동과 비슷한 것을 획책함과 동시에 3·1절 동원보다 더 큰 규모로 대중 동원을 하려고 할 것이다. 그런 압력의 반영으로, 헌재의 탄핵 심판 선고를 앞두고 서울중앙지법 판사 지귀연은 윤석열 구속 취소를 결정하고 검찰총장 심우정은 이에 맞장구치며 윤석열 석방을 인정했다. 이 사례들은 국가를 믿거나 엄격한 법 집행으로 극우를 통제할 수 없음을 보여 준다.

사실 윤석열은 직무가 정지되기 전에는 하지 못했던 일을 오히려 옥중 정치를 통해 이뤘다. 윤석열은 구속 뒤에 지지율이 갑절 이상으로 늘었다. 구속 전 지지율이 10퍼센트대였는데 지금 탄핵 반대 여론은

30퍼센트대다. 국힘은 지난해 4월 총선 패배 뒤 한동훈이 당권을 잡았다. 그러나 지금은 친윤계 두 권씨로 당권이 넘어갔다. 적잖은 친한계 의원들이 친윤계로 돌아섰다. 계엄을 반대하고 탄핵을 지지했던 김상욱 의원은 친한계 단톡방에서 퇴장당했다. 의회민주주의적 해결책은 극우를 저지할 효과적 방안이 못 됨을 힐끗 보여 준다.

어떤 사람들은 양당제를 다당제로 바꿔 극우가 원내에 입성하면 순치될 것이라고 주장한다. 그러나 다당제 의회인 프랑스·이탈리아 등지에서도 국민연합과 이탈리아형제당 같은 극우가 전진하고 있다. 극우는 의회 안에서 길들여지는 것이 아니라 오히려 선거적 성공을 이용해 극우 간부층을 양성할 기반을 마련할 수 있다. 그래서 선거의 시간은 궁극으로 극우를 약화시키지 못한다. 그랬다면 서구에서 극우 정당들이 어떻게 더 세를 불렸겠는가.

만약 헌재가 윤석열을 파면하고(지금으로서는 확실하지 않다) 두 달 뒤에 대선이 치러지는 정치 일정이 전개되면 일차 수혜자는 민주당이 될 공산이 크다. 윤석열의 쿠데타와 극우 본색 국힘에 대한 대중적 반감이 여전히 크기 때문이다. 그러나 민주당 정부는 사회대개혁을 전혀 실행하지 못해 정치 위기에 빠질 것이다. 그런 상황은 극우가 성장할 토양이다. 그러니 민주당과 좌파 정당(들)이 동맹을 맺는 민중전선 전략으로는 극우를 저지할 수 없다. 역사적으로도 민중전선은 단 한 번도 파시즘이나 극우를 막은 적이 없다.

따라서 사회의 다중적 위기에 맞서는 기층 대중운동이 크게 일어나야 한다. 제도적 해결책의 최대 문제점은 대중행동을 중시하지 않는다는 점이다. 대신에 국가와 정당 정치가 민주주의를 궁극적으로 지켜 줄 것이라는 생각을 부추겨 대중을 단순한 응원 부대로 만들기 때문이다.

일부 좌파는 "또다시 민주-반민주 구도에 갇혔다"며 씁쓸해한다. 그러나 군대가 동원되고 고문 도구가 등장하는 현실에서, 민주적 권리들이 전반적으로 위협받는 상황에서, 그런 주장은 도피일 뿐이다.

일부 좌파는 극우에 맞대응하면 극우 세력을 키울 뿐이라고 주장한다. 그러나 극우는 이미 컸다. 스스로 컸고, 상층권 정치 덕분에 컸다. 극우에 맞선 대항 동원 전술이 필요하다. 최근 벌어진 캠퍼스 맞불 집회는 이 전술의 효율성을 작은 규모로 예시했다.

극우의 캠퍼스 기반은 아직은 취약하다. 그러나 그들은 전국적인 조율을 통해 40여 개 대학에서 매우 신속하게 행동했다. 그들이 구축할 수 있는 네트워크의 잠재적 위험을 보여 주는 대목이다. 더구나 극우 대학생들은 캠퍼스에서 탄핵 반대 시국선언을 하며 극우가 지성인처럼 보이게 함으로써 극우 이미지를 세탁하려고 했다. 전광훈 같은 거리 극우의 상스럽고 거친 이미지를 분식하려는 것이다. 극우에 맞선 맞불 집회는 대부분 극우의 교내 진입을 저지했다. 그 과정에서 극우의 폭력적 실체도 들춰냈다. 이화여대에서 극우가 맞불 시위를 벌이는 여성들에게 폭력을 행사한 것은 극우 폭력의 위험성을 눈으로 입증했다. 진정한 교훈은 팔짱끼고 점잖은 체하는 게 아니라 "우리가 이토록 작은 것이야말로 안타깝다. 힘을 보태 줘야겠다"여야 한다.

앞으로 훨씬 더 거대한 시험들이 다가올 것이다. 파시즘의 배아들이 시나브로 자라나고 있다. 그들을 저지할 담대한 방패를 만들어야 한다. 무솔리니 부상기에 조직된 아르디티 델 포폴로('국민의 대담한 사람들'이라는 뜻) 같은 극우 반대 그룹들을 말이다.

김인식, 〈노동자 연대〉 539호(2025-03-11).

극우 민족주의의 부상을 계기로 민족과 민족주의를 다시 살펴본다

과거에는 좌파 운동이 대체로 민족주의 사상을 취하며, 정부가 친미적·친일적, 심지어 매국적이라고 종종 비난했다. 그중 가장 민족주의 경향이 강한 계열은 스스로 자민통(자주·민주·통일) 계열이라고 불렀다. 물론 통일의 상대로 여겨지던 북한 정권이 지난해 초에 민족과 통일을 부정하자 그 좌파 경향은 민족주의를 계속 내세우기가 어색하거나 민망해졌다.

그러나 이제 극우파가 민족주의를 새로이 강하게 내세우기 시작했다. 반중·혐중 감정을 섞어. 그러나 친미를 강력히 표방하며.

그래서 이 기회에 민족주의에 관해 다시 살펴보기로 한다.*

민족주의는 애국심을 바탕으로 하지만 그저 애국심이기만 한 것은

---

* 민족과 민족주의에 관한 필자의 이전 기사들로는 다음과 같은 것들이 있다. "민족주의의 기원", 《다함께》 34호(2004-06-26). "민족주의의 본질과 모순", 《다함께》 70호(2005-12-23).

아니다. 민족주의는 **경쟁적** 애국심이다. 국가들이 세계 자본주의 체제 안에서 경쟁을 하기 때문이다. 국가들은 경제적·지정학적 경쟁을 한다. 국가 간 경쟁이 격화되면 이 애국심은 **열정적이거나** 심지어 **열광적인** 것이 될 수도 있다. 이런 정도로 고양된 애국심을 **국수주의나 배외주의**라고 하는데, 특히 갑자기 전쟁이 일어났을 때 흔히 볼 수 있다. 필자가 이 글을 쓰고 있는 지금, 중국과 미국의 전쟁이 임박하지 않았는데도 윤석열 탄핵 반대 극우 운동의 주도자들은 중국의 '개입'을 둘러싼 음모론을 퍼뜨리며 중국과 중국인에 대해 국수주의·배외주의 태도를 드러내고, 민족주의를 부추기고 있다.

민족주의는 널리 퍼져 있는 통념을 이용한다. 즉, 애국심은 '자연스럽고 당연하다'는 것이다. 우리가 나라를 사랑하고, 국제 스포츠 경기 대회에서 '우리나라' 팀을 응원하고, 국제 경쟁에 직면해 '우리' 경제와 '우리나라' 기업을 지원하고, 전쟁에서 '우리' 군대를 성원하는 것은 '자연스럽고 당연하다'는 것이다.

그러나 역사를 살펴보면 민족주의는 자연스럽지도 당연하지도 않음을 알 수 있다. 민족주의는 **근대**에야 비로소 생겨난 산물이다. 고대와 중세의 '민족'에 대해 말하는 것은 부족이나 종족에 대해 말해야 하는 것을 완전히 부정확하게 말하는 것이다.

고대와 중세에는 민족이 존재하지 않았다. 고대 문명에서 인류의 생활 근거지는 도시(그리스·로마의 경우 폴리스)였다. 결코 민족이 아니었다. 중세 유럽의 왕국과 제국도 오늘날의 민족과 비슷한 점이 별로 없었다. 중세의 왕국과 제국이 벌인 수많은 전쟁도 왕 개인의 재정적 뒷받침을 받은 소규모 용병 부대가 주로 벌인 것이었다. 당시의 백성들과 벼슬아치들도 민족으로서의 충성심이나 민족으로서의 일체감 따위를 느끼지 않았다.

이와 관련해, 지난해 개봉한 영화 〈전, 란〉이 두드러졌던 점은 도요토미 정권 군대와 조선 왕실과 의병의 관계를 시대착오적인 항일 민족주의 이데올로기의 프리즘으로 보지 않고 계급투쟁의 관점에서 제작했다는 것이다.

다른 사례는 시온주의이다. 시온주의는 유대인 소수파의 근대 민족주의 사상인데, 기원전 6세기 초까지 (약 3세기 동안) 존재하던 유다 왕국의 국교를 전통으로 삼으며 지중해 연안 지역에 흩어져 살던 유대인의 후손을 자처한다. 그러고는 팔레스타인 주민을 모조리(인종 청소) 팔레스타인 땅에서 몰아내려고 한다. 그러나 유대인은 민족도, 종족도 아니고 자본주의에 의해 '사회적으로 구성된'(발명된) '인종'일 뿐이다. 모든 유대교·그리스도교 신학자·역사가들이 (고대부터 현대까지의) 유대인을 민족으로 규정하는 것은 총체적으로 혼란된 역사 인식으로 이끌 뿐이다.

민족은 **자본주의 발생의 산물이다**. 신흥 부르주아지에게는 화폐와 사법제도가 단일하고 언어와 문화가 대동소이한 자유 교역 지역이 필요했다. 그런 자유 교역 지역은 상시적 국내시장 구실을 했다. 그런데 시장경제의 발흥을 뒷받침할 공통의 소통 수단이 필요했다. 그때 언어가 민족 형성에서 중요한 구실을 했다. 시장의 교환 네트워크에 편입된 상이한 지역사회들이 서로 연결되려면 공통의 언어나 방언이 필요했던 것이다.

민족의 형성에서 언어는 중요한 요인이긴 했지만, 언어만 갖고는 독자적인 민족을 이루지 못한다. 세르비아와 크로아티아는 공통의 언어인 세르보·크로아트어를 공유하는데도 서로 다른 민족으로 자신을 규정하고, 심지어 1990년대에는 유혈 낭자한 전쟁까지 벌였다. 노르웨이와 스웨덴도 같은 언어를 사용했지만 둘은 1905년 서로 분리하는 것을 택했다. 한편, 스위스는 네 가지 언어(독일어, 프랑스어, 이탈리아어, 로만시어)를 공용어로 채택하고 있지만 어느 한 언중言衆도 자신을 비非스위스인으로 여기거나, 나머지 언중과 다른 민족으로 여기지 않는다.

언어와 자본주의 경제 생활이 모두 공통돼도 하나의 민족이라고 할 수는 없다. 캐나다인들과 미국인들은 언어가 같고 지리적으로 인접한 자본주의 사회인데도 서로 같은 민족이라고 생각하지 않는다. 잉글랜드인들과 스코틀랜드인들과 아일랜드인들도 마찬가지이다. 호주인들과 뉴질랜드인들도 마찬가지이다. 스위스의 독일어 사용자들은 독일과 하나의 국가를 세우자고 하지 않는다. 하나의 민족이라고 생각하지 않기 때문이다.

민족은 자본주의의 발생과 함께 도래한 것이지, 공통의 언어만으로는 민족이 성립하지 못한다. 한글이 백성(민중) 수준에서 널리 사용되기 시작한 것은 19세기 끝 무렵에 한글 전용을 시행하며 〈독립신문〉이 발간 보급되면서였다. 조선 왕조가 중앙집권적 소국이었으므로 언어의 공통화는 쉬운 일이었을 텐데도 말이다. 그때 이후로 사용된 한국어는 한글 창제 때인 15세기에 사용된 한국어와 사실상 다른 언어라고 해야 한다(언어학자 출신의 언론인 고종석의 지적이다).

민족이 성립하려면 언어와 경제라는 객관적 요인 말고도 **민족 의식**이라는 주관적 요인이 필수적이다. 민족 의식의 핵심 요소는 **국가 수립 의지**이다. 부르주아지는 국민 국가를 세우기 위해 봉건 귀족에 맞서 수공업자·노동자·농민 등 자기 밑에 있는 계급들을 동원해야 했다. 그런데 민족주의는 해당 영토 내의 계급들이 공통의 이해관계가 있고 따라서 단결을 이룰 수 있다고 강조하므로 이 과업에 안성맞춤이었다.

민족 형성과 함께 전통 문화나 고대 신화가 발명되거나 각색됐다. 가령 전통 문화의 사례로 〈독립신문〉과 〈대한매일신보〉 등에 실린 애국 시가詩歌들이 있었고, 고대 신화의 사례로 아서왕의 전설이나 단군신화 등이 있다.

물론 고조선은 신화가 아니라 역사상 실재했던 존재다. 그러나 고조선의 존재는 엄청나게 부풀려져 있다. 고조선은 국수주의적 한국사학자들이 말하는 "대제국"이기는커녕 기원전 4세기경에야 비로소 그 존재가 중국 쪽에 알려진 모종의 사회였다. 냉철한 역사학자들은 고조선이 존재하기 시작한 때가 기껏해야 기원전 7~6세기였을 것으로 본다. 고조선의 위치도 알 수 없고 고조선과 연결되는 물질 문화가 무엇인지도 확실하게 알 수 없다고 한다.

민족주의자들은 고유한 '민족 문화'를 자부하지만, 문화는 일찍이 고대부터 국제화해 왔다. 가깝게는 중국과 일본, 멀게는 아랍과 로마와 주고받으며 문화는 융합돼 왔다. 지금도 그렇고 앞으로도 그럴 것이다. 문화의 본성은 분리가 아니라 퓨전이다.

그래서 '순수 민족 문화'의 추구는 착각이고 역사에 대한 오해다. 정수일 전 단국대 교수는 고대사의 각종 사례를 문명 교류라는 관점으로 설명하는 역사학자다. 그는 단군신화를 비롯해, 빗살무늬토기·고인돌·동검 등 고대 유물, 서복·허황옥·처용 등 전설의 인물, 신라 금관, 백제 금동대향로, 무열왕릉, 석굴암, 팔만대장경, 직지심경 등 문화 유산, 혜초·고선지·문익점 등 저명한 역사적 인물에 이르기까지 그중 "어느 것 하나 세계와 무관한 것이 없다"고 지적한다. 심지어 '한국적'인 것의 대명사인 소주나 고추도 아랍을 비롯한 외국에서 들어왔다. 그냥 받아들인 것이 아니라 주고받으며 변용시키며 절충했다. 다시 말하지만, 문화는 서로 접촉하며 변용되는 것이 그 본성이다.

게다가 오늘날에는 민족(국민) 간 문화의 차이보다는 계급 간 문화의 차이가 더 크다. 민족(국민) 내의 불평등이 하도 커서 민족(국민) 간 문화의 차이가 무색해진다. 한국의 노동계급은 문화적으로 한국의 지배계급보다 미국의 노동계급과 더 비슷하다. 우리는 모든 곳의 노동자들이 비슷한 라이프 스타일로 살고 있음을 본다. 똑같은 로고나 상표명의 옷을 입고 똑같은 음악을 듣는 우리는 서로 비슷비슷해 보인다. 지배계급들도 람보르기니나 포르쉐 같은 똑같은 고급 승용차를 타고 아르마니 양복 같은 똑같은 고급 양복을 입고, 비슷한 기생충 같은 라이프 스타일로 사는 것을 보면 서로 비슷비슷해 보인다.

지금까지 말한 것처럼, 자본주의 열강의 민족(국민)들은 모두 자본주의 발전 과정의 산물이었다. 그 가운데 일부, 예컨대 독일이나 이탈리아는 겨우 19세기 후반에야 비로소 등장했다.

20세기의 민족주의는 주로 제국주의와 국제 노동계급 운동에 대한 대응이었다. 첫째, 제국주의에 대한 대응이었다. 식민주의적 강점과 억압은 필연적으로 약소국의 저항을 불렀다. 민족해방운동이 들불처럼 일어났다. 그에 따라 제2차세계대전 종전 후에 독립국들이 우후죽순처럼 생겨났다.

한반도에서 민족은 개화기부터 산업화까지 자본주의 발전과 함께 형성됐고, 민족 의식과 운동은 개항 직후부터 등장하기 시작해 마침내 1905년 일제에 의한 조선 강점을 계기로 급속히 고양됐다. 의병 투쟁이나 3·1운동 같은 민족해방투쟁이 들불처럼 일어났다. 일본 제국의 억압은 필연적으로 저항을 불렀고 식민지에서도 자본주의가 발전하자 그

저항의 이데올로기는 민족주의의 형태를 취했다. 그리고 이후에도 민족 해방투쟁들이 민족주의 사상에 이끌려 전개됐다.

20세기 민족주의의 **둘째** 특징은 국제 노동계급 운동에 대한 대응이었다. 민족주의는 자본가계급이 이민자와 내국인 노동자를 분열시킴으로써 노동계급 투쟁의 칼날을 무디게 만드는 데 결정적 무기 구실을 했다. 제국주의 나라들에서 민족주의는 노동계급 지도자들로 하여금 제국주의를 지지하게 하는 데 이용됐다. 제3세계에서 민족주의는 계급 갈등을 은폐하는 데 이바지했다. 이를 통해 중간계급 지도자들이 반제국주의 운동을 지도할 수 있었다(예컨대 중국 공산당이나 쿠바 카스트로의 7·26운동).

김대중과 노무현은 대북 화해·협력을 내세워, 좌파적 민족주의자들을 달래고 투쟁적 노동자들과 급진 좌파를 고립시키려 했다(예: 2000년 남북 정상회담과 6·15선언). 2019년 문재인도 "국민의 이익" 어쩌고 하며 민족주의를 갖고 놀았는데, 이것도 민족주의의 바로 이런 점, 즉 노동계급 운동의 칼날을 무디게 만드는 효과를 이용하고 싶어했기 때문이다.

지금까지 보았듯이 민족주의는 허구적 민족 담론에 바탕을 두고 있다. 하지만 민족 담론이 허구라 해서 민족의 존재가 허구인 것은 아니다. 지배 이데올로기가 전체적으로 허구라 해서 지배계급이 실체 없는 단순한 허구가 아니듯이 말이다. 민족은 분명히 실체가 있다.

그러면 2019년 한일 갈등을 민족의 용어로 어떻게 설명할 수 있을까? 레닌은 정치적 독립과 경제적 자립을 구별해야 한다고 강조했다. 자본의 국제적 통합이 상당히 이뤄진 현대 세계 속에서 더 작은 경제는 지리적으로 인접한 더 큰 경제와 밀접하게 연계될 수밖에 없다. 문제인 정부의 포퓰리스트들과 좌파적 민족주의자들이 말하는 일본으로부터의 경제적 자립은 공상적 레토릭일 뿐이다.

하지만 레닌 지적대로 제국주의하에서도 정치적 독립이 불가능한 것은 아니다. 레닌은 반제국주의 투쟁이 성공적으로 전개된다면 제국주의 국가에 정치적 불안정을 안겨줄 수 있다고 지적했다.

그런데 일본 제국주의에 반대한다는 것은 본질적으로 미국 제국주의에 반대한다는 것이고, 한국 정부에도 반대한다는 뜻이다. 1960년대 초 이후 한·미·일은 짧은 이례적 기간들을 제외하면 트리오였다.

이제 반제국주의 투쟁은 본질적·강령적으로 반자본주의적이고 (한·미·일 노동계급이 연대하는) 국제주의적으로 발전해야 올바른 궤적을 밟는 것이다.

최일붕, 〈노동자 연대〉 537호(2025-02-25).

한국 극우와 미국 극우의 연계

트럼프의 "숙청 혹은 혁명" 발언은 미국 극우의 핵심부가 한국 극우와 긴밀하게 연결돼 있음을 보여 준다. 트럼프는 미국 제국주의의 대표자인 동시에 세계에서 가장 거대한 극우 운동의 대표자이고, 둘을 잇는 고리는 그 자신과 반反중국이다. 그를 중심으로 국수주의 극우 운동 마가(MAGA, 미국을 다시 위대하게), 평등권 운동을 증오하는 기독교 우익, 중국 억지를 원하는 많은 대자본가들 등이 동거하고 있다. 그런 인물이 미국의 대중국 적대 의제에 대한 협조를 얻어 낼 카드로 한국 정부의 핵심 의제인 내란 세력 청산 문제를 사용함으로써 두 문제를 연결한 것이다.

이에 꼬리를 물듯, 마가의 핵심 인물들이 한국 극우 운동을 지원하러 방한한다. 9월 5~6일 일산 킨텍스에서 열리는 극우 정치 집회 '빌드 업 코리아 2025'에서는 도널드 트럼프 주니어의 최측근이자 터닝포인트 USA의 창립자인 청년 극우 운동가 찰스 커크, 파시스트인 스티브 배넌의 딸이자 측근인 모린 배넌이 연설한다(스티브 배넌은 지난 1월 일론 머스크와 함께 윤석열의 군사 쿠데타를 옹호한 바 있다). 그 행사를 주관하는 빌드업코리아 대표 김민아는 기독교 우익으로, 커크가 건설한 반좌파 청년 운동에서 성장한 인물이다.

지난해 8월 열린 제2회 '빌드업 코리아'에서는 트럼프의 장남 트럼프 주니어가 방한해 국힘 국회의원 인요한 등과 함께 연설했다. 마가를 본 따 '한국을 다시 위대하게'라는 제목으로 열린 그 집회에서 트럼프 주니어는 한국 극우에게 중국에 맞선 한미 동맹을 지원하는 운동을 건설하라고 주문했다(트럼프 주니어는 신세계그룹 회장 정용진, 순복음교회 담임목사 이영훈과도 긴밀하게 연결돼 있다).

이는 한미 극우를 잇는 중심고리 역시 친미·반공(반중·반좌파)이라는 제국주의 지정학 문제임을 보여 주는 한 사례다.

미·중 갈등과 한미 극우 복마전

사실 한국 극우는 형성 때부터 미국 제국주의의 의제와 결부돼 있었다. 한국 극우는 미국과 소련의 한반도 분할 점령 이후 미군정의 지원 아래 성장했고, 미국과 소련·중국이 격돌한 한국전쟁을 거치며 세력을 키웠다. 그들은 친미 군부독재 정권들하에서 한국 정치 핵심부에 뿌리를 내렸다. 윤석열 쿠데타를 음양으로 지원한 주요 국가기구들, 한국 극우의 몸통 정당인 국힘이 모두 그 역사를 공유한다.

최근 두드러진 한미 극우 연계도 트럼프하 미·중 갈등의 격화와 밀접한 관련이 있다. 한국 극우가 박근혜 퇴진 운동이 가한 충격을 딛고 재기한 결정적 배경은 트럼프가 2018년 3월 대중국 무역 전쟁을 시작하고, 2019년 2월 하노이 북·미 정상회담을 파행시킨 것이었다. 그로 인해 한반도를 둘러싼 지정학적 긴장이 고조되면서 극우는 문재인 정부의 배신으로 커진 반민주당 정서를 반공(반중·반북·반좌파) 프레임으로 결집시키기 시작했다. 그 과정에서 한국 극우는 미국의 마가로부터 인적·조직적 지원을 받았고, 인도-태평양 지대에 있는 국가에서 동조 세력을 만들고 싶어 하는 마가는 이를 기회로 여겼다.

이들 사이의 연계는 이후 집권한 윤석열 정부의 핵심으로까지 뻗었다. 예컨대 올해 3월과 7월 방한해 극우의 윤석열 방어에 결집점을 제공한 모스 탄은 2019년 트럼프 국무부의 대북 정책 담당자로서 당시 방미한 김기현·윤상현 등과 인연을 맺었다. 그때 시작된 연계로 김기현 등은 올해 초 모스 탄을 초청해 그가 3·1절 윤석열 방어 집회('세이브 코리아')에서 연설하게 주선했다.

이번에 이재명 대통령을 "반미주의자"라고 공격한 반중 극우 고든 창이 한국 극우와 연계를 본격화한 것도 2019년이었다. 그해 2월 북·미 정상회담 결렬 직후 고든 창은, 훗날 윤석열의 심복 구실을 하는 조태용과 미국 보수정치행동회의CPAC 행사장에서 만나 대북·대중 강경책의 필요성을 논의했다(조태용은 윤석열 정부에서 주미 대사, 국가안보실장, 국가정보원장 등 요직을 지냈다). 그로부터 석 달 후 고든 창은 방한해 극우 집회에서 "김정은을 지지하는 반역자 … 문재인과 그 공범자들의 폭정에 맞서 싸우자"고 연설했다. 고든 창이 그 연설을 한 집회는 미국보수연합ACU과 한국 극우가 공동 주최한 것으로, 보수정치행동회의와 연계된 한국 극우 운동의 건설을 선포하는 집회였다. 훗날 윤석열의 국가안보실장이 되는 신원식 등이 이날 고든 창과 함께 '한국형 보수 연합' 창설을 결의했다.

그로부터 몇 달 후인 10월 초 재미교포 극우 애니 챈이 보수정치행동회의 한국 지부와 한미동맹재단을 창설했다. 보수정치행동회의 한국

지부 창립식에는 김진태(극우 정치인, 현 강원도지사)와 황교안이 참석했다. 한미 동맹 강화에 매진한 윤석열 자신도 이 연계의 한복판에 있다. 2022년 윤석열은 대선 후보 자격으로 보수정치행동회의 한국 지부 행사에서 연설했고, 2023년에는 대통령 신분으로 한미동맹재단 행사에 참가해 애니 챈과 회동했다(이 자리에는 김건희도 동석했다). 이 회동 얼마 후 윤석열은 애니 챈을 대통령에 대북 정책을 자문하는 기관인 민주평화통일자문회의(민주평통)의 직능운영위원에 앉혔다. 이후 애니 챈은 매년 방한해, 훗날 탄핵 심판에서 윤석열의 변호사가 되는 당시 민주평통 사무처장 석동현(현재 전광훈의 자유통일당 소속)과 긴밀하게 교류했다.

같은 시기, 미국 기독교 우파와 연계가 깊은 통일교 등이 국힘에 집단 입당했음이 최근 폭로됐다.

이렇듯 한미 극우 연계는 윤석열 정부와 국힘과 국가기관을 타고 번져, 현재 트럼프 재선과 윤석열의 쿠데타로 첨예해진 정치 지형 속에서 여전히 유지되고 있다.

극우 수괴 트럼프와 협력해 극우 억지?

트럼프의 "숙청 혹은 혁명" 발언이 일으킨 충격파 속에 이런 복마전이 일부 밝혀지면서 "정권 차원에서 리스크를 관리"하라는 촉구가 〈한겨레〉 등 친민주당 경향에서 나오고 있다. 대미 외교전을 통해 극우 의제('가짜 뉴스')가 트럼프 측에 흘러가 "외교 리스크"로 비화하는 일이 없도록 단속하라는 주문이다.

그러나 트럼프가 이재명 정부의 쿠데타 동조 세력 숙정 시도에 견제구를 날린 것을 한국 극우파들의 로비 때문이라고만 보는 건 협소하다. 트럼프의 속내는, 친미·반중을 표방하며 미국 제국주의를 적극 지지·지원하는 것을 핵심 강령으로 삼고 있는 한국 극우를 이재명 정부에 대한 견제구(장차 대항마)로 삼겠다는 것이다.

이에 대해 이재명 정부가 할 수 있는 소위 외교적 "리스크 관리"는 트럼프와 긴밀히 소통하고 미국의 제국주의적 의제에 적극 협력할 것이라는 믿음을 트럼프에게 줌으로써, 트럼프가 한국 극우를 이용한 정권 흔들기를 하지 않게끔 하는 것이다. 하지만 이재명 정부가 미국 제국주의에 협력할수록 극우의 기를 살리고, 극우의 친미·반중 노선에 더 힘이 실린다. 극우의 영향력이 줄어드는 것이 아니라 더 커지는 것이다. 게다가 트럼프의 발언 전에 이재명 대통령은 국힘 극우 지도부와의 '협치'를 주장했다. 청산 대상이 협력 대상이 되면 그들의 반중·친미 의제를 반영해야 하는 압력이 더 커지기 마련이다.

그런 상황 전개는 윤석열과 극우에 맞서 싸운 민주주의 염원 대중의 사기를 꺾을 것이다. 트럼프의 패악질에 맞서 싸우는 미국과 세계 다른 곳의 평범한 사람들을 배신하는 것이기도 하다. 극우에 맞서려면 이재명 정부의 외교전에 기댈 것이 아니다. 제국주의적 경쟁에서 편들지 않으면서도 한미 양국의 제국주의적 동맹 강화에 반대하는 정치와 운동이 일어나야 한다.

김준효, 〈노동자 연대〉 557호(2025-09-02).

일본인 청년 사회주의자가 바라본
일본 우익의 역사가 한국 사회에 시사하는 점

현재, 세계 각국에서 극우의 물결이 확산되고 있다. 프랑스와 독일을 비롯한 유럽에서는 극우 정당이 세력을 넓히고, 미국에서는 트럼프의 재집권과 함께 반이민·반젠더·반여성 정책이 강화되는 등 파시즘적 정치 흐름이 다시금 부상하고 있다.

일본에서도 이런 우익·극우 세력의 부상이 오래전부터 진행돼 왔다. 제2차세계대전 이후 일본의 우익 세력은 정계·재계와 긴밀한 관계를 맺으며 점차 입지를 넓혀 갔고, "애국·반공"을 명목으로 사회주의자와 좌파 세력뿐 아니라 재일교포, 이주민, 젠더 소수자, 중국 등 특정 집단을 지속적으로 공격했다. 또, 평화헌법 개정을 둘러싸고 부총리가 '나치의 방식을 본받아야 하지 않겠느냐'라고 발언하거나, 전국 곳곳에서 '조선인을 죽여라'라고 외치는 집회가 이어지는 등 정치권과 거리에서 극우의 존재감이 더욱 두드러지고 있다.

일본에서 정치의 우경화가 이처럼 심각하게 진행된 이유는 무엇일까? 그리고 현재 일본 사회가 직면한 과제는 무엇인가? 이런 문제를 분석해 보는 것은 최근 극우가 급부상하고 있는 한국 사회에도 중요한 교훈을 제공할 수 있다.

전후 처벌받지 않은 우익

다른 나라의 우익과 마찬가지로 일본의 우익도 "국가와 민족의 위엄을 지키고, 역사와 전통을 보호하며, 국가의 안전을 강화한다"는 이념을 내세운다. 그런데 일본 우익이 다른 나라 우익과 구별되는 점은 단순한 국가 충성을 넘어 천황을 절대적 존재로 삼고, 이를 중심으로 하는 국가 체제를 지향한다는 것이다. 이런 천황 중심 국가관은 제2차세계대전 이전과 전쟁 당시에 절대적인 가치로 작용했고, 이를 주도한 핵심 세력이 군부와 우익이었다.

전후 일본은 더글러스 맥아더가 이끄는 연합군총사령부의 점령 아래 놓였고, 미국 주도로 "민주화"와 헌법 9조에 기반한 "비군사화"가 추진됐다. 그러나 연합군총사령부의 이런 정책은 일본 사회를 근본적으로 개혁하려는 것이 아니라, 보다 효율적으로 통제하려는 목적이 컸다. 실제로 연합군총사령부는 천황제를 해체하지 않았고, 전쟁을 주도했던 천황 절대주의자와 우익, 군부 인사 대부분을 처벌하지 않았다. 전쟁 책임을 묻는 과정은 제한적이었고, 극소수만 본보기로 처벌받았을 뿐 대다수는 공직 추방 정도의 조치로 끝났다. 한국전쟁 발발 후인 1950년 10월, 연합군총사령부는 샌프란시스코강화조약 체결을 앞두고 처벌받았던 전범과 우익 일부의 공직 추방조차 해제하고 그들을 일본 사회로 복귀시켰다. 같은 해, 경찰예비대(지금의 자위대)가 창설되면서, 전시에 군부와 연계된 인사들도 점차 재등장하기 시작했다.

이런 변화의 배경에는 냉전 체제 속에서 소련과 중국의 영향력 확대를 견제하려는 미국의 전략적 판단이 있었다. 미국은 일본을 "반공의 방파제"로 삼고자 했고, 이를 위해 군부와 우익 세력을 활용하는 방향으로 정책을 전환했다. 또, 이 시기에 미국에서 시작된 "공산주의 세력 숙청(레드 퍼지)"이 일본에도 영향을 미쳤다. 그 결과, 일본의 사회주의자와 공산당원은 우익 세력의 혹심한 탄압을 받았고, 이는 전후 불안정한 입지에 놓여 있던 우익과 군 관련자들에게 유리하게 작용했다.

연합군총사령부는 일본 노동자들의 대규모 사회운동이 확산되는 것을 경계했고, 좌파 세력의 성장을 저지하기 위해 우익 세력의 활동을 묵인했다. 이로 인해 재향군인과 빈곤한 청년층을 중심으로 한 우익 단체들이 전국 곳곳에서 생겨나 본격적인 정치 활동을 시작했다.

1951년 "반공" 세력은 우익 결집을 목표로 조국방위간담회를 개최했다. 같은 해, 오늘날까지 이어지는 일본의 대표적인 우익 단체 대일본애국당이 결성됐으며, 전후 일본에서 가장 유명한 우익 인사 중 한 명인 아카오 빈赤尾敏이 총재를 맡았다. 아카오는 거리에서의 선동 활동을 중시했다. 특히 특유의 설법과 선전 차량을 이용한 활동으로 유명했다. 당시 이들의 선전 차량에는 일장기뿐 아니라, "반공"을 강조하기 위해 성조기와 태극기가 함께 게양되기도 했다. 이 시기 우익 세력의 주요 슬로건은 "반공"과 "자주독립(재군비)"이었다. 과거 적국이었던 미국은 냉전 속에서 "반공을 위한 동맹국"으로 자리 잡았고, 이런 친미 노선은 전후 일본 우익의 핵심 특징 중 하나가 됐다.

"반공" 논리는 정계와 재계의 지배층에게도 유용했다. 전후 농촌에서는 농민운동이 빈번하게 발생했고, 기업에서는 노동조합이 활발하게 조직되면서 노동쟁의와 시위가 잇따랐다. 이에 위기감을 느낀 지배층은 우익 단체들과 연계를 강화했다. 일부 재계 인사들은 우익 단체와 폭력 조직에 재정을 지원했고, 정치권에서도 우익 단체들과 협력하려는 움직임이 가속됐다.

1955년에는 분열된 보수 세력을 결집시키고, 노동조합에 기반을 둔 일본 사회당의 부상에 대응하기 위해 자유당과 민주당이 합당하며 자유민주당(자민당)이 탄생했다. 이후 자민당은 1993년 중의원 선거에서 과반수 획득에 실패할 때까지 38년간 단독으로 정권을 유지한 유력 정당으로 자리 잡았다.

1960년대 일본 우익: 안보투쟁을 중심으로

1960년을 전후로 세계 곳곳에서 민주화 운동이 확산되면서 일본에서도 유사한 움직임이 나타났다. 연합군총사령부의 점령 정책과 일본 정부에 대한 불만이 쌓이면서 전국적으로 노동쟁의가 이어졌다. 1950년대 후반, 일본 경제는 고도성장을 이뤘지만, 민중 사이에는 빈부 격차 확대와 기업의 이윤 우선주의에 대한 분노가 커져 갔다. 이런 사회적 분위기 속에서, 특히 미군의 일본 주둔을 인정한 미일안보조약(1951년 체결, 1960년 개정)에 대한 민중의 반발이 거세졌다. 그 결과, 1960년에는 전후 최대 규모의 대중운동인 안보투쟁安保鬪爭이 일어났다.

미일안보조약 개정이 임박하자, 국회 앞 시위에 연일 10만 명 규모의 민중이 결집했고, 6월 4일에는 전국적으로 약 560만 명이 총파업에 참여했다. 궁지에 몰린 기시 노부스케岸信介 총리는 경찰력만으로는 시위를 통제하기 어렵다고 판단하고, 우익 단체와 폭력 조직을 동원했다. 그러나 시위는 더욱 격렬해졌고, 기시는 자위대 투입을 요청했으나 거부되면서 군이 개입하는 최악의 사태는 면했다.

대규모 대중운동의 영향으로 미국 대통령 아이젠하워의 일본 방문 계획은 결국 무산됐다. 하지만 이 과정에서 정계와 우익 세력 간의 결속이 강화됐고, 이후 일본 정치에 지속적인 영향을 미쳤다. 또, 기시 내각은 총사퇴했지만 미일안보조약 개정안은 그대로 성립됐다.

이 과정에서 신좌익 단체인 공산주의자동맹은 "조약 성립을 막지 못한 이상, 이번 투쟁은 패배였다"고 평가하며 내부 분열을 겪기 시작했다. 좌파 세력이 일본·미국 양 정부에 대한 민중의 분노와 요구를 담아내지 못하고, 명확한 운동 방향과 전략을 제시하지 못한 점도 우익 세력이 힘을 키우는 계기가 됐다.

한편, 학생운동이 점차 활발해지는 가운데, 새로운 우익 성향의 학생 조직들도 잇따라 등장했다. 일본학생동맹과 전국학생자치체연락협의회全国学生自治体連絡協議会 등은 기존의 "반공" 일변도였던 우익과는 차별화된 노선을 내세우며, 얄타·포츠담Yalta-Potsdam, YP 체제 타도와 일본의 "자주독립"을 목표로 하는 신新민족주의적 우익 운동을 전개해 나갔다.

1970년대 전후: 좌파의 분열과 우익의 반격

1960년 안보투쟁 이후 베트남전쟁 반대 운동, 반핵 운동, 대학에서의 투쟁 등을 통해 시민들의 의식이 급진화됐고 사회변혁을 요구하는 목소리도 점점 커졌다. 그러나 좌파 세력 내 분열은 계속 심화됐고 서로 대립하며 공격하는 상황으로까지 발전했다. 이데올로기 차이와 전략 차이가 점차 부각되면서 좌파는 공동전선을 구축하는 데 실패했다. 특히, 안보투쟁과 대학 투쟁 과정에서 주도권 다툼과 노선 차이로 인해 내부 갈등이 격화되면서 운동의 기세가 크게 꺾였다.

이 기회를 우익 세력은 놓치지 않았다. 현재 일본 최대의 종교 우익 단체로 성장한 일본회의의 전신 또한 바로 이 시기, 우익 학생운동의 승리를 통해 성장했다. 우익 학생운동의 중요한 전환점이 된 사건은 1966년 나가사키대학에서 발생한 "학원 정상화 투쟁"이었다. 이는 나가사키대학에서 좌익 학생들이 점거하고 있던 바리케이드를 우익 학생들이 해체하며 운동을 제압한 사건이었다. 이 우익 학생들은 전후 우익 사상의 핵심 인물로 여겨지는 다니구치 마사하루谷口雅春가 창시한 신흥 종교 '생장의 집生長の家'에서 파생된 '생장의 집 학생회 전국총연합生長の家学生会全国総連合' 소속이었다. 이 사건의 성공은 "나가사키대학 학생협의회식 방식"으로 전국 대학에 확산됐다. 1969년에는 좌익 학생 운동에 맞서기 위해 앞서 언급한 전국학생자치체연락협의회가 결성됐다.

좌익 세력이 쇠퇴하는 가운데, 우익 세력은 이처럼 다시 활기를 되찾으며 활동을 적극적으로 전개해 나갔다. 좌파 못지않게 활발하게 집회나 학습회를 열고, 청원 활동과 서명운동을 추진하면서 대학 내에서 세력을 확장하는 데 힘을 쏟았다. 또, 지원자들과의 네트워크를 강화하고, 종교인이나 사회적으로 고립된 사람들, 반공 세력 등 폭넓은 사람들을 포섭했다.

1970년에는 전국학생자치체연락협의회의 졸업생들을 중심으로 일본청년협의회가 결성됐다. 이 단체는 전국의 신우익新右翼이라고 불리는 세력과 민족주의 성향의 학생들을 규합한 조직으로, 이후 종교 우익 및 보수 정치인들과의 연계도 강화해 나갔다. 현재 일본청년협의회는 일본 최대의 우익 단체인 일본회의의 실질적 행동 부대이자 우익 운동의 기획·입안·실행을 담당하는 핵심 조직으로 자리 잡았다.

1980년대에 접어들면서 우익 세력은 한때 힘을 잃은 듯했으나, 그들의 활동은 계속됐다. 일본청년사가 대표적 사례인데, 이 단체는 좌파 세력의 활동을 억누르기 위해 습격을 감행하거나 정치적 로비 활동을 적극적으로 펼치며 영향력을 확대해 나갔다.

1990년대 냉전 종식 이후, 일본 우익 세력은 기존의 "반공" 중심 논리에서 벗어나, "역사 인식"과 "전후 체제"(평화헌법)에 대한 비판을 더욱 강화했다. 그들은 연합군총사령부가 전후 일본의 국력을 약화시켰다는 인식을 바탕으로 "전후 체제의 재검토"를 주요 의제로 내세웠다. 우익 세력은 일본의 헌법, 교육, 외교정책 등이 제2차세계대전 전승국들에 의해 부당하게 강요된 것이라고 주장하며, 헌법 개정, 군사력 강화, 역사 교육 개편 등을 요구하는 운동을 본격화했다. 특히 역사 인식 측면에서, "난징대학살 부정론"과 "위안부 문제 부정론" 등 역사 수정주의가 대두되며 '새로운 역사 교과서를 만드는 모임'과 같은 극우 단체들이 교육 분야에서 활발하게 활동했다. 또한 1990년대 말 중국의 급부상과 동아시아 국제 질서의 변화는 일본 국익에 대한 위협 요소로 여겨지며 우익 운동에 불을 붙였다.

앞서 언급한 일본회의도 1997년 이런 우익의 활발한 움직임 속에서 결성됐다. 일본회의는 '일본을 지키는 모임'과 '일본을 지키는 국민회의' 두 단체가 합쳐져 설립된 조직이다. 1970년대부터 우익 학생운동을 조직했던 전국학생자치체연락협의회와 일본청년협의회의 간부들이 일본회의 사무국에 참여했기 때문에, 나가사키대학 운동의 경험과 조직 운영 방식이 일본회의 구조와 전략에도 반영됐다. 이를 바탕으로 일본회의는 전국적인 풀뿌리 대중운동 조직을 구축하고, 정치·경제·교육·종교 등 다양한 분야에서 영향력을 확대해 나갔다. 이들은 헌법 개정, 황실 권위의 강화, 군사력 증강, 교육 개혁 등을 내세우며, 현재 일본 정치권에서 강력한 영향력을 행사하고 있다. 현재 회원 수가 약 4만 명에 달한다.

2000년대에 접어들자 일본 사회에는 불황 속에서 사회적 불만이 높아졌다. 우익은 그 불만의 화살을 재일교포에게 돌렸다. 일본 사회에서 인종적으로 차별받는 집단인 재일교포들에게 되레 '특권을 가진 존재'라는 딱지를 붙여 공격 대상으로 삼은 것이다. 이런 상황에서 재일교포를 겨냥한 극우 세력의 활동이 본격화했다. 2006년에는 '재일 특권을 용납하지 않는 시민 모임'(약칭 재특회)이 결성됐다. 이들은 재일교포를 표적으로 삼아 차별적인 극우 시위를 조직하고, 교토의 조선학교를 습격하는 사건을 일으켰다. 해당 사건은 법원에서 혐오 발언(헤이트 스피치)으로 인정됐으며, 이를 계기로 일본 사회에서 혐오 범죄 문제가 공론화됐다. 그들은 천황제 유지와 반공을 주장하는 기존의 우익 세력과 달리, 혐한·반재일교포 운동을 전개했으며, SNS와 유튜브 같은 온라인 매체를 적극 활용해 젊은 층의 지지를 얻었다. 표면적으로는 시민단체를 자칭하며, 정치에 무관심했던 젊은이들이나 일반인이 쉽게 참여할 수 있도록 했다는 점도 특징적이었다.

한편, 이 기간에 자민당 정권이 정치적 위기를 겪으며 단기간에 여러 차례 총리가 교체되는 일이 벌어졌다. 비정규직 해고, 연금 기록 오류 및 누락, 국민의 삶을 위협하는 군비 증강 등 다양한 사회문제에 대한 대중의 불만이 고조됐기 때문이다. 이런 흐름 속에서 2009년 자민당 창당(1955년) 이래 지속돼 온 '55년 체제'가 끝나고 자민당에서 민주당으로 정권 교체가 이뤄졌다. 그러나 민주당 정권은 대중의 기대에 부응하기는커녕, 대중의 뜻을 거슬러 후텐마 미군 기지를 오키나와현 내로 이전하려 했고, 소비세 증세 추진 등으로 국민의 삶을 더욱 불안정하게 만들었다. 중도파 및 좌파로 분류되는 민주당에 대한 대중의 실망감이 커지며 결국 민주당 정권은 단명에 그쳤고, 2012년 다시 자민당이 정권을 탈환하는 결과를 초래했다.

이런 흐름 속에서 2010년대 아베 신조 자민당 정권은 우익 정책을 더 강화해 나갔다. 비밀보호법과 함께 국가안전보장회의(일본판 NSC) 설치법이 제정됐으며, 2014년 7월에는 정부가 각의(한국의 국무회의) 결정을 통해 집단적 자위권 행사를 용인했다. 이어서 2015년 9월에는 집단적 자위권 행사를 핵심으로 하는 안보법안이 강행 처리됐다.

이 과정에서, 안보법안에 반대하고 아베 정권의 즉각 퇴진을 요구하는 대규모 항의 집회가 국회 앞에서 개최됐다. 1960년 안보투쟁 이후 최대 규모로 열린 이 집회에는 최대 12만 명이 참여했으며, 시민들은 정부에 강력한 반대 의사를 표명했다. 그동안 정치에 무관심하다고 여겨졌던 청년과 학생들도 적극적으로 운동에 참여했으며, '자유와 민주주의를 위한 학생 긴급 행동SEALDs' 등의 단체가 결성됐다. 그러나 이들 단체는 특정 정치 사안에 대한 항의 운동을 계기로 탄생했기 때문에, 이론적 기반이 약했고, 장기적인 정치 단체로 유지되지 못한 채 해산됐다.

우익 세력은 정계와의 긴밀한 관계를 통해 영향력을 강화하며 세력을 확장해 나갔다. 또한, 이런 정·재계와의 결속을 활용해 대중운동이 있을 때마다 시민들의 목소리를 억누르려 했다.

한국 사회에 주는 시사점

앞서 살펴본 바와 같이, 일본에서는 중요한 국면에서 좌파가 내부 분열을 거듭하며 노동자를 중심으로 한 대규모 사회운동을 구축하지 못했다. 그 결과, 우익이 정치권을 장악하는 발판을 마련했다. 또, 좌파 학생운동이 구심력을 잃기 시작한 시점에 우익 학생들은 대학에서 대규모 운동을 조직하며 점차 세력을 확장했고, 이를 기반으로 전국적인 우익 운동 조직이 결성됐다. 이렇게 성장한 우익 세력은 정계·재계와의 연계를 강화하며 영향력을 키워 갔고, 결국 정계에 직접적인 압력을 행사할 정도로 세력을 확장했다.

이런 상황에서 공식 정치에서 자민당이 장기 단독 정권을 구축하면서 일본 정치의 우경화가 고착됐으며, 그 흐름에서 벗어나기 어려운 상황이 지속됐다. 1970년대 이후에도 좌파 운동이 완전히 사라진 것은 아니었지만, 한 번 장악된 권력을 되찾는 것은 결코 쉽지 않았다. 사회에 대한 불만을 개선하기는커녕 보수 정당과 마찬가지로 대중의 삶을 위협하고 분노만 키운 중도파·좌파 정당의 무능력함도 우익이 힘을 유지하는 데 한몫했다.

현재 한국도 역사적으로 중요한 기로에 서 있다. 매주 수많은 시민이 윤석열 퇴진 집회에 참여하고, 대학 내에서 벌어지는 극우 반대 집회가 연일 성과를 거두고 있지만 안심할 수 없다. 집회에 참여하는 이들의 요구에 귀 기울이며, 노동계급의 투쟁을 촉진해야 한다. 또한, 곳곳에서 부상하는 극우 세력에 맞서 공동전선을 강화하고, 강력하고 단호한 대응을 조직하는 것이 필수적이다.

거리와 대학, 작업장에서 벌어지는 투쟁이 앞으로 한국 사회의 향방을 결정짓는 중요한 열쇠가 될 것이다. 일본과 같은 상황을 피하기 위해서는 지금 이 순간, 우익·극우 세력의 조직화와 거리 운동에 단호하게 맞서 대결해야 한다. 자신이 속한 지역, 학교, 직장 모든 곳에서 우익에 맞서는 기층 운동을 조직하자.

하세가와 사오리(한국 거주 일본인 청년, 한-일 통번역사), 〈노동자 연대〉 538호(2025-03-04).

경찰과 우파: 팔은 안으로 굽는다

내란죄 수사 초기와 윤석열 관저 체포영장 집행 때까지만 해도 양측의 눈치를 살피는 듯하던 경찰의 태도가 날이 갈수록 달라지고 있다. 한덕수가 복귀해 "공권력 도전에 엄중 대응" 운운한 직후인 3월 26~27일 집회에 경찰은 대단히 과격하게 대응했다. 정부와 경찰은 전국농민회총연맹 전봉준투쟁단의 트랙터 행진을 막겠다며 경찰 수천 명, 경찰 버스 수십 대를 도로 봉쇄와 행진 저지에 투입해 항의하는 시민들에게 폭력을 휘둘렀다. 다음 날 오전 트랙터를 실은 트럭 한 대가 가까스로 우회해 경복궁역에 진입하자, 대기하던 경찰 수백 명이 트랙터를 뺏겠다며 시위대를 폭행해 정혜경 진보당 국회의원, 마트노조 조합원 등 부상자가 속출했다. 걷잡을 수 없이 번지는 영남 지역 산불 진화 인력이 부족해 애를 먹던 때, 상징적인 반나절짜리 트랙터 행진을 막겠다고 전국에서 경찰 수천 명이 동원된 것이다.

이날 경찰의 고압적인 폭력 장면을 보고 있으면, 도대체 극우의 서부지법 폭동 때는 왜 저렇게 하지 않았는지 누구나 의문을 가질 법하다. 헌법재판소와 안국역, 경복궁 부근에서 극우 난동꾼들이 탄핵 찬성 집회 참가자들을 위협하는데도 경찰은 방관하기 일쑤다. 왜 방관하냐고 항의하면 되레 공무집행 방해라며 위협한다. 심지어 경찰이 삼엄히 깔려 있는 헌법재판소 정문 앞 경찰 지휘관이 보는 앞에서 민주당 의원(백혜련 의원)이 날계란을 맞았는데도 경찰은 현행범을 체포하지 않았다. 반면, 비상행동 지도부나 활동가를 미신고 집회 등에 관한 건으로 조사하는 일은 착착 진행되고 있다. 촛불행동 활동가들에 대한 괴롭힘과 신상 털기 수사도 지속되고 있다.

극우 시위가 부상하고 윤석열과 국힘이 그들을 지지하며 우파 결집이 일어난 것에 힘입어 윤석열 일당은 2월 말 경찰 인사에서 친윤 인물들을 대거 승진시켰다. 대통령실 근무자들, 비상계엄 연루자들, 용산경찰서 출신자들, 윤석열 일가의 비리 의혹을 덮어 준 자들이 승진하고 요직을 차지했다. 대통령 권한대행 최상목이 윤석열을 위한 인사를 단행한 것이다.

그리고 3월 8일 윤석열이 석방되고, 3월 24일 한덕수까지 내각에 복귀했다. 비록 행정안전부·국방부 장관 자리가 공석이기는 해도 계엄 전 윤석열 내각이 상당 부분 복원된 것이다(행안부 장관의 공백은 이번 인사로 상당히 메워졌다).

경찰 지휘부는 이제 윤석열 탄핵 기각 가능성에도 대비한다. 경찰은 최근 헌재 선고 후를 대비하는 진압 훈련을 하면서, 진압 대상(폭동 세력) 역할자들에게 '민주노총'이 쓰인 조끼를 입혔다. 안 그래도 갈수록 지지부진해진 경찰의 내란죄 수사는 그나마 초동 수사와 윤석열 체포 작전을 지휘했던 현 국가수사본부장이 3월 28일 임기가 끝나 물러나면 미궁으로 빠질 수 있다. 이제 경찰의 극우 비호는 더 노골적이 됐다. 사실 이미 서부지법 폭동도 경찰이 묵인한 정황이 있다.

3월 25일 남태령에서는 안정권, 배인규 등 극우 유튜버들이 경찰과 협력 관계임이 드러났다. 안정권과 경찰관이 트랙터 행진을 막는 데 협조하자고 대화를 나누는 영상이 공개됐다. 〈오마이뉴스〉 취재에 따르면, 그 경찰관은 서울경찰청 정보과 소속이다. 3월 11일 충북 청주 충북대 캠퍼스에서는 탄핵 찬성 학생들이 연 집회에 안정권 일당과 탄핵 반대 학생들이 난입하는 사건이 있었다. 탄핵 찬성 학생들이 대피한 사이, 극우 유튜버들은 탄핵 찬성 현수막과 팻말 등을 찢고 태웠다. 이날 탄핵 찬성 측 신고로 출동한 경찰이 극우 유튜버와 맞장구를 치며 대화한 것이 폭로됐다. 극우 난동꾼들이 함부로 도발하는 것에는 (경찰이라는) 믿는 구석이 있기 때문이다.

경찰의 본성과 한국 경찰의 뿌리

경찰이 군사 쿠데타 미수 세력을 비호하는 쪽으로 기울고, 극우에게 편파적 관용을 보이는 것은 경찰 본래의 성격과 관련 있다. 경찰은 체제 수호를 위한 치안·경비·정보·수사 등을 담당하는 국가기관이다. 물리력("공권력")을 행사해 통제 기능을 수행하는 것이다. 특히 치안 기능은 계엄 상태가 아닌 한은 경찰이 전담한다.

경찰의 중요성은 조직 규모의 방대함과 예산을 봐도 알 수 있다. 올해 경찰 예산은 13조 원을 넘는데, 행안부 산하 기관의 예산인데도 여성가족부 등 웬만한 정부 부처 예산보다 크고, 검찰보다도 많다. 2024년 기준 경찰 인력은 13만여 명으로 경찰 1인당 담당 인구는 391명이다(소방관 1인당 담당 인구는 766명이다). 전국의 경찰서, 파출소, 지구대를 더하면 2000개가 넘는다. 대중에 대한 밀착 감시와 통제를 일상으로 벌이기 위한 것이다.

경찰의 치안·경비 기능은 주로 예방·단속이므로 경찰의 기본 활동이 보통 사람들을 예비 범죄자로 간주해 감시하거나 물리적으로 규율하는 일들임을 뜻한다. 또한 지역까지 촘촘하게 뻗친 조직과 일상적 감시 활동 탓에 그동안 역대 정권 대통령들은 국가정보원, 방첩사, 검찰보다 경찰의 여론 동향 정보를 가장 신뢰했다. 윤석열의 첫 경찰청장 윤희근이 정보 경찰 출신이었다.

지배계급에게 경찰은 일상적인 통치 질서 유지를 위해 가장 중요한 조직인 것이다. 체제 수호 기관이라는 점에서 경찰은 생래적으로 우파적이며, 물리력을 행사한다는 점에서 군대와 함께 가장 중요한 억압 기관이다.

국제적으로도 경찰은 극우·파시스트에 친화적이다. 인종차별로 악명 높은 미국 경찰도 2020년 '흑인 목숨도 소중하다' 운동을 공격하는 극우를 거의 제지하지 않았다. 2021년 트럼프 지지 시위대의 의사당 난입 폭동 때 경찰 일부는 이 극우·파시스트들을 일부러 막지 않았다. 나치 독일에서는 나치의 폭력 조직인 친위대와 돌격대가 나치 집권 후 경찰로 편입돼 융화됐다. 근래에는, 그리스의 나치 정당 황금새벽당이 경찰 내에 상당수 당원과 지지자를 확보한 것으로 유명했다.

한국 경찰의 역사적 기원도 매우 극우적이다. 한국 경찰은 미군정이 처음 조직했다. 1945년 일제 패망 후 미군은 한반도를 소련군과 분할 점령한 뒤 한국에 진주했지만, 미군 병력만으로는 군정을 펼 수 없었다. 그래서 가장 먼저 한 일이 해방 후 흩어져 도망간 일제 경찰 출신 조선인들을 다시 모아 경찰 조직(미군정 경무국)을 재건하는 것이었다.

미군정하에서 재건된 경찰은 반공을 내세워 친일 경력을 덮고, 한국

민중의 완전한 독립 열망과 생계비 저항 등을 미군정이 분쇄하는 데 선두에 섰다. 1946년 9월 총파업 분쇄와 대구 10월 항쟁 진압, 1948년 제주 학살 등. 1949년에는 친일파 출신 경찰 지휘부를 겨냥한 반민특위를 와해시키는 데 앞장섰다. 이때 서북청년단 등 월남한 우익 폭력 조직들이 경찰과 군대의 하수인으로 움직였는데, 그들 일부는 경찰과 군대로 흡수됐다.

그 이후로도 경찰은 독재 유지의 핵심 기관으로 기능해 왔다. 1990년대 이후 국가 형태가 자유주의적 민주주의로 전환하고 민주당이 집권해도 경찰의 기능과 태도는 달라지지 않았다. 여전히 경찰은 권력자들에 친절하면서 보통 사람들의 피해는 흔히 외면한다. 보통 사람들이 용의자일 땐 강압적 수사나 가혹 행위를 자행하는 경우도 종종 있다.

퇴임 후 정계에 진출하는 경찰 최고위층이 주로 국힘으로 가서 강경 우파 정치인이 되는 것은 우연이 아니다. 경찰의 일반적 성격뿐 아니라 그 구체적 역사성에서도 한국 경찰은 지배계급을 위한 폭력성과 우파성, 기회주의 등을 누적시켜 온 것이다.

경찰은 정권이 바뀔지도 모르는 상황에서 반정부 시위에 잠시 온화한 척할 수도 있지만, 좌파와 노동자 투쟁에는 일관되게 적대적이다(박근혜 퇴진 운동이 강력하게 벌어져 지배계급 다수가 박근혜 제거에 동의했던 시기에는 경찰이 잠시 유화적 태도를 취했었다).

지금은 지배계급도 단일하게 결속하지 않은 듯하다. 이런 상황에서, 경찰이 권좌 복귀를 열망하는 윤석열 일당과 극우를 편드는 것은 그 본질적 성격과 전통을 보여 주는 것이다.

김문성, 〈노동자 연대〉 540호(2025-03-28).

왜 극우는 혐중 부추기나?

극우의 부상은 전 세계적 현상이고 한국도 마찬가지다. 다른 나라에서와 마찬가지로 한국에서도 극우는 중도 세력 민주당의 배신과 실패의 틈을 메우며 성장했다. 한국 극우는 대통령 선거에서 패배했으나 큰 타격을 입지 않았다.

노동자연대 국제연락간사는 영국 사회주의노동자당 이론지와 한 인터뷰에서 한국 극우 강령의 여섯가지 핵심 요소를 다음과 같이 꼽았다. (1) 미국과 일본에 대한 강력한 지지, (2) 북한과 그 추종자들에 대한 증오, (3) 중국과 중국 국민 전체에 대한 증오, (4) LGBT+에 대한 혐오, (5) 이주민과 난민에 대한 반대, (6) 무슬림 혐오. 여섯 가지 핵심 요소들은 서로 연관돼 있다. 따라서 혐중뿐 아니라 다른 요소들도 간과하지 말아야 한다. 때에 따라서 극우는 다른 요소를 자신의 무기로 삼아 치고 나올 수도 있다. 예를 들어 극우는 6월 14일 서울 퀴어퍼레이드에 대한 맞불 시위를 벌였다. 그 시위에서 국힘 의원 윤상현이 연설했다.

아래에서 혐중의 개념과 유래, 혐중의 요소, 혐중의 이데올로기 측면, 이에 맞선 대안을 차례로 다뤄 보겠다.

혐중이란 무엇이고 언제부터 본격화됐는가?

혐중이란 무엇일까? 위 언급된 노동자연대 국제연락간사의 지적처럼 혐중은 중국과 중국 국민 전체에 대한 증오다. 극우는 건대 양꼬치 거리에서 혐중 시위를 벌였다. 중국 국가뿐 아니라 평범한 중국인들도 증오한다고 선포한 것이다. 그런데 한국 극우는 중국 지배자들에 대한 평범한 한국인들의 정당한 반감까지 혐중 선동에 악용하고 있다. 예를 들어, 〈시사IN〉이 2021년 시행한 여론조사에서 중국은 부정적인 국가 1위였다(북한은 2위, 일본은 3위). 그 여론조사에서 눈길을 끄는 대목은 중국의 역사적 사건에 대한 부정적 인식 항목인데, 티베트와 위구르족에 대한 대응과 홍콩 민주화 운동, 천안문 항쟁에 대한 중국 정부의 대응도 설문 항목에 포함돼 있고 이런 질문들에 대한 부정적 응답 비율이 높았다. 극우 오픈채팅방에 잠입 취재한 〈경향신문〉 기사를 보면, 오픈채팅방 입장을 위한 "최소한의 사상 검증" 관문은 "프리 홍콩 · 위구르를 지지합니다"를 따라 말하는 것이라고 한다. 또한 극우는 탄핵 반대 시위에서 천안문 항쟁을 추모하는 노래 "자유의 꽃"을 틀고 중국어로 항쟁을 지지하는 구호를 외치기도 했다.

극우는 교활하게도 민주당과 한국 좌파의 약점을 활용하고 있다. 민주당은 말만 "균형 외교"라는 그럴듯한 대의명분을 내세우며, 중국 정부의 소수 인종 억압과 중국인들에 대한 민주적 권리 탄압을 비판하지 않았다. 좌파 다수도 진영 논리를 근거로 미국의 패권을 견제하기 위해 중국을 지지하고 있다. 민주당과 좌파의 이런 입장의 약점을 이용해 이준석은 2019년 홍콩 송환법 반대 투쟁 때 중국 정부를 비판하며 자신이 민주주의 수호자인 체 위선을 떨 수 있었다. 그는 홍콩 투쟁 지지를 선언하며 "중국몽을 꾸고, 한국은 중국의 말에 붙은 파리처럼 찰싹 붙어 가야 한다고 주장한 민주당은 절대 하지 못할 일"이라고 비난했다.

우리는 민주주의나 억압받는 이들의 고통에는 전혀 관심이 없는 극우가 평범한 중국인들까지 배척 대상으로 여기면서도, 홍콩 투쟁이나 티벳, 위구르를 그저 혐중의 소재로 활용하는 것의 위선을 폭로해야 한다. 이와 동시에, 중국 지배자들에 대한 정당한 반감을 가진 사람들을 극우와 구별해야 한다. 이는 극우에 맞선 운동을 건설할 때 매우 중요하다.

혐중의 유래에 대해 살펴보겠다. 중국 연구자나 중국 동포 지원 활동을 하는 사람들은 대개 혐중이 본격화된 시기를 2017년으로 본다(일부는 2003년부터 중국 지배계급의 "대중화주의" 역사학 프로젝트인 '동북공정'에서 시작됐다고도 하지만, 그것은 학계에 국한된 논쟁이었다고 할 수 있다). 몇 가지 중요한 사실들을 들어 2017년이 어떤 해였는지 살펴보는 것이 혐중의 유래를 이해하는 데 도움이 될 것이다.

(1) 2017년 1월 트럼프 1기가 시작됐다. (2) 박근혜 탄핵에 반대하는 극우의 거리 시위가 시작됐고, 2017년 3월 헌재가 박근혜를 파면했다. 5월 대선에서 민주당 문재인이 대통령에 당선됐다. (3) 2017년 9월에는 논란(지정학적, 국내적 수준에서 모두) 끝에 경북 성주에 중국을 겨냥한 미국의 사드 미사일이 배치됐다. 요컨대, 미·중 지정학적 갈등이 격화되고, 중국에 대한 반감이 커져가는 상황에서 한국의 극우는 자신들이 미국 지배자들의 편임을 더욱 분명하게 하면서, 민주당과 좌파를 공격하기 위해 혐중을 자신의 무기로 장착한 것이다.

혐중의 구성 요소와 그 효과

혐중은 나름의 체계와 구성 요소를 포함하고 있다. 혐중 선동을 이치에 닿지 않는 얼간이들의 헛소리로 치부한다면 극우에 맞서 행동하는 것이 어려워질 것이다. 어떤 사람들은 극우의 혐중이 구체적 맥락이 없이 돌출한 혐오와 차별 정도로 여기는데, 이는 극우의 부상과 그 위험성을 과소평가할 위험이 있다.

우선, 미국 제국주의 지지가 혐중의 핵심 요소다. 미국 지배자들은 밀레니엄과 함께 "미국의 새로운 세기를 위한 프로젝트"를 선언하며 아프가니스탄 전쟁과 이라크 전쟁을 시작했지만 결국 패배했다. 그 전쟁은 미국의 세계적 지위 하락을 만회하고 중국의 부상을 견제하려는 시도였지만, 오히려 미국 지배자들에게는 베트남전쟁 패배보다 더 큰 타격을 안겼다.

오바마 시절(2009~2017)에 중국 견제를 강화하려고 "아시아로의 중심축 이동"을 선언하고 실행하려 했지만, 중동이라는 수렁에서 쉽게 벗어날 수 없었다. 그러나 트럼프에서 바이든으로, 바이든에서 다시 트럼프로 정권이 바뀌는 동안에도 중국에 대한 견제 수위는 계속 높아졌다. 이처럼 점증하는 경쟁 속에서 미·중 간의 충돌이 실제로 발생할 수 있다. "한반도는 그런 충돌의 한 경로가 될 수도 있는 곳이다. 흔히 한반도는 대만, 남중국해, 동중국해 등과 함께 이런 충돌의 방아쇠, 도화선, 인화점으로 불린다."*

---

* 이에 대해서는 김하영, "트럼프, 흔들리는 국제질서와 한반도", 〈노동자 연대〉 543호(2025-04-27) 참조.

극우는 미국 제국주의를 지지하는 한국의 전통적 우파의 기본 입장을 이어받으면서도 트럼프의 영향을 받아 더 극단적으로 중국 반대를 선동하고 있다. 이를 상징하듯, 혐중을 선동하는 극우들은 집회에서 태극기와 성조기를 함께 흔든다.

이처럼 경쟁 대상국에 대한 적대시와 악마화는 자칫 해당 국가의 국민이나 그 국가를 지지하는 사람들도 적대하고 배척하는 것으로 연결되기 쉽다. 저명한 미국 사회주의자 하워드 진은 명저 《미국 민중사》에서 태평양전쟁 개시 후에 시작된 루즈벨트 정부의 일본계 미국인 차별이 그런 효과를 냈음을 보여 줬다. 일본의 극우와 우파 정부도 북한 정부를 악마화하고 이를 총련계 조선인들을 차별하는 데 이용한다. 예를 들어, 재일 총련계 조선인 학교인 '우리학교'를 극우들이 습격한 것, 일본 정부의 고교무상화 대상에서 '우리학교'를 배제했다.

혐중의 둘째 요소는 국수주의다. 최근 극우는 민족주의 선동을 강화하고 있다. 민족주의는 애국심을 부추기는데, 그것도 경쟁적 애국심이다. 국가 간 경쟁이 격화되면 그런 애국심은 열정적이거나 심지어 열광적인 것이 될 수 있다. 그런 정도로 고양된 애국심을 국수주의나 배외주의라고 한다. 극우의 혐중 선동은 그런 국수주의/배외주의를 띠고 있다. 예를 들어 지난 서울 구로구청장 보궐선거에 전광훈의 당(자유통일당)으로 출마한 극우 후보 이강산은 선거 공보물에 대한민국이 좌파, 외국인, 중국인, '불법체류자' 등에 의해 "호구"가 됐다며 자신의 정치철학을 "자국민 우선주의"라고 규정했다. 트럼프의 '미국 우선주의'와 공조하는 것이다.

극우의 국수주의적 태도는 재한 중국인들이 대한민국을 망치고 있다는 선동으로 나타난다. 중국인들 때문에 한국의 건강보험이 위태로

워지고, 중국인 고령층의 무임승차 증가로 한국 지하철 재정이 악화된다는 등 터무니없이 과장된 비난을 하는 것이다.

국수주의는 이주민 차별을 수반한다. 앞서 언급한 이강산은 혐중 선동과 함께 "불법체류자를 완전히 추방하겠다"고 선동하기도 했다. 지난해 총선 대구에서 출마한 전광훈 당 극우 후보는 대구 지역에서 자신의 패거리를 이끌고 직접 미등록 이주노동자 단속에 나서다 구속되기도 했다.

그렇다면, 극우들이 표적으로 삼는 중국계 이주민은 어떠한가? 한국의 화교는 1948년 제정된 한국의 속인주의 국적법과 토지나 주택 소유 제한 법률로 제도적 차별을 겪어 왔다. 한국에 거주하는 화교의 89퍼센트가 한국에서 태어났지만 국적을 취득할 수 없어 차별을 겪고 있다. 그리고 한족 이주민들은 대부분 이주노동자이고 다수가 미등록 신분으로 추정된다. 중국계 이주민의 다수를 차지하는 중국 동포들의 경우 한국 정착 과정에서 일부가 자영업자 등 중간계급으로 분화했지만 대다수는 이주노동자다. 최근 통계자료를 보면, 서울의 경우 중국 동포의 91.9퍼센트가 상용직, 임시직, 일용직 일자리에서 일하고 있다. 이들은 불안정한 고용 환경에서 노동하고 있고, 소득을 올리려고 장시간 노동을 하고 있다. 지난해 아리셀 참사 희생자의 대부분이 중국 동포 이주노동자들이었다(사망한 이주노동자 18명 중 17명).

혐중 선동은 중국계 이주민들이 겪고 있는 계급 차별을 강화하고 처지를 악화시킬 수 있다. 게다가 혐중 선동으로 중국계 이주민에 대한 편견이 강화되면 장차 체계적인 인종차별로 나아갈 가능성도 있다. 중국계 이주노동자들의 노동조건이 악화되는 것은 국내 노동자들에게 조건 하락 압박이 될 것이다. 건강보험을 둘러싼 중국인 공격 선동은 정부의 건강보험 재정부담 회피를 위한 속죄양 찾기 일환이자 복지 축소의 신호탄이 될 수 있다.

왜 혐중 선동에 이끌리는가?

혐중 선동은 거리 극우들의 전유물이 아니다. 이 점이 중요하다. 한국 극우의 성장은 "극우의 주류화"(주류 보수 정당이 극우화하거나, 그 중심부가 극우 본색을 드러내는 것) 단계에 도달했다. 이번 대선에 출마한 김문수는 거리 극우와 연계된 극우 후보였고, 이준석도 사실상 극우다. 그 둘은 대선 TV 토론회에서 이재명에게 대만이냐 중국이냐 선택하라며 그를 "친중"으로 몰아세우기 위해 협공하기도 했다. 민경욱은 이미 2020년에, "중국과 내통해 희대의 선거부정을 저지른 문재인"이라며 중국과 연계된 부정선거 의혹 제기를 시작했다. 윤석열은 2022년 1월 직접 자신의 페이스북에서 중국인들이 한국 건강보험제도에 숟가락만 얹고 있다며 공격했다. 탄핵 심판 변론에서도 중국을 배후로 지목하며 부정선거론을 내세워 쿠데타를 정당화하려 했다. 국힘은 간첩죄 연계 대상에 중국을 포함시키는 간첩죄 개정안을 발의했다(민주당은 이에 반대하지 않는다고 했다).

그런데 이런 혐중 선동에 지지자들이 끌리는 이유는 무엇인가? 이런 관념은 자연스럽게 생겨난 것이 아니다. 이를 이해하는 데 마르크스의 이데올로기 개념이 유용하다. 카를 마르크스는 이렇게 말했다. "어느 시대에나 지배계급의 사상이 지배적인 사상이다. 사회에서 지배적인 물질적 세력인 계급이 동시에 지배적인 지적 세력이기도 하다."

주류화된 극우적 주장이 일부 서민들에게 수용되는 이유는 그런 주장이 현실을 설명하는 듯한 구석이 있기 때문이다. 첫째, 한국과 중국의 교역관계다. 한국은 2000년대 첫 20여 년을 '경제는 중국에 안보는 미국에'의존해 왔다. 수출 의존도가 높은 한국 경제에 중국은 제1위 수출국이다. 극우가 중국의 영향력을 과장하기 쉬운 이유다.

둘째, 중국은 세계적으로도 영향력을 확대하고 있다. 중국도 (미국과 경쟁하는) 제국주의 열강의 하나다. 역내에서는 한족 우월주의를 내세워 주변국들이나 국내 소수 인종들에게 강압적 태도를 보인다. 동북공정의 역사 왜곡과 2008년 티벳 독립 시위 탄압, 2019년 홍콩 투쟁에 대한 탄압 등이 그렇다. 이런 중국 정부 방침의 영향을 받은 한국 내 중국 유학생들 일부가, 한국에서 벌어진 티벳·홍콩 연대 시위대에 폭력을 휘두르는 일도 있었다. 이런 일들을 이용해 극우가 혐중을 정당화하는 것이다.

셋째, 한국 민주당과 좌파 일부는 중국 정부의 그런 만행을 비판하지 않는다. 앞서 지적한 대로 극우가 좌파 전체를 싸잡아 '친중'이라고 선동할 여지가 있는 것이다. 좌파는 민주당의 "균형 외교" 실태를 폭로하고, 중국 정부에 대한 비판도 삼가지 말아야 한다.

넷째, 2017년 이후 극우는 혐중 선동에 특히 코로나19(극우는 "우한 폐렴"이라고 부른다), 중국발 미세먼지 등을 중요한 이슈로 활용했다. 이런 선동의 사실 여부와 무관하게, 롭 월러스 같은 감염병 역학자들이 지적한 것처럼 코로나19는 비단 중국의 특수성 때문에 생겨난 것이 아니다. 자본주의 체제는 세계 도처에서 새로운 전염병을 만들어 내고 있다. 중국발 미세먼지도 한반도에 영향을 주지만 한국 내부에서 발생하는 미세먼지 자체가 만만치 않다. 봄철 석탄발전소 가동 제한이나 경유차 운행 제한 조처가 실제 효과를 내는 것만 봐도 알 수 있다.

다섯째, 중국계 이주민의 가시성이다. 중국계 이주민의 다수를 차지하는 중국 동포들은 1992년 한·중 수교 이후 본격적으로 이주하기 시작했다. 현재 한국 전체 이주민 규모는 260만 명인데, 그중 중국계 이주민이 100만여 명이 된다. 대림동 등 중국계 이주민이 집중된 거주지도 있다. 외국인 유학생도 늘어나는 추세인데(2024년 기준 26만 명), 중국 유학생이 34퍼센트로 가장 많다.

이처럼 극우는 부분적 사실, 그리고 과장과 왜곡된 사실을 뒤섞어 지배계급의 이해관계를 위해 그럴듯한 혐중 선동의 기반으로 삼는 것이다.

어떤 사람들은 혐중 선동을 "가짜 뉴스"로 보고 이를 반박하거나 모니터링하는 데 강조점을 두는 듯하다. 물론 극우의 거짓말을 비판하고 폭로하는 것은 필요한 일이다. 그러나 현재 극우의 혐중 선동은 자본주의와 제국주의 위기, 지배계급의 정치 위기 등 시스템의 문제이므로 단순히 주장만으로는 근절하기 어렵다.

혐중에 어떻게 맞설 것인가?

서부지법 폭동, 4월 구로구청장 보궐 선거에서 극우 후보의 약진, 극우 청년 단체의 (건국대 양꼬치 거리 등) 혐중 시위는 그동안 극우의 부상을 가벼이 여기던 사람들에게도 경종을 울렸다.

진보당 등과 개혁주의 단체들은 대체로 법령으로(지자체 조례 포함) 혐중 선동을 규제해야 한다고 주장한다. 혐중 선동을 막아야 한다는 취지에는 공감이 된다. 그러나 법으로 혐중 선동(때때로 물리적 공격 행동)을 없앨 수 있을까? 일본의 "헤이트 스피치 해소법"과 일본 자치단체의 조례가 대안적 사례로 자주 제시된다. 일본 극우 단체 재특회('재일 특권을 허용하지 않는 시민모임')의 험한 시위와 선동을 제어하겠다는 취지로 2016년 제정된 것이 "헤이트 스피치 해소법"이다. 그러나 이 법안은 사실상 상징적 의미만이 있다. 일본의 인권 변호사이자 이주민 지원활동을 하는 모로오카 야스코에 따르면, "헤이트 스피치 해소법에는 차별 금지 조항이나 제재 규정이 없고, 경찰을 포함해 헤이트 스피치를 법적으로 막을 권한이 없다. 피해자 구제 절차도 정해져 있지 않다"(모로오카 야스코, "헤이트 스피치 해소법 시행 후의 현상과 과제", 〈뉴 광주 리뷰〉). 모로오카 야스코에 따르면, 2017년부터 일본의 지자체에서 조례로서 공원이나 공공시설 등에서 헤이트 스피치를 금지했어도 재특회 등의 집회와 선동에 제동을 걸지 못했다.

물론 법을 더 강화하면 된다는 주장이 있을 것이다. 그러나 서부지법 폭동이나 건국대 양꼬치 거리 폭력 사건에서 보듯이 극우가 마음을 먹는다면 법률 따위는 안중에 두지 않고 행동할 수 있다.

사실 극우의 주류화가 진척된 상황에서 정당의 정치 활동, 선거운동 등을 제약하기도 어렵다. 예를 들어, 올해 4월 거리 곳곳에 걸려 아연실색하게 했던 혐중 현수막("중국 유학생은 100% 잠재적 간첩", "한국인은 1등급이 의대 탈락! 중국인은 6등급이 의대 장학금!")은 정당이 내건 현수막으로 보호받는다.

무엇보다, 혐오 표현을 금지하는 법은 부메랑이 돼 좌파들을 공격하는 데 사용될 수도 있다. 혐오 표현 규제 법률은 국가가 노동자들과 피억압자들의 운동을 단속하는 무기도 될 수 있다.

혐중에 맞설 대안으로 "극우의 혐중 프레임에 대항하는 진보적 중국 담론을 형성해야" 한다는 견해도 있다(김희교 광운대 교수, "혐중은 어떻게 극우의 무기가 되었는가?", 진보당 진보정책연구원 웹사이트). "중국의 문제는 중국의 지식인들에게 일단 맡기"고 우리는 실리를 챙기자는 것이다. 그러나 앞서 살펴봤듯이 중국의 문제에 침묵하는 것은 오히려 좌파를 중국의 이중대로 묘사하는 극우의 선동을 효과적으로 만들 뿐이다.

그렇다면 어떻게 혐중에 맞설 것인가? 극우가 중국계 이주민을 표적 삼아 벌이는 선동과 행동에 맞서는 것이 중요하다. 첫째, 극우는 중국계 이주민들의 거주 지역이나 대학(한국 거주 유학생의 다수가 중국계 학생들이다)에서 선동과 행동을 조직하려 한다. 극우 단체인 자유마을과 자유대학은 기층 조직을 보유하고 있거나 건설하고 있어서 특히 유의해야 한다. 그러므로 맞선동과 맞불 시위 등을 조직해야 한다. 이런 면에서 7월 11일 극우의 대림동 집회에 맞선 맞불 시위는 매우 효과적이었고 뜻깊었다. 중국계 이주민의 한국 정착 이후에 처음으로 열린 중국계 이주민 환영 집회였고, 대림동에 거주하는 중국계 주민들과 중국동포 지원 활동가들도 함께하면서 이들에게 자신감을 심어 준 듯하다.

극우가 구로구청장 보궐 선거를 혐중 선동의 장으로 삼았던 것을 고려하면, 내년 지방선거에도 주목할 필요가 있다. 국제적으로도 극우와 파시스트는 거리 시위와 선거를 결합하는 이중 전략을 추구한다. "극우의 주류화" 때문에 극우 반대자들은 전광훈 당뿐 아니라 국힘이나 이준석 당으로 출마한 후보가 선거를 이용해 혐중 선동을 강화할 수 있다는 점도 염두에 둘 필요가 있을 것이다.

둘째, 혐중은 극우 강령의 핵심 요소의 하나다. 따라서 극우 자체를 약화시키기 위한 투쟁을 벌이는 것이 필요하고 중요하다. 이 과정에서 극우에 대한 폭로도 중요하다. 극우 반대자들은 왜 혐중이 극우의 무기인지, 어떻게 혐중이 동아시아의 불안정성을 부추기고 한국 노동계급에게 악영향을 미치는지 등등에 대해 폭로해야 한다. 극우는 거리뿐 아니라 국가기관 내에서도 세력을 형성하고 있다. 윤석열 일당의 재구속과 쿠데타 일당들을 국가기관에서 일소하는 등의 투쟁도 중요하다.

셋째, 미국 제국주의에 반대하는 것이 중요하다. 앞서 살펴본 것처럼 혐중 발생의 근본 원인이 바로 미국 제국주의와 그에 대한 지지다. 이에 맞선 투쟁이 혐중을 약화시키는 매우 중요한 고리가 된다. 만약 대만을 둘러싸고 미·중 간 충돌이 벌어진다면, 미국의 전쟁에 반대하면서 전쟁 상황에서 강화될 수 있는 혐중에도 반대해야 할 것이다.

넷째, 혐중의 핵심 요소가 국수주의와 (가난한 이들에 대한) 계급 차별이므로, 이에 맞선 국제주의적 계급투쟁이 중요하다. 한국 내의 중국계 이주민을 포함한 이주민 차별에 반대해 노동계급의 단결을 구축하는 것이 중요하다. 이는 미국 내에서 벌어지는 저항에 대한 연대, 중국 내에서 벌어지는 투쟁에 대한 연대 모두를 의미한다. 이것이 국수주의에 대한 우리의 답이어야 한다.

이런 과제들을 일관되게 수행할 수 있는 혁명적 좌파를 구축하는 것이 매우 중요하다.

김광일(이주 노동자 전문 노무사), 〈노동자 연대〉 553호(2025-07-26).

2030 남성은 극우화하고 있나?

극우의 부상 속에서 '2030 남성 극우화/보수화'가 뜨거운 쟁점이 됐다. 2030 남성이 보수화했다는 주장은 전에도 나온 적이 있다. 윤석열이 당선한 지난 대선 직후, 그리고 배신으로 문재인 정부에 대한 지지가 하락할 때도 그랬다. 그런데 이번에는 2030 남성이 보수화했다는 것을 넘어, 극우화했다는 주장까지 나오고 있다. 문제를 정확히 진단하려면 실제 현실을 파악해야 한다. 이 글에서 나는 청년들이 처한 현실을 먼저 살펴본 뒤, 과연 정말로 2030 남성이 극우화하고 있는지, 진정한 문제는 무엇인지 살펴보겠다.

평범한 2030 남성들의 삶

오늘날 한국의 2030 청년들은 장기 경제 불황 속에서 나고 자랐다. 유년기·청소년기에 IMF 경제 공황, 2008년 세계 금융위기가 닥쳤다. 이들의 생애 동안 지정학적 위기도 심화됐다. 동아시아와 한반도의 긴장도 커져 왔다. 코로나19 팬데믹과 기후 위기도 빼놓을 수 없다. 즉, 오늘날 청년들은 자본주의 체제의 다중적 위기 속에서 청년기를 보내고 있다.

물론 인생에서 청년기는 원래 미래에 대한 불확실성이 큰 것이 특징이다. 20대 전반부는 직업이나 진로, 계급이 아직 정해져 있지 않다. 사회 초년생인 30대의 경우에도 신입 사원이든 개업한 지 얼마 안 된 자영업자든 이제 막 자리를 잡아 가는 처지다.

자본주의 체제의 복합 위기는 가뜩이나 불확실한 청년들의 미래를 더욱 막막하고 불안하게 만들고 있다. 좀 더 구체적으로 살펴보면, 오늘날 청년들을 가장 고통스럽게 하는 문제는 취업난이다. 현재 청년층 고용률은 팬데믹 이후 최저다. 청년층에서 '쉬었음' 인구도 계속 늘고 있다. 취업난 속에 청년들의 정신적 고통도 심각하다. 거듭되는 취업 실패는 자존감을 추락시키고 인간관계에 악영향을 미치기도 한다. 고립·은둔 청년과 청년 자살이 늘고 있다. 취업난 속에서 창업을 택했다가 실패하는 청년들도 있다. 20~30대 청년 폐업자 수가 늘었고, 창업 대비 폐업률도 증가하고 있다. 주거난도 빼놓을 수 없다. '내 집 마련'은 대다수 청년에게 불가능한 꿈이 됐다. 취업난은 여성이든 남성이든 청년이라면 누구나 겪는 고통이다. 이하에서는 2030 남성에 초점을 맞춰 보겠다.

오늘날 보통의 2030 남성들은 점점 더 이루기 어려워진 남성의 역할에 대한 기대와 압력에 짓눌려 있다. 남성들은 책임감 있고 유능한 가장이 돼야 한다는 압력을 받는다. 자본주의 가족 제도로 말미암아, 일차적 돌봄의 책임자로서의 아내·엄마의 역할 또는 가장으로서의 남편·아빠의 역할 같은 보수적 성 역할 고정관념이 여전히 유지되고, 평범한 사람들에게 영향을 미치고 있다.

이 사회가 남성과 여성에게 부과하는 성 역할은 자본주의의 가족 제도와 관련 있다. 자본주의 체제는 노동력 재생산의 기본적 책임을 개별 가정에 떠넘긴다. 그래서 자본가계급에게는 가족 제도가 중요하다. 이 것이 자본주의 사회에 존재하는 구조적 여성 차별의 뿌리이다. 물론 오늘날 자본주의 사회에서 여성은 더는 집에만 머무르지 않는다. 그러나 여성은 일터와 가정에서 이중의 굴레를 져야 한다. 유능한 노동자이기도 해야 하고, 좋은 아내이자 엄마(심지어 며느리)이기까지 해야 한다는 압력을 받는다.

한편, 남성에게 부과되는 역할에 대한 기대는 취업난과 집값 상승 등으로 인해 점점 더 성취하기 어렵게 됐다. 많은 2030 남성들은 결혼할 때 집을 준비해 갈 수도 없고, 가족을 거뜬히 부양할 만큼 돈을 잘 벌기도 어렵다. 그래서 많은 2030 남성들은 자신이 도태됐다고 자조하거나, 좌절과 우울에 빠지기도 한다. 게다가 남성은 힘들어도 참고 견뎌야 한다는 주위의 분위기 때문에, 속내를 털어 놓거나 도움을 청하기도 어렵다.

남성 역할 기대의 좌절 문제뿐 아니라, 군대 문제도 2030 남성들을 고통스럽게 하는 중요한 문제다. 강제 징집돼서 1년 반에서 2년 가까이 허송세월해야 한다는 것은, 가뜩이나 경쟁이 치열한 상황에서 큰 걸림돌이다. 게다가 전역 후 복학했을 때 기존 인간관계들이 끊어져 고립감을 느끼거나, 학업 적응에 어려움을 경험하는 남성들이 꽤 있다. 군대에서 겪는 신체적·정신적 고통도 크다. 2014~2023년 군 장병 사망의 66퍼센트가 자살이었다. 사고로 다치는 것도 부지기수다. 강제로 끌려가서 생고생하며 시간을 허비했음에도 이렇다 할 보상은 없다. 그래서 2030 남성들은 큰 박탈감을 느낀다. 숨 막히는 취업 경쟁 속에 강제 복무로 말미암은 박탈감은 더욱 증폭된다.

기성 정치에 대한 불신과 환멸

이처럼 오늘날 2030 남성은 곽곽한 현실 속에서 고통을 겪고 있다. 그러나 기성 정치는 2030 남성의 고통을 덜어 주지 못했다. 그러다 보니 현재 2030 남성은 기성 정치에 대한 불신이 크다. 무당층의 비율이 다른 세대에 비해 높다. 특히, 변화를 약속한 민주당에 대한 불신과 환멸이 크다. 아득하게는 노무현 정부에 대해서도 그랬지만, 근래 문재인 정부의 개혁 배신에 대한 기억이 짙게 남아 있기 때문이다.

앞서 언급했듯 2030 남성 보수화론은 전에도 나온 적이 있는데, 2019~2021년 문재인 정부 지지 하락의 책임을 2030 남성에게 떠넘기려고 몇몇 친민주당 이데올로그가 유행시켰던 주장이다. 당시 문재인 정부에 대한 지지 이반은 전 세대에 걸쳐 일어났고 그 원인이 문재인 정부의 개혁 배신에 있었음에도 청년 남성들에게 책임 회피용 낙인 찍기를 했던 것이다.

문재인 정부는 더 나은 사회, 더 나은 삶을 만들어 주겠다는 약속을 지키지 않았고, 절박한 개혁 염원을 배신했다. 예를 들어, 공공 부문에서 양질의 정규직 일자리를 창출하겠다고 했지만, 지키지 않았다. 공공 부문 '비정규직 제로 약속'도 안 지켰다. 그러는 사이 태안화력발전소 청년 비정규직 노동자 김용균 씨(1995년생)와 평택항 청년 노동자 이선호 씨(1998년생)가 산재로 사망했다. 또한 입이 닳도록 공정을 내세운 문재인 정부의 법무부 장관 조국의 "아빠 찬스" 문제는 청년들에게 큰 위화감을 안겨 줬다. 청년들의 다수는 반지하·옥탑방·고시원을 전전하는데, 부동산 가격은 폭등하고 문재인 측근들은 부동산 투자로 이득을 봤다. 이런 개혁 배신과 위선에 대한 분노와 환멸 때문에, 문재인 정부에 기대를 걸었던 많은 2030 남성이 문재인 정부에 실망하고 등을 돌렸던 것이다.

미래에 대한 불안감, 뭐 하나 내 뜻대로 되지 않는 현실, 개혁을 약속해 놓고 지키지 않은 '진보' 정치인들에 대한 배신감과 환멸. 이런 '뭐 같은' 현실에서 비롯한 소외와 불만이 현재 2030 남성들 사이에서 만연하다.

2030 남성을 공략하는 극우

그런데 2030 남성을 단일한 집단으로 볼 수 없다. 스무 살 새내기 대학생과 30대 후반 직장인의 삶이 다르듯, 처지와 조건이 다른 사람들을 뭉뚱그리는 것은 조심해야 한다. 무엇보다 2030 남성은 계급적으로 단일한 집단이 아니다.

정치 성향에서도 그렇다. 2030 남성들 사이에는 보수층이 있는가 하면, 중도층과 진보층도 있다. 물론 앞서 언급했듯이 무당층의 비율이 높고, 특정 정당을 지지했다가 얼마 안 가 바뀌는 경우도 많다.

투표 결과를 두고 특정 세대나 집단을 동일한 정치 성향을 공유하는 집단으로 규정하는 것에는 주의해야 한다. 투표에서는 한정된 선택지에서 차악을 뽑을 수밖에 없는 경우가 많다. 그렇기 때문에, 특정 후보나 정당에 투표한 사람이 해당 후보나 정당의 정치를 고스란히 받아들인다고 봐선 안 된다.

예컨대 이준석 본인은 그동안 종종 극우 본색을 드러냈지만, 이준석에게 투표한 사람들을 싸잡아서 극우로 매도해서는 안 된다. 오히려 이준석에 투표한 청년들의 핵심 특징은 주류 양당에 대한 불신과 반감이 크고, 청년들을 대변할 다른 정치 세력을 갈구했다는 것이다. 또, 그들은 여러 쟁점을 놓고 모순된 의식을 갖고 있다. 이준석에게 투표했지만 노동조합이나 돌봄 정책의 필요성을 얘기하는 청년들도 있다. 최근 〈한겨레21〉과 CBS의 유튜브 채널 '씨리얼'은 이번 대선에서 이준석을 찍은 2030들을 심층 인터뷰했다. 인터뷰에 참여한 청년들은 이준석이 주류 양당을 비판하고, 특별히 청년에 대해 많이 얘기하는 것을 투표 동기로 꼽았다. 특히, 이준석이 주류 양당의 국민연금 개악을 비판한 것을 높이 샀다.

의식이 모순돼 있다는 것은 의식이 변화할 수 있다는 것이다. 왼쪽으로 변화할 수도 있지만, 오른쪽으로 이끌릴 수도 있다. 청년 일부가 이준석에게 투표한 것 자체가 아니라, 이준석이 청년 대변자를 참칭하면서 모순적 의식을 갖고 있는 청년들을 파고들고 있다는 점이 중요하다. 가령 이준석의 국민연금 개악 비판은 (이준석답게) 오직 세대 간 분열이 목적이었다. 그럼에도 어쨌든 이준석은 청년들을 걱정하는 행세를 하며 국민연금 개악에 대한 일부 청년들의 불만을 흡수할 수 있었다.

이준석의 안티 페미니즘도 이런 맥락 속에서 봐야 한다. 정작 문제인 정부하에서 평범한 여성들의 삶은 전혀 나아지지 않았다. 가당치 않게 '페미니스트 대통령'을 자처했던 문재인의 개혁 배신에 대한 2030 남성의 반감을 이준석은 교활하게 이용하는 것이었다.

이준석은 기성 국힘 정치인들 못지않게 부패했을 뿐만 아니라, 최근에는 반중, 반북, 노골적 친미 같은 극우 본색을 드러냈다. 이준석과 개혁신당이 합리적 보수, 청년 대변자 행세를 하며 청년층 사이에서 극우 주장을 퍼뜨리는 것을 심각하게 여기고 대처해야 한다. 특히, 개혁신당이 대학교에서 세력을 강화하려 할 수 있다. 지난 상반기에 고려대학교, 한국외국어대학교, 경희대학교에서 학내 진보적 자치 기구에 대한 공격이 있었는데, 이런 공격을 주도한 학생회 간부들 중에는 개혁신당 지지자들로 강하게 의심되는 자들이 있다. 개혁신당은 대학교에서 이준석의 학식 먹기 행사나 강연을 꾸준히 열며 대학교에서 지지층을 확보하려 해 왔다. 대선 직후에는 여러 대학가에 정당 홍보 현수막을 내걸었는데, 이는 개혁신당이 앞으로도 청년·학생들을 집중 공략할 것임을 암시하는 것이다.

젠더 갈등 부추기기

2030 남성을 타깃으로 공략하는 건 이준석만이 아니다. 극우 전체가 2030 남성들이 겪는 고통의 원인을 호도하고 엉뚱한 데로 책임을 돌리면서, 2030 남성들을 포섭하려 한다.

젠더 갈등 부추기기도 그런 맥락이다. 청년 남성들의 불만을 여성들 탓, 특히 페미니스트들 탓으로 돌리면서 체제와 지배계급의 책임을 가리는 것이다. 이는 평범한 여성들과 남성들이 단결(해 저항)하지 못하도록 이간질하는 효과를 낸다. 예컨대 극우는 '남성성의 위기' 운운하며 좌절한 남성들을 파고든다. 페미니스트들 때문에 남성들이 연애도, 결혼도 못 하면서 비참해지는 것이므로 페미니즘에 맞서 '남성성,' '남자다움'을 회복해야 한다는 것이다.

독일의 파시스트 정당인 '독일을 위한 대안'의 유력 정치인 막시밀리안 크라는 지난해 여름 틱톡에 올린 영상에서 이런 주장을 했다. "독일

젊은 남성 3명 중 1명은 여자친구가 없습니다. 당신도 그중 한 명인가요? … 포르노 보지 말고, 녹색당에 투표하지 말고, 바깥 공기를 마시러 나가세요. 자신감을 가지세요. 그리고 무엇보다 친절하고 부드러워야 한다고 생각하지 마세요. 진짜 남자는 극우의 편에 서야 하고, 애국자가 돼야 합니다. 그게 여자친구를 만들 수 있는 길입니다!" 극우 청년 조직인 자유대학의 대표 박준영도 비슷한 말을 한다. 그는 청소년 시절 자신이 모친과 누나의 페미니스트 교육 때문에 연애에 실패했었는데, 남성성을 기르고 나서 자신감을 회복하고 연애도 하게 됐다며, "남성은 남성다움을, 여성은 여성다움을 회복해야 한다," "좋은 아빠, 좋은 엄마가 되는 길을 사회가 격려해야 한다"고 주장했다.

극우는 강제 군 복무로 인한 불만도 교활하게 이용하려 한다. 이번 대선에서 김문수는 군 가산점제 부활을 주장했다. 강제 징집에 대한 평범한 남성들의 (정당한) 불만을 이용해 여성·장애인 등 사회적 약자를 속죄양 삼으려는 것이다. 그러나 정작 극우는 청년 남성들이 군대에서 겪는 고통을 키우는 자들이다. 윤석열 정부의 군국주의 강화와 강군 육성 기조하에서 훈련병들이 훈련 중 사망하는 일이 잇달아 벌어졌다. 채 해병 사망에 책임이 있는 윤석열 정부의 장관이자, 윤석열 탄핵을 반대한 김문수가 군대 가는 청년 남성들을 위하는 척하는 것은 역겨운 일이다.

청년 간부층을 육성하는 극우

이렇게 극우가 청년층 사이에서 운동을 벌이고 조직화에 나서고 있다는 것을 심각하게 여겨야 한다. 아쉽게도 현재 2030 남성 극우화에 대한 논의에서는 이런 문제들이 잘 다뤄지지 않고 있다.

물론 청년들 사이에서 보수층은 늘 존재해 왔다. 그러나 현재 달라진 점은 극우가 실질적으로 부상하고 있고, 청년 보수층의 핵심부에서 극우의 영향력과 주도력이 커졌다는 것이다.

중장년층 극우 세력은 의식적으로 극우 청년들을 밀어 주고 있다. 지난 2월에 있었던 극우 학생들의 대학가 릴레이 탄핵 반대 시국선언은 안정권과 배인규 같은 극우 유튜버(이자 폭력배)들의 지원과 엄호를 받으며 진행됐다(다행히 노동자연대 학생그룹과 한국대학생진보연합 등을 비롯한 친민주주의 학생들과 동문들, 학내 노동자들, 지역 주민들이 긴급하게 맞불 집회를 벌여서 극우의 대학교 내 진지 구축 시도를 일단 저지했다). 극우 운동의 한 축인 세이브코리아는 윤석열 탄핵 반대 시국선언 주동자들을 연단에 세워 박수를 받게 하며 기를 세워 줬다. 윤석열은 지난 3월 석방됐을 때 의도적으로 자유대학 소속 극우 청년들을 서울구치소 앞으로 초청해 그들에게 힘을 실어 줬다.

윤석열이 파면됐음에도 극우 청년·학생들의 활동은 계속되고 있다. 자유대학은 서울 도심에서 "윤 어게인" 시위를 조직하며 경험과 자신감을 쌓고 있다. 부정선거 음모론 활동도 적극적으로 벌이고 있다.

그래서 심각하게 봐야 할 일 하나는, 극우 세력이 본격적으로 청년 간부층을 육성하고 있다는 것이다. 지난 7월 12일 속리산의 한 연수원에서는 '한국 청년 지도자 아카데미' 제1기 캠프가 열렸다. 그 아카데미는 최근에 만들어진 극우의 청년 간부 양성소다. 뉴라이트 목사인 김진홍이 아카데미의 이사장이고 전한길이 교장이다. 아카데미 창립 기념식에는 국힘의 김문수와 윤상현 등이 참가했고 나경원이 축하 메시지를 보냈다. 7월 12일 속리산 캠프에는 청년 150명이 참가했다. 그 아카데미는 단지 사상 교육만 하는 것이 아니다. 전략, 전술, 선전, 선동, 조직론 등을 갈고 닦아야 한다고 강조하고 있다.

최근 국힘에 입당한 전한길은 자신은 국회의원 욕심 없고 유망한 청년들을 지방의원·보좌관·당직자로 키우기 위해 입당했다고 밝혔다. '극우의 주류화' 시도의 중심에 청년들을 전진 배치하겠다는 것이다.

청년층에서 극우의 새로운 지지자들과 간부들을 충원하는 것은 다른 나라 극우 파시스트들도 해 온 일이다. 이탈리아의 파시스트 총리 조르자 멜로니는 15세부터 '이탈리아사회운동'에서 정치 활동 시작해 당의 리더가 됐다. '이탈리아사회운동'은 무솔리니의 정당인 국가파시스트당의 직계 후예다. 현재 프랑스 파시스트 정당 국민연합의 대표인 조르당 바르델라(1995년생)는 17세부터 국민전선(국민연합의 옛 당명)의 청년 조직에서 훈련받으며 마린 르펜의 후계자로 성장했다. 과거 독일 나치도 히틀러청소년단 유겐트, 국가사회주의 독일 학생동맹 등 청년·학생 조직을 운영했다.

2025년 2월 극우 학생들의 탄핵 반대 시국선언은 일부 캠퍼스들에서 맞불 집회에 부딪혔지만, 불과 보름 남짓한 시간 동안 전국 수십 개 대학에서 시국선언을 조직해 냈다. 그들이 전국적 네트워크를 가동할 수 있음을 보여 준 것이다.

극우는 대학교에 진지를 구축하기 시작했다. 자유대학 대표였던 한양대 학생 김준희는 윤석열 파면 직후 이렇게 말했다. "우리는 전투에서 졌지만 전쟁에서 이겨야 한다." 전술과 전략을 구분할 줄도 알고 있다. 실제로 극우 청년·학생들은 장기적인 '체제 전쟁'을 해 나가기 위해 뛰고 있다. 김준희는 한국 청년 지도자 아카데미에 모인 학생들을 대상으로 한 캠퍼스별 세미나를 열고, 추후에는 대학에서 동아리를 만들 계획이라고 밝혔다. 최근에는 거리 시위만으로는 외연을 확장하기 어렵다며, 캠퍼스 활동을 강조하는 극우 학생 단체가 생겨났다. '시국에 행동하는 대학연합'(시대연)이라는 단체인데, 이곳의 리더는 한국외대에서 윤석열 탄핵 반대 시국선언을 주도한 자다.

이렇게 극우는 청년·학생들 사이에서 조직하기 위해 분주히 움직이고 있다.

2030 남성을 먹잇감 삼으려는 극우에 맞서야

다시 말하지만, 2030 남성 전체가 극우화하고 있다고 볼 수는 없다. 그러나 극우 부상 속에서 만만찮은 청년 보수층이 형성되고 있다는 것은 분명하다. 그리고 극우가 청년 보수층의 중심에서 이들을 리드하고 있고, 좌절한 청년들을 먹잇감으로 삼고 있다. 이전보다 청년 보수층이 가시화된 이유다.

극우의 주장을 헛소리라고 단순히 무시해선 안 된다. 좌절한 사람들에게 분노의 초점을 제공한다는 점에서 극우의 주장은 아무리 헛소리여도 힘을 발휘할 수 있다. 따라서 진정 중요하고 필요한 것은 2030 남성이 극우화하고 있다고 개탄할 게 아니라, 2030 남성을 공략하고 있는 극우를 분석하고 그에 어떻게 맞설지 고민하고 실천하는 것이다. 그러면서 극우의 실체와 진짜 목적을 폭로하며, 보통의 보수적·중도적 2030 남성들과 그들을 먹잇감으로 삼으려는 극우를 분리해 내야 한다.

극우는 기성 정치에 맞서는 대안 세력임을 자처하지만, 사실 극우는 (청년들의 삶을 궁지로 몰아넣은) 이 체제를 수호하려는 자들이다. 특히, 한국 극우는 반중, 반북, 반공, 반노동, 반좌파를 핵심 강령으로 삼고 있다. 윤석열의 쿠데타 기도나 서부지법 폭동 참가자들이 이를 입증한다. 극우는 결국 우리의 삶을 망가뜨리고 위협하는 이 체제를 궁극으로 사수하려 한다.

민주당 정부의 개혁 배신에 대한 환멸이 극우 성장의 토양이 됐다는 점을 잊지 말아야 한다. 물론, 문재인 정부에 대한 환멸에서 극우가 반사 이익을 얻는 것이 정해져 있던 것은 아니다. 그러나 당시 주요 진보 세력은 거대한 대중 저항을 일으키지 않고 문재인 정부의 배신을 적나라하게 폭로하지도 않아 청년들에게 왼쪽의 대안이 되지 못했다.

이재명 정부가 윤석열 탄핵 운동의 염원인 쿠데타 세력 척결과 '사회 대개혁'을 제대로 수행하지 않는다면, 극우 성장의 토양이 비옥해질 것이다.

이재명 정부는 윤석열을 다시 구속시키고 특검을 출범해 쿠데타를 조사하고 있지만, 이재명의 측근이자 법무부 장관인 정성호는 한 언론과의 인터뷰에서 내란 전모를 밝히되 단죄를 최소화하고 여야 간 대타협으로 앙금을 해소하자고 했다.

또, 최근 이재명은 취업난과 군대 등 2030 남성이 겪는 어려움을 조사하라고 지시했다. 그러나 기대하기 어렵게 하는 일도 있다. 예컨대 이재명 정부 첫해 최저임금 인상률이 턱없이 낮다. 많은 2030 남성이 최저임금의 영향을 받는데도 말이다.

이재명 정부하에서 국가보안법을 이용한 반미자주파 탄압이 계속되는 것(사상과 표현의 자유에 대한 공격이자 급진 좌파를 향한 사상 차별)도 반중·반북·반국가 세력 척결을 외치는 극우의 기를 살려 준다.

극우가 속죄양으로 삼는 사람들을 방어해야 한다. 중국 동포, 페미니스트, 성소수자, 무슬림, 이주민 등을 극우의 공격에 맞서 방어해야 한다. 이재명 정부가 개혁을 선사하기를 기다리기만 해선 안 된다. 평범한 사람들의 삶을 지킬 힘은 아래로부터의 집단적 투쟁에 있다.

아래로부터의 대규모 집단적 투쟁이 중요하다

극우 부상에 대해 많이 얘기했지만, 사회 전체로 보면 다른 그림도 있다. 왼쪽에서의 저항과 투쟁도 벌어지고 있다. 지난 12월 3일 밤 평범한 시민들 수천 명이 국회의사당 앞으로 뛰쳐나가 윤석열의 군사 쿠데타 기도를 저지했고, 4개월간 계속된 윤석열 탄핵 운동이 윤석열을 끌어내렸다. 지난해 말 동덕여대 학생들의 학내 민주주의 투쟁은 오늘날에도 점거 투쟁 같은 전투적 학생 운동이 가능함을 보여 줬다.

국제적으로도 반동에 맞선 저항이 곳곳에서 벌어지고 있다. 미국에서는 극우 트럼프 재집권 직후부터 반트럼프 투쟁이 분출했다. 수십만 규모의 반트럼프 시위가 수차례 열렸다. LA에서는 트럼프의 이민자 공격에 맞선 대규모 항쟁이 벌어졌다. 글로벌 팔레스타인 연대 운동은 21개월째 유례없는 규모로 벌어지고 있다. 팔레스타인인들의 저항과 팔레스타인 연대 운동은 전 세계에서 수많은 청년들을 급진화시키고 있다.

극우·파시스트에 맞서는 투쟁도 벌어지고 있다. 지난해 8월 영국에서 파시스트들이 난민들이 머무는 숙소에 불을 질렀다. 정말로 난민들을 태워 죽이려 한, 과거 제정 러시아의 유대인 학살(포그롬)을 떠올리게 하는 짓이었다. 그러나 불과 사흘 만에 인종차별 반대 시위가 영국 전역에서 벌어졌다. 극우와 파시스트들은 인종차별 반대 시위대의 규모와 기세에 눌려 감히 설치지 못했다. 이런 평범한 사람들의 집단적 대중투쟁이 더 커지고 많아져야 한다. 특히, 극우와 맞서는 운동이 건설

돼야 한다.

그런데 많은 좌파들이 극우에 맞대결하기를 회피한다. 맞대결이 괜히 극우를 키워 준다면서 말이다. 그러나 극우가 좌파의 도전을 받지 않고 활개를 치면 칠수록, 극우 세력은 자신감을 얻으며 더욱 성장할 것이다.

사실 오래 전부터 많은 좌파가 선거와 의회 진출을 점점 중시하면서, 기층에서의 조직과 투쟁이 약화돼 온 문제가 있다. 반면 극우는 기층을 파고들며 운동을 건설하고 조직화에 나서고 있다. 미국의 걸출한 역사가 고 하워드 진은 이렇게 말했다. "운동이 가난한 사람들, 노동자와 농민들에게 도움이 되는 새로운 입법을 할 수 있는 위치에 있는 정치인을 가지는 것은 매우 필요합니다. 그러나 그게 다른 투쟁 방식을 훼손시켜 가면서 하는 것은 생각해 볼 일입니다." 청년들의 불만을 진정 해결하려면 대학에서, 지역사회에서, 거리에서, 그리고 일터에서 평범한 사람들의 집단적 저항을 고무하고 조직하는 정치가 필요하다.

궁극적으로, 극우에 맞선 투쟁은 체제에 맞서는 투쟁과 연결돼야 한다. 팔레스타인 유대인 출신 마르크스주의자 토니 클리프는 극우 파시스트와 자본주의 체제의 관계를 쥐와 시궁창에 비유했다. 쥐가 나타날 때마다 때려잡아야 하겠지만, 쥐를 완전히 박멸하려면 쥐가 서식하는 시궁창도 제거해야 한다. 극우와 파시스트가 성장할 토양인 자본주의 체제 자체를 제거해야 한다. 우리는 그런 일을 해야 하고, 해낼 수 있다. 그러면 좌절한 청년들을 절망의 정치가 아닌 희망의 정치로 이끌 길이 열릴 것이다.

이재혁(고려대 앞 이준석 유세에 항의한 2030 청년), 〈노동자 연대〉 553호(2025-07-29).

민주당과 보조를 맞추는 데 집착하면 극우에 맞설 노동계급의 힘을 약화시킨다(사진은 2025년 3·1절 집회에 참가한 야 5당 대표들).

비상행동과 원탁회의 안에서 진보당의 구실

2025년 3월 10일 비상행동과 '야 5당 원탁회의'(이하 원탁회의)는 — 이 둘을 합쳐 역사적으로는 민중전선이라고 한다 — 공동 입장문을 채택했다. 내란 세력 종식과 재집권 저지, 사회대개혁을 위해 협력한다는 것이 주 내용이었다.

극우 압력 증대의 효과로 윤석열이 석방된 지 이틀 뒤였다. 원탁회의와 비상행동은 좌측으로부터의 비판을 봉쇄하고자 단결 호소 메시지를 내놓았다. 원탁회의에 참가하지 않고 있던 정의당도 공동 입장문에 서명했다. 특히, 비상행동 집회에서 공공연하게 야당 정치인들이 발언하게 됐다. 그러나 공동 입장문에 윤석열 파면 투쟁이나 극우 반대 투쟁을 위한 구체적 실천 방안이 없기는 마찬가지였다.

원탁회의는 서울 서부지법 폭동 사태 등으로 극우의 위협이 현실로 다가온 2월 19일 출범했다(정식 명칭은 '내란종식 민주헌정수호 새로운 대한민국 원탁회의'). 민주당·진보당·조국혁신당·기본소득당·사회민주당이 거기에 참가하고 있다. 노동자 정당인 진보당이 자유주의 정당들과 협력하는 구조다. 민중전선의 본질은 계급을 초월한 국민적 동맹을 위해 좌파 정당들과 자유주의적 자본주의 정당들이 맺는 전략적 연합이다.

민주당의 '진보성'은 일부 모호한 사회 개혁(가령 기본사회 공약)에서 겨우 찾아볼 수 있다. 그런데도 진보당은 민주당과의 동행을 추구한다. 민주당과의 연립정부에 참가해 진보적 개혁 정책들을 실행한다는 민주대연합 전략을 90년 된 역사적 전통으로 삼고 있기 때문이다. 그러나 민주당은 극우를 저지할 방화벽이 아니다. 극우를 저지할 수 있는 결정적 힘은 노동계급에게 있는 데 반해, 민주당의 궁극적 임무는 자본주의의 질서를 유지하기 위해 노동계급의 저항을 설득해서 억제하는 것이다. 과거 민주당 정부들이 한 일이다.

따라서 민중전선은 좌파 정당이 극우에 맞서 헌법과 민주주의를 수호한다는 구실로 노동계급의 독립적 목표와 수단을 억제하고 자본주의의 전반적 질서 유지와 제한적 개혁에 종속시키는 전략이다. 민중전선이 그 90년 역사에서 단 한 번도 성공한 적이 없음은 수십 차례 입증됐다.

민중전선은 이미 2024년 4월 총선에서 시험 가동을 했다. 민주당·진보당·기본소득당·사회민주당은 선거 연합 정당인 더불어민주연합을 결성했다(조국혁신당은 그때는 독자 출마했다). 총선이 끝난 뒤 더불어민주연합은 해산됐다. 하지만 진보당의 민중전선 전략은 폐기되지 않았다. 그러기는커녕 2024년 11월 반윤석열 투쟁이 점화되자, 특히 윤석열의 12·3 군사 쿠데타(미수)를 계기로 민중전선은 본격 가동에 들어갔다. 원탁회의가 공식 결성되기 석 달 전에 이미 민중전선은 실질적으로 가동되기 시작했던 것이다.

1930년대 프랑스 민중전선 결성 과정도 비슷했다. 민중전선 협정이 공식적으로 체결된 것은 1935년 7월이었다. 그러나 민중전선은 이미 1934년 10월부터 가동됐다. 1934년 10월 24일 자 프랑스 공산당 기관지 〈뤼마니테〉(인류)의 한 기사에서 민중전선이라는 용어가 처음으로 등장했다. 그날 공산당 대표 모리스 토레즈는 급진당(1870년 프랑스 제3공화국 수립 이래 가장 주된 자본주의 정당) 대회에 전격 참석해 "평화와 자유를 위한 민중전선"에 동참할 것을 요청했다. 급진당은 당명과 달리 전혀 급진적이지 않은 정당이었다. 그렇기는커녕 프랑스 제국주의와 자본주의의 이익을 확실하게 대변하는 정당이었다. 러시아 혁명가 레온 트로츠키는 급진당을 "프티부르주아지의 전통과 편견에 가장 잘 적응한 대부르주아지의 정치적 도구"라고 지적했다.

민주당과 진보당이 윤석열의 쿠데타 기도를 저지하는 데서 주도적 구실을 했다는 것은 명백한 사실이다. 이재명 민주당 대표는 12월 3일 쿠데타의 밤 때 계엄 해제 결의를 위해 국회의사당으로 모이라고 야당 의원들과 시민들에게 호소했다. 진보당은 국회의사당 앞 거리에서 계엄군에 맞선 시위를 이끌었다. 물론 이재명 대표가 호소하기 전에 이미 평범한 시민들이 자발적으로 국회의사당 앞에 모이고 있었다. 진보당은 그렇게 모인 대열에 구호 선창 등 리더십을 제공했다. 그 덕분에 민주당뿐 아니라 진보당의 지지율도 올랐고 당원 수도 급속히 증가했다. 그러나 진보당은 민중전선 전망에 따라 스스로 민주당의 진보적 날개로 자리 잡았다. 특히, 헌법과 법을 극도로 존중했다.

이재명 대표는 국회에서 윤석열 탄핵안이 가결된 다음 날(12월 15일) 한덕수 대행 체제를 인정했다. 그는 자신이 "국정 안정"을 이끌어낼 능력이 있음을 지배계급에 보이고자 했던 것이다. 그러나 윤석열과 쿠데타 옹호 세력은 결코 녹록하지 않았다. 그리고 그들이 여전히 국가 기관들을 통제하고 있었다. 민주당이 통제하고 있는 것이라고는 국회 다수 의석뿐이었다. 한덕수는 '윤석열 없는 윤석열 정부'를 운영하며 거부권을 행사했다. 민주당은 열흘 정도 시간을 낭비한 뒤에야 비로소 한덕수 탄핵소추안을 통과시켰다.

진보당은 민주당의 불길한 타협을 비판하지 않는다. 기껏해야 진보당은 국가기구의 민주화도 필요하다고 주장한다. 그래서 개헌이 필요하다고 주장하는 것이다. 그 무렵 커지기 시작한 헌법에 대한 개혁주의적 환상("헌법 공부 열풍")에 편승한 것이기도 했다. 인터넷서점 예스24는 2024년 12월부터 2025년 1월까지 헌법 관련 도서 판매가 두 달 연속 증가했다고 밝혔다. 그러나 바로 그 시기에 윤석열은 관저에서 농성하며 극우를 결집시키고 있었다.

진보당은 1월 19일 서울 서부지법 경내 폭동 사태가 일어나기 전까지도 극우의 위협을 과소평가했다. 1월 초 극우가 대통령 관저 앞으로 집결하고 있을 때도 진보당은 소수의 학생 당원들을 그곳에 배치했다. 주력부대는 비상행동의 경복궁 앞 집회에 있었다.

서부지법 폭동은 극우의 위험성을 분명하게 보여 줬다. 비록 경찰에 의해 진압당했지만, 극우는 정치적 존재감을 과시했다. 극우가 한국 공식 정치에 영향을 미칠 수 있는 세력으로 떠올랐음을 보여 준 것이다. 그 사건은 많은 사람들에게 경종을 울렸다. 특히, 3·1절 극우의 대규모 동원 이후로는 우리 측에서 거리 항의 이상의 것이 필요했다. 〈노동자연대〉가 강조한 바로는 노동자 대파업이 필요했다. 그래서 극소수 엘리트 헌법재판관들이 아니라 평범한 대중이 정치에 결정적 영향을 미칠 수 있음을 보여 줘야 한다.

진보당은 민주노총의 상층과 기층 모두에 결정적 영향력을 가지고 있는데도 민주노총에 파업을 촉구하지 않았다. 그 대신에 폭동 가담자들에 대한 엄정 수사와 처벌을 경찰에 촉구했다. 진보당은 노동자 파업이 민주당을 기겁하게 만들까 봐 파업 촉구를 하지 않은 것이다. 민주당과 노동자 사이에서 선택해야 할 때, 진보당은 전자를 택한 것이다.

민중전선은 극우를 막겠다며 결성됐다. 그러나 극우에 맞설 수 있는 핵심 세력인 노동계급의 고유한 힘을 발휘케 하려 하지 않는다. 계급투쟁을 고무하지 않고 무마하려 한다.

앞에서 지적했듯이, 진보당은 쿠데타에 맞선 최초의 거리 항의에서 주도적 구실을 했다. 그러나 진보당은 민중전선 전략에 따라 주요 고비 때마다 윤석열 탄핵 운동이 민주당이 설정한 한계를 넘어서지 못하도록 애썼다. 가령, 1월 초순 윤석열이 관저에서 공수처의 체포영장 집행에 저항하자, 비상행동 내에서 소수는 민주노총이 총파업을 호소해야 한다고 주장했다. 그러나 진보당계 파견자들은 이 제안을 반대했다.

민주당은 한사코 합헌적 틀 안에서 움직이고, 진보당은 민주당과의 동맹을 유지하기 위해 타협적 선택을 해 온 문제들이 누적되면서 이제 헌법재판소의 윤석열 탄핵 심판은 오리무중 상태가 됐다.

진보당은 민주당과의 동맹을 중시하면서도 사회대개혁의 필요성을 강조해 좌파적 차별성을 드러낸다. 사회대개혁 슬로건은 아래로부터의 계급투쟁이 아니라 위로부터의 개혁 정책으로 사회를 진보적으로 변화시킬 수 있다는 전망을 담고 있다.

그러나 오늘날 자본주의 시스템은 경제·지정학·정치·기후 위기 등 다중적 위기를 겪고 있다. 사실상 무솔리니 감옥에서 사망한 이탈리아 마르크스주의자 안토니오 그람시는 경제적·사회적·정치적 위기가 결합되는 상황을 두고 자본주의의 "유기적 위기"라고 불렀다. 이런 상황에서는 지배계급이 평범한 사람들에게 체제를 정당화시키는 능력이 흔들린다. 대중은 자본주의가 만들어 낸 문제를 지배자들이 스스로 해결하지 못한다는 것을 알게 되고, 그리되면 정치인·기업주·매스미디어가 설파하는 세계관에 의문을 품게 된다. "우리가 가능한 최선의 세계에서 살고 있다"는 자본주의 변호론자들의 주장이 많은 사람들에게서 외면당하는 것이다. 이것은 지배계급과 그 국가기관들이 신뢰를 잃은 심각한 불안정의 순간이다. 그람시는 이를 두고 "권위의 위기"이자 "국가의 전반적 위기"라고 썼다. 이런 상황에서 지배자들은 권위주의적 수단을 강화해 권력을 유지하려고 한다. 윤석열은 군대와 경찰 등 무장 기구들을 동원해 정치적 위기를 돌파하려다 일단 저지됐다.

그러나 민중전선은 위기의 해결책이 될 수 없다. 민중전선은 노동계급 운동이 자본주의 국가의 관료 기구와 위로부터의 미온적 개혁에 의존하도록 만든다. 그러나 기껏해야 미온적인 위로부터의 개혁을 통해 자본주의의 "유기적 위기"를 해결할 수는 없다. 민중전선 정부가 사회대개혁을 실행할 수 있다는 생각은 공직 차지를 국가권력 장악으로 혼동하는 데서 비롯한다. 그러나 자본주의 국가의 비인격적 관료 기구는 매우 견고한 요새의 외부 방어벽 같은 것이다. 현대 자본주의 국가를 이루는 관료 기구는 선출되지 않으며 어떤 민주적 통제도 받지 않는다. 그것들은 지배계급의 수단이요 무기다. 윤석열 쿠데타 기도에 관여한 고위 국가 관료들이 누구인지는 여전히 미궁에 빠져 있다. 따라서 선거를 통해 의석을 늘리고 정부 직책 몇백 개를 차지한다고 해서 국가기구들의 '방해를 뚫고 사회대개혁을 실행할 수 있는 게 아니다. 그런 몽상적 전략은 노동계급을 정치적·조직적으로 무장시키는 것이 아니라 무장 해제시킬 뿐이다.

민중전선 정부는 대체로 두 가지 결말을 맞이했다.

하나는, 지배계급이 민중전선 정부를 전복했다. 아옌데는 "사회주의로 가는 칠레의 길," 즉 의회주의적 길을 매우 만만찮게 추구했지만 지배계급은 무자비하게 방해했다. 그때까지만 해도 라틴아메리카에서 가장 민주적이고 군대가 "병영에 머물러 있다"던 나라에서 1973년 피비린내 나는 쿠데타가 일어났다. 지배계급은 노동운동이 자기들에게 가한 공포에 대해 피의 대가를 치르게 했다.

다른 결말도 있다. 민중전선 정부가 지지자들을 배신하고 지배계급의 요구에 순응한 사례다. 1981년 프랑스에서 사회당 소속의 미테랑이 대통령이 됐고, 공산당은 미테랑 정부에 참여했다. 그러나 미테랑 정부는 1983년에 국유화 정책에서 신자유주의 정책으로 180도 선회해 지지자들의 희망을 짓밟았다.

역사적으로 민중전선 정부는 첨예한 계급 갈등, 대중운동의 성장, 정치적 급진화를 배경으로 집권했다. 아옌데의 민중연합 정부가 1970년에 집권한 것은 어느 날 갑자기 하늘에서 떨어진 게 아니었다. 이 점은 매우 중요하다. 사회대개혁 약속이나 민중전선 정부가 대중운동을 만들어 낸 것이 아니라 대중운동이 민중전선 정부를 등장케 하는 조건을 만든 것이다.

재난이 예외가 아니라 정상이 되고 있는 위기의 시기에 노동계급과 차별받는 다른 사람들이 함께 대중투쟁을 벌이며 자체의 민주적 투쟁 기관을 발전시키는 것이야말로 정말로 중요하다.

김인식, 〈노동자 연대〉 540호(2025-03-21).

진보당의 민중전선 전략

진보당은 "극우 내란 세력"을 청산한다는 명분으로 민주당과 대선 선거 연합을 맺었다. 김재연 진보당 상임대표는 민주당 공동선대위원장이 됐다. 이 선거 연합에는 다른 세 자유주의 야당(조국혁신당·사회민주당·기본소득당)과 '광장대선 연합정치 시민연대'(광장시민연대)도 포함돼 있다. 광장시민연대는 반미자주파와 엔지오들이 민주당과의 선거 연합을 위해 비상행동에서 분리해 나와 만든 조직이다. 윤석열 집권 초반부터 퇴진 운동을 벌여 온 촛불행동의 권오혁 공동대표도 민주당 선본에 참여하고 있다. 좌파 정당이자 노동자 정당인 진보당이 극우에 맞서 자유주의적 친자본주의 정당인 민주당과 전략적 연합(민중전선)을 하고 있는 것이다.

민중전선의 주도권은 민주당이 쥐고 있다. 진보당의 열위적 지위 때문에 진보당 내에서 민주당과의 선거 연합을 둘러싼 논쟁이 벌어지고 있다. 일부는 '어대명'(어차피 대통령은 이재명)을 근거로 대며 진보당 후보가 완주해 당을 선전했어야 했다고 주장한다. 일종의 '자강自□ 후 민중전선' 입장이다. 민중전선 전략에 대한 원칙적 반대는 아닌 것이다.

어떤 민중전선이냐를 둘러싼 전술적 차이다.

이번 대선에서 극우 후보 김문수를 패퇴시켜야 한다는 것은 당연하다. 윤석열 탄핵 운동에서 중요한 구실을 했던 진보당 활동가들은 이를 위해 이재명 후보를 지지하고 있다(소수지만 또 다른 탄핵 운동 활동가들은 권영국 민주노동당 후보를 지지한다). 윤석열의 쿠데타를 반대하고 탄핵을 찬성한 이재명에게 투표하는 것 자체는 문제가 아니다. 진보당의 진정한 문제는 민주당으로부터 정치적으로 독립적이지 못하다는 것이다.

민주당 선대위에는 진보당과 자유주의 정당들뿐 아니라 심지어 우파 인사들도 참여하고 있다. '보수 책사'로 불리는 윤여준, 이명박 정부에서 법제처장을 지낸 이석연, 윤석열 캠프 출신인 전 한나라당 의원 이인기 등. 민주당의 우파 인사 영입은 우파에게 정당성을 부여해, '샤이 보수'가 쉽사리 결집하는 효과를 내고 있다. 그 덕분에 김문수의 지지율이 최근에 상승하고 있다. 하지만 진보당은 민주당의 우클릭을 비판하지 않았다. 실수로 비판을 빠뜨린 게 아니다. 민중전선의 핵심 목표가 "극우 내란 세력"에 반대하는 모든 세력과 연합해 정권 교체를 하는 것이기 때문이다.

진보당은 대선에서 "압도적 승리"를 하면 극우를 붕괴시킬 수 있다고 주장한다. 신석진 진보당 진보정책연구원 원장은 이렇게 말했다. "압도적 승리로 내란 세력에게 회복 불능의 상해를 입혀야 차기 지방선거에서 패배를 직감한 기층 조직이 아래로부터 붕괴될 것이다." 이런 엘리트주의가 민중전선의 핵심 접근법이다. 진보당은 극우 후보에 맞선 대중동원을 선거 기간에 일절 호소하지 않았다. 그 대신에 유권자에게 이재명에게 투표할 것을 설득했다. 극우 후보 반대 투쟁을 투표 행위로 극도로 축소한 것이다.

그러나 김문수는 여느 우파 후보가 아니다. 윤석열의 군사 쿠데타를 지지한 특별 위험 인물이다. 따라서 어떤 수단을 써서라도 집권하지 못하게 막아야 한다. 그러나 김재연 진보당 상임대표는 이재명 후보 지지를 호소하고 다닐 뿐, 김문수의 출마 정당성 자체를 문제 삼거나 극우 후보 저지 투쟁을 하자고 호소하지 않았다. 극우 후보 반대를 (이재명 후보에게) 투표하는 것으로 국한하면, 극우 저지 투쟁은 후보 간 언쟁이나 정책 경쟁으로 변질된다. 그리되면 쿠데타 세력 척결 문제는 선거 공간에서 부차화되고 극우 정치는 주류적 입장의 하나처럼 여겨진다. 이재명 후보가 TV 토론회 등에서 김문수의 후보 자격을 직격하지 않은 채 점잖은 경쟁 후보로 대하면서 이미 그런 문제점이 드러났다.

행동 통일 vs 강령 통일

민중전선은 좌파와 노동계급 내 상이한 단체들의 단결된 행동이 아니라 상이한 계급의 이익을 대표하는 상이한 사회 세력 간 강령적 통일을 표방한다.

야 5당과 광장시민연대는 공동선언문을 발표했다. 공동선언문은 모호한 개혁 입법 추진 계획으로 가득 차 있다. 그러나 정작 노동계급의 절실한 요구는 빠져 있다. 민주당이 받아들일 수 있어야 하기 때문이다. 그래서 노동관계법 적용의 사각지대 해소, 노동기본권 보장 등 제도적 과제는 포함돼 있지만, 노동계급의 긴요하고 당면한 요구인 임금 인상과 고용 안정은 없다.

미국 제국주의에 대한 비판/반대도 빠져 있다. "남북 간 평화·협력 체계를 구축하고 국익 중심의 실용 외교를 복원"한다고만 돼 있다. 진보당 활동가들은 오랫동안 미국 제국주의 반대 운동을 열심히 해 왔다. 2002년 주한미군의 두 여중생 살해 사건 항의 운동, 2005년 평택 미군 기지 건설 반대 운동 등등. 그러나 지금 진보당은 한국 자본주의의 "국익"을 좌파의 언어로 합리화하고 있다. 진보당이 말하는 "국익"이 보통 사람들의 이익 또는 사회 전체의 이익을 가리키기도 하지만 그 용어로는 계급 협력이 불가피해진다.

그런데 이재명 후보는 그것조차 부담스러워한다. 이재명 후보는 경제 5단체를 만난 뒤 "모든 에너지를 경제와 민생 회복에 돼야 한다"고 말했다.

'공동선언문'의 핵심 구상은 대중 동원이 아니라 계급 협력과 국가기구에 의지해 극우에 맞서겠다는 것이다. 진보당 지도부는 사회대개혁위원회 같은 정부 기구가 공동선언문의 이행을 보장할 것이라고 기대한다. 그들은 이런 정부 기구에 참여하는 것이 "장외 구호"보다 더 효과적이라고 본다. 이렇듯 민중전선은 (중립적인 것으로 간주되는) 국가기구를 통해 사회 변화를 이루려는 개혁주의 전략이다. 이런 관점에서 보면 노동계급은 그저 표밭이다.

그러나 국가기구를 노동계급에 이익이 되도록 사용하겠다는 것은 환상일 뿐이다. 국가는 "한 계급이 다른 계급을 억압하는 도구이며, 이 억압을 합법화하고 공고히 하는 '제도'의 창조물"(레닌)이기 때문이다. 그래서 역사적으로 민중전선은 국가기구들을 노동계급에 이롭게 사용한 것이 아니라, 그 반대로 민중전선이 국가의 포로가 됐다. 결국 민중전선은 대중에게 한 약속을 배신했다. 1930년대 중엽 프랑스·스페인·미국·그리스 등지의 민중전선 경험이 정확히 그랬다.

거리 운동과 민주당 정부의 결합?

진보당의 민중전선 전략은 노동계급의 단결이라는 대의와 근본적으로 모순된다. 이재명 정부가 등장한다면 그 모순은 첨예하게 표출될 수 있다.

김재연 진보당 상임대표는 이런 비판을 의식해 민주당만으로는 사회대개혁을 완성할 수 없고 "광장 연합의 힘"이 필요하다고 주장했다. 대중운동과 민주당 정부를 결합시켜 민중전선이 올바른 길로 갈 수 있도록 하겠다는 것이다.

마치 1936년 프랑스 공산당이 민중전선 정부에 입각하지 않고 스스로 "민중의 장관"을 자처했던 것을 떠올리게 한다. 그러나 얼마 뒤 노동계급과 급진당(자유주의적 친자본주의 정당) 사이에서 선택해야 하는 순간이 올 때마다 공산당은 늘 후자를 선택했다. 상이한 계급 간 협력을 유지하기 위해 자본주의의 이익을 노동계급의 이익보다 우선했기 때문이다.

김재연 상임대표는 마치 민주당의 의지와 선택이 아니라 외부적 힘(이를테면 미국이나 극우의 압력)이 사회대개혁의 주된 장애물이 될 것인 양 주장하는 듯하다. 천만의 말씀이다. 역대 민주당 정부들의 경험이 보여 주듯, 이재명 정부가 사회대개혁을 실질적으로 추진할 수 없는 것은 불가피한 일이 아니다. 스스로의 선택일 것이다. 한국 자본주의 국가의 집행부를 일상적으로 운영하는 책임을 맡으면서 자본주의의 이익을 지키기 위해서 말이다.

지금 이 순간에도 진보당이 민주당을 견인하고 있는 게 아니다. 그 반대다. 진보당은 민주당의 우클릭을 매번 묵인하고 있다.

대중 동원이 중요하다

대선 결과가 어떻게 되든 간에, 극우 운동은 심각한 위협이 될 것이다. 김문수를 누가 지지하고 있는지를 보라. 윤석열의 쿠데타를 지지하며 서울 서부지법 경내에서 폭동을 일으키고 거리에서 반중·혐중 시위를 벌이는 기층 극우 서민들(소상공인, 무직자 등)이다. 극우 운동은 군사 쿠데타(미수)와 서부지법 폭동 등을 계기로 대중운동으로 발전하기 시작했다. 그래서 이재명 후보가 대선에서 이긴다 해도 앞산을 넘은 것일 뿐이다. 그 뒤에는 산맥이 기다리고 있다.

극우의 부상은 자본주의 위기의 표현이자 그 결과다. 한국의 자영업자 폐업 신고자 수는 연간 100만 명에 이른다. 2025년 첫 두 달 동안에만 자영업자 20만 명이 폐업했다. 경제 위기가 가한 고통에 미쳐 버릴 지경이 돼 버린 중간계급 사람들은 극우 운동의 토대가 될 수 있다. 2025년 1월 서울 서부지법 경내 폭동으로 구속된 사람들의 절반이 자영업자였다. 대항적 대중운동이 성장하지 않는다면, 이런 상황은 극우에 유리하게 전개될 수 있다. 극우는 노동계급의 수동성과 사기 저하에 의존한다. 반면, 대중 동원은 노동계급의 자신감을 키워 준다.

사태는 선거 결과와 관계없이 평화롭게 해결되지 않을 것이다. 민중전선의 정치가 주도하도록 내버려 두는 것은 곧 우리 편의 패배를 예비하는 것이다. 극우에 효과적으로 맞서기 위해서는 행동, 특히 최대한의 단결 행동이 필요하다. 민중전선이 아니라 공동전선을 착실하게 구축해야 한다.

김인식, 〈노동자 연대〉 548호(2025-05-27).

프랑스 신민중전선의 경험이
보여 주는 것

  2024년 프랑스에서 혜성처럼 등장했지만 최근에 커다란 분열을 맞이한 신민중전선은, 좌파 정당이자 노동계급 정당인 진보당이 중도좌파 행세를 하면서 민주당과 동행하는 전략을 추구하고 있는 우리나라 상황에 유의미한 시사점을 제공한다.

  프랑스 좌파가 2024년 6월 신민중전선을 형성한 것은 총선에서 극우 정당 국민연합을 저지하기 위해서였다. 신민중전선은 급진 좌파 정당 '불복종 프랑스'와 공산당, 반자본주의신당 등이 모여 결성됐지만, 거기에는 사회당도 포함됐다. 사회당은 노동조합 지도자들의 정당이었지만, 지난 4반세기 동안 신자유주의를 받아들이고 빈번히 집권한 주류 정당으로서 노동계급을 공격하고 자본주의 시스템을 명백하게 지키는 자유주의 정당이었다. 신민중전선은 파시즘에 맞선다며 좌파들이 그런 자유주의 정당과 손잡은 형식적 '좌파' 연합이었다.

  신민중전선 설립에 고무받아 80만 명이 파시스트들을 규탄하며 거리로 나섰다. 이런 아래로부터의 운동 덕분에 총선 투표율이 20퍼센트

포인트 이상 올랐다. 그리고 5만여 명이 '불복종 프랑스'로 새로 입당할 만큼 급진 좌파에게 우호적인 조건이 형성됐다. 총선 결과 신민중전선은 원내 최대 세력이 돼, 국민연합의 정부 구성을 막았다는 안도감이 좌파 측에 찾아왔다. 마크롱 측은 국민연합에 이어 3위에 그쳤고, 대통령직 사임이 거론될 정도로 궁지에 몰렸다.

그러나 8개월 남짓 지난 지금 신민중전선의 위상은 참담하다.

우선, 국민연합의 위협이 전혀 수그러들지 않았다. 국민연합의 지도자들인 마린 르펜과 조르당 바르델라는 모두 35퍼센트 안팎의 지지율로 1위를 달리고 있다. 또한 선거 이후 마크롱은 정부를 유지하기 위해 (국민연합이 원내 제1당은 못 됐어도 의석수를 크게 늘렸기 때문에) 국민연합의 지지에 기댔다. 그래서 좌파들은 국민연합의 승리가 완전히 저지됐다기보다는 유예된 것에 불과하다고 여긴다.

특히, 마크롱이 사회당을 회유해 신민중전선을 분열시키는 것을 '불복종 프랑스' 등 신민중전선 내 좌파들은 막지 못했다. 그에 따라, 마크롱이 총선 결과를 깡그리 무시하고 자기 멋대로 총리를 임명하는 것도, 강도 높은 긴축예산안을 통과시키는 것도 막지 못했다. 지난 8년 동안 마크롱 정부에 대한 환멸이야말로 국민연합이 성장한 가장 중요한 자양분이었는데도 바로 그 정부가 다시 소생한 것이다.

신민중전선의 성취가 이처럼 좌절된 것은 파시즘을 막겠다며 좌파들이 자유주의(물론 사회적 자유주의를 표방했어도 자유주의이긴 마찬가지였다) 정당인 사회당과 손잡았기 때문이다. 그 탓에 아래로부터의 계급투쟁을 한껏 고무할 수 없었고, 그 대신 선거·투표와 의회 내 샅바 싸움이 주요 수단이 됐다. 이 과정을 좀 더 살펴보자.

신민중전선의 내부 역학

2024년 6월 국민연합에 반대해 80만 명이 거리로 나온 일은 많은 사람들이 파시스트를 물리칠 진정한 방안을 찾고자 했음을 보여 준다. 오랫동안 국민연합은 자신들이 여느 보수 정당과 다르지 않다고 강조해 왔지만, 수많은 사람들은 그 가면이 벗겨지길 바랐다. 그러나 노동조합 지도자들과 대부분의 좌파는 국민연합에 맞서 기층 동원을 계속 이어 가고 파업을 조직하려 하기보다는 신민중전선에 투표하는 것만을 강조했다.

그러나 선거를 통해 파시스트를 억제한다는 구상은 좌파들을 흔히 기회주의로 이끌었다. 예컨대 국민연합의 사회적 기반을 약화시키기 위해서는 그들의 주요 무기인 무슬림 혐오와 이민자 차별에 맞서 싸웠어야 했다. 또한 팔레스타인 연대 운동을 중요하게 건설했어야 했다. 국민연합이 이스라엘의 인종 학살을 옹호했기 때문이다(국민연합은 유대인은 증오하면서도 이스라엘 국가는 지지한다). 급진 좌파인 '불복종 프랑스'는 6월 초 유럽의회 선거 때까지는 팔레스타인 문제를 전면에 내세웠지만 신민중전선 결성 후에 치른 6월 말, 7월 초 총선에서는 사회당을 의식해 전혀 그러지 않았다. 이는 심각한 기회주의였다.

또한 신민중전선은 결선투표(3위 후보까지 포함하는 경우도 여럿 된다)에서 국민연합을 저지하기 위한 것이라며 마크롱의 후보들을 지지해 자신의 후보들을 사퇴시키기도 했다. 그중에는 2023년 프랑스 노동자들이 격렬하게 맞서 싸웠던 연금 개악안을 기초한 엘리자베트 보른도 있었다. 이런 행보로 국민연합의 의석을 일부 줄였을지 몰라도 국민연합으로 하여금 "우리 당만이 진정한 야당"이라고 주장할 수 있게 해

줘, 마크롱 정부에 대한 환멸로 국민연합이 득을 볼 수 있도록 해 줬다.

가장 전투적인 반파시즘 활동가도 선거에서는 수동적 방관자와 똑같이 1표만을 갖는다. 그래서 가장 온건한 유권자의 표를 얻기 위해 좌파가 양보해야 한다는 압력이 작용하기 쉽다. 이런 압력을 신민중전선이 받아들인 결과 (그 내부의) 사회당이 최대 수혜자가 됐다. 그 직전까지 사회당은 그 당의 배신에 대한 지지자들의 환멸로 의석이 형편없이 쪼그라들고 대선에서 2.0퍼센트밖에 득표하지 못하는 신세였다. 하지만 신민중전선 덕분에 의석을 갑절 가까이 늘린 것이다(59석). 그 결과 사회당은 신민중전선 안에서 '불복종 프랑스'(74석)와 어깨를 나란히 하는 세력이 됐고, 이는 좌파에 대한 온건화 압력을 더 키우는 결과를 낳았다. 총선으로 원내 최대 세력이 된 신민중전선이 총리 후보로 내세운 인물도 사회당 계열 전문 관료 뤼시 카스테였다.

이런 사례들은 신민중전선 내 가장 오른쪽에 있는 사회당이 신민중전선 전체의 정치를 좌우했음을 보여 준다. 신민중전선은 좌파들이 선거로 파시즘을 막는다며 사회당에 타협하는 통로였지, 그 반대가 아니었던 것이다.

의회 내 샅바 싸움

좌파들은 신민중전선을 통한 선거 승리와 함께, 의회 내 샅바 싸움을 의회 바깥의 투쟁보다 중시했다. 총선 직후 마크롱이 가장 취약했을 때 좌파들은 "올림픽이라는 국가적 행사를 안정적으로 치러야 한다"는 이유로 긴 "휴전"에 응하며 마크롱이 숨 돌릴 틈을 줬다. 사실 신민중전선이 선거에서 승리했으므로 좌파들은 자신들이 정부를 구성할 것이라 기대했던 것이다. 그러나 마크롱은 최다 의석 세력인 신민중전선 측의 총리 후보(위 언급된 뤼시 카스테)를 거부하는 것으로 뒤통수를 쳤다. 그러고는 9월에 드골주의자(우파 세력이다) 바르니에를 총리로 임명했다.

'불복종 프랑스'는 "민주주의를 도둑맞았다"며 항의 시위를 조직했고, 30만 명이 그에 호응해 거리로 나섰다. 아래로부터의 운동의 잠재력을 보여 준 사건이었지만 '불복종 프랑스'는 이를 정권 퇴진 운동으로 발전시키지 않았다. 선거를 통한 일이 아니었기 때문이다.

신민중전선은 파시즘에 맞서기 위한 연합이었음에도 국민연합의 주요 조직들이 곳곳에서 집회를 열 때도 맞불 집회를 조직하지 않았다. 그 탓에 맞불 집회는 해당 지역의 반파시즘 활동가들만 동원해 수백 명 규모를 벗어나기 힘들었다.

신민중전선이 이룬 최대치는 2024년 12월 의회 표결로 총리 바르니에를 불신임한 것이었다. 그가 긴축예산안을 의회 표결 없이 행정명령만으로 통과시키려 한 것에 대한 항의였다. 우파 총리의 불신임이 좌파 측의 주도로 통과된 것에 고무받아 12월 동안 노동자 파업과 시위가 벌어졌다. 때로 수만 명이 파업했고, 더 많은 사람들이 정부의 긴축정책에 반대하는 시위에 나섰다. 이런 투쟁들이야말로 마크롱 정부에 대한 환멸을 국민연합 쪽이 아니라 좌파 쪽으로 되찾아 올 기회였다.

그러나 신민중전선에 속한 노동총연맹CGT 등 노동조합 지도자들은 파업을 실질적으로 벌일 생각이 없었다. 그보다는 신민중전선이 의회에서 긴축예산안을 완화시켜 주리라 기대했다. 오히려 그들은 "국정 안정을 위하는 책임 있는 모습을 보여야 한다"는 압력을 신민중전선을 통해 받았다. 실제로, 총리 불신임으로 프랑스의 위기는 커졌다. 신용평가사 S&P와 무디스는 각각 11년과 9년 만에 프랑스의 국가 신용 등급을 강등했다. 사회당 소속 전임 대통령이자 현 국회의원인 프랑수아 올랑드는 12월 16일에 한 인터뷰에서 "프랑스는 안정과 예측 가능성을 원한다"며 '정국 안정'을 강조했다. 그러나 긴축재정과 결합된 '국정 안정' 요구는 노동계급이 고통을 떠안으라는 요구와 다름없었다. 국정 안정과 긴축재정은 또한 프랑스 기업들이 국제 경쟁에서 밀리지 않기 위한 그들의 사활적 요구이기도 했다.

위기는 신민중전선 내 좌파와 사회당 사이의 지향점 차이를 더욱 첨예하게 만들었다. 결국 2025년 2월 사회당은 신민중전선과 결별을 선언했다. 그간 사회당을 신민중전선에 매어 두기 위해 갖은 타협을 한 '불굴의 프랑스' 등의 좌파는 닭 쫓던 개 지붕 쳐다보는 격이 됐다.

마크롱은 신민중전선을 분열시키는 데에 결국 성공한 덕분에, 한 차례 통과가 좌절됐던 긴축예산안을 일부만 손봐서 결국 의회 표결 없이 통과시킬 수 있었다. 국민연합은 이 예산안에서 이주민 의료 예산 증액 계획을 백지화시키는 등으로 자신의 영향력을 과시했다.

신민중전선의 8개월 경험은 좌파가 파시즘에 맞선다며 자유주의 정당과 손잡는 전략은 전혀 효과적이지 못하고 오히려 역효과를 낸다는 것을 보여 준다. 계급투쟁보다 선거와 의회 내 샅바 싸움을 훨씬 중시하면서 대중의 반파시즘 투지를 진정한 대중투쟁으로 구현하지 못했다. 또한 파시스트가 성장한 원인인 자본주의의 위기가 더욱 첨예해질수록 자유주의 정당은 신뢰할 만한 동맹이 절대 못 된다는 것도 보여 준다.

2024년 6월과 9월, 12월처럼 주요 국면마다 대규모 행동에 나섰던 프랑스 노동자 등 서민에게 '의회에 기대지 말고 거리 시위와 파업으로 극우를 물리치자'고 방향을 제시하는 것이 정말로 필요했다. 특히, 노동계급의 대중행동으로 기성 질서와 이윤 시스템을 뒤흔들 힘을 발휘하는 것이야말로 프랑스에서도, 그리고 한국에서도 필요한 일이다.

〈노동자 연대〉는, 윤석열을 파면시키고 쿠데타를 옹호하는 극우를 제압하려면 노동계급이 총파업을 만만찮게 벌여야 한다고 주장한다. 역사를 보면, 극우에 맞서 민주주의를 지킬 힘은 노동계급의 대중투쟁과 조직에 있음을 알 수 있기 때문이다.

비상행동을 주도하는 세력의 일부인 주류 반미자주파는 노동계급 운동 안에 뿌리를 내린 세력으로서 그런 총파업을 설득하고 조직하기 위한 기반을 만만찮게 갖고 있다. 그렇지만 그들은 파업으로 기성 질서를 마비시킬 잠재력을 사용해야 한다는 주장에 시큰둥하다. 한시가 급한 상황에서 민주노총이 총파업을 2025년 3월 27일로 멀찍이 잡은 것이 이를 보여 준다(그것도 3월 26일까지 헌재 선고가 공고되지 않는 경우라는 조건이 붙어 있다).

그들이 민주당과의 전략적 동맹을 지향하기 때문이다. 민주당은 비록 포퓰리스트 정당으로 노동계급한테서도 많은 선거적 지지를 받고 있지만, 기업주들의 지지를 받으려고 애쓰고 있고 그래서 노동자들의 권익을 일관되게 지키지 못할 것이 분명하다(이재명 민주당 대표가 3월 20일 이재용을 만나 "삼성이 잘돼야 나라가 잘된다"는 덕담을 한 것이나, 민주당이 국민연금 개악안을 놓고 국힘과 타협한 것은 가장 최근 사례일 뿐이다).

주류 반미자주파는 계급투쟁이 아니라 '윤석열 등 극우에 맞서 계급을 초월한 최대한의 광범한 단결'을 이루는 것이 더 강력한 연대라고 주장한다. 이런 주장은 1930년대 코민테른의 민중전선으로까지 거슬러 올라가는 오랜 전통과 역사가 있다. 당시 민중전선은 파시즘에 맞서기 위해 공산당이 '진보적 부르주아지'와 손잡아야 한다는 전략이었다.

그러나 상충하는 계급 이해관계를 가진 정치 세력들 간의 전략적 연대는 겉보기로는 더 많은 세력을 포함시킬 수 있어도 투쟁에서 실제 발휘하는 힘은 오히려 약화시킨다. 극우·파시스트가 성장하는 원인은 자본주의의 심각한 위기인데 바로 그 자본주의를 명백하게 수호하는 자유주의적 정당과 연합하는 것이기 때문이다. 그런 연합 안에서 노동계급은 자유주의 정당과의 관계를 고려해 계급투쟁을 자제해야 한다는 쪽으로 이끌릴 수밖에 없다.

거기에 깔린 전제는 자본주의에 맞서는 투쟁과 극우·파시즘에 맞서는 투쟁이 별개이고, 극우·파시스트를 선거와 집권으로 물리칠 수 있다는 것이다. 그러나 실제 역사를 보면 민중전선으로 일시적 선거 승리를 거뒀지만 이후 계급투쟁 동력이 약화돼 파시스트에 권력을 내준 사례들이 많다(대표적으로 1930년대 프랑스와 스페인, 1973년 칠레).

헌법과 선거보다 계급투쟁이 극우·파시스트를 물리칠 진정한 힘이다.

김종환, 〈노동자 연대〉 540호(2025-03-21).

노동자 파업은
어떤 효과를 낼 수 있는가?

2025년 1월 3일 윤석열 체포가 무산되자 많은 사람들이 답답함과 무력감을 느꼈다. 반윤석열 시위대는 경찰 병력과 차벽에 가로막혀 전진하지 못했다. 밤샘 시위에 참가한 사람들의 열의는 대단한 것이지만, 한남동 '대첩' 운운하는 과장은 운동의 전진에 도움이 안 된다.

대통령 권한대행 최상목을 비롯한 권력자들은 윤석열 체포에 반대하고 있다. 최상목은 공수처가 윤석열 체포영장 집행에 협조해 달라는 공문을 재차 발송했지만 침묵으로 사실상 거부하면서, 공수처와 경호처 간 "물리적 충돌 등 불상사가 절대 없도록 만전을 기해 달라"고 했다. 윤석열 측이 관저를 요새화하고 있는 점에서 볼 때, 사실상 체포하지 말라는 얘기다. 이들은 윤석열의 쿠데타 기도와 이에 맞선 대규모 시위로 흐트러진 기성 질서를 복원하려 한다. 윤석열이 관저에서 체포돼 끌려 나오는 모습이 생중계되면, 기성 질서를 떠받치던 권위가 실추되고 반면 아래로부터의 요구와 도전이 커질 것을 우려한다.

이런 상황에서 노동자 파업은 이들이 지키려 하는 기성 질서를 뒤흔들어 윤석열 체포·구속·퇴진 가능성을 높이는 열쇠가 될 수 있다.

파업의 효과

우리가 사는 자본주의 사회는 노동자들의 노동으로 굴러간다. 이 사회를 지배하는 자본가들은 이윤 생산을 위해 노동자들의 노동에 의존한다. 행정·치안·공공서비스 등을 담당하는 국가기구들도 노동자들 없이는 한순간도 작동될 수 없다.

따라서 노동자들이 집단적으로 작업을 중단하는 파업은 기업주들의 이윤과 국가의 운영, 공공질서에 타격을 준다. 그럴 때 기업주와 국가권력자 등 지배계급은 당혹해하며 분열하고 동요한다. 예컨대 1987년 7~8월 전국적으로 벌어진 **노동자 파업**은 전두환 군사정권이 그해 6월에 양보했던 조처를 되돌릴 수 없게 만드는 데 **결정적 구실**을 했다. 전두환이 6월 항쟁 때 군대 투입 문제를 놓고 갈팡질팡한 것도 사실 수많은 노동자들이 거리 투쟁에 참가하면서 거대한 노동자 반란으로 발전할까 봐 두려웠기 때문이다. 거리에서 군부독재의 무릎을 꿇린 노동자들은 자기 작업장에서 투쟁을 벌여 군부독재의 머리를 숙이게 만들고 기업주들의 양보를 받아 냈다.

한 작업장, 한 부문의 파업은 다른 노동자들의 투쟁과 거리의 반윤석열 투쟁을 고무하며 연대를 확산시키는 초점이 될 수 있다. 지금 민주노총이 총파업을 선언하고 파업이 실제로 일어난다면 윤석열 퇴진 시위는 중대한 일보 전진을 할 수 있다. 대규모 노동자 파업은 관저 앞 좌파 시위대를 막고 있는 경찰 병력을 일부 분산시키는 효과도 낼 수 있다. 파업이 단호하게 수행된다면 파업이 윤석열의 버티기 탓이라는 여론도 형성될 수 있다. 그만큼 윤석열 체포 가능성도 커질 것이다. 무엇보다 파업은 노동자들에게 집단적 힘을 느끼게 해 줘 자신감을 키우고 의식을 변화시킨다. 이는 노동계급과 피차별 대중 전반의 투지를 고취시켜 투쟁이 보편화될 수 있게 한다. 그렇게 될 때에만 노동자 등 민중의 힘 수위가 급격히 상승하게 되고, 이는 지배자들이 감당할 수 없게 될 잠재력이 있다.

정권을 물러나게 만든 파업들

세계 역사에는 대중파업과 결합된 대규모 항쟁으로 정권을 무너뜨린 사례가 여럿 있다.

첫째, 1974년 포르투갈에선 수백만 명이 참가한 혁명으로 잔혹한 파시스트 정권을 타도했다. 당시 인구가 900만 명이던 나라에서 조선, 방직, 전자, 호텔, 요식, 은행 등 주요 산업부문의 노동자 20만 명이 파업에 들어갔다. 노동자들은 공장을 점거하고 거대한 시위에 참가했다.

둘째, 2003년 10월 볼리비아에서 민중 봉기가 일어나 백만장자 대통령을 몰아냈다. 볼리비아노총이 호소한 총파업이 전국적으로 벌어졌고, 제1, 제2 도시인 수도 라파스와 엘알토로 시위대가 끊임없이 밀려 들어왔다. 대통령이 쫓겨난 후 대통령직을 계승한 부통령은 사회 개혁 약속을 어기고 우파들과 손잡고 민중을 공격했다. 그러자 볼리비아 민중은 2005년 대규모 거리 시위와 노동자 총파업으로 다시 우파 정권을 쫓아냈다.

셋째, 2011년 1월 튀니지에서 노동자 파업은 가장 커다란 역할을 했다. 기층 조합원들의 압력을 받은 튀니지노총 지도자들이 총파업을 선언했고, 총파업은 노조 지도부의 예상을 뛰어넘는 호응을 불러일으키며 정권 퇴진에 쐐기를 박았다. 이집트에서도 마할라와 수에즈 등 주요 산업 단지의 노동자들이 정권 퇴진 시위를 지지하며 파업을 벌였고, 군부는 독재자 무바라크 퇴진을 수용할 수밖에 없었다.

넷째, 2019년 2월 말 알제리에서 장기 집권한 대통령의 5선 연임 시도에 맞서 대중 항쟁이 분출했다. 노동자 투쟁이 운동에서 주도적 힘을 발휘했다. 항공·항만 부문에서 시작된 노동자 파업은 섬유·운송 산업으로 번지더니 석유·천연가스 등 주요 산업부문으로 확대됐다. 3월 31일에 100만 시위로까지 커진 항쟁에 직면한 독재자는 결국 4월에 사임했다.

신정환, 〈노동자 연대〉 533호(2025-01-10).

세계적 정치 위기와 양극화, 혁명적 좌파의 과제

2024년 트럼프 당선을 전후한 시기부터 우리는 역사의 전개가 빨라지는 것을 느끼고 있다. 특히 윤석열 쿠데타 미수와 파면 사건을 겪으며 더욱 그렇다. 트럼프 2기 정부는 1기 때보다 훨씬 더 우익적이고 공세적이고 과격하고 정교한 정책들을 시행하며 세계 자본주의의 혼돈과 불안정을 키우고 있다. 그러나 중국과의 대결에 집중하기 위해 우크라이나 전쟁을 끝내려는 트럼프의 시도는 가다 서다를 반복하며 성공하지 못하고 있다.

중동에서는 뾰족한 해법 없이 이스라엘의 전쟁이 계속 확산되고 있다. 미국 제국주의와 걸프 지역 그 동맹국들에 대한 대중의 분노가 깊어지고 있고, 이는 걸프 지역 지배계급들(이제는 세계 자본주의에서 상당한 비중을 차지하게 된)의 위기감을 키우고 있다.

유럽의 지배계급들은 혼란과 패닉에 빠져 있고 아무런 전략적 합의도 도출하고 있지 못하다. 하지만 대대적 군비 증강만큼은 공통으로 추진하고 있다. 그리고 이를 위해 노동자들의 생활수준 공격과 복지 삭감을 감행하고 있다.

세계적으로 조율의 부재와 불확실성이 두드러지고 있다. 이는 트럼프의 괴팍함 탓도 꽤 있지만 단지 그 문제로 축소될 수 없다. 오히려 세계 자본주의 전반에 나타나고 있는 더 넓은 위기와 분열의 증상으로 봐야 한다.

윤석열의 쿠데타 기도는 어떤 일탈이 아니었다. 그 전에도 4년 사이에 트럼프와 그 지지자들의 폭동(국회의사당 습격), 브라질판 트럼프인 보우소나루의 비슷한 시도(이 경우에는 군부의 지지를 얻고서)가 있었다. 각각 세계 최강대국과 세계 10위 경제 대국에서 일어난 일들이다. 이런 사건들은 자유(주의적) 민주주의의 구조가 약화되고 위태로워지는 가운데 지배계급의 극우적 일부가 자유민주주의와는 다른 지배 전략을 추구하고 있음을 반영한다.

우리는 자유주의적 자본주의·제국주의의 질서가 무너지고 있는 혼돈스러운 전환기를 거치고 있는 것이다.

일각에서는 세계가 전면적 국가자본주의 시기에 들어섰다는 주장도 펴고 있다. 물론 위기 관리와 경제적·군사적 경쟁을 위해 국가 개입이 강화되고 있는 것은 사실이다. 그러나 금융·생산의 세계적 통합 수준을 과소평가해서는 안 된다. 현재 이 통합이 와해될 가능성은 매우 적어 보인다. 트럼프가 관세 전쟁에서 후퇴한 것에는 크게 두 가지 이유가 있는데, 하나는 국제 통화 시스템을 지탱하는 미국 국채가 폭락했기 때문이고, 다른 하나는 애플 등의 기업들이 여전히 중국에 생산을 의존하고 있기 때문이다. 따라서 당장 세계가 전반적 국가자본주의 국면에 들어섰다고 보는 것은 섣부르다.

전진하는 극우의 위협과 그에 맞선 투쟁

세계 수준에서 불확실성이 커진 가운데 정치 양극화도 심화하고 있다. 트럼프는 세계 곳곳에서 극우를 고무하고 있다. 얼마 전 트럼프는 브라질에서 쿠데타 기도로 재판을 받고 있는 보우소나루가 "마녀사냥"을 당하고 있다며 이를 관세 전쟁 명분의 하나로 삼기도 했다. 그보다 전에 네덜란드 헤이그에서 열린 나토 정상회의 기간에는 총선을 몇 달 앞둔 시점에 네덜란드 극우 정당 자유당의 대표를 만나 그에게 힘을 실어 줬다. 한국의 극우도 마찬가지 지원 사격을 해달라고 트럼프에게 호소하고 있고, 최근 트럼프와 연계가 있는 극우 정치인 모스 탄이 한국을 방문해 그들을 고무했다.

때때로 트럼프의 간섭은 반트럼프를 표방하는 세력에 득이 되기도 했다. 관세 전쟁의 파장 속에서 캐나다 자유당이 집권을 연장한 것이 그런 사례다. 트럼프의 압박은 위기를 겪던 브라질의 룰라가 브라질 주권의 수호자를 자처하며 지지율을 회복하는 계기가 됐다.

그러나 이런 애국주의는 노동계급의 생활수준을 공격하는 데 이용되고 있다. 가령 캐나다 자유당은 이제 국방비를 국내총생산의 5퍼센트 수준으로 늘리고(사실 이것은 트럼프의 요구이기도 하다), 이를 위해 복지 삭감 공격을 하고 있다.

극우의 위협은 다양한 형태로 제기되고 있다. 프랑스의 파시스트 정당인 국민연합은 현재 의회 의석의 3분의 1을 차지하고 정부 불신임이나 정부 구성을 좌우할 수 있는 위치에 있는데, 지난 총선에서는 100명에 이르는 국민연합 후보들이 파시스트임을 거리낌없이 드러냈다. 그리고 국민연합은 극우 폭력 조직들과의 연계를 바탕으로 거리 운동을 건설하는 프로젝트에 착수하고 있다. 이제 국민연합은 거리 운동을 건설하려는 노력의 일환으로 프랑스 곳곳에서 공개 회합을 조직하고 최근 파리에서 거리 시위를 벌였다.

그래서 프랑스에서는 파시스트들의 폭력적 거리 운동이 급성장할 위험이 있다. 물론 그런 운동을 건설하려는 파시스트들의 노력은 품격 있는 의회 정당으로 인정받으려는 그들의 노력과 모순을 빚어 왔고 앞으로도 그럴 것이다. 그러나 현재 인종차별적 공격과 모스크 방화, 활동가·시위대 공격이 늘고 있다는 점에 유의해야 한다.

2017년에만 해도 프랑스의 주류 자본가 정당들은 극우와 손잡기를 거부하는 듯했다(이른바 '방역선'). 그러나 이제 그들은 급진 좌파인 '불복종 프랑스'를 주적으로 삼고 국민연합과 의회 표결에서 합을 맞추고 있다.

극우 '방역선'은 독일에서도 무너졌는데 올해 초 기민련이 파시스트 정당 '독일을 위한 대안'의 표에 의존해 이민자법을 통과시킨 것이다. 이는 최대 야당이 된 '독일을 위한 대안'이 향후 연정에 참여할 가능성이 현실적이라는 위기감을 자아내고 있다.

영국에서는 주류 사회민주주의 정당인 노동당 정부가 위기에 빠진 가운데, 극우 포퓰리스트 정당 영국개혁당이 지난 보궐 선거에서 큰 소득을 얻었고 여론 조사에서 선두를 달리고 있다. 영국개혁당은 20만 명의 당원과 871명의 시의원을 보유하고 있고, 심지어 대표 나이절 퍼라지가 총리가 될 가능성이 점쳐지고 있다.

그러나 극우를 물리칠 가능성을 보여 주는 일들도 벌어지고 있다. 가장 중요한 사실은 트럼프 자신이 취임 반년도 안 돼 만만찮은 아래로부터의 저항에 직면했다는 것이다. 이는 양극화가 한쪽으로만 일어나는 것이 아님을 보여 준다. 뒤에서 살펴볼 글로벌 팔레스타인 연대 운동도 중요한 대항 흐름의 하나다.

프랑스에서는 지난해 여름 조기 총선을 앞두고 국민연합의 집권 가능성이 대두하자 국민연합에 맞서 80만 명이 거리에 나온 바 있다. 올해 3월 22일에는 돌파구를 열었다고 할 만한 대규모 인종차별 반대 집회가 200여 개 도시에서 열렸다.

독일에서도 현 총리 메르츠가 '방역선'을 넘은 것(위에서 언급한)을 계기로 수십만 명이 '독일을 위한 대안' 반대 시위를 벌였다. 그리고 이는 오랫동안 위기에 시달리던 좌파당이 다시 소생하는 계기가 됐다. 좌파당은 많은 사람들에게 '독일을 위한 대안'에 맞설 대안으로 자연스럽게 여겨지게 됐는데, 사회민주당이 기민련·기사련 주도 연정에 참여하고 있고, 좌파당에서 나온 바겐크네히트의 신당이 인종차별 문제를 둘러싸고 후퇴하는 노선을 밟아 왔기 때문이다. 물론 그렇다고 해서 좌파당의 위기를 낳은 모순이 해결된 것은 아니다(뒤에서 살펴보겠다).

논쟁을 피하면 안 된다

파시즘·극우에 맞설 방법을 두고 곳곳에서 첨예한 논쟁들이 벌어지고 있다. 첫째, 파시즘·극우 정당의 성격 규정 문제다. 예컨대 많은 프랑스 좌파들이 여전히 국민연합을 파시스트로 규정하지 않는다. 많은 노동계급 유권자가 국민연합에 투표하므로 국민연합은 파시스트가 아니라는 것이다. 이것은 정확한 표 분석이 아닐뿐더러, 당의 핵심 인물들과 투표층을 구분해서 보지도 않는 피상적인 이해다.

이런 주장은 정책 대안(경제와 생활조건 문제를 해결할)으로 선거에서 극우를 물리쳐야 한다는 주장과 흔히 짝을 이룬다. 국민연합은 노동자·서민의 지지를 받고 있으므로 그들의 표를 가져올 방안을 마련해야 한다는 것이다.

그러나 많은 개혁주의자들이 인종차별에 맞서기를 회피한 채 생활조건 문제에만 초점을 맞추는 사이에 인종차별은 계급을 분열시키는 효과를 내므로 개혁주의자들의 계획은 성공해도 금세 수포로 돌아간다. 2023년 프랑스에서 연금 개악에 맞서 거대한 운동이 일어났고 프랑스인의 80퍼센트가 그 개악을 반대했다. 그러나 그 운동이 개악을 막지 못한 채 끝나자 몇 주 후 경찰의 아랍인 청년 살해에 맞서 소요가 일어났을 때는 통행금지령을 지지하는 여론이 다수가 됐다.

영국의 많은 노동조합 지도자들도 인종차별에 맞서기를 회피한 채 생활조건 문제에만 초점을 맞춘다. 특히, 그들은 영국개혁당을 인종차별주의 정당으로 규정하기를 꺼리는데, 노동조합 내 영국개혁당 지지 조합원들과 충돌하는 것을 우려하기 때문이다. 그러나 인종차별에 맞서지 않으면 경제 문제든 생활조건 문제든 해결할 수 없다.

극우와 파시스트들이 신자유주의가 낳은 울분을 자양분으로 삼는 것은 사실이지만, 그런 문제의 대안을 제시하는 것이 극우 문제를 자동으로 해결해 주지 않는다. 극우는 그런 울분을 인종차별 등(한국 극우의 경우 반공주의와 중국인 혐오) 자신의 의제로 결집시키기 때문이다. 지난 프랑스 총선에서 국민연합이 제시한 경제 강령의 모순과 후퇴, 후보를 둘러싼 다양한 논란들은 그들의 득표에 큰 영향을 주지 않았다. 인종차별이 표를 모으는 핵심 수단이었던 것이다. 따라서 극우의 특별한 사상과 수단에 맞서는 특별한 투쟁이 필요하다.

이는 또한 최근 민주당 뉴욕 시장 예비경선에서 조란 맘다니가 승리한 것으로부터 잘못된 교훈을 도출해서는 안 되는 이유이기도 하다. 맘다니는 무상 대중 교통과 집세 동결 같은 경제적 문제들을 공약으로 강조했다. 그러나 동시에, 맘다니는 팔레스타인 연대 운동이 지지하는 후보로 여겨졌고, 선거운동 내내 인종차별적 공격에 시달렸으므로, 인종차별 반대가 그의 선거운동에서 불가결한 요소였다.

둘째, 극우에 맞서는 방법을 둘러싼 또 다른 쟁점으로 민중전선 문제가 있다. 지난해 프랑스 총선에서 마크롱은 신민중전선의 도움으로 살아났다. 그러나 마크롱 정부는 (위에서 언급했듯이) 극우와 손을 잡았다. 사회당도 신민중전선 덕분에 기사회생했는데, 올해 초 좌파(특히 '불복종 프랑스')가 발의한 정부 불신임안을 지지하지 않고 마크롱 정부와 손을 잡았다. 그래서 '불복종 프랑스'는 신민중전선의 활동 중단을 선언해야 했다.

이처럼, 프랑스 신민중전선은 극우를 물리치지 못했다. 게다가 선거에서 극우를 물리친다는 신민중전선의 노선은 오히려 국민연합이 다른 세력들과 나란히 토론할 자격이 있고 정책 대안으로 경쟁해야 하는 세력이라는 인식을 더 강화시켰다.

이제 '불복종 프랑스'는 내년 3월 지방선거와 2027년 대선을 앞두고 신민중전선을 재가동해야 한다는 압력을 당 안팎에서 받고 있다. 그 선거 연합은 '불복종 프랑스'에 지난번과 똑같은 제약을 부과할 것이다. 지난 총선에서 '불복종 프랑스'는 신민중전선이 인종차별 반대를 분명히 하지 않고, 하마스의 10월 7일 공격을 규탄하고, 결선투표에서는 마크롱의 가장 고약한 장관들까지 지지하는 것을 받아들여야 했다.

한국에서는 윤석열에 맞서 민주당과 진보당 등으로 이뤄진 민중전선 (내란종식 민주헌정수호 원탁회의)이 형성됐다. 윤석열 쿠데타 미수 직후 그 전까지는 정치 언저리에 있던 극우가 크게 성장했을 때, 윤석열 반대 운동을 이끈 원탁회의는 노동자 투쟁을 피했다. 이는 국가기구 내 쿠데타 지지 세력에 더 넓은 운신의 폭을 허용했고 이는 윤석열 파면으로 이르는 과정과 대선 과정에서 위기를 낳았다. 대선 이후 대중운동은 사실상 동원 해제 상태가 됐다. 그러는 동안 극우는 혐중과 반공주의로 기층에서 운동을 재건하고 있다.

영국의 코빈 등 노동당 탈당파 국회의원들이 주도해 설립하고 있는 '노동당 왼쪽의 대안 정당' 프로젝트도 '불복종 프랑스' 같은 범좌파 정당을 지향하는데, 녹색당(당내 좌파가 당권에 도전하고 있는)과 선거 연합을 형성하는 것으로 나아갈 것 같다. 영국개혁당을 물리치려면 인종차별 반대와 이를 위한 아래로부터의 동원이 중심이 돼야 하는데도 말이다.

극우를 물리치려면, 대중을 주로 수동적인 유권자로 취급하고 선거와 국가에 의존하게 하는 민중전선 방식이 아니라 아래로부터의 투쟁을 키우고 대중에게 자신감을 주는 공동전선 방식이 필요하다.

셋째, 극우 반대 운동 내에서 국가가 극우 정당을 해산시키라는 요구가 종종 제기된다. 한국에서 제기되는 국힘 해산 법안 입법 문제나 독일에서 제기되는 '독일을 위한 대안' 해산 요구가 그런 사례다.

일반적 차원에서 보면 그런 요구는 극우 대항 행동의 동원을 해제시킬 위험이 있고, 그 요구를 놓고 헌법의 틀 안에서 진행되는 절차도 순조롭지 않을 공산이 크다. 그러나 우리는 그런 요구에 구체적으로 접근해야 한다. 예컨대 지난 5월 독일에서는 '독일을 위한 대안'이 정보 기관에 의해 '극단주의' 단체로 분류되자, '독일을 위한 대안'을 해산시키라고 요구하는 수만 명 규모의 집회가 열렸다. 그런 상황에서 혁명가들은

'독일을 위한 대안'에 맞서 거리에 나온 사람에게서 비켜서 있어서는 안 되고, '독일을 위한 대안' 해산을 반대하는 오른쪽으로부터의 공격에도 맞서야 한다. 혁명가들은 극우 정당 해산을 바라는 사람들과의 공통점에서 출발해야 하고 구체적인 맥락 속에서 극우에 맞선 동원을 건설할 수 있는 방향을 가리켜야 한다.

개혁주의의 위기와 좌파 개혁주의

2010년대 중엽부터 좌파에서 우세해진 견해는 득표를 위해서는 오른쪽으로 이동할 줄 알아야 한다는 것이다. 그 결과, 노동계급과 청년이 급진적이 되는 동안 좌파가 우경화하는 역설적 상황이 펼쳐졌다.

그런데 이는 개혁주의의 위기를 낳았다. 조란 맘다니의 민주당 뉴욕시장 후보 예비경선 승리를 이런 맥락 속에서 볼 수 있다. 미국 민주당 자체는 개혁주의가 아니고 순전한 부르주아 정당이다. 하지만 민주당은 진정한 개혁주의자들과 노동조합 관료층에 헤게모니를 행사함으로써 미국 정치에서 개혁주의 노릇을 해 왔다. 그러나 트럼프의 등장과 지금 그의 정부는 민주당의 약속이 얼마나 공허한 것인지를 보여 줬다. 맘다니는 그 공백을 이용해 승리를 거둘 수 있었다.

1년 전 총선에서 압승을 거둔 영국의 키어 스타머 노동당 정부는 이제 심각한 위기에 처해 있다. 한편으로 노동당 우파의 신자유주의적 정책을 추진하고 이스라엘을 지지하면서 기층의 반감을 사고, 다른 한편으로는 트럼프의 등장과 극우의 부상에 우경화로 대응하면서 극우를 키워 준 결과다. 이런 이유로 코빈의 '노동당 왼쪽 대안' 프로젝트가 힘을 받고 있는 것이다.

주류 개혁주의의 위기와 대중의 급진화가 동시에 벌어지는 가운데 좌파적 개혁주의 측에서 왼쪽으로 방향을 조정하려는 시도가 나타나고 있다. 독일 좌파당이 대표적인 사례다. 2024년 말까지 좌파당은 오랫동안 위기를 면치 못하고 있었다. 게다가 가자 전쟁이 시작된 이래 좌파당은 이스라엘을 규탄하는 것조차 회피해 많은 팔레스타인 연대 활동가들의 환멸을 샀다. 심지어 2024년 말에는 팔레스타인의 저항을 분명하게 지지했다는 이유로 팔레스타인인 활동가를 출당시키기도 했다. 그러나 '독일을 위한 대안'의 연정 참여 가능성이 현실적이 된 지난 2월 총선에서 좌파당은 득표를 크게 늘리고 젊은 활동가들이 대거 입당했다. 좌파당 당원들은 최근 열린 독일 최대 팔레스타인 연대 집회에서도 상당한 대열을 이뤘고 그중 많은 수가 신입 당원이었다. 이런 압력 속에서 좌파당 전국 지도부는 NGO들과 함께 팔레스타인 연대 집회를 열겠다고 하고 있다.

프랑스의 '불복종 프랑스'도 신민중전선의 가동 중단을 선언한 이후 인종차별 반대 거리 동원을 호소했다. 특히, '불복종 프랑스'는 프랑스의 혁명적 좌파가 관여하는 인종차별 반대 공동전선 '연대 행진'의 3월 22일 인종차별·파시즘 반대 집회를 키우는 데 동참했다. 덕분에 그 집회는 프랑스 전역에서 대규모로 열리게 됐다.

이런 변화는 개혁주의가 죽었으며 그 공백이 자동으로 혁명가들의 몫으로 돌아갈 것이라는 착각이 잘못된 것임을 보여 준다. 그러나 이런 변화는 혁명가들에게도 도전이자 기회이기도 하다. 위기에 빠진 개혁주의가 급진화 압력 때문에 좌경화하는 것이기 때문이다. 또, 개혁주의의 성격 때문에 좌파 개혁주의의 좌경화에 모순이 있기 때문이다. 예컨대, 독일 좌파당 지도부는 여전히 선거에 상대적 무게를 실으며 연립정부 참여를 통해 변화를 이루기를 바란다. 그래서 사민당·녹색당과 연정을 꾸릴 전망이 가까워질수록 좌파당 지도부는 좌파적 목소리를 자제시키려 할 것이다. 이는 특히 사민당·녹색당의 지지로 추진되고 있는 대대적 재무장을 반대하는 일에서 모순을 낳을 것이다. 이런 모순은 혁명가들에게 개입의 기회를 제공한다. 그러므로 혁명가들은 급진화의 그런 표현을 환영해 공동 투쟁을 구축하려 하면서 자신의 정치의 효과성을 입증해 나가야 한다.

글로벌 팔레스타인 연대 운동

정치 양극화 속에서 **국제적으로** 가장 중요한 대항 흐름은 팔레스타인 연대 운동이다. 이스라엘을 반대하는 대중 여론과, 이스라엘을 지지하는 서방 지배계급들의 입장 차이가 어느 때보다 벌어지고 있다. 그리고 그 격차는 국제적으로 팔레스타인 연대 운동을 강화시키고 있다.

미국의 팔레스타인 연대 운동은 반트럼프 운동의 발판이 됐다. LA 항쟁에는 이민자 이웃들을 지키려는 지역사회 성원들뿐 아니라, 팔레스타인 연대 운동으로 급진적이 된 수많은 사람들이 동참했다. 팔레스타인 연대 운동에 대한 탄압이 심했던 독일에서는 지난 6월 21일 처음으로 수만 명 규모의 팔레스타인 연대 집회가 열렸다. 영국의 팔레스타인 연대 집회 규모는 다시 늘었을 뿐 아니라, 이스라엘과 연관된 기업들을 겨냥한 직접 행동에 대한 지지가 늘었다. 노동당 정부는 그 행동을 조직하는 한 주요 단체 '팔레스타인 행동Palestine Action'을 테러 조직으로 지정하려 하고 있다.

오늘날 팔레스타인 문제는 여느 때와는 다른 국면에 접어들었다. 이번 전쟁 전에도 이스라엘은 가자 지구를 여러 차례 공격해 왔고 그에 맞선 팔레스타인인들의 저항은 국제적 연대를 촉발해 왔다.

그러나 이제 이스라엘 정권은 팔레스타인 문제를 완전히 '해결'하려 한다. 팔레스타인인들을 모두 죽이거나 자기 땅에 살 수 없게 하려는 것이다. 이미 가자 지구에서 어느 정도 그렇게 했고 지금 서안 지구에서도 그렇게 하려 한다. 얼마 전 언론에는 거대 컨설팅 기업 보스턴컨설팅과 토니 블레어(노동당 소속 영국 전 총리) 연구소가 팔레스타인인들이 "재배치"된 이후의 가자 지구 재개발 계획을 마련하고 있다는 보도가 나왔다.

이스라엘의 인종 청소는 완수되지 못할 것이다. 그러나 그 시도는 엄청난 고통과 참상을 계속 낳을 것이다. 이에 대한 세계 지배계급들의 외면은 수많은 사람들을 급진적으로 만들 수 있다. 인종학살이 2년이나 지속되면 사람들은 단지 네타냐후 같은 악당들이 아니라 근본적으로 시스템에 대해 의문을 제기하기 쉽다. 이를 힐끗 보여 주는 최근 사례는 영국의 한 좌파 측 페스티벌이었다. 그 축제에서 펑크 듀오 밥 빌런 등 음악인들이 "이스라엘군에 죽음을Death to the IDF" 등의 구호를 외치자 권력 핵심부와 주류 언론들은 그들에게 맹비난을 퍼부었다. 그럼에도 그 음악인들에 대한 대중의 광범한 지지는 계속 이어지고 있다.

팔레스타인 문제가 급진화를 자극하는 데에는 자유주의 이데올로기의 위기라는 더 근본적인 배경도 있다. "냉전 이후 자유(주의적) 민주주의가 승리했다"는 주장은 1990년대 중엽 이후 인도주의를 내세운 미국 등 서방 제국주의의 "인도주의적 개입"이 이뤄지는 "새로운 국제법의 시기가 시작됐다"는 주장과 결합됐다. 그런 개입은 (특히 옛 유고슬라비아 지역에서) 특히 인종 학살을 막겠다는 명분으로 뒷받침됐고, 홀로코스트의 이미지가 서방 자유주의 이데올로기에서 중요한 구실을 했다. 그러나 오늘날 팔레스타인에서 벌어지고 있는 일은 지난 30년 동안의 이런 이데올로기적 정당화를 산산조각냈다. 두 국가 방안도 그 비전의 일부였다.

따라서 팔레스타인 문제는 앞으로도 한동안 사람들을 급진화시키고 거리로 불러내는 쟁점이 될 것이다.

그러나 조직 노동계급의 핵심 기구인 노동조합 지도층의 행동은 현재 팔레스타인 연대 운동에서 별로 두드러지지 않은 것이 현실이다. 한국에서는 물론이지만, 팔레스타인 연대 시위가 가장 크게 벌어져 온 영국에서도 혁명가들은 노동조합을 움직이는 데에 어려움을 겪고 있다. 기층에서는 어느 정도 진전을 봤지만, 상층에서는 어려움이 훨씬 크다.

물론 일부 노동조합 지도자들은 팔레스타인 인종학살을 반대한다고 말하지만 이따금 집회 발언을 하는 것에 그치고 거리 동원은 하지 않는다. 또, 어떤 노동조합 지도자들은 팔레스타인 문제를 정부의 외교정책 문제로 풀어야 한다며 회피한다. 또, 방위산업 일자리 때문에 팔레스타인 문제와 대결하지 않는 축도 있다. 현대중공업 노조를 지켜봐야겠지만, 영국의 경우 두 번째로 큰 노조인 유나이트의 지도자들이 이런 태도를 취한다. 조직 노동계급의 기구가 잘 움직이지 않는 탓에 팔레스타인 연대 운동 내에서 노동계급이 중요하다는 주장이 먹히기가 쉽지 않다.

일터에서 벌어지는 팔레스타인 연대 행동은 혁명적 좌파에 의해 추동될 때가 많다. 얼마 전 이탈리아에서는 '부문 간 기층위원회Si Cobas'가 팔레스타인과 연대하는 파업을 벌였는데, 이 조직은 보르디가(안토니오 그람시와 갈등을 빚은 초창기 이탈리아 공산당 좌파 지도자) 전통에 속하는 혁명적 좌파 '혁명적 국제주의 경향' 회원들이 주도하는 노동조합이다. 영국의 팔레스타인 연대 행동 측이 '일터 행동의 날'을 호소했을 때도 대부분의 행동은 일터에서 활동하는 혁명가들에 의해 추동됐(는데, 행동의 수위는 파업에 이르지 못했)다.

그러므로 기층 노동자들의 행동을 이끌어 내기 위한 혁명가들의 정치적 역할이 중요하다.

우크라이나 전쟁과 군비 증강

우크라이나 전쟁이 대리전임은 이제 좌파에서는 널리 인정되고 있다. 우크라이나 전쟁은 러시아의 침공으로 시작된 것이 아니고, 2014년에 시작된 것도 아니다. 2000년대 전반에 걸쳐 우크라이나를 둘러싼 서방과 러시아의 경쟁이 점증하다가, 2014년부터는 우크라이나 국가가 나토·미국과 군사·정보적 측면에서 깊숙이 얽히게 되고, 이후 러시아의 침공으로 그 관계가 더 깊어진 것이다.

전쟁의 완급은 우크라이나가 아닌 미국이 정해 왔다. 이 전쟁의 핵심 역학은 제국주의 간 경쟁인 것이다.

이제 유럽 지배자들은 우크라이나 전쟁을 이유로 대대적인 군비 증강을 추진하고 있다. 이를 위해 복지 삭감, 연금 개악, 노동시간 연장 등 노동계급의 조건을 공격하고 있다. 이는 우크라이나 무기 지원을 지지하는 입장이 얼마나 재앙적인지를 잘 보여 준다. 비극이게도 국제 극좌파의 많은 부분도 이런 친서방 진영론에 빠졌다. 특히, 유럽의 중요한 극좌파인 제4인터내셔널 경향, 라틴아메리카의 주요 트로츠키주의 조류인 모레노주의의 주요 조직들(다행히 아르헨티나 사회주의노동자

당PTS은 제외), 한때 미국의 최대 혁명 조직이었던 국제사회주의단체 ISO 소속 회원들의 일부 등이 친서방 진영론에 굴복했다.

물론 우크라이나 무기 지원을 지지하는 좌파들은 자신들도 나토를 비판하고 군비 증강을 반대한다고 말할 수 있다. 그러나 이제 우크라이나 전쟁은 유럽 재무장의 근거가 되고 있다. 군비 증강을 반대하면서 우크라이나 전쟁을 위한 군비는 지지한다는 것은 앞뒤가 맞지 않는 입장이다. 그 둘은 떼려야 뗄 수 없이 연결돼 있고, 제국주의에 손가락을 내주면 제국주의는 팔 전체를 잡아채 가려 할 것이다.

제1차세계대전 개전 때인 1914년 8월 독일 사회민주당 지도자 우고 하제의 의회 연설을 잊어서는 안 된다. 평화주의자로서 그는 군국주의 반대와 무기 거래 반대, 민중의 우애를 운운하면서도 결국 전쟁 공채 발행을 지지했다.

역사의 급변 속에서 혁명가들에게 필요한 것

첫 머리에서 말했듯이 우리는 사태 전개가 빨라지는 것을 느끼고 있다. 레닌이 남긴 가장 뛰어난 저작들은 제1세계대전 개전과 국제 사회주의 운동 분열의 시기에 쓰여진 것이다. 그 저작들에서 레닌은 "역사의 급변"을 제대로 이해하고 거기에 적절히 대응하는 것의 중요성을 강조한다.

먼저, 레닌은 분석을 위한 명료한 이론적 틀의 중요성을 강조한다. 레닌의 경우, 그것은 제국주의와 그 모순을 구체적이고 체계적으로 분석해 인류의 위기와 좌파의 위기에 대응하는 것을 뜻했다. 오늘날 우리에게도 현대 제국주의와 그 모순을 분석하는 것이 가장 중요하다.

그러나 "역사의 급변" 속에서는 좋은 분석만으로는 충분치 않다. 때를 놓치지 않고 그 변화에 재빨리 대응할 수 있어야 한다. 역사를 보면, 극좌파와 좌파 일반 모두 갑작스러운 변화를 그저 관망하다 때를 놓치는 사례가 허다했다.

소규모인 혁명가들이 효과적으로 대응하려면 다른 사람들과 함께 행동해야 한다. 즉, 공동전선 전술을 구사해야 한다. 사실, 공동전선에 관한 트로츠키의 기여는 흔히 트로츠키주의자들에 의해 계승되지 않고 있다. 우리는 파시즘과 극우에 맞선 투쟁 등에서 이를 계승하고 발전시켜야 한다.

한편 혁명적 조직을 건설하는 것도 공동전선만큼이나 중요한 과제다. 공동전선 건설 때문에 더 어려워지는 면도 있는 과제이지만 말이다. 게다가 오늘날 혁명적 조직을 건설하는 것은 시류를 거스르는 것이기도 하다. 여전히 자율주의가 마르크스주의와 나란히 받아들여지고 있는 상황이기 때문이다.

또한 공동전선을 건설하더라도 다른 전장에서 제대로 싸우지 못하면 공동전선 투쟁도 약화될 때가 많다.

한편, 어떠한 성공적인 공동전선 활동도 결코 자동으로 조직의 성장으로 이어지지 않는다. 이데올로기적 수준을 높이려는 매우 의식적인 노력이 필요하다. 우리는 이론과 실천이 통일돼야 하고 이론이 현 시기에 필수적임을 강조해야 한다.

혁명가들이 팔레스타인 연대 운동을 키우기 위해 노력하고, 극우에 맞선 공동전선과 대항 행동을 건설하는 것은 단지 임기응변에 의한 것이 아니다. 그것은 자유주의적 형태의 자본주의적·제국주의적 지배가 무너지고 있는 혼돈스러운 전환기를 거치고 있는 현 시기에 대한 분석에서 도출되는 것이다.

이론은 실천의 대체물이 아니다. 루카치가 《레닌》에서 강조했듯이, 이론과 실천을 매개하는 것은 조직이다. 활동과 행동만으로는 미래를 대비할 수 없다. 조직을 통해 이론을 실천과 결합시켜야 한다.

이론을 강조하는 것은 우리가 추상적인 교조주의자라서가 아니다. 우리가 이론에 기초해서 활동하지 않으면 오히려 추상적인 교조주의자들이 득을 볼 것이다. 이론은 실천의 등대다.

〈노동자 연대〉 553호(2025-07-22).